天津師範大學馬克思主義學院學術文庫

古代帝範文獻薈要解題

陸

主編 翟雙萍 周延良

學苑出版社

本册目録

本册目録

貞觀政要卷八

唐 吳兢 撰

元 戈直 集論

務農第三十（凡四章）

貞觀二年太宗謂侍臣曰凡事皆須務本國以人為本人以衣食為本凡營衣食以不失時為本夫不失時者（夫音扶後同）在人君簡靜乃可致耳若兵戈屢動土木不息而欲不奪農時其可得乎王珪曰昔秦皇漢武外則窮

極兵戈內則崇侈宮室人力既竭禍難（難去聲）遂興彼豈不欲安人乎失所以安人之道也亡隋之轍殷鑒不遠陛下親承其弊知所以易之（易如字）然在初則易（以豉切）終之實難伏願慎終如始方盡其美太宗曰公言是也夫安人寧國惟在於君君無為則人樂（音洛）君多欲則人苦朕所以抑情損欲尅己自勵耳

愚按太宗之言曰國以人為本人以衣食為本營衣食以不失時為本人不失時以人君簡靜為本竊嘗因其言而推之舜之罔遊于逸萬邦咸寧之本也禹之克儉於家朔南暨聲教之本也湯之不邇聲色表正萬邦之本也文王之不敢盤於遊田懷保小民之本也自古興王之君未有不簡靜寡欲者也自古亡國之君未有不淫侈多欲者也至哉太宗之言乎其可謂知本者矣雖然言之非艱行之為難太宗既以隋之崇侈宮室為鑒矣而復有飛仙翠微之作既以隋之窮兵黷武為鑒矣而復有高麗西域之師魏徵曰善始者實繁克終者蓋寡王珪曰在初則易終之實難然則向非二臣之言又豈能始終踐言也哉

貞觀二年京師旱蝗蟲大起太宗入苑視禾見蝗蟲掇數枚而呪曰人以穀為命而汝食之是害於百姓百姓有過在予一人爾其有靈但當蝕我心無害百姓將吞

之左右遽諫曰恐成疾不可太宗曰所冀移災朕躬何疾之避遂吞之自是蝗不復為災

林氏之奇曰夫天災可以至誠感不可以人力勝太宗掇蝗而吞之不忍民受其災其害自息明皇遣使捕之欲以人力勝天而其災愈甚天人之際豈不甚明矣哉

愚按昔成湯禱旱於桑林以六事自責身代犧牲是不自有其身矣夫千金之子猶知愛其身人君以一身履九五之尊位崇高莫大焉此身為何如也惟能知吾之一身億萬蒼生之身也則凡吾赤子之癢疴疾痛舉切其身矣太宗念蝗之為民害取而吞之曰寧食吾肺腸與湯之身代犧牲皆不自有其身者也其感天心也宜哉漢王嘉曰應天以實不以文此之謂也

貞觀五年有司上書言皇太子將行冠（冠去聲）禮宜用二月為吉請追兵以備儀注太宗曰今東作方興恐妨農事令（令平聲）改用十月太子少保蕭瑀奏言準陰陽家用二月為勝太宗曰陰陽拘忌朕所不行若動靜必依陰陽不顧理義欲求福祐其可得乎若所行皆遵正道自然常與吉會且吉凶在人豈假陰陽拘忌農時甚要不可暫失

愚按夫子曰使民以時釋者曰時謂農隙無事之時使之不以其時則力本者不獲自盡雖有愛民之心而民不被其澤矣夫朝廷之上宮廷之間行備君首服之禮固未至於使民而奪其時也而以追兵備儀妨農而止此太宗之心一念在民而不敢少弛也推是心於天下天下其有不務本者乎

貞觀十六年太宗以天下粟價率計斗直五錢其尤賤處計斗直三錢因謂侍臣曰國以民為本人以食為命若禾黍不登則兆庶非國家所有既屬豐稔若斯朕為億兆人父母唯欲躬務儉約必不輒為奢侈朕常欲賜天下之人皆使富貴今省徭賦不奪其時使比（比音鼻）屋之人恣其耕稼此則富矣敦行禮讓使鄉閭之間少敬長（少去聲長音掌）妻敬夫此則貴矣但令（令平聲）天下皆然朕不聽管絃不從畋獵樂（樂音洛）在其中矣

愚按論語曰既庶矣又何加焉曰富之曰既富矣又何加焉曰教之釋者曰庶而不富則民生不遂故制田里薄賦斂以富之富而不教則近於禽獸故必立學校明禮義以教之而孟子之告梁惠王亦曰王如施仁政於民省刑罰薄稅斂深耕易耨壯者以暇日修其孝悌忠信此皆三代盛時所以王天下之要道也太宗謂朕欲賜天下人皆富貴省徭薄賦不奪其時恣其耕稼此則富矣敦行禮讓使鄉閭之間咸知敬順此則貴矣斯言也與孔孟之言同一揆也雖三代之治何以越此然貞觀之時亦云庶且富矣固嘗大召名儒增廣生員教亦云至矣朱子則謂其未知所以教也三代之教

天子公卿躬行於上言行政事皆可師法太宗其能然乎愚謂太宗之言仁言也貞觀之政善政也孟子曰仁言不如仁聲之入人深善政不如善教之得民使太宗知此而力行之則所謂樂在其中者又當何如哉

刑法第三十一（凡九章）

貞觀元年太宗謂侍臣曰死者不可再生用法務在寬簡古人云鬻棺者欲歲之疫非疾於人利於棺售（售音受賣也）故耳今法司覈理一獄必求深刻欲成其考課今作何法得使平允諫議大夫王珪進曰但選公直良善人

斷獄允當者(當去聲)增秩賜金即姦偽自息詔從之太宗又曰古者斷獄必訊於三槐九棘之官(周禮秋官左九棘孤卿大夫位焉羣士在其後右九棘公侯伯子男位焉羣吏在其後面三槐三公位焉州長衆庶在其後)今三公九卿(三公見任賢篇註唐制九卿太常寺卿掌禮樂郊廟社稷之事光禄寺卿掌酒醴膳羞之政衛尉寺卿掌器械文物宗正寺卿掌天子族親屬籍以別昭穆太僕寺卿掌廄牧輦輿之政大理寺卿掌折獄詳刑鴻臚寺卿掌賓客凶儀之事司農寺卿掌倉儲委積之事太府寺卿掌財貨廩藏貿易皆有少卿以為之貳)即其職也自今以後大辟罪(辟音闢死刑也)皆令(平聲)中書門下四品已上及尚書九卿議之如此庶免冤濫由是至四年

斷死刑天下二十九人幾致刑措(幾平聲舊本自太宗又曰以下另為一章今合為一章)

愚按昔舜命曰汝作士明於五刑以弼五教又曰刑期於無刑蓋帝王之治以教為先刑者不得已而行之以弼教而其心則期於無刑也然明用刑之要則曰惟明克允蓋明者所以得其情允者有以當於心理官之所重者在此而穆王訓刑尤切切於其審克之一語正奏讞詳審之謂也王珪謂必選公良直善之人斷獄允當者增秩賜金而太宗又使宰相及尚書九卿議之固宜致刑措之盛也夫唐虞之世期於無刑成周之隆至於刑措無刑尚矣刑措亦王者之極功也若漢之文景唐之太宗史臣皆以幾致刑措美之自漢唐而論可謂仁君矣

貞觀二年太宗謂侍臣曰比有(比音鼻)奴告主謀逆此極弊法特須禁斷假令(平聲後同)有謀反者必不獨成終將與人計之衆計之事必有他人論之豈藉奴告也自今奴告主者不須受盡令斬決

愚按人臣謀逆此以下而叛上也奴告其主是亦以下而叛上也已惡人之叛上廼使叛上者得逞其志是以亂易亂相去幾何太宗詔自今告主者勿受盡令斬決斯言一出固足以感格天下使無叛上之事矣

貞觀五年張蘊古為大理丞相州人李好德(相好並去聲後同)

素有風疾言涉妖妄詔令(令平聲)鞫其獄蘊古言好德癲病有徵法不當坐太宗許將寬宥蘊古密報其旨仍引與博戲治書侍御史權萬紀劾奏之太宗大怒令斬於東市既而悔之謂房玄齡曰公等食人之祿須憂人之憂事無巨細咸當留意今不問則不言見事都不諫諍何所輔弼如蘊古身為法官與囚博戲漏洩朕言此亦罪狀甚重若據常律未至極刑朕當時盛怒即令處置(處上聲後同)公等竟無一言所司又不覆奏遂即決之豈是

道理因詔曰凡有死刑雖令即決皆須五覆奏五覆奏自蘊古始也又曰守文定罪或恐有寃自今以後門下省覆有據法令合死而情可矜者宜録奏聞蘊古初以貞觀二年自幽州今大興路總管府記室兼直中書省表上大寶箴易大傳曰聖人之大寶曰位蓋取此義箴誡也文義甚美可為規誡其詞曰今來古往俯察仰觀惟辟作福辟音壁君也周書箕子陳洪範之辭為君實難孔子告魯定公曰為君難宅普天之下處王公之上任土貢其所有禹貢曰任土作貢具僚和其所

唱和去聲是故恐懼之心日弛邪僻之情轉放豈知事起乎所忽禍生乎無妄固以聖人受命拯溺亨屯拯音軫屯諸倫切歸罪於己因心於人大明無偏照至公無私親故以一人治天下不以天下奉一人禮以禁其奢樂以防其佚左言而右事見文史篇註出警而入蹕天子出稱警入稱蹕警者戒肅蹕者止行也四時調其慘舒三光同其得失故身為之度而聲為之律史記禹聲為律身為度注禹聲音應鍾律以身為法度勿謂無知居高聽卑勿謂何害積小成大樂不可極

樂音洛後同極樂成哀欲不可縱縱欲成災曲禮曰欲不可從樂不可極壯九重於內重平聲楚辭曰君門九重所居不過容膝彼昏不知瑤其臺而瓊其室桀作瑤臺紂作瓊室羅八珍於前周禮膳夫珍用八物謂淳熬淳母炮豚炮牂擣珍漬熬肝膋所食不過適口惟狂罔念周書曰惟聖罔念作狂丘其糟而池其酒桀紂酒池可以運船糟隄可以望十里勿內荒於色勿外荒於禽夏書五子之歌其二曰訓有之內作色荒外作禽荒有一於此未或不亡色荒寵嬖女也禽荒耽遊畋也荒者迷荒之謂勿貴難得之貨老子曰不貴難得之貨使民不為盜勿聽亡國之音詩序曰亡國之音哀以思其民困內荒

伐人性外荒蕩人心難得之物侈亡國之聲淫勿謂我尊而傲賢侮士勿謂我智而拒諫矜己聞之夏后據饋頻起史記夏后一饋而十起以勞天下之民亦有魏帝牽裾不止魏文帝欲徙冀州十萬戶實河南辛毗諫帝不荅起入內毗隨而引其裾帝怒良久曰卿持我何太急耶於是從其半安彼反側如春陽秋露巍巍蕩蕩推漢高大度漢紀高祖寬仁有大度撫兹庶事如履薄臨深戰戰慄慄用周文小心詩小旻篇曰戰戰兢兢如臨深淵如履薄冰大明篇曰維此文王小心翼翼詩云不識不知詩皇矣篇曰不識不知順帝之則書曰無偏無黨周書曰無偏無

黨王道蕩蕩一彼此於胷臆捐好惡於心想（好惡並去聲）衆棄而後加刑衆悅而後命賞弱其强而治其亂伸其屈而直其枉故曰如衡如石不定物以數物之懸者輕重自見（音現）如水如鏡不示物以形物之鑒者妍蚩自生勿渾渾而濁（渾音混）勿皎皎而清勿汶汶而闇勿察察而明雖冕旒蔽目而視於未形（冕十有二旒天子冕用五采藻為旒以藻貫五采玉垂于延之前後各十二取目不須視惡色之義）雖黈纊塞耳而聽於無聲（黈他口切纊音曠黈纊黃色綿也以黃綿為圓用組垂之于冕當兩耳旁示不聽讒邪也）縱

心乎湛然之域遊神於至道之精扣之者應洪纖而効響酌之者隨淺深而皆盈故曰天之清地之寧王之貞（老子曰天得一以清地得一以寧王侯得一以為天下貞）四時不言而代序萬物無為而受成豈知帝有其力而天下和平吾王撥亂戡以智力（戡音堪勝也）人懼其威未懷其德我皇撫運扇以淳風民懷其始未保其終爰述金鏡窮神盡性使人以心應言以行（行去聲）包括理體抑揚辭令（令如字）天下為公一人有慶開羅起祝援琴命詩一日二日念兹在兹惟人所名自天祐之爭臣司直（爭讀曰諍）敢告前疑太宗嘉之賜帛三百段仍授以大理寺丞（按通鑑無與囚博戲之說唐史張蘊古無傳事見刑法志）

唐氏仲友曰張蘊古文章鯁直之士太宗以一時誤見濫誅最為可惜大寶箴諷帝以民畏而未懷切中帝之病蘊古敏書傳曉世務文擅當時加以切直太宗濫殺而悔則何益矣

朱氏黼曰詩三百十一篇而疾讒者六君子有七惡而以訐為直居其一自昔賢智之棄逐政治之隳圮國家之昏亂未有不自讒訐也太宗方蒐積羣才共興治功乃復容萬紀輩玷污朝列何哉房玄齡一代名相而萬紀以考選不公訐之張蘊古平反妖言而萬紀以按事不實劾之玄齡以魏徵免按而蘊古竟

罹非命挾恩依勢逞其姦謀其為太宗盛德累豈少乎詩曰讒人罔極交亂四國其萬紀也夫

愚按自古王霸之辨治亂之分曰德刑曰義利而已太宗知尚德而不尚刑故能拒絕封德彝法律之言知尚義而不知尚利故能斥權萬紀採銀之奏此其天資聰明最為合於帝王之道者也夫既知其言之非矣則廢逐其人可也封德彝則任股肱之寄萬紀則居耳目之官德彝論無忌佩刀之罪置校尉於死地萬紀論好德妖言之罪陷蘊古於非辜小人深文如出一律何太宗明於先而暗於後得於彼而失於此乎校尉以戴冑而免蘊古則遂罹極刑愚觀蘊古之箴曰衆棄而後加刑嗚呼蘊古之罪豈所謂衆棄者邪亦可哀也已

貞觀五年詔曰在京諸司比來（比音鼻後同）奏決死囚雖云

五覆一日即了都未暇審思五奏何益縱有追悔又無所及自今後在京諸司奏決死囚宜三日中五覆奏天下諸州三覆奏又手詔敕曰比來有司斷獄多據律文雖情在可矜而不敢違法守文定罪或恐有寃自今門下省復有據法合死而情在可矜者宜錄狀奏聞

范氏祖禹曰易中孚之象曰君子以議獄緩死中孚者信發於中也議獄緩死者出於至誠也古者大司寇以獄之成告於王王命三公參聽之三公以獄之成告於王王三宥然後制刑先王重慎如此故刑清而民服若太宗之恤刑也可謂至誠而近於古矣幾致刑措宜哉

愚按易之象言刑獄者五、而議獄緩死必見於中孚者蓋以君子每於事於物無不用其中於人命所繫尤見中孚之至也獄者不得已而設議謂必究其情也死者不可以復生緩謂求所以生之也呂刑曰罔非在中又曰獄成而孚則中孚者誠議獄緩死之本也太宗恤刑之詔其出於中心之誠者歟亦近乎周官五聽三訊之遺意矣

貞觀九年鹽澤道行軍總管岷州（岷州今為西和州隸陝西）都督高甑生（史無傳）坐違李靖節度又誣告靖謀逆減死徙邊時有上言者曰甑生舊秦府功臣請寬其過太宗曰雖是藩邸舊勞誠不可忘然理國守法事須畫一今若赦之使開僥倖之路且國家建義太原元從及征戰有功者甚衆（從去聲）若甑生獲免誰不覬覦有功之人皆須犯法我所以必不赦者正為此也

愚按諸葛武侯之治蜀也開誠心布公道盡忠益時者雖讐必賞犯法怠慢者雖親必罰堂堂三代之佐此後世之所不能也太宗以王魏為相以薛萬徹為將非所謂雖讐必賞歟至若高甑生以秦府舊臣身從百戰一旦犯法黜之不疑非所謂雖親必罰歟嗚呼太宗之布公道其庶幾武侯之治者乎

貞觀十一年特進魏徵上疏曰臣聞書曰明德慎罰（周書

康誥之辭）惟刑恤哉（虞書舜典之辭）禮云為上易事（易以豉切後同）為下易知則刑不煩矣上人疑則百姓惑下難知則君長勞矣（長音掌後同禮緇衣篇之辭）夫（音扶後同）上易事則下易知君長不勞百姓不惑故君有一德臣無二心上播忠厚之誠下竭股肱之力然後太平之基不墜康哉之詠斯起（虞書皐陶賡歌曰庶事康哉）當今道被華戎功高宇宙無思不服無遠不臻然言尚於簡文志在於明察刑賞之用有所未盡夫刑賞之本在乎勸善而懲惡帝王之所以與天下為畫一不

以貴賤親疎而輕重者也(疎與疏同)今之刑賞未必盡然或屈伸在乎好惡(並去聲後同)或輕重由乎喜怒遇喜則矜其情於法中逢怒則求其罪於事外所好則鑽皮出其毛羽所惡則洗垢求其瘢痕(瘢音盤)瘢痕可求則刑斯濫矣毛羽可出則賞因謬矣刑濫則小人道長賞謬則君子道消小人之惡不懲君子之善不勸而望治安刑措非所聞也且夫暇豫清談皆敦尚於孔老(孔子老聃也)威怒所至則取法於申韓(申不害韓非皆戰國刑名之學)直道而行非無三黜

(三去聲論語曰柳下惠直道而事人焉往而不三黜)危人自安蓋亦多矣故道德之旨未弘刻薄之風已扇夫刻薄既扇則下生百端人競趨時則憲章不一稽之王度(稽音雞)實虧君道昔州犁上下其手楚國之法遂差(左傳襄公二十六年楚與秦侵鄭楚穿封戌囚鄭皇頡公子圍與之爭正於伯州犁州犁乃立囚曰所爭君子也其何不知上其手曰夫子為王子圍寡君之貴介弟也下其手曰此子為穿封戌方城外之縣尹也誰獲子囚曰頡遇王子弱焉戌抽戈逐王子圍弗及楚人以皇頡歸)張湯輕重其心漢朝之刑以弊(漢張湯為廷尉鄉上意所便其所治即上意所欲辠予監史深刻者即上意所欲釋予監史輕平者所治即豪必舞文巧詆即下戶羸弱時口言雖文致法上裁察帝於是往往釋湯所言出本傳)以人臣之頗僻(頗平聲)猶莫能申其欺罔況人君之高下將何以措其手足乎以睿聖之聰明無幽微而不燭豈神有所不達智有所不通哉安其所安不以恤刑為念樂其所樂(樂音洛上同)遂忘先笑之變禍福相倚吉凶同域惟人所召安可不思頃者責罰稍多威怒微厲或以供帳不贍或以營作差違或以物不稱心(稱去聲)或以人不從命皆非致治之所急實恐驕奢之攸漸是知貴不與驕期而驕自至富不與侈期而侈自

來非徒語也且我之所代實在有隋隋氏亂亡之源聖明之所臨照以隋氏之府藏(藏去聲)譬今日之資儲以隋氏之甲兵況當今之士馬以隋氏之戶口校今時之百姓度長比大(度待洛切)曾何等級(曾音層)然隋氏以富強而喪敗動之也我以貧窮而安寧靜之也靜之則安動之則亂人皆知之非隱而難見也非微而難察也然鮮蹈平易之塗(鮮上聲易以豉切後同)多遵覆車之轍何哉在於安不思危治不念亂存不慮亡之所致也昔隋氏之末亂自謂必

無亂隋氏之末亡自謂必不亡所以甲兵屢動徭役不息至於將受戮辱竟未悟其滅亡之所由也可不哀哉夫鑒形之美惡必就於止水鑒國之安危必取於亡國故詩曰殷鑒不遠在夏后之世詩大雅蕩篇之辭又曰伐柯伐柯其則不遠詩豳風伐柯篇之辭臣願當今之動靜必思隋氏以為殷鑒則存亡治亂可得而知若能思其所以危則安矣思其所以亂則治矣思其所以亡則存矣知存亡之所在節嗜欲以從人省遊畋之娛息靡麗之作罷不急

之務慎偏聽之怒近忠厚遠便佞遠去聲便平聲杜悅耳之邪說甘苦口之忠言去易進之人賤難得之貨採堯舜之誹謗堯舜設誹謗之木於五達之衢以書政治之愆失追禹湯之罪己左傳禹湯罪己其興也勃焉惜十家之產見納諫篇注順百姓之心近取諸身恕以待物思勞謙以受益易謙卦九三勞謙君子有終吉不自滿以招損虞書曰滿招損謙受益有動則庶類以和出言而千里斯應易大傳曰君子居其室出其言善則千里之外應之超上德於前載樹風聲於後昆此聖哲之宏規而帝王之大業能事斯畢在乎慎守而已

夫守之則易取之實難既能得其所以難豈不能保其所以易其或保之不固則驕奢淫泆動之也慎終如始可不勉歟易曰君子安不忘危存不忘亡治不忘亂是以身安而國家可保也易文言傳釋否九五爻義誠哉斯言不可以不深察也伏惟陛下欲善之志不減於昔時聞過必改少虧於曩日若以當今之無事行疇昔之恭儉則盡善盡美矣固無得而稱焉太宗深嘉而納用按史傳上幸洛陽次昭仁宮多所譴責徵諫曰隋惟責不獻食或供奉不精為此無限而至於亡故天命陛下代之正當兢懼戒約奈何

令人悔為不奢若以為足今不啻足矣以為不足萬此寧有足邪上驚曰非公不聞此言退又上疏云云

唐氏仲友曰徵言刑賞之本在乎勸善而懲惡今之刑賞或由喜怒此即皇極所謂王道書曰無有作好無有作惡惟辟作福惟辟作威二說並行而不相悖無作好惡道也惟作威福權也德大而常禮不足以賞於是乎有作福罪大而常法不足以誅於是乎有作威此非有司之法守而出乎人君之權者雖作福而德稱乎賞豈作好哉雖作威而罪宜乎誅豈作惡哉然則賞刑非不由喜怒也不由乎一人之私喜怒也

愚按漢世賢良之策曰上古堯舜之時不貴爵賞而民勸善不重刑罰而民不犯躬率以正而遇民信也末世貴爵賞而民不勸重刑罰而姦不止其上不正遇民不信也夫子曰其身正不令而行其

身不正雖令不從又曰人而無信不知其可也其是之謂歟夫以太宗之世嘉善賞功之制明罰恤民之詔屢形於言亦可謂兢兢於君道者然而刑賞之失猶有如魏徵之言者豈正身之道未有以盡於己乎抑信未足以孚於民乎觀徵所謂欲善之志不減而改過之心少虧其未能正於己而信於民者可想見已雖然徵之疏必諄諄以隋為戒若致儆於庸君常主之前者亦猶賈山於漢而借秦為諭之意憂治危明之心也若徵者可謂忠愛其君者矣

貞觀十四年戴州濟北地今廢刺史賈崇以所部有犯十惡者被刺史劾奏太宗謂侍臣曰昔陶唐大聖柳下惠大賢其子丹朱甚不肖其弟盜跖為巨惡盜跖莊子雜篇以為柳下惠之

弟名跖而為大盜夫以夫音扶聖賢之訓父子兄弟之親尚不能使陶染變革去惡從善去上聲今遣刺史化被下人咸歸善道豈可得也若令平聲後同緣此皆被貶降或恐遞相掩蔽罪人斯失諸州有犯十惡者刺史不須從坐但令明加糾訪科罪庶可肅清姦惡

愚按夫子曰道之以政齊之以刑民免而無恥道之以德齊之以禮有恥且格謂政刑之不如德禮也蓋政者為治之具刑者輔治之法德禮者出治之本而德又禮之本也後世之為治者德禮有愧教化不先非惟德禮不能使民有恥且格而政刑亦不能使民免而無恥矣甚而至於罪麗於十惡尚恐言之哉然究厥本原則承流宣化坐罪宜也而遂至於遞相掩蔽罪人斯失反以長姦容慝遂使麗於十惡者乃得全身於覆載之間而可乎哉太宗不坐刺史但令明加糾察以正其罪蓋深有以知其弊而不得不然也司牧民者其亦於德禮政刑而知本末先後哉

貞觀十六年太宗謂大理卿孫伏伽貝州人武德初上言三事帝曰可謂諍臣矣貞觀中拜御史累遷大理卿曰夫作甲者夫音扶欲其堅恐人之傷作箭者欲其銳恐人不傷何則各有司存利在稱職故也稱去聲朕常問法官刑罰輕重每稱法網寬於往代仍恐主獄之司利在殺人危人自達以釣聲價今之所憂

正在此耳深宜禁止務在寬平

唐氏仲友曰太宗留心聽斷天下刑戮措固嘗拒封德彝刑法伯道之說從魏公仁義之言雖道德齊禮未純三代而欽恤之意形矣惜哉後世之不能守也

愚按漢景帝之詔有曰欲令理獄者務先寬又曰獄者人之大命死者不可復生吏或不奉法以貨賂為市朋黨比周以苛為察以刻為明罪者不服姦法為暴甚無謂也諸獄雖疑若文致於法而罪人心不厭者則讞之誠後王之所當知也太宗謂恐主獄之司利在殺人危人自達深宜禁止務在寬平斯言也與景帝之詔同一仁心也史臣俱以刑措美之宜哉蓋寬則矜恕可得其情急則殘忍有失其情者矣然寬非縱弛之謂也寬而流於縱弛則幸免者有焉今曰務在寬平則平若持衡輕

重不失矣罪在於輕而從輕罪在於重而從重此平也實寬之所致也則寬平者實明刑之典要歟

赦令第三十二 凡四章

貞觀七年太宗謂侍臣曰天下愚人者多智人者少智者不肯為惡愚人好犯憲章好去聲凡赦宥之恩惟及不軌之輩古語云小人之幸君子之不幸一歲再赦善人喑啞凡養稂莠者傷禾稼稂莠音郎酉草之害稼者惠姦宄者賊良人宄音詭昔文王作罰刑茲無赦周書康誥武王之辭又蜀先主姓劉名備字玄德漢中山靖王之後三國時繼漢統都蜀嘗謂諸葛亮曰吾周旋陳元

方鄭康成之間元方名紀康成名玄並後漢人每見啓告理亂之道備矣曾不語赦曾音層故諸葛亮理蜀十年不赦而蜀大化梁武帝每年數赦數音朔後同卒至傾敗卒子聿切夫謀小仁者夫音扶大仁之賊故我有天下已來絕不放赦今四海安寧禮義興行非常之恩彌不可數將恐愚人常冀僥倖惟欲犯法不能改過

范氏祖禹曰數赦之害前世論之詳矣夫良民不被澤而罪人獲宥政之偏黨莫甚於此欲以致和而措刑不亦疎乎而人君每以赦為推恩或祈陰德之報太宗懲之可謂善治矣

馬氏存曰先王以教而化民以刑而禁民不幸或陷於憲網者聖人則原其情而省其過之大小而肆赦之蓋赦者聖人以之宥過也可以行而行不行則傷乎仁不可以行而行之則失乎義故世之議者或以宜數而不宜數或以宜疎而不宜疎是疎者太簡數者太繁蓋惟當語其當否而不論其疎數也故周官三宥三赦之法曰不識曰過失曰遺忘以為宥之可用止於如此曰幼弱曰老耄曰惷愚則以為赦之可行止於如此由是觀之赦宥之法當其時而用之則為天下之利不當其時而用之則為天下之害故魯肆大眚春秋譏之管仲亦曰赦者小利而大害久而不勝其禍無赦宥者小害而大利久而不勝其福以為天下之民知赦之福而不知無赦之為福是亦議其赦之大者乎

愚按書曰眚災肆赦怙終賊刑眚過誤也災不幸也故肆赦之怙有恃也終再犯也故賊刑之此聖

人用法之權衡而忠厚之意寓於其間未聞不擇罪之輕重而悉赦之也易曰雷雨作解君子以赦過宥罪雷動而雨作天澤所施溥矣而曰赦過宥罪過之小者赦釋之罪之大者寬宥之而已亦非謂不擇罪之大小而悉赦之也故春秋莊公之世肆大眚聖人以為非常之事書之於經正以其非古也自是而赦令數矣然或者因天下有非常之事與夫凶荒流離之後盜賊垢汙之餘於是有以沛然洗濯於天下不得已而用之猶云可也否則雖足以見仁惠而未免所謂小人之幸而君子之不幸矣為人上者操刑賞之柄以勸善懲惡酌古之道揆今之宜必赦過宥罪而不可數要為得中也太宗謂絕不放赦而四海安寧非常之恩彌不可數其深有見於治道者哉

貞觀十年太宗謂侍臣曰國家法令惟須簡約不可一

罪作數種條格式既多官人不能盡記更生姦詐若欲出罪即引輕條若欲入罪即引重條數變法者（數音朔）實不益道理宜令審細（令平聲）毋使互文（毋無通）

貞觀十一年太宗謂侍臣曰詔令格式若不常定則人心多惑姦詐益生周易稱渙汗其大號（易渙卦九五爻辭）言發號施令（施平聲）若汗出於體一出而不復也書曰慎乃出令令出惟行弗惟反（周書周官之辭）且漢祖日不暇給蕭何起於小吏制法之後猶稱畫一今宜詳思此義不可輕出詔令必須審定以為永式

愚按唐之刑書有四曰律令格式令者尊卑貴賤之等殺國家之制度也格者百官有司之所常行之事也式者其所常守之法也凡邦國之政必從事於三者其有所違及人之為惡而入於罪戾者一斷之以律律之書凡十二篇所以使民遷善遠罪而無犯也皆太宗詔房玄齡等與法司因隋之舊而更定增損多降重為輕迄貞觀用之無所變改夫律令格式皆所以用法也太宗謂貴簡約貴常定此最為知法意者夫不簡約則出入輕重吏因之而作弊不常定則朝行夕改民莫知所信從太宗取則於蕭何畫一之法而不輕於數變法必須審定以為永式能致刑措實由此也

長孫皇后遇疾漸危篤皇太子（承乾也）啟后曰醫藥備盡今尊體不瘳（音抽愈也）請奏赦囚徒并度人入道冀蒙福祐后曰死生有命非人力所加若修福可延吾素非為惡者若行善無效何福可求赦者國之大事佛道者上每示存異方之教耳常恐為理體之弊豈以吾一婦人而亂天下法不能依汝言

按通鑑貞觀九年長孫皇后素有氣疾前年從上幸九成宮柴紹等中夕告變上擐甲出閤問狀后扶疾以從左右止之后曰上既震驚吾何心自安由是疾甚太子曰云云后曰云云必行汝言吾不如速死太子私以語房玄齡玄齡白上上哀之欲為之赦后固止之

唐氏仲友曰天啟興運亦不偶然助興運必有賢妃以漢唐論長孫賢於陰馬有古后妃之美無後世后妃之失太宗謂內良佐信夫

愚按三代興王之主無不內有賢助以協成至治任姒邑姜其表表於經傳者為天下母儀之所取則馬若長孫皇后之賢自三代而下之絕無僅有者也馬鄧不足以儕之矣遇危疾而不以肆赦徼福非卓然有見何以能茲不幸而弗登耆艾宜太宗有失內良佐之歎也天假之年使之擁佑於高宗之世則庶幾其遏禍亂之萌乎此可為深悲也

貢賦第三十三（凡五章）

貞觀二年太宗謂朝集使曰（使去聲唐制諸州奉貢物入京者謂之朝集使）任土作貢布在前典當州所產則充庭實（當去聲）比聞都督

刺史（比音鼻）邀射聲名厥土所賦或嫌其不善踰境外求更相倣傚（更平聲）遂以成俗極為勞擾宜改此弊不得更然

愚按夏書載禹平水土之績而以貢名篇貢者下獻上之名水土未平何由定貢書以貢名見地平天成之功也然曰任土作貢者亦非以其土之所有而悉貢也禹貢一書其所貢者皆服食器用之常宗廟朝廷之不可闕者非徒奉一人耳目心志之所欲也而唐之刺史至于越境求物更相倣傚亦由國無定制使踰越于常度之外太宗深懲而力革其弊誠王者之先務也

貞觀中林邑國貢白鸚鵡性辯慧尤善應答屢有苦寒

之言太宗愍之付其使令還於林邑（使去聲令平聲按通鑑貞觀五年十一月林邑獻五色鸚鵡魏徵以為不宜受上喜而歸之）

愚按周書載召公戒武王之言曰犬馬非其土性不畜珍禽異獸不育于國其後穆王得白狼白鹿而荒服因以不至其得失可睹也太宗却林邑白鸚鵡之獻可謂能遵古先哲之訓而鑒後世之失矣

貞觀十二年疎勒朱俱波甘棠（皆西域國名疎勒距長安九千里餘王姓裴氏朱俱波在葱嶺之西甘棠在大海南）遣使貢方物（使去聲後同）太宗謂羣臣曰向使中國不安日南（南蠻國在安南之外）西域朝貢使亦何緣而至朕何德以堪之覩此翻懷危懼近代平一天下拓定邊方者（拓音托）惟秦皇漢武始皇暴虐至子而亡漢武驕奢國祚幾絕（幾平聲）朕提三尺劒以定四海遠夷率服億兆乂安自謂不減二主也然二主末途皆不能自保由是每自懼危亡必不敢懈怠惟藉公等直言正諫以相匡弼若惟揚美隱惡共進諛言則國之危亡可立而待也（按通鑑係貞觀九年十二月）

唐氏仲友曰太宗因四夷之賓而以秦皇漢武自儆求輔弼之言此忠言可進之機惜哉玄齡無杜漸之

言俾進乎帝王保治之道也

愚按昔武王克商西旅厎貢厥獒大保作旅獒用訓于王而致慎德之戒夫以武王之聖而召公所以警戒之者如此後之人主可不深思而加念之哉太宗因四夷之賓以秦皇漢武自儆以求言而當時大臣雖不聞有如太保作書之訓然自懷危亡不敢懈怠有合于夙夜罔或不勤之言庶幾乎帝王保治之道矣

貞觀十八年太宗將伐高麗其莫離支（高麗官名其職如中國吏部兼兵部尚書也貞觀十六年高麗東部大人泉蓋蘇文弒其王武立王弟子藏為王自為莫離支官）遣使（去聲）貢白金黃門侍郎褚遂良諫曰莫離支虐殺其主九

夷所不容（東方之夷有九種曰畎夷于夷方夷黃夷白夷赤夷玄夷風夷陽夷又一曰玄菟二曰樂浪三曰高麗四曰滿飾五曰鳧臾六曰索家七曰東屠八曰倭人九曰天鄙）陛下以之興兵將事弔伐為遼東之人（為去聲）報主辱之恥古者討弒君之賊不受其賂昔宋督（宋春秋時國名字華父宋戴公孫也）遺魯君以郜鼎（遺去聲魯君桓公名軌郜國所造鼎故繫名於郜）桓公受之於大廟（大音泰後同大廟周公之廟也）臧哀伯（魯大夫臧孫達也）諫曰君人者將昭德塞違今滅德立違而寘其賂器於大廟百官象之又何誅焉武王克商遷九鼎于雒邑（九鼎殷所受夏鼎也武王克商乃營雒邑而後去之又遷

九鼎）義士猶或非之（蓋伯夷之屬）而況將昭違亂之賂器寘諸大廟其若之何（事見左傳桓公二年宋督弒其君殤公與夷以郜鼎賂公故遂相宋公四月取郜鼎于宋納于大廟臧哀伯諫曰云云公不聽）夫（音扶）春秋之書百王取則若受不臣之筐篚納弒逆之朝貢不以為愆將何致伐臣謂莫離支所獻自不合受太宗從之（按通鑑太宗又謂高麗使者曰汝曹皆事高武有官爵莫離支弒逆汝曹不能復讎今更為之遊說以欺大國罪孰大焉悉以屬大理）

唐氏仲友曰名其為賊乃可服之此兵法也太宗固深忿莫離支必欲討之其貢使之來欲治之而未有辭遂良之諫與太宗意會宜其從之之速也

愚按褚遂良援古證今諫太宗卻莫離支之獻則善矣而不能因以消其忿兵黷武之心而其諫辭與太宗意會卒成遼水之征惜哉

貞觀十九年高麗王高藏（藏去聲高麗王名）及莫離支蓋蘇文（蓋音盍高麗臣名金蓋蘇文既弒其王武於是專擅國事其狀貌雄偉意氣豪逸身佩五刀左右莫敢仰視常令貴人武將伏地而履之上馬出行必整隊伍導者長呼則人皆奔迸不避坑谷路絕行者國人甚苦之）遣使（去聲）獻二美女太宗謂其使曰朕憫此女離其父母兄弟於本國若愛其色而傷其心我不取也並却還之本國（按通鑑係貞觀二十年）

愚按周書曰明王慎德四夷咸賓無有遠邇畢獻方物惟服食器用未聞以美女為貢者也適足以亂人之國而已矣昔紂受閎夭美女之獻而西伯興魯受齊人女樂之歸而孔子行蓋自古臣下之詭計列國之陰謀未有不以女子為間使之先有以惑其耳目移其心志或乘隙以沮敗其所為或遂中以不測之禍可不慎哉高麗美女之貢夫豈不為是邪況當興師致討之時乎太宗還之謂不欲傷其心固仁惻之意亦豈非有見於此邪若太宗其可謂賢君也已

辯興亡第三十四（凡四章）

貞觀初太宗從容（從即容切）謂侍臣曰周武平紂之亂以有天下秦皇因周之衰遂吞六國其得天下不殊祚運長

短若此之相懸也尚書右僕射蕭瑀進曰紂為無道天下苦之故八百諸侯不期而會（武王伐紂諸侯會孟津者八百餘國）周室微六國無罪秦氏專任智力吞食諸侯平定雖同人情則異太宗曰不然周既克殷務弘仁義秦既得志專行詐力非但取之有異抑亦守之不同祚之脩短意在茲乎

愚按太宗君臣嘗論創業守成孰難玄齡以創業為難魏徵以守成為難夫創業者既往之事守成者方來之事也與其追論於既往曷若致力於方來者為有益乎他日與羣臣論周秦運祚長短之

由蕭瑀之言即創業之事太宗之言即守成之事也夫所貴乎君臣之間講論古今者欲其反之於已而推之於治也取天下之事太宗既已身親之矣方當即位之初所宜監秦之所以失效周之所以得庶乎如周祚之長不至如秦祚之短也嗚呼太宗之言可謂能切已近思者矣

貞觀二年太宗謂黃門侍郎王珪曰隋開皇十四年大旱人多饑乏是時倉庫盈溢竟不許賑給乃令（平聲）百姓逐糧隋文不憐百姓而惜倉庫比（音鼻）至末年計天下儲積得供（平聲）五六十年煬帝恃此富饒所以奢華無道遂致滅亡煬帝失國亦此之由凡理國者務積於人不在盈其倉庫古人云百姓不足君孰與足（論語有若對魯哀公之辭）但使倉庫可備凶年此外何煩儲蓄後嗣若賢自能保其天下如其不肖多積倉庫徒益其奢侈危亡之本也（舊本此章重出奢縱篇今去彼存此）

愚按古者三年耕必有一年之食以三十年之通制國用雖有凶旱水溢民無菜色此蓄積者所以為民非為君也百姓足孰與不足聖經所以垂訓而公私之積猶可哀痛賈誼所以言於漢文帝之時也蓋蓄積固有國之先務也至於蓄積豐富侈心一生貫朽粟陳不足以供排山倒海之欲非惟無可以養民且至於厲民矣太宗謂但使倉廩可備凶年此外何煩儲蓄此得古人制國用之意良足取也

貞觀五年太宗謂侍臣曰天道福善禍淫事猶影響昔啟人（本突厥啟民可汗避太宗諱改曰人）亡國來奔隋文帝不悋粟帛大興士衆營衛安置乃得存立既而彊富子孫不思念報德纔至失脫即起兵圍煬帝於鴈門（郡名今為代州隸腹裏）及隋國亂又恃彊深入遂使昔安立其國家者身及子孫並為頡利破亡豈非背恩忘義所至也羣臣咸曰誠如聖旨

愚按三代之待夷狄也來者不拒去者不追蓋不以中國之治治之也文王之伐玁狁止於城彼朔

方而已宣王之伐淮夷止於徐方來庭而已曷嘗盡欲郡縣其地而臣妾其人哉後世不明華夷之辨務為懷遠之圖適以自遺患而已矣故漢宣扶立呼韓而建武多北邊之擾隋文撫存啟民而煬帝有鴈門之圍由不能以三代為法故也可不戒哉

貞觀九年北蕃北突厥之國歸朝人奏突厥內大雪人饑羊馬並死中國人在彼者皆入山作賊人情大惡太宗謂侍臣曰觀古人君行仁義任賢良則理行暴亂任小人則敗突厥所信任者並共公等見之畧無忠正可取者頡利復不憂百姓恣情所為朕以人事觀之亦何可久

矣魏徵進曰昔魏文侯名斯晉卿桓子之子為諸侯問李克戰國時人諸侯誰先亡克曰吳先亡文侯曰何故克曰數戰數勝數並音朔後同數勝則主驕數戰則民疲不亡何待頡利逢隋末中國喪亂遂恃衆內侵今尚不息此其必亡之道太宗深然之

愚按大雪人饑羊馬並死突厥將亡之徵也太宗不以此論其必亡而以不任忠良不憂百姓知其必亡可謂善觀人之國矣然魏徵論吳亡之事則又有深意焉蓋頡利固數戰數勝者也太宗自起兵已來亦豈非數戰數勝者乎觀頡利之亡亦可惕然而懼矣厥後太宗既老而復興高麗之師殆近於李克之所論者太宗固曰魏徵若在不使我有是行豈不信哉

貞觀九年太宗謂魏徵曰頃讀周齊史末代亡國之主為惡多相類也齊主齊後主也名緯世祖之子深好奢侈好去聲所有府庫用之畧盡乃至關市無不稅歛去聲朕常謂此猶如饞人自食其肉肉盡必死人君賦歛不已百姓既斃其君亦亡齊主即是也然天元後周宣帝名贇自稱天元皇帝齊主若為優劣徵對曰二主亡國雖同其行則別行去聲齊主愞弱愞與懦同政出多門國無綱紀遂至亡滅天元性兇而強威

福在已亡國之事皆在其身以此論之齊主為劣舊本此章重出奢縱篇今去彼存此

愚按詩曰殷鑒不遠在夏后之世又曰宜鑒於殷峻命不易夫殷之鑒以夏周之鑒以殷太宗以開基之明君而能以亡國之庸君為鑒可謂知所鑒矣其得為寡過也宜哉至論周齊之治孰優魏徵以齊主為劣愚觀周子之書有剛惡柔惡之說然則天元其剛惡齊主其柔惡歟剛柔雖異亡國則一歟未易以優劣論也

貞觀政要卷八

欽定四庫全書

貞觀政要卷九

唐 吳兢 撰

元 戈直 集論

征伐第三十五 凡十三章

武德九年冬突厥頡利突利二可汗（音韓凡言可汗並同）以其衆二十萬至渭水便橋之北（漢武帝初作便門橋長安城北面西頭門即平門也古者平便字同於此道作橋跨渡渭水以趨茂陵此便橋是也）遣酋帥執失思力（酋帥長帥也執失虜姓思力其名）入朝為覘自張聲勢云二可汗總兵百萬今已至矣乃請返命太宗謂曰我與突厥面自和親汝則背之（背音倍）我無所愧何輒將兵（將去聲）入我畿縣自夸彊盛我當先戮爾矣思力懼而請命蕭瑀封德彝等請禮而遣之太宗曰不然今若放還必謂我懼乃遣囚之太宗曰頡利聞我國家新有內難（難去聲）又聞朕初即位所以率其兵衆直至於此謂我不敢拒之朕若閉門自守虜必縱兵大掠強弱之勢在今一策朕將獨出以示輕之且耀軍容使知必戰事出不意乖其本圖制服匈奴在

茲舉矣遂單馬而進隔津與語頡利莫能測俄而六軍繼至頡利見軍容大盛又知思力就拘由是大懼請盟而退（按通鑑載此事甚詳辭多不錄）

愚按蠻夷猾夏帝者嚴明刑之訓蠻夷率服帝者謹惇德之心故弼成五服之制於要服則近而揆文教遠而奮武衛至於荒服則流蔡而已內外之限截乎其不可紊也降及後世德不足以懷柔而猶乎威威不足以讋服而至于亂太宗內定中國外綏四夷以漢武窮征遠討而不能服者咸歸版圖若突厥為患久矣唐有天下之初已憑陵上國至于斯時率騎二十萬直至渭水亦云肆矣太宗一時輕騎示威其氣槩直可以寒氈裘之膽而奪之氣不以一矢相加遺而中國尊安裔夷退抑雖不可與帝者明刑惇德並論其不戰屈人亦足偉也謂之英武不亦宜乎

貞觀初嶺南諸州（今廣海之地）奏言高州（今仍舊隸海北）酋帥馮盎談殿（盎字明達高州人隋亡據嶺表唐興以其地降高祖封為越國公談殿人姓名亦據嶺表）阻兵反叛詔將軍藺謩（藺音吝姓也名謩）發江嶺（發江南道嶺南道諸州兵也）數十州兵討之秘書監魏徵諫曰中國初定瘡痍未復嶺南瘴癘山川阻深兵遠難繼疾疫或起若不如意悔不可追且馮盎若反即須及中國未寧交結遠人分兵斷險破掠州縣署置官司何因告來數年兵不出境此則

反形未成無容動衆陛下既未遣使人使去聲後同就彼觀察即來朝謁恐不見明今若遣使分明曉諭必不勞師旅自致闕庭太宗從之嶺表悉定侍臣奏言馮盎談殿往年恒相征伐陛下發一單使嶺外帖然太宗曰初嶺南諸州盛言盎反朕必欲討之魏徵頻諫以為但懷之以德必不討自來既從其計遂得嶺表無事不勞而定勝於十萬之師乃賜徵絹五百疋按通鑑貞觀九年九月馮盎談殿等迭相攻擊久未入朝諸奏盎反者以十數上命將討之魏徵諫曰云云上乃罷兵十月遣員外散騎侍郎李公掩持節慰諭之盎遣其子智戴隨使者入朝上曰魏徵令我發一介之使而嶺表遂安勝十萬之師不可不賞賜絹五百疋

唐氏仲友曰甚哉讒人之可畏也盎不為南越王於武德之初而肯反於貞觀耶譖言無端幾害忠良非魏徵何以明之以蕭銑輔公祏不足勞偏師剪除盎之區區何足當唐之興運然直壯曲老蘭暮可擊之狀未可必也太宗罷之明哉以尉佗之驕倨文帝猶以德懷而況盎乎全知命之臣止無名之師江淮以南所全活者不勝數矣仁人之言其利溥哉賢於十萬衆特以兵勢較之耳兵隙一開尺有所短寸有所長干戈轉餉瘴癘之鬼可以十萬其哉

愚按昔漢文之時人有上書告周勃欲反下廷尉捕治之薄太后曰絳侯始誅諸呂綰皇帝璽將兵於北軍不以此時反今居一小縣顧欲反耶帝乃赦之復爵邑此與魏徵論馮盎談殿之事頗同蓋周勃與於馮盎談殿之事勢而薄太后之言誠類於魏徵之諫也其察人之情亦明矣哉

貞觀四年有司上言林邑蠻國林邑南蠻國名漢南象郡之地在交州南千餘里表疏不順請發兵討擊之太宗曰兵者凶器不得已而用之故漢光武云每一發兵不覺頭鬚為白自古以來窮兵極武未有不亡者也苻堅自恃兵彊欲必吞晉室興兵百萬一舉而亡苻堅畧陽氐人晉時苻健據長安是為前秦健死子立苻堅弑主自立伐晉大敗後為姚萇所殺隋主亦必欲取高麗平聲頻年勞役人不勝怨勝平聲遂死於匹夫之手至如頡利往歲數來數音朔侵我國家部落疲於征役遂至滅亡朕今見此豈得輒即發兵且經歷山險土多瘴癘若我兵士疾疫雖剪此蠻亦何所補言語之間何足介意竟不討之按通鑑林邑獻大珠有司以其表辭不順請討之上曰好戰者亡如煬帝頡利皆所親見也小國勝之不武況未可必乎

胡氏曰太宗不以夷狄一言之慢遽興兵革幾於能忍然林邑表辭敢為不順者以獻大珠嘗試朝廷也還其獻則善矣今不聞還其獻則是太宗貪其寶而甘其慢也明年鸚鵡繼來則納侮多矣雖詔使者歸之而珠竟爾不還夫豈格遠人之道

愚按是年方擒突厥北土以寧有司請討林邑而太宗不欲再勞師以黷武也然自古窮兵極武未有不亡又取譬於苻堅之伐晉隋主之取遼與夫頡利之侵疆皆致於滅亡之地可謂知所鑒矣夫是三者皆太宗耳目之所聞而知見而知者也以此為鑒宜終其身而不忘夫何晚年興忽兵於遼水之上而不知止耶書曰終始慎厥與惟明明后後之人主式監在茲

貞觀五年康國即漢康居國一曰薩末鞬亦曰颯秣建元魏所謂悉萬斤者在那密水南君姓溫本月氏為突厥所破稍南依葱嶺其王屈木支請歸附時太宗謂侍臣曰前代帝王大有務廣土地以求身後之虛名無益於身其人甚困假令平聲於身有益於百姓有損朕必不為況求

虛名而損百姓乎康國既來歸朝有急難不得不救難去聲兵行萬里豈得無勞於人若勞人求名非朕所欲所請歸附不須納也

范氏祖禹曰太宗知招徠絕域之弊有所不為然以兵克者則以為已有而郡縣置之其為疲勞百姓一也豈先行其言而後從之者歟然其不受康國足以為後世法矣使其行事每如此其盛德可少貶哉

唐氏仲友曰古之待荒服之外正如此耳太宗推所以待康國而推之它夷不求臣服不亦善乎惜哉其未盡如此也

愚按闢四夷之境款殊俗之附三代未之聞也蓋遐荒遠夷不足關中國之重輕得之適足以勞民而不為益棄之斯足以安民而不為損其利害豈不甚明哉漢建武中西域求內屬光武以天下初定未遑外事而竟不許唐貞觀初康國請歸附太宗謂求虛名損百姓而竟不納二君柔遠之道可謂無愧于古宜乎為開基之明王也詩云惠此中國以綏四方二君之謂矣

貞觀十四年兵部尚書侯君集幽州人以雄才稱少事秦王從征伐有功王即位進吏部尚書後從承乾謀反事覺被誅伐高昌及師次柳谷西域地名候騎言高昌王麴文泰死文泰聞唐兵臨磧口憂懼不知所為發疾卒剋日將葬國人咸集以二千輕騎襲之可盡得也副將去聲薛萬均燉煌人萬徹之兄高祖以其材武授上柱國以計勝竇建德擊突厥有功拜將軍姜行本名確以字行以

幹力稱為宣威將軍太宗每出幸即以從平高昌有功封金城郡公皆以為然君集曰天子以高昌驕慢使吾恭行天誅乃於墟墓間以襲其葬不足稱武此非問罪之師也遂按兵以待葬畢然後進軍遂平其國按通鑑於是鼓行而進至田城諭之不下詰朝攻之及午而克虜男女計七千餘口遂降

唐氏仲友曰高昌地不千里勝兵纔萬人恃遠不賓太宗討之以其地控西域之中故也

愚按師平高昌所以闢西陲也高昌去唐七千餘里當是時可謂遠討矣然幸功臣夙將智勇足以制勝是以克成厥功自高昌既平之後唐之封域東西九千五百餘里南北一萬九百餘里為唐之

極盛故嘗謂太宗之世於帝王懷柔之道雖不足而方之漢武致遠之功則有餘也

貞觀十六年太宗謂侍臣曰北狄代為冠亂今延陀倔彊倔渠勿切延陀鐵勒諸部之姓倔彊不柔服也須早為之所朕熟思之惟有二策選徒十萬擊而虜之滌除兇醜百年無患此一策也若遂其來請與之為婚媾朕為蒼生父母苟可利之豈惜一女北狄風俗多由內政亦既生子則我外孫不侵中國斷可知矣以此而言邊境足得三十年來無事舉此二策何者為先司空房玄齡對曰遭隋室大亂之

後戶口大半未復兵凶戰危聖人所慎和親之策實天下幸甚按通鑑即命兵部侍郎崔敦禮持節使薛延陀以新興公主妻之

胡氏寅曰人各有偶天子之女非外夷所當偶皆世愚主則何較馬漢高祖唐太宗不世出之英主而皆以外夷為子壻人君見有不及則藉羣臣而正之房公狃於漢故不知遠稽先王豈非可嘆之甚邪夫薛延陀之未服也無乃吾德猶有所闕增修仁義而明其政刑來則接之不至不強也何必於服已乎此上策也舍而不用乃嫁女以結其心是為非策而太宗君臣正爾都俞不亦鄙歟

愚按上古帝王之御四夷也服則懷之以德叛則震之以威未聞與為婚姻也漢高帝時冒頓數苦北邊高帝從劉敬之請而結親唐武德中突厥遣使請昏高祖從裴矩之議而許昏然則和親之策漢高帝啟之於漢唐高祖啟之於唐皆非所以示子孫也劉敬固不必議裴矩亦毋足責房玄齡太宗之良相也乃曰兵戰聖人所慎和親實天下幸甚何不思之甚邪惟當勉其君曰兵戰則勞和親則辱皆不足以安百姓威四夷也君能行帝王之道以修其德教明其政刑則中國安而邊圉固來賓率服自有不期然而然者矣嗚呼君行之而不以為恥臣亦不以為非惜哉

貞觀十七年太宗謂侍臣曰蓋蘇文弒其主而奪其國政誠不可忍今日國家兵力取之不難朕未能即動兵眾且令契丹靺鞨擾之何如令平聲契音乞靺音末鞨音曷契丹東胡種元魏時號契丹靺鞨居肅慎地凡數部有黑水部獨彊房玄齡對曰臣觀古之列國

無不彊陵弱眾暴寡今陛下撫養蒼生將士勇銳將去聲力有餘而不取之所謂止戈為武者也昔漢武帝屢伐匈奴隋主三征遼左人貧國敗實此之由惟陛下詳察太宗曰善按通鑑不載玄齡之辭止載長孫無忌曰蓋蘇文自知罪大畏大國之討必嚴設守備陛下姑為之隱忍彼得以自安必更驕惰愈肆其惡然後討之未晚也上曰善

貞觀十八年太宗以高麗莫離支賊殺其主殘虐其下議將討之諫議大夫褚遂良進曰陛下兵機神筭人莫能知昔隋末亂離克平寇難難去聲及北狄侵邊西蕃失禮

陛下欲命將擊之（將去聲）羣臣莫不若諫唯陛下明略獨斷卒並誅夷（卒子聿切）今聞陛下將伐高麗意皆熒惑然陛下神武英聲不比周隋之主兵若渡遼事須剋捷萬一不獲無以威示遠方必更發怒再動兵衆若至於此安危難測太宗然之

按通鑑李勣又曰間者薛延陀入寇陛下欲發兵窮討魏徵諫而止使至今為患鄉用陛下之策北鄙安矣上曰然此誠徵之失朕尋悔之而不欲言恐塞良謀故也上欲自征高麗褚遂良上疏以為但命二三猛將四五萬衆仗陛下威靈取之如反掌耳今太子新立年尚幼穉自餘藩屏陛下所知一旦棄金湯之全踰遼海之險以天下之君輕行遠舉皆愚臣之所甚憂也時羣臣多諫者上皆不聽

范氏祖禹曰高麗臣屬於唐而其主為賊臣所弒為大國者不可不討然高麗之大未如突厥其險遠不過於高昌吐谷渾此三國者皆命將帥以偏師取之遂墟其國何獨至於高麗而欲自征之乎太宗若從遂良之言雖伐而不克亦未失也

朱氏黼曰自昔人主親睹亂敗者不勸而自懲深知禍咎者不戒而自戢煬帝伐遼之禍至於家夷國破身死而宗族屠蓋太宗目睹曽莫之懲而反疾趍以襲其蹟何哉蓋其心自謂吾之戰勝攻取國富民衆非隋敢望也乘平定四夷之餘力用諸將蕩平之餘威臨城一鼓可以勦除意定志決雖傾朝盡諫不可復止矣

唐氏仲友曰王魏既歿諫臣惟遂良爾而其識量不及魏徵李勣一折而遂良之諫不行勣武臣爾所見惟邊功奈天下計何魏徵在勣此言必不發就使有此言徵肯但已邪遂良以克為善則其言已不能無過矣胡不明夷夏之分申知足之戒以告帝曰高麗小醜不犯邊吏今而討之勝之不武不勝為笑不亦善乎勣之指魏徵乃以杜遂良之再諫惜乎不抗疏而力陳之太宗之欲用兵也指魏徵之失其悔用師也興魏徵之思諫臣繫國之輕重如此論諫必若魏徵可也

愚按貞觀十七年廷臣請增戍兵以逼高麗太宗曰遠人不服則修文德以來之未聞戍兵能威絕域者也斯言也帝王柔遠之道何以尚玆不數月而有討遼之議越明年而有親征之行不過為遼主雪怨為新羅報仇乃欲襲漢武隋煬之所為所存者小而所棄者大何言行之相反邪宜言之非艱而行之惟艱哉當時諫者多矣若玄齡之言以漢武隋煬為鑒戒誠保國之深規也無忌之言欲待其縱肆而後討亦保國之長策也遂良於下議之初固沮其意而親征之際復尼其行亦足少儆矣惜乎太宗意定志決而皆莫之從也若李勣沮遂良之諫以魏徵為非明致其君於不善之地此孟子所謂逢君之惡者其罪不亦大乎

貞觀十九年太宗將親征高麗開府儀同三司尉遲敬德奏言車駕若自往遼左皇太子又監國（監平聲）定州東西二京府庫所在雖有鎮守終是空虛遼東路遙恐有玄感之變（隋煬帝親征高麗楊玄感遂起兵圍東都）且邊隅小國不足親勞萬乘若克勝不足為武儻不勝翻為所笑伏請委之良

將去聲自可應時摧滅太宗雖不從其諫而議者是之按通鑑上不從以敵德為左一馬軍總管使從行

愚按陳恒弒其君孔子沐浴請討古者臣弒其君子弒其父人皆得而誅之高麗為唐之藩臣其君為莫離支所弒太宗舉兵討之其亦異乎煬帝無名之師矣但不當鑾輿自行耳尉遲敬德請委之良將自可摧滅其說是已然嘗論之高麗以蕞爾小國四拒隋師五拒唐師非有謀臣良將能如是乎當時李靖嘗言莫離支自謂知兵故輕中國太宗亦嘗諷靖使伐高麗靖欣然請行太宗不能從也異時無功而歸問於靖曰吾以天下之力屈於小夷何也靖曰兹事道宗知之蓋指駐蹕之戰請分軍襲平壤之事也由此論之太宗若用李靖為帥其平高麗必矣太宗不能用靖而用李勣為將

勣違惠真延壽之言舍烏骨而不攻昧城有不攻之計守安市而不置卒之師老糧少無功而返由不用靖而用勣也

禮部尚書江夏王道宗從太宗征高麗詔道宗與李勣為前鋒及濟遼水尅蓋牟城蓋音盍今為蓋州隸鎮東逢賊兵大至軍中僉欲深溝保險待太宗至徐進道宗議曰不可賊赴急遠來兵實疲頓恃衆輕我一戰可摧昔耿弇不以賊遺君父弇音揜耿弇漢光武將我既職在前軍當須清道以待輿駕李勣大然其議乃率驍勇數百騎直衝賊陣左右出入勣因合擊大破之太宗至深加賞勞去聲道宗在陣損足帝親為針灸音救賜以御膳按通鑑載此事甚詳辭多不錄

范氏祖禹曰太宗之伐高麗非獨恃其四海之富兵力之彊也本其少時奮於布衣志氣英果百戰百勝以取天下治安既久不能深思高拱猶思所以逞志扼腕踴躍喜於用兵如馮婦搏虎不能自止非有禮義以養其心中和以養其氣始於勇敢終於勇敢而已矣記曰貴於勇敢彊有力者貴其敢行禮義也天下無事則用之於禮義天下有事則用之戰勝用之於戰勝則無敵用之於禮義則順治太宗於天下無事不知用之禮義而惟以戰勝為美也是故以天子之尊而較勝於遠夷一戰而克自以為功其器不亦小哉

愚按漢耿弇之討張步也弇為飛矢所中光武時在魯知弇為步所攻自往救之未至陳俊謂弇曰劇虜兵盛可且閉營休士以待上來弇曰乘輿且到臣子當擊牛釃酒以待百官反欲以賊虜遺君父邪乃出戰而破之此與道宗敗高麗兵事正同蓋臣子之義職當如是也若道宗者可謂能盡臣子之義而弇不得專美於漢矣

太宗帝範曰貞觀二十二年正月太宗作帝範十二篇以賜太子曰君體建親求賢審官納諫去讒戒盈崇儉賞罰務農閱武崇文夫兵甲者夫音扶國家凶器也土地雖廣好戰則人凋好去聲中國雖安忘戰則人殆凋非保全之術殆非擬寇之方不可以全除不可以常用故農隙

講武習威儀也三年治兵辨等列也是以勾踐軾蛙卒成霸業（勾踐越王名越王既為吳所敗修德治兵謀雪吳恥見蛙下車拜之左右怪問越王曰彼亦有氣者）徐偃棄武終以喪邦（徐夷國子爵僭稱偃王周穆王聞之令楚伐徐徐子曰吾賴於文德而不明武備故至於此）何也越習其威徐忘其備也孔子曰以不教人戰是謂棄之（論語之辭）故知弧矢之利以威天下（易大傳曰弧矢之利以威天下）此用兵之機也

（愚按書稱放牛歸馬詩言戢戈櫜弓甚矣兵非聖人之所尚也然嘗觀周公作周禮極言師帥旅帥卒長伍長之制詳陳振旅茇舍治兵大閱之儀至於斬牲徇陳凜乎如大敵之臨焉是兵亦非聖人

之所廢也善乎太宗之言曰凋非保全之術殆非擬寇之方兵不可以全除亦不可以常用聖人復起不易斯言矣）

貞觀二十二年太宗將重討高麗（重平聲）是時房玄齡寢疾增劇顧謂諸子曰當今天下清謐咸得其宜唯欲東討高麗方為國害吾知而不言可謂銜恨入地遂上表諫曰臣聞兵惡不戢（惡烏去聲後同）武貴止戈當今聖化所覃無遠不暨上古所不臣者陛下皆能臣之所不制者皆能制之詳觀古今為中國患害無過突厥遂能坐運神策不下殿堂大小可汗相次束手分典禁衛執戟行間（行音杭後同）其後延陀鴟張（鴟惡鳥也）尋就夷滅鐵勒慕義請置州縣沙漠已北萬里無塵至如高昌叛渙於流沙吐渾首鼠於積石偏師薄伐俱從平蕩高麗歷代逋誅莫能討擊陛下責其逆亂殺主虐人親總六軍問罪遼碣未經旬日即拔遼東前後虜獲數十萬計分配諸州無處不滿雪往代之宿恥（隋文帝十八年高麗寇遼西遣楊諒討之無功煬帝六年徵其王元入朝不至八年徵天下兵擊之帝親征攻諸城不下來護兒宇文述等大敗九年復親征不拔十年復討之徵

其王入朝竟不至）掩崤陵之枯骨（左傳僖公三十三年晉人及姜戎敗秦師於殽文公二年秦伯伐晉濟河焚舟取王官及郊晉人不出遂自茅津濟封殽尸而還）比功校德萬倍前王此聖主所自知微臣安敢備說且陛下仁風被于率土孝德彰於配天覩夷狄之將亡則指期數歲授將帥之節度（將帥之將去聲後同）則決機萬里屈指而候驛視景而望書符應若神算無遺策擢將於行伍之中取士於凡庸之末遠夷單使（去聲）一見不忘小臣之名未嘗再問箭穿七札（札甲也養由基射穿七札）弓貫六鈞（左傳定公八年魯伐齊士皆列顏高之弓六鈞）加

以留情墳典屬意篇什（屬音燭）筆邁鍾張（見師傅篇注）詞窮賈馬（漢賈誼司馬相如皆文人）文鋒既振則宮徵自諧（徵音止）輕翰暫飛則花葩競發撫萬姓以慈遇羣臣以禮褒秋毫之善解吞舟之網逆耳之諫必聽膚受之愬斯絕（論語曰膚受之愬不行焉可謂明也已矣）好生之德（好去聲）禁障塞於江湖惡殺之仁息鼓刀於屠肆梟鶴荷稻粱之惠（荷去聲）犬馬蒙帷蓋之恩降尊吮思摩之瘡（貞觀十九年太宗征遼攻白巖城右衛大將軍李思摩為流矢所中太宗親為之吮血）登堂臨魏徵之柩（臨去聲十七年正月魏徵卒太宗臨哭之慟）哭戰亡

之卒則哀動六軍（十九年太宗征高麗至營州詔遼東戰亡士卒骸骨並集柳城東南命有司設太牢上自作文祭之臨哭盡哀）負填道之薪則情感天地（十九年太宗渡遼澤泥潦車馬不通命長孫無忌將萬人剪草填道水深處以車為梁上自繫薪於馬鞘以助役）重黔黎之大命特盡心於庶獄臣心識昏憒豈足論聖功之深遠談天德之高大哉陛下兼衆美而有之靡不備具微臣深為陛下惜之重之愛之寶之周易曰知進而不知退知存而不知亡知得而不知喪又曰知進退存亡而不失其正者其惟聖人乎（易文言傳釋乾卦之辭）由此言之進有退之義存有亡之機得有喪之理老臣所以為陛下惜之者蓋謂此也老子曰知足不辱知止不殆臣謂陛下威名功德亦可足矣拓地開疆亦可止矣彼高麗者邊夷賤類不足待以仁義不可責以常理古來以魚鱉畜之宜從闊畧必欲絕其種類深恐獸窮則搏且陛下每決死囚必令（平聲）三覆五奏進素食停音樂者蓋以人命所重感動聖慈也況今兵士之徒無一罪戾無故驅之於戰陣之閒委之於鋒刃之下使肝腦塗地魂魄無歸

令其老父孤兒寡妻慈母望轊車而掩泣抱枯骨而摧心足變動陰陽感傷和氣實天下之寃痛也且兵凶器戰危事不得已而用之向使高麗違失臣節而陛下誅之可也侵擾百姓而陛下滅之可也久長能為中國患而陛下除之可也有一於此雖日殺萬夫不足為媿今無此三條坐煩中國內為舊主雪怨（為去聲後外為同十七年高麗臣莫離支弑其君建武而獨專國政太宗於是有征遼之議）外為新羅報讎（十七年新羅遣使言百濟攻取其國四十餘城復與高麗連兵謀絕新羅入朝之路乞兵救援上命司農丞相里玄奬齎璽書賜高

麗使勿攻新羅莫離支竟不從玄奘還具言其狀上於是欲征之豈非所存者小所損者大願陛下遵皇祖老子止足之誡以保萬代巍巍之名發霈然之恩降寛大之詔順陽春以布澤許高麗以自新焚凌波之船罷應募之衆十八年太宗欲征遼東長安洛陽募士三千戰艦五百艘自然華夷慶頼遠肅邇安臣老病三公朝夕入地所恨竟無塵露微增海岳謹罄殘魂餘息豫代結草之誠左傳宣公十五年秦伐晉次於輔氏魏顆敗秦師獲杜回初魏武子有嬖妾無子武子疾命顆曰必嫁是疾甚則曰必殉及卒顆見老人結草以亢杜回杜回躓而顛故獲之夜夢之曰余而所嫁之婦人父也爾用爾

先人之治命余是以報儻蒙録此哀鳴即臣死骨不朽太宗見表歎曰此人危篤如此尚能憂我國家雖諫不從終為善策

唐氏仲友曰易既濟六二與未濟九三均是伐鬼方均是三年之伐在既濟則戒之在未濟則勉之武功之未成聖人必勉之於始武功之既成聖人必戒之於終玄齡之書得既濟之象太宗莫之聽者無畏相之心耳

朱氏黼曰玄齡於太宗左右未嘗有所可否每逢帝怒惟震懼遜謝非不能諫也史稱王魏善諫諍房杜讓其直是以太宗初舉伐遼遂良再言之不聽至是再舉外庭無敢一言雖玄齡任用之久相信之深亦不敢面陳於在廷之日獨表諫於屬纊僅存之際理切詞盡太宗嘉納不之從也至身沒而後罷之以此觀太宗晚節大畧可攷矣

愚按玄齡此疏乃太宗征遼無功之後忠謀再舉之時而玄齡行將屬纊之日也此疏辭意懇切何乃不見於初親征之際耶豈太宗忿心難懲縱忠言苦口不足以尼其行耶毋乃俟其大舉無成夫然後諫耶然玄齡此疏切矣太宗止曰此人危篤尚能憂我國家亦未有樂從之意越明年則以疾而命皇儲聽政矣否則忿兵再舉事未可知也書曰無怠無荒四夷來王又曰明王慎德四夷咸賓帝王保治厥有旨哉以太宗之賢猶爾況其次者乎

貞觀二十二年軍旅亟動宮室互興百姓頗有勞弊充

容唐制女官號九嬪之一也徐氏名惠長城人生五月能言四歲通經八歲屬文父孝德嘗試使擬離騷為小山篇曰仰幽巖而流眄撫桂枝以凝想將千齡兮此遇荃何為兮獨往太宗聞之名為才人手不釋卷文辭敏贍帝益禮顧永徽初卒贈賢妃上疏諫曰貞觀已來二十有餘載風調雨順年登歲稔人無水旱之弊國無饑饉之灾昔漢武帝守文之常主猶登刻玉之符漢武帝封泰山下東方如郊祠太一之禮封廣丈二尺高九尺其下則有玉牒書書秘禮畢禪肅然山齊桓公小國之庸君尚塗塗圖古通用泥金之望齊桓公既霸會諸侯於葵丘欲行封禪後漢制封禪用玉牒玉撿以水銀和之為泥望者望而祭也陛下推功損已讓德不居億兆傾心猶

闕告成之禮（通典古者帝王之興每易姓而起以致太平必封乎泰山所以告成功也）云亭佇謁未展升中之儀（黃帝禪亭亭五帝禪云云皆山名禮云升中于天）此之功德足以咀嚼百王網羅千代者矣然古人有云雖休勿休良有以也守初保末聖哲罕兼是知業大者易驕（易以豉切後同）願陛下難之善始者難終願陛下易之竊見頃年以來力役兼總東有遼海之軍西有崑丘之役士馬疲於甲冑舟車倦於轉輸（轉去聲）且召募投戍去留懷死生之痛因風阻浪往來有漂溺之危一夫力耕年無數十之獲一船致損則傾覆數百之糧是猶運有盡之農功填無窮之巨浪圖未獲之他衆喪已成之我軍雖除兇伐暴有國常規然黷武窮兵先哲所戒昔秦皇併吞六國反速危禍之基晉武奄有三方翻成覆敗之業豈非矜功恃大棄德輕邦圖利忘害肆情縱欲遂使悠悠六合雖廣不救其亡嗷嗷黎庶因弊以成其禍是知地廣非常安之術人勞乃易亂之源願陛下布澤流仁（此下疑闕四字）減行役之煩增雨露之惠妾又聞為政之本貴在無為

竊見土木之功不可兼遂北闕初建南營翠微曾未踰時玉華創制（曾音層翠微玉華並宮名）非惟構架之勞頗有工力之費雖復茅茨示約猶興木石之疲假使和雇取人不無煩擾之弊是以卑宮菲室聖王之所安金屋瑤臺驕主之為麗故有道之君以逸逸人無道之君以樂樂身（樂音洛）願陛下使之以時則力不竭矣用而息之則心斯悅矣夫珍玩技巧為喪國之斧斤（夫音扶後同）珠玉錦繡實迷心之酖毒竊見服玩鮮靡如變化於自然職貢奇珍若神仙之所製雖馳華於季俗實敗素於淳風是知漆器非延叛之方桀造之而人叛玉杯豈招亡之術紂用之而國亡（紂始為象著箕子曰彼為象著必將為犀玉之杯）方驗侈麗之源不可不遏夫作法於儉猶恐其奢作法於奢何以制後伏惟陛下明照未形智周無際窮奧祕於麟閣（漢宣帝圖功臣於麒麟閣）盡探賾於儒林（探平聲賾士革切）千王理亂之蹤百代安危之迹興亡衰亂之數得失成敗之機固亦包吞心府之中循環目圍之內乃宸衷久察無假一二言焉惟知之非

難行之不易志驕於業著體逸於時安伏願抑志摧心愼終成始削輕過以添重德擇今是以替前非則鴻名與日月無窮盛業與乾坤永泰太宗甚善其言特加優賜甚厚

愚按人臣進諫於君古人擬之批鱗雖士夫猶以為難況婦人女子乎其見之史傳則鄧曼論莫敖之敗成風請須句之封班婕辭共輦之載劉氏救元達之刑寥寥千載不多見也太宗納諫之德冠絕古今外之房杜王魏內之文德皇后亦足以交修而夾輔之矣宮妾之中復有如徐氏者焉觀其諫疏有老師宿儒不能遠過者嗚呼賢哉

安邊第三十六 凡二章

貞觀四年李靖擊突厥頡利敗之其部落多來歸降者（降下江切後同）詔議安邊之策中書令溫彥博議請於河南處之（處上聲後同）準漢建武時置降匈奴於五原塞下（塞音賽後同五原塞今為豐州隸河東）全其部落得為捍蔽又不離其土俗因而撫之一則實空虛之地二則示無猜之心是含育之道也太宗從之秘書監魏徵曰匈奴自古至今未有如斯之破敗此是上天勦絕宗廟神武且其世寇中國萬姓寃讐陛下以其為降不能誅滅即宜遣發河北（今山東道）居其舊土匈奴人面獸心非我族類強必寇盜弱則卑伏不顧恩義其天性也秦漢患之者若是故時發猛將以擊之（將去聲）收其河南以為郡縣陛下奈何以內地居之且今降者幾至十萬數年之後滋息過倍居我肘腋甫邇王畿心腹之疾將為後患尤不可處以河南也溫彥博曰天子之於萬物也天覆地載有歸我者則必養之今突厥破除餘落歸附陛下不加憐愍棄而不納非天地之

道阻四夷之意臣愚甚為不可宜處之河南所謂死而生之亡而存之懷我厚恩終無叛逆魏徵曰晉代有魏時胡部落分居近郡江統勸逐出塞外武帝不用其言數年之後遂傾瀍洛（江統字應元陳留人晉武帝時為山陰令時關隴為氐羌所擾統深惟四夷亂華宜杜其萌乃作徙戎論帝不能用未及十年而夷狄亂華時人服其深識）前代覆車殷鑒不遠陛下必用彥博言遣居河南所謂養獸自遺患也彥博又曰臣聞聖人之道無所不通突厥餘魂以命歸我收居內地教以禮法選其酋首（酋慈由切後同）遣居宿

衛畏威懷德何患之有且光武居河南單于於內郡單音蟬以為漢藩翰終於一代不有叛逆又曰隋文帝勞兵馬費倉庫樹立可汗令復其國令平聲後同後孫恩失信圍煬帝於鴈門隋開皇二十年文帝以突厥突利為啟民可汗妻以義成公主大業十一年煬帝巡北邊始畢可汗帥騎數十萬謀襲帝義成公主遣使告變帝馳入鴈門突厥圍鴈門急攻之帝泣目盡腫後公主以計解圍今陛下仁厚從其所欲河南河北任情居住各有酋長音掌不相統屬力散勢分安能為害給事中杜楚客如晦弟也少尚奇節初建成難作逃舍嵩山貞觀四年召為給事中太宗曰人不恤無官患才不副而兄與我共支一心者爾當如兄事我進蒲州刺史有能名遷工部尚書攝府事以威肅聞進曰北狄人面獸心難以德懷易以威服易以豉切令其部落散處河南逼近中華久必為患至如鴈門之役雖是突厥背恩背音倍自由隋主無道中國以之喪亂豈得云興復亡國以致此禍夷不亂華前哲明訓存亡繼絕列聖通規臣恐事不師古難以長久太宗嘉其言方務懷柔未之從也卒用彥博策卒子聿切自幽州至靈州東至幽州西至靈州也置順祐化長四州都督府以處之其人居長安者近且萬

家自突厥頡利破後諸部落首領來降者皆拜將軍中郎將布列朝廷郎將之將去聲五品已上百餘人殆與朝士相半唯拓拔不至拓他各切拔蒲末切夷複姓又遣招慰之使者相望於道使去聲涼州都督李大亮以為於事無益徒費中國上疏曰臣聞欲綏遠者必先安近中國百姓天下根本四夷之人猶於枝葉擾其根本以厚枝葉而求久安未之有也自古明王化中國以信馭夷狄以權故春秋云戎狄豺狼不可厭也諸夏親暱不可棄也左傳閔公元年管仲告齊侯之辭自陛下君臨區宇深根固本人逸兵強九州殷富四夷自服今者招致突厥雖入提封臣愚稍覺勞費未悟其有益也然河西民庶鎮禦藩夷州縣蕭條戶口鮮少鮮上聲加因隋亂減耗尤多突厥未平之前尚不安業匈奴微弱以來始就農畝若即勞役恐致妨損以臣愚惑請停招慰且謂之荒服者故臣而不納是以周室愛民攘狄竟延八百之齡秦王輕戰事胡故四十載而絕滅漢文養兵靜守天下安豐孝武揚威遠畧海內虛耗

雖悔輪臺追已不及漢武帝既悔遠征伐而搜粟都尉桑弘羊與丞相御史奏言故輪臺以東有溉田五千頃以上請置校尉分護歲收其利以威西國上不從乃下詔深陳既往之悔至于隋室早得伊吾兼統鄯善伊吾鄯善並西域國名伊吾在大磧外南至玉門關八百里漢宜禾都尉所治且既得之後勞費日甚虛內致外竟損無益遠尋秦漢近觀隋室動靜安危昭然備矣伊吾雖已臣附遠在藩磧民非夏人地多沙鹵其自豎立稱藩附庸者請羈縻受之使居塞外必畏威懷德永為藩臣蓋行虛惠而收實福矣近日突厥傾國入朝既不能俘之江淮

以變其俗乃置於內地去京不遠雖則寬仁之義亦非久安之計也每見一人初降賜物五疋袍一領酋長悉授大官祿厚位尊理多縻費以中國之租賦供積惡之凶虜其衆益多非中國之利也太宗不納十三年太宗幸九成宮突厥可汗弟中郎將阿史那結社率陰結所部將去聲阿史那突厥姓名結社率突利可汗之弟時為中郎將并擁突利子賀羅鶻夜犯御營事敗皆捕斬之太宗自是不直突厥悔處其部衆於中國還其舊部於河北建牙於故定襄城立李思摩為乙彌泥熟俟利苾可汗以主之因謂侍臣曰中國百姓實天下之根本四夷之人乃同枝葉擾其根本以厚枝葉而求久安未之有也初不納魏徵言遂覺勞費日甚幾失久安之道幾平聲舊本李大亮疏以下至太宗不納另為一章十三年以下接前段為一章今按其是一事因次第其辭合為一章又按通鑑載此事衆議甚詳辭多不錄

胡氏寅曰獻言之道惟理是憑則言必忠聽言之道勿以同於已言為是則聽必審太宗處降突厥徧詢在廷未若魏徵之言盡善也而太宗不從顧用溫彥博之策何也彥博之策太宗之所欲為者其偶同歟未可知也其先意承志歟未可知也如所見偶同則不應言之再三如先意承志則不得為忠矣太宗用

其言未幾有失及帳殿之變如此而欲功加外荒冠帶百蠻者非聖主之盛節也

又曰魏公嘗勸用侯君集為宰相君集反太宗疑徵黨之絕昏仆碑溫彥博勸居突厥塞內突厥反太宗不怒彥博而追思魏徵之言事同而處之異何也以見留突厥塞內使充宿衛如一家者本太宗雄夸之心彥博探其微贊之故不以歸咎歟雖然行宮入幕之變亦已危矣太宗慕冠帶百蠻之名推心不疑幾至危殆豈非後世之永戒哉

唐氏仲友曰荀卿言以德兼人者王以富兼人者貧突厥既破頡利既擒若用魏公之言使處河北於邊無擾於國無費不亦善乎乃卒用彥博之策若不因結社之亂悉徙故地假之數世蕃孳為唐之費不亦重乎大抵處置降人最難內之中國亂華俗置諸塞內生後患惟反之故地為立君長從其故俗服則為

藩國去不為叛
臣此長策也

愚按昔成周盛時四夷來朝坐之國門之外蓋亦如九服之制蠻夷鎮藩在所外也春秋之世秦晉遷陸渾之戎于伊川其後揚拒泉皐伊雒之戎入王城伐京師雖子帶之所召亦始遷之失也晉江統之論可以為鑑矣唐興太宗以武定天下天下既平窮荒悉服突厥之委命闕庭尤漢以下之所無者固宜置之中夏夸示遠近也當是時魏徵以忠直得上心屢有回天之力而竟莫之回溫彥博以儒臣遇合處置部落之議胡為乎獨異衆正之見邪遂使蕃酋列在禁衛有因而入居長安者近萬家此與陸渾之居伊雒何以異哉彼為成周之衰時此為有唐之盛際太宗樂於從魏徵之言者胡獨於此而不從之乎他日祿山之亂宮闈豈非太宗詒謀有以啟之

貞觀十四年侯君集平高昌之後太宗欲以其地為州縣魏徵曰陛下初臨天下高昌王先來朝謁自後數有商胡[數音朔]稱其遏絕貢獻加之不禮大國詔使[使去聲]遂使王誅載加若罪止文泰[高昌王姓麴名文泰]斯亦可矣未若因撫其民而立其子所謂伐罪弔民威德被於遐外為國之善者也今若利其土壤以為州縣常須千餘人鎮守數年一易每來往交替死者十有三四遣辦衣資離別親戚十年之後隴右空虛陛下終不得高昌撮穀尺布以助中國所謂散有用而事無用臣未見其可太宗不從竟以其地置西州仍以西州為安西都護府每歲調發千餘人[調去聲]防遏其地黃門侍郎褚遂良亦以為不可上疏曰臣聞古者哲后臨朝明王創業必先華夏而後夷狄廣諸德化不事遐荒是以周宣薄伐至境而反[周宣王名靖詩曰薄伐玁狁至于太原言逐出之而不窮追也]始皇遠塞中國分離[秦始皇使蒙恬發兵三十萬人收河南地為四十四縣築長城因地形用制險塞起臨洮至遼東延袤萬餘里]陛下誅滅高昌威加西域收其鯨鯢以為州縣然則王師初

發之歲河西供役之年[供平聲]飛芻輓粟十室九空數郡蕭然五年不復陛下每歲遣千餘人而遠事屯戍終年離別萬里思歸去者資裝自須營辦既賣菽粟傾其機杼經途死亡復在方外兼遣罪人增其防遏所遣之內復有逃亡官司捕捉為國生事[為去聲]高昌塗路沙磧千里冬風氷冽夏風如焚行人遇之多死易云安不忘危理不忘亂設令[令平聲]張掖塵飛酒泉烽舉[張掖今為甘州路酒泉今為肅州路隸甘肅]陛下豈能得高昌一人菽粟而及事乎終須發

隴右諸州星馳電擊由斯而言此河西者方於心腹彼高昌者他人手足豈得糜費中華以事無用陛下平頡利於沙塞滅吐渾於西海突厥餘落為立可汗吐渾遺萌更樹君長（音掌）復立高昌非無前例此所謂有罪而誅之既服而存之宜擇高昌可立者徵給首領遣還本國負戴洪恩長為藩翰中國不擾既富且寧傳之子孫以貽後代疏奏不納至十六年西突厥遣兵寇西州太宗謂侍臣曰朕聞西州有警急雖不足為害然豈能無憂

乎往者初平高昌魏徵褚遂良勸朕立麴文泰子弟依舊為國朕竟不用其計今日方自悔責昔漢高祖遭平城之圍而賞婁敬（漢高帝欲擊匈奴使婁敬使匈奴還報曰匈奴伏奇兵以爭利不可擊也上怒曰齊虜以口舌得官迺令妄言沮吾軍械繫敬至廣武遂至平城匈奴果出奇兵圍帝白登七日然後得解還至廣武赦敬曰吾不用公言以困平城迺封敬千戶為關內侯）袁紹敗於官渡而誅田豐（漢獻帝時曹操兵大破袁紹於官渡紹與八百騎渡河走至黎陽眾稍復歸或謂田豐曰君必見重豐曰公今戰敗而歸內恚將發吾不望生紹謂逢紀曰田別駕前諫止吾吾慙之紀曰豐聞將軍之退拊手大笑喜其言之中也袁紹遂殺豐）朕恒以此二事為誡寧得忘所言者乎

范氏祖禹曰魏徵之言其利害非不明也以太宗之智豈不足知之惟其好大而喜遠矜功而徇名不能以義制心故忠言有所不從而欲前世帝王皆莫我若也

又曰有國者喪師之禍小而或以霸秦穆公句踐是也得地之禍大而或以亡楚靈王齊湣王是也是故廣地不若廣德強兵不若強民先王患德之不足而不患地之不廣患民之不安不患兵之不強封域之外聲教所不及者不以煩中國也太宗不從忠諫卒自咎悔況不若太宗之彊而可為乎

胡氏寅曰中國禮義之地四夷所為視效而賓服者也高昌有罪王師討之既聞其喪是罪人已死則宜按兵遣使立其嗣子懷以恩信乃不攻而自服之道也今乃伐其憂荒無禮無義夫豈天子之兵乎是故以利言之乘人之隙迫以強暴坐收數百里之地斥廣輿圖信足以夸耀一時以義言之則窮兵遠討以

高昌王一人桀驁之故而係累其孫郡縣其土仁者不為也

真氏德秀曰是時褚遂良亦諫不從十七年西突厥入寇帝悔之曰魏徵褚遂良勸我復立高昌吾不用其言今方自咎耳初議處突厥於河南徵爭之而帝不從後以結社率之變而悔後議以高昌為郡縣徵爭之而帝復不從又以西突厥入寇而悔使早從忠言安有是哉然知過而能悔此其所以興也

愚按自夏禹西戎即敘之後成周西旅底貢之餘通西域而開玉關極城郭諸國悉服實始於漢武然中國勞弊亦已甚矣閉玉關謝西域此光武所以為盛德也太宗滅高昌置都護由是為開通西域之計而燕支疏勒丘兹于闐四鎮遂為遐陬重地至于開元自玉門以西烟火萬里為唐極盛曾幾何時天寶以後事勢日非前日之輿圖舉為戎馬之郊矣周公有言曰德不加焉則君子不饗其

貿政不施焉則君子不臣其人況奪其土地而置以郡縣乎務廣地不如務廣德古訓宜虛語哉

貞觀政要卷九

欽定四庫全書

貞觀政要卷十

唐 吳兢 撰

元 戈直 集論

行幸第三十七（凡四章）

貞觀初太宗謂侍臣曰隋煬帝廣造宫室以肆行幸自西京至東都離宫别館相望道次乃至并州涿郡（今涿州路隸腹裏）無不悉然馳道皆廣數百步種樹以飾其傍人力不堪相聚為賊逮至末年尺土一人非復已有以此觀之廣宫室好行幸（好去聲）竟有何益此皆朕耳所聞目所見深以自誡故不敢輕用人力惟令（令平聲）百姓安靜不有怨叛而已

貞觀十一年太宗幸洛陽宫泛舟于積翠池顧謂侍臣曰此宫觀臺沼（觀去聲）並煬帝所為所謂驅役生人窮此雕麗復不能守此一都以萬人為慮好行幸不息（好去聲）人所不堪昔詩人云何艸不黄何日不行（詩大雅何艸不黄篇之辭）小東大東杼軸其空（詩小雅大東篇之辭）正謂此也遂使天下怨叛身死國滅今其宫苑盡為我有隋氏傾覆者豈惟其君無道亦由股肱無良如宇文述虞世基裴藴之徒（皆隋之臣）居高官食厚禄受人委任惟行諂佞蔽塞聰明欲令其國無危（令平聲）不可得也司空長孫無忌奏言隋氏之亡其君則杜塞忠讜之言臣則苟欲自全左右有過初不糾舉寇盜滋蔓亦不實陳據此即不惟天道實由君臣不相匡弼太宗曰朕與卿等承其餘弊惟須弘道移風使萬世永賴矣

貞觀十三年太宗謂魏徵等曰隋煬帝承文帝餘業海内殷阜若能常處關中（處上聲）豈有傾敗遂不顧百姓行幸無期徑往江都不納董純崔象（皆隋之臣）等諫諍身戮國滅為天下笑雖復帝祚長短委以玄天而福善禍淫亦由人事朕每思之若欲君臣長久國無危敗君有違失臣須極言朕聞卿等規諫縱不能當時即從再三思審必擇善而用之

貞觀十二年太宗東巡狩將入洛次於顯仁宫宫苑官

司多被責罰侍中魏徵進言曰陛下今幸洛州為是舊征行處（為去聲後為其同）庶其安定故欲加恩故老城郭之民未蒙德惠官司苑監多及罪辜或以供奉之物不精（供平聲）又以不為獻食此則不思止足志在奢靡既乖行幸本心何以副百姓所望隋主先命在下多作獻食獻食不多則有威罰上之所好（去聲）下必有甚競為無限遂至滅亡此非載籍所聞陛下目所親見為其無道故天命陛下代之當戰戰慄慄每事省約祭蹤前列昭訓子孫

柰何今日欲在人之下陛下若以為足今日不啻足矣（啻音翅）若以為不足萬倍於此亦不足也太宗大驚曰非公朕不聞此言自今已後庶幾無如此事（幾平聲　按通鑑係十一年上至顯仁宮宮吏以闕儲偫有被譴責魏徵諫曰云云上驚曰非公不聞此言因謂長孫無忌等曰朕昔過此買飯而食僦舍而宿今供頓如此豈得猶嫌不足乎）

范氏祖禹曰富而不忘貧則能保其富矣貴而不忘賤則能保其貴矣夫以萬乘之貴四海之富而猶以為不足何哉忘其始之賤貧而欲大無窮也是以高宗舊勞于外爰曁小人及其即位卒為賢君文王卑服即康功田功周公作書以戒成王恐其不知稼穡之艱難而驕逸也漢文有曰朕能任衣寇念不至此是以恭儉愛民惟恐傾之嗚呼其可謂有德者矣若太宗聞諫而能自省不亦賢乎又曰太宗可謂不忘戒矣觀隋之宮室而以諂諛掩蔽戒羣臣夫知彼之所以亡則圖我之所以存而不敢怠矣此三王之所由興也

愚按有虞之制五載一巡守成周之盛六年一時巡肆覲羣后大明黜陟協時月正日同律度量衡無非事也其車從至為簡省其供給至為儉約故民以其所行為幸所不行為不幸所謂吾王不遊吾何以休是也後世楊廣朱溫巡遊不息始務豐侈其飲食美麗其行宮以供給過制為賢能以置頓不備為罷軟州縣承風競為勞費於是百姓聞車馬之音見羽旄之美舉疾首蹙頞而相告矣太宗親睹煬帝之禍猶以供奉不精多所責罰況其餘者乎夫古之巡幸所以徇民後之巡幸所以徇

已人君欲復虞周巡守之制苟不先省其車從之數約其供給之儀未有不蹈隋梁之失者也

畋獵第三十八（凡五章）

秘書監虞世南以太宗頗好畋獵（好去聲）上疏諫曰臣聞秋獮冬狩蓋惟恒典（獮音蘚周禮大司馬仲秋教治兵以獮田致禽以祀祊仲冬教大閱以狩田致禽以享烝）射隼從禽備乎前誥（射食亦切隼荀尹切禽也）伏惟陛下因聽覽之餘辰順天道以殺伐將欲摧斑碎掌親御皮軒（田獵之車也）窮猛獸之窟穴盡逸材之林藪夷兇翦暴以衛黎元收革擢羽用充軍器舉旗効獲式遵前古然黄

屋之尊金輿之貴八方之所仰德萬國之所繫心清道
而行猶戒銜橜斯蓋重慎防微為社稷也為去聲是以馬
卿直諫於前司馬相如字長卿漢武帝時為郎嘗從帝獵長楊帝好自擊熊豕馳逐野獸相如上
疏諫帝從之張昭變色於後張昭字子布彭城人為吳主孫權軍師權嘗乘馬射虎昭變色
而諫之臣誠細微敢忘斯義且天弧星罼音畢網也所殪已多
殪音翳殺死也頒禽賜獲皇恩亦溥伏願時息獵車且韜長戟
不拒芻蕘之請降納涓澮之流袒裼徒搏任之羣下則
貽範百王永光萬代太宗深嘉其言

愚按傳曰春蒐夏苗秋獮冬狩皆於農隙以講武
也王制天子無事則歲三田周禮大閱之制獨為
詳備則畋獵固古禮也何外作禽荒見於大禹之
訓而不敢盤于遊田乃為文王之德正以畋獵雖
古制有因是而勞師糜武妨農害民者矣況後世
萬乘之動供給之繁徵求之夥乎太宗身親行陣
尅捷奏功其於遊獵固其好尚必有不遵制而
病民者宜世南懇切之諫有以動上之聽矣

谷那律魏州昌樂人貞觀中累遷國子博士後遷諫議大夫淹識羣書褚遂良稱為九經庫為諫
議大夫嘗從太宗出獵在途遇雨太宗問曰油衣若為
得不漏對曰能以瓦為之必不漏矣意欲太宗弗數遊
獵數音朔大被嘉納賜帛五十段加以金帶按通鑑此事係在高宗永徽元年九月癸亥與此異而新舊唐書則同

唐氏仲友曰谷那律淹識羣書褚遂良嘗稱為九經
庫油衣瓦為不漏之對可見質直蓋淹識之士難乎
質直故三益之友得一
已善而況兼之者乎

愚按家語記孔子之言曰忠臣之諫君有五義焉
其五曰諷諫惟度主以行之吾從其諷諫乎夫所
以諷諫者假他事引援而諫者也谷那律以儒學
之臣居諫議之職以瓦為衣之對雖過於質直其
諷諫之謂乎太宗悅其直而
賞賚之是亦從諫之美也

貞觀十一年太宗謂侍臣曰朕昨往懷州今懷慶路隸腹裏有
上封事者云何為恒差山東衆丁於苑內營造即日徭

役似不下隋時懷洛以東殘人不堪其命而田獵猶數
音朔驕逸之主也今者復來懷州田獵忠諫不復至洛陽
矣復音缶四時蒐田蒐音搜春曰蒐夏曰苗秋曰獮冬曰狩既是帝王常禮
今日懷州秋毫不干於百姓凡上書諫正自有常準臣
貴有詞主貴能改如斯詆毀有似呪詛侍中魏徵奏稱
國家開直言之路所以上封事者尤多陛下親自披閱
或冀臣言可取所以僥倖之士得肆其醜臣諫其君甚
須折衷從容諷諫從即容切漢元帝名奭嘗以酎祭宗廟酎音紂三

（重釀酒也味厚故以薦宗廟）出便門御樓船御史大夫薛廣德（字長卿沛郡人）當乘輿免冠曰宜從橋陛下不聽臣言臣自刎以頸血汙車輪（汙去聲）陛下不入廟矣元帝不悅光祿卿張猛進曰臣聞主聖臣直乘船危（乘去聲後同）就橋安聖主不乘危廣德言可聽元帝曰曉人不當如是耶乃從橋以此而言張猛可謂直臣諫君也太宗大悅

愚按魏徵不取廣德之直言而取張猛之直諫不過順太宗之意而言耳蓋嘗聞先儒之言曰諫者之委曲君德未信於人也諫者之剴切君德已信於人也其遜其忤言者之得失則二在人主為進

德之驗則一而已由此觀之諫書詆毀有似詛咒此正太宗君德信於人之驗也若以張猛之諷諫為是則是以漢元之昏庸期太宗耳豈責難之道乎

貞觀十四年太宗幸同州（今仍舊隸陝西）沙苑親格猛獸復晨出夜還（還音旋後同）特進魏徵奏言臣聞書美文王不敢盤于遊田（周書曰文王不敢盤于遊田以庶邦惟正之供）傳述虞箴稱夷羿以為戒（傳去聲左傳魏絳告晉侯曰昔虞人之箴曰在帝夷羿冒于原獸虞箴如是可不懲乎）昔漢文臨峻坂欲馳下袁盎（楚人漢文帝時為中郎將）攬轡曰聖主不乘危（乘平聲）不徼幸今陛下騁六飛（馬名）馳不測之山如有馬驚車敗陛下縱欲自輕奈高廟何（文帝從霸陵上欲西馳下峻坂袁盎諫帝曰將軍怯耶盎曰臣聞千金之子不垂堂百金之子不倚衡云云帝乃止）孝武好格猛獸（好去聲後同）相如進諫力稱烏獲（秦武王力士舉龍文鼎者）捷言慶忌（吳王僚之子走能捷）人誠有之獸亦宜然猝遇逸材之獸駭不存之地雖烏獲逢蒙之伎（逢音龐逢蒙古之善射者）不得用而枯木朽株盡為難矣雖萬全而無患然而本非天子所宜（事見首章注）孝元帝郊泰畤（郊祀之壇曰畤）因留射獵薛廣德（字長卿沛郡人時為長信少府御史大夫）稱竊見關東困極百姓離災今日撞亡秦之鐘歌鄭

衛之樂士卒暴露從官勞倦（從去聲）欲安宗廟社稷何憑河暴虎未之戒也臣竊思此數帝心豈木石獨不好馳騁之樂（樂音洛後同）而割情屈己從臣下之言者志存為國（為去聲後同）不為身也臣伏聞車駕近出親格猛獸晨往夜還以萬乘之尊闇行荒野踐深林涉豐艸甚非萬全之計願陛下割私情之娛罷格獸之樂上為宗廟社稷下慰羣寮兆庶太宗曰昨日之事偶屬塵昏非故然也自今深用為誡

愚按魏徵諫獵之辭援古監今惓惓忠篤此虞世南奏疏尤為懇至切到足以儆動其君之聽壓昏之語太宗烏得不為之感悟哉若魏徵者可謂能引君於道矣

貞觀十四年冬十月太宗將幸櫟陽櫟音藥櫟陽今為咸寧縣屬奉元路遊畋縣丞劉仁軌字正則汴州人初為陳倉尉部人魯寧為折衝都尉豪縱犯法縣莫敢屈仁軌榜殺之太宗召詰責仁軌曰寧辱臣臣故殺之帝以為剛直擢咸陽丞累遷給事中武后時拜僕射以收穫未畢非人君順動之時詣行所上表切諫太宗遂罷獵擢拜仁軌新安令新安縣名今仍舊隸河南府路○按史傳太宗校獵同州仁軌諫曰今茲澍澤霑足百穀熾茂收纔十二常日贊調已有所妨又供獵事繕橋治道役雖簡省猶不損數萬少延

一旬使場圃畢勞陛下六飛徐驅公私交泰上璽書褒納拜新安令

愚按劉仁軌一縣丞耳而能致一言之忠動萬乘之聽其忠君愛民之心有侍從之臣所未能者可不謂難乎哉蓋仁軌嘗為陳倉尉太宗以其剛直擢咸陽丞則其受知於太宗有由來矣然非太宗有從諫之美樂善之誠則仁軌雖有剛直之操將安所施哉適足以獲罪而已矣仁軌官由州縣而致宰相善致聲譽得吏民懽心為史傳所稱美出宰百里者可不知所效法耶

災祥第三十九凡四章

貞觀六年太宗謂侍臣曰朕比見衆議比音鼻以祥瑞為美事頻有表賀慶如朕本心但使天下太平家給人足雖無祥瑞亦可比德於堯舜若百姓不足夷狄內侵縱有芝艸徧街衢鳳凰巢苑囿亦何異於桀紂嘗聞石勒時石勒上黨匈奴人晉元帝時據襄國稱帝是為後趙有郡吏燃連理木煑白雉肉喫豈得稱為明主耶又隋文帝深愛祥瑞遣秘書監王劭著衣冠在朝堂對考使使去聲焚香讀皇隋感瑞經隋文帝好禨祥小數王劭言上受命符瑞甚衆又採歌謠圖讖佛經文字曲加誣飾撰皇隋靈感志三十卷上令宣示天下劭集諸州朝集使盥手焚香閉目讀之曲折有聲如歌詠經旬朔始徧上益喜賞賜優洽舊嘗見傳說此事實以為可笑夫為人君夫音扶當須至公理

天下以得萬姓之懽心若堯舜在上百姓敬之如天地愛之如父母動作興事人皆樂之樂音洛發號施令施平聲人皆悅之此是大祥瑞也自此後諸州所有祥瑞並不用申奏按通鑑係貞觀二年又曰嘗有白鵲搆巢於寢殿槐上合歡如腰鼓左右稱賀上曰我嘗笑隋煬帝好祥瑞瑞在得賢此何足賀命毀其巢於野外

愚按聖人之作春秋也祥瑞不書惟災異書豈無意哉夫春秋二百四十二年之間豈無祥瑞而不書而有年大有年之書兩見於經蓋聖人特筆也太宗以聰明之資克勤于政不以祥瑞為祥瑞而以堯舜之政化為大祥瑞豈無見而然哉嘗觀文公朱子通鑑綱目貞觀一代皆不見祥瑞之書惟

（貞觀四年以大有年書錄其外戶不閉家給人足斗米三錢之美斯祥瑞之大者歟然則太宗之為此言也非苟言之實允蹈之矣）

貞觀八年隴右山崩大蛇屢見（音現後同）山東及江淮多大水太宗以問侍臣秘書監虞世南對曰春秋時梁山崩（梁山晉地）晉侯召伯宗而問焉（晉侯景公名獳伯宗晉大夫）對曰國主山川故山崩川竭君為之不舉樂降服乘縵（乘平聲縵音漫謂乘車之無飾文者）祝幣以禮焉梁山晉所主也晉侯從之故得無害（事見左傳成公五年）漢文帝元年齊楚地二十九山同日崩水大出令郡國無來獻（令平聲）施惠於天下（施平聲）遠近歡洽亦不為災後漢靈帝時青蛇見御座晉惠帝時大蛇長三百步見齊地經市入朝按蛇宜在艸野而入市朝所以為怪耳今蛇見山澤蓋深山大澤必有龍蛇亦不足怪又山東之雨雖則其常然陰潛過久恐有冤獄宜斷省繫囚庶或當天意且妖不勝德修德可以銷變太宗以為然因遣使者（使去聲）賑恤飢餒申理冤訟多所原宥

貞觀八年有彗星見于南方（彗徐醉切見音現後同彗星妖星也其狀如篲）長六丈（一作六尺）經百餘日乃滅太宗謂侍臣曰天見彗星由朕之不德政有虧失是何妖也虞世南對曰昔齊景公（名杵臼）時彗星見公問晏子（晏嬰也）晏子對曰公穿池沼畏不深起臺榭畏不高行刑罰畏不重是以天見彗星為公戒耳景公懼而修德後十六日而星沒（十六一作十三）陛下若德政不修雖麟鳳數見（數音朔）終是無益但使朝無闕政百姓安樂（樂音洛）雖有災變何損於德願陛下勿以功高古人而自矜大勿以太平漸久而自驕逸若能終始如

一彗見未足為憂太宗曰吾之理國良無景公之過但朕年十八便為經綸王業（便為之為去聲後同）北翦劉武周西平薛舉東擒竇建德王世充二十四而天下定二十九而居大位四夷降伏（降音杭）海內乂安自謂古來英雄撥亂之主無見及者頗有自矜之意此吾之過也上天見變良為是乎秦始皇平六國隋煬帝富有四海既驕且逸一朝而敗吾亦何得自驕也言念於此不覺惕焉震懼魏徵進曰臣聞自古帝王未有無災變者但能修德災

變自銷陛下因有天變遂能戒懼反覆思量平聲深自尅
責雖有此變必不為災也

唐氏仲友曰世南對山壞蛇見大水恐有冤獄枉繫
亦未足以應天變矣詩曰維虺維蛇女子之祥唐之
女禍其兆先見於此世南名博學非不知此顧太宗
無女寵之溺無迹可言然獨不能援詩以為說取證
於漢靈晉惠乎乃曰蛇見山澤適其所居以
世南之忠直無以發太宗儆懼之意惜哉
又曰世南論彗星戒驕矜此最中太宗
之病較諸省錄釁囚之論大小殊矣
愚按昔劉向五行傳其事失則某咎徵應說者以
為鑒春秋所書災異傳者亦推迹未來之事應之
說者以為拘且妖由人興天事恒象人君惟當恐
懼修省以銷其變固難盡信滛巫瞽史之所推測

也夫蛇虺固女子之祥也春秋之世晉有蛇自泉
宮出鄭則內蛇與外蛇鬬於門之外固不見為女
禍也唐高宗昏惑溺愛遂啟女后專政卒應大蛇
之妖彗所以除舊布新也春秋之世魯有星孛齊
有彗星固不見有所除布也唐武后肆其凶毒幾
易唐祚卒應彗星之異茲二者皆見於貞觀之八
年極盛之時也天心仁愛儆戒之
意早已見矣天人之際良可畏哉

貞觀十一年大雨穀水溢衝洛城門入洛陽宮平地五
尺毀宮寺十九所漂七百餘家太宗謂侍臣曰朕之不
德皇天降災將由視聽弗明刑罰失度遂使陰陽舛謬
雨水乖常矜物罪己載懷憂惕朕又何情獨甘滋味可

令尚食令平聲尚食掌御膳之官斷肉料進蔬食文武百官各上封
事極言得失中書侍郎岑文本上封事曰臣聞開撥亂
之業其功既難守已成之基其道不易以豉切故居安思
危所以定其業也有始有卒子聿切所以崇其基也今雖
億兆乂安方隅寧謐音密既承喪亂之後又接凋弊之餘
戶口減損尚多田疇墾闢猶少覆燾之恩著矣而瘡痍
未復德教之風被矣而資產屢空去聲是以古人譬之種
樹年祀綿遠則枝葉扶疎若種之日淺根本未固雖壅

之以黑墳上聲暖之以春日一人搖之必致枯槁今之百
姓頗類於此常加含養則日就滋息暫有征役則隨日
凋耗凋耗既甚則人不聊生人不聊生則怨氣充塞怨
氣充塞則離叛之心生矣故帝舜曰可愛非君可畏非
民孔安國曰人以君為命故可愛君失道人叛之故可
畏孔安國釋虞書之辭仲尼曰君猶舟也人猶水也水所以載舟
亦所以覆舟是以古之哲王雖休勿休日慎一日者良
為此也為去聲伏惟陛下覽古今之事察安危之機上以

社稷為重下以億兆在念明選舉慎賞罰進賢才退不肖聞過即改從諫如流為善在於不疑出令期於必信頤神養性省遊畋之娛去奢從儉去上聲減工役之費務靜方內而不求闢土載櫜弓矢而不忘武備櫜音臯藏也凡此數者雖為國之恒道陛下之所常行臣之愚昧惟願陛下思而不怠則至道之美與三五比隆三五三皇五帝也億載之祚與天地長久雖使桑穀為妖史記商亳有祥桑穀共生於朝一暮大拱帝大戊懼問伊陟伊陟曰臣聞妖不勝德帝之政其有闕歟帝其修德大戊從之祥桑枯死而去龍

蛇作孼五行傳曰皇之不極是為不建厥咎眊厥極弱時則有龍蛇之孼雊雉於鼎耳史記商紀武丁祭成湯明日有飛雉登鼎耳而呴武丁懼祖己曰王勿憂先修政事武丁從之殷道復興石言於晉地左傳昭公八年春石言於晉猶當轉禍為福變災為祥況雨水之患雨水一作水旱陰陽恒理豈可謂天譴而繫聖心哉臣聞古人有言農夫勞而君子養焉愚者言而智者擇焉輒陳狂瞽伏待斧鉞太宗深納其言養當作食出文子

愚按洊水儆予帝舜所以畏天省己也六事自責成湯所以反躬致戒也太宗之言雖未能一出於誠亦庶幾乎舜湯之遺意矣惜乎岑文本之論皆非所以戒其畏天憂民之心而勉其側身修行之實也其曰陰陽恒理豈繫聖心不幾於儆怠天戒乎豈君臣相儆之道哉

慎終第四十凡七章

貞觀五年太宗謂侍臣曰自古帝王亦不能常化假令內安令平聲必有外擾當令遠夷率服百穀豐稔盜賊不作內外寧靜此非朕一人之力實由公等共相匡輔然安不忘危理不忘亂雖知今日無事亦須思其終始常得如此始是可貴也魏徵對曰自古已來元首股肱不能備具或時君稱聖臣即不賢或遇賢臣即無聖主今

陛下聖明所以致理向若直有賢臣而君不思化亦無所益天下今雖太平臣等猶未以為喜惟願陛下居安思危孜孜不怠耳

愚按昔帝舜之作歌曰股肱喜哉元首起哉百工熙哉臯陶乃賡載歌曰元首明哉股肱良哉庶事康哉又歌曰元首叢脞哉股肱惰哉萬事墮哉釋者謂舜之意以人臣樂於趍事赴功則人君之治為之興起而百官之功皆廣也臯陶之意以為君明則臣良而衆事皆安所以勸之也君行臣職則臣下懈怠而萬事廢所以戒之也虞廷君臣之相與責難者如此雍熙之治所以為不可及也太宗之告侍臣謂當今太平非朕一人之力皆由公等共輔須思終始如一斯言也其帝舜作歌之意乎

魏徵之對則曰陛下聖明所以致理若有賢臣而君不思化亦為無益是猶皋陶勸舜之意也又曰今雖太平臣未以為喜惟願陛下居安思危孜孜不怠亦猶皋陶戒舜之意也太宗能責難於其臣魏徵亦能責難於其君君臣之相責難者如此有唐虞之遺風焉是故有唐之治雖未能上躋時雍之美而貞觀之盛可謂三代而下之所罕見者矣

貞觀六年太宗謂侍臣曰自古人君為善者多不能堅守其事漢高祖泗上一亭長耳（長音掌）初能拯危誅暴以成帝業然更延十數年縱逸之敗亦不可保何以知之孝惠為嫡嗣之重溫恭仁孝而高帝惑於愛姬之子欲

行廢立（見師傅篇注）蕭何韓信功業既高蕭既妄繫（蕭何沛人漢丞相封酇侯嘗為民請曰長安地陿上林中多空地願令民得入田高祖怒曰相國多受賈人財物為請吾苑乃下何廷尉械繫數日因王衛尉之言赦出之）韓亦濫黜（黜當作誅韓信淮陰人佐漢高祖取天下封楚王有告信欲反高祖乃詐遊雲夢縛信至洛陽赦為淮陰侯由此怨望後復有言信反於呂后者后令蕭何紿信入后使武士縛信斬之夷信三族）自餘功臣黥布之輩懼而不安至於反逆（黥布姓英名布嘗坐法黥漢高祖封淮南王及韓信彭越之誅陰聚兵候伺警急中大夫賁赫告布反高祖自將兵擊之遂殺布滅之）君臣父子之間悖謬若此豈非難保之明驗也朕所以不敢恃天下之安每思危亡以自戒懼用保其終

愚按太宗言漢祖創業之君而廢嫡立庶濫誅功臣斯言誠是也太宗能保全功臣無濫誅之失過漢高遠矣然不能正承乾之惡而於諸子之定分亦牽於愛而有不能自克者豈知人之明而自知之蔽耶

貞觀九年太宗謂公卿曰朕端拱無為四夷咸服豈朕一人之所致實賴諸公之力耳當思善始令終永固鴻業子子孫孫遞相輔翼使豐功厚利施於來葉（施平聲）令數百年後（令平聲）讀我國史鴻勳茂業粲然可觀豈惟稱

隆周炎漢及建武（光武年號）永平（明帝年號）故事而已哉房玄齡因進曰陛下撝挹之志推功羣下致理昇平本關聖德臣下何力之有惟願陛下有始有卒（子聿切）則天下永賴太宗又曰朕觀古先撥亂之主皆年踰四十惟光武年三十三但朕年十八便舉兵年二十四定天下年二十九昇為天子此則武勝於古也少（去聲）從戎旅不暇讀書貞觀以來手不釋卷知風化之本見政理之源行之數年天下大理而風移俗變子孝臣忠此又文過於古

也昔周秦已降戎狄內侵今戎狄稽顙皆為臣妾此又懷遠勝古也此三者朕何德以堪之既有此功業何得不善始慎終耶

愚按詩書所載聖君賢相之所以保治於雍熙泰和之時者固幸功業之克成未嘗以功業而自足也太宗謂欲使豐功厚利施於永久鴻勳盛業粲然可觀不使後世惟稱隆周炎漢志則高矣然炎漢可企而及也隆周豈止於若是哉倬彼雲漢為章於天制之為禮樂布之為法度此文王之文也不知太宗之所謂文果能勝乎無競維烈撫弱耆昧功成而載戢干戈載櫜弓矢此武王之武也不知太宗之所謂武果能勝乎大邦畏其力小邦懷其德華夏蠻貊罔不率俾由是而惠此中國以綏

四方此文武之懷遠也不知太宗之所謂懷遠又果能勝乎愚然後知太宗矜功伐善意出於中心而善始慎終之語不過虛言也玄齡於此能獎其所已至而不能勉其所未至惜哉若後章魏徵之對則善矣

貞觀十二年太宗謂侍臣曰朕讀書見前王善事皆力行而不倦其所任用公輩數人誠以為賢然致理比於三五之代猶為不逮何也魏徵對曰今四夷賓服天下無事誠曠古所未有然自古帝王初即位者皆欲勵精為政比迹於堯舜及其安樂也（樂音洛）則驕奢放逸莫能終其善人臣初見任用者皆欲匡主濟時追蹤於稷契（音洩）及其富貴也則思苟全官爵莫能盡其忠節若使君臣常無懈怠各保其終則天下無憂不理自可超邁前古也太宗曰誠如卿言

愚按太宗致理不逮三五之言所以責難於其臣也魏徵之對曲盡人君放逸之端人臣懷祿之弊誠可為上下之箴蓋人君固在於慎終如始而人臣尤當始終如一也嘗觀貞觀諸名臣久於其位者雖於大節無所虧然於格非之道無聞焉毋乃以成功難居至理無盡姑保其福祿榮名歟恥君不及堯舜者何如人哉魏徵之言厥有旨矣

貞觀十三年魏徵恐太宗不能克終儉約近歲頗好奢縱（好去聲後同）上疏諫曰臣觀自古帝王受圖定鼎皆欲傳之萬代貽厥孫謀故其垂拱巖廊布政天下其語道也必先淳朴而抑浮華其論人也必貴忠良而鄙邪佞言制度也則絕奢靡而崇儉約談物產也則重穀帛而賤珍奇然受命之初皆遵之以成治稍安之後多反之而敗俗其故何哉豈不以居萬乘之尊有四海之富出言而莫己逆所為而人必從公道溺於私情禮節虧於嗜

欲故也語曰非知之難行之惟難非行之難終之斯難所言信矣伏惟陛下年甫弱冠（去聲）大拯横流（横去聲）削平區宇肇開帝業貞觀之初時方克壯抑損嗜欲躬行節儉内外康寧遂臻至治論功則湯武不足方語德則堯舜未為遠臣自擢居左右十有餘年每侍帷幄屢奉明旨常許仁義之道守之而不失儉約之志終始而不渝一言興邦斯之謂也德音在耳敢忘之乎而頃年已來稍乖曩志敦朴之理漸不克終謹以所聞列之如左陛下貞觀之初無為無欲清静之化遠被遐荒考之於今其風漸墜聽言則遠超於上聖論事則未踰於中主何以言之漢文晉武俱非上哲漢文辭千里之馬（漢文帝時有獻千里馬者詔還其馬與道里費）晉武焚雉頭之裘（晉武帝時太醫司馬程據獻雉頭裘帝以奇技異服典禮所禁焚之于殿前）今則求駿馬於萬里市珍奇於域外取怪於道路見輕於戎狄此其漸不克終一也昔子貢問理人於孔子孔子曰懔乎若朽索之馭六馬子貢曰何其畏哉子曰不以道導之則吾讐也若何其無畏（家語

之辭）故書曰民惟邦本本固邦寧為人上者奈何不敬（書五子之歌）陛下貞觀之始視人如傷恤其勤勞愛民猶子每存簡約無所營為頃年已來意在奢縱忽忘卑儉輕用人力乃云百姓無事則驕逸勞役則易使（易以豉切後同）自古以來未有由百姓逸樂（音洛後同）而致傾敗者也何有逆畏其驕逸而故欲勞役者哉恐非興邦之至言豈安人之長算此其漸不克終二也陛下貞觀之初損己以利物至於今日縱欲以勞人卑儉之迹歲改驕侈之情日異雖憂人之言不絶於口而樂身之事實切於心或時欲有所營慮人致諫乃云若不為此不便我身人臣之情何可復爭（讀曰諍）此直意在杜諫者之口豈曰擇善而行者乎此其漸不克終三也立身成敗在於所染蘭芷鮑魚（家語之辭）與之俱化慎乎所習不可不思陛下貞觀之初砥礪名節不私於物唯善是與親愛君子踈斥小人今則不然輕褻小人（褻音泄）禮重君子重君子也敬而遠之（遠音援後同）輕小人也狎而近之近之則不見其非遠之則

莫知其是莫知其是則不間而自踈(間去聲後同)不見其非則有時而自昵昵近小人非致理之道踈遠君子豈興邦之義此其漸不克終四也書曰不作無益害有益功乃成不貴異物賤用物人乃足犬馬非其土性不畜(許六切)珍禽奇獸弗育於國(周書旅獒之辭)陛下貞觀之初動遵堯舜捐金抵璧反朴還淳頃年以來好尚奇異(好去聲後同)難得之貨無遠不臻珍玩之作無時能止上好奢靡而望下敦朴未之有也末作滋興而求豐實其不可得亦已

明矣此其漸不克終五也貞觀之初求賢如渴善人所舉信而任之取其所長恒恐不及近歲已來由心好惡(烏去聲)或衆善舉而用之或一人毀而棄之或積年任而用之或一朝疑而遠之夫行有素履(夫音扶行去聲後同)事有成跡所毀之人未必可信於所舉積年之行不應頓失於一朝(應平聲朝音昭)君子之懷蹈仁義而弘大德小人之性好讒佞以為身謀陛下不審察其根源而輕為之臧否(部鄙切)是使守道者日疎干求者日進所以人思苟免莫能

盡力此其漸不克終六也陛下初登大位高居深視事惟清靜心無嗜慾內除畢弋之物(畢網也弋以生絲繫矢而射也)外絕畋獵之源數載之後不能固志雖無十旬之逸(夏書太康盤遊無度畋于有洛之表十旬弗反)或過三驅之禮遂使盤遊之娛見譏於百姓鷹犬之貢遠及於四夷或時教習之處道路遙遠侵晨而出入夜方還以馳騁為歡莫慮不虞之變事之不測其可救乎此其漸不克終七也孔子曰君使臣以禮臣事君以忠(孔子對魯定公之辭)然則君之待臣義不可薄陛

下初踐大位敬以接下君恩下流臣情上達咸思竭力心無所隱頃年已來多所忽略或外官充使(去聲)奏事入朝思覩闕庭將陳所見欲言則顏色不接欲請又恩禮不加間因所短詰其細過雖有聰辯之略莫能申其忠款而望上下同心君臣交泰不亦難乎此其漸不克終八也傲不可長欲不可縱(長音掌後同)樂不可極志不可滿(禮曲禮篇之辭)四者前王所以致福通賢以為深誡陛下貞觀之初孜孜不怠屈己從人恒若不足頃年已來微有矜

放恃功業之大意蔑前王負聖智之明心輕當代此傲之長也欲有所為皆取遂意縱或抑情從諫終是不能忘懷此欲之縱也志在嬉遊情無厭倦雖未全妨政事不復專心治道此樂將極也率土乂安四夷欵服仍遠勞士馬問罪遐裔此志將滿也親狎者阿旨而不肯言踈遠者畏威而莫敢諫積而不已將虧聖德此其漸不克終九也昔陶唐成湯之時非無災患而稱其聖德者以其有始有終無為無欲遇災則極其憂勤時安則不驕不逸故也貞觀之初頻年霜旱畿內戶口並就關外

攜負老幼來往數千曾無一戶逃亡一人怨苦此誠由識陛下矜育之懷所以至死無攜貳頃年已來疲於徭役關中之人勞弊尤甚雜匠之徒下日悉留和雇正兵之輩上番多別驅使和市之物不絕於鄉閭遞送之夫相繼於道路既有所弊易為驚擾脫因水旱穀麥不收恐百姓之心不能如前日之寧帖此其漸不克終十也臣聞禍福無門唯人所召人無釁焉妖不妄作伏惟陛下統天御寓十有三年道洽寰中威加海外年穀豐稔禮教聿興比屋踰於可封（比音鼻）菽粟同於水火暨乎今歲天災流行炎氣致旱乃遠被於郡國凶醜作孽忽近起於轂下夫天何言哉垂象示誡斯誠陛下驚懼之辰憂勤之日也若見誡而懼擇善而從同周文之小心追殷湯之罪己前王所以致理者勤而行之今時所以敗德者思而改之與物更新（更平聲）易人視聽則寶祚無疆普天幸甚何禍敗之有乎然則社稷安危國家理亂在

於一人而已當今太平之基既崇極天之峻九仞之積猶虧一簣之功（書曰為山九仞功虧一簣言中道而止則前功盡棄也）千載休期時難再得明主可為而不為微臣所以鬱結而長歎者也臣誠愚鄙不達事機略舉所見十條輒以上聞聖聽伏願陛下採臣狂瞽之言參以芻蕘之議冀千慮一得袞職有補（詩大雅烝民之篇曰袞職有闕維仲山甫補之）則死日生年甘從斧鉞疏奏太宗謂徵曰人臣事主順旨甚易忤情尤難公作朕耳目股肱常論思獻納朕今聞過能改庶幾克終

善事幾平聲若違此言更何顏與公相見復欲何方以理天下自得公疏反覆研尋深覺詞强理直遂列為屏障朝夕瞻仰又錄付史司冀千載之下識君臣之義乃賜徵黃金十斤廐馬二疋按史傳十二年阿史那結社率作亂雲陽石然自冬至五月不雨故徵上此疏

唐氏仲友曰人君善否之分其始毫釐其末千里論太宗貞觀初之所為皆可以為三代之令主至漸不克終則凡三代之辟王其極至於亂者不過乎此可不畏哉徵有憂之極言至論數其十漸有伊傅周召戒其君大禹訓其後世之意非慮之至忠之盡安能及此使太宗聞過願改以終善道以保貞觀之隆卒

髣髴乎三代之令主皆徵力也史以三代遺直許徵於十漸見之

葉氏適曰太宗聞十漸之戒令錄付史官使萬世知有君臣之義至徵錄前後諫爭語於史官帝都不說夫十漸之戒徵之所錄多不過此而太宗不説何也蓋錄在徵則天下惟知徵之能諫若錄在太宗則天下將不止知太宗之能聽諫且知太宗眷眷不忘之意凡此皆太宗好名處

愚按魏徵十不克終之疏正貞觀之中年其間所云貞觀之初如此其善近歲以來如此其未善其善也可以為三代之令主其未善也無異於後世之辟王何太宗一人之身始終之相遠如此哉蓋其始之善者天資之過人也終之未善者學力之不繼也昔者周之成王即位之初惑於二叔之言不能明周公之德其天資之美有不能如太宗者矣及其終也敬近天威無敢昏逾至於死生之際烱然不亂此豈太宗之所及哉愚然後知周公輔導之功為不可及而魏徵格君之道猶有所不足也嗚呼以太宗之聰明猶不能保其終而況天資之未逮者其可不孳孳而務學也哉

貞觀十四年太宗謂侍臣曰平定天下朕雖有其事守之失圖功業亦復難保秦始皇初亦平六國據有四海及末年不能善守實可為誡公等宜念公忘私則榮名高位可以克終其美魏徵對曰臣聞之戰勝易以豉切守勝難陛下深思遠慮安不忘危功業既彰德教復洽恒以此為政宗社無由傾敗矣

范氏祖禹曰書曰后克艱厥后臣克艱厥臣又曰無輕民事惟難孔子曰為君難夫知所難而後可以有為也傳曰君以為易則其難也將至矣君以為難則其易也將至矣太宗知守之之難所以能有終也

愚按魏徵之於太宗凡三告以守天下之難矣居安忘危之言始終弗渝其憂治危明之心為何如哉孟子曰責難於君謂之恭徵之謂也

貞觀十六年太宗問魏徵曰觀近古帝王有傳位十代者有一代兩代者亦有身得身失者朕所以常懷憂懼或恐撫養生民不得其所或恐心生驕逸喜怒過度然不自知卿可為朕言之為去聲當以為楷則徵對曰嗜慾

喜怒之情賢愚皆同賢者能節之不使過度愚者縱之多至失所陛下聖德玄遠居安思危伏願陛下常能自制以保克終之美則萬代永賴

愚按太宗問運祚長短之殊魏徵對以自制克終之美其論可謂的矣然嘗論之古昔聖賢著書立言其於始終之際皆有深意吳氏之著是編也始之以太宗問魏徵正身之道終之以魏徵對太宗克終之言其意之所存雖不可知以事實攷之則二者皆太宗之所不足也何也太宗剗除禍亂身致升平屈已而納諫任賢而使能恭儉節用寬仁而愛人三代而下之君絕無而僅有者也然於君臣父子兄弟夫婦之間皆有慚德豈非正身之道有所不足歟太宗能納諫矣而晚年有仆碑之失

能慎刑矣而晚年有君羡之誅能息兵矣復有高麗西域之師能節用矣復有飛仙翠微之作豈非克終之道有所不足歟合二者而論之則太宗所以不能克終者由其不能正身也然則吳氏之書豈非始言其本而終言其效歟

貞觀政要卷十

唐鑑

（宋）范祖禹　撰

解題

周延良

《唐鑒》十二卷，宋范祖禹撰，南宋吕祖謙作注，成二十四卷，《四庫》吕注本《唐鑒》亦爲二十四卷。

本編據文淵閣《四庫全書》本影印，卷首有撰者《進〈唐鑒〉表》《上太皇太后表》《唐歷代傳世之圖》《歷代紀元之圖》諸篇。第一卷以『高祖』爲始，終卷以『昭宗』爲結。

范祖禹，字淳甫（或作『醇夫、淳父、純夫』等），一字夢得，華陽（今四川成都一帶）人，幼孤，由叔祖范鎮撫養。宋英宗嘉祐八年（一〇六三）進士，從司馬光編修《資治通鑒》，歷官編修、秘書省正字，宋哲宗元祐初，擢右正言，改祠部員外郎，辭，除著作佐郎，修《神宗實録》爲檢討，遷著作郎兼侍講，尋改著作郎兼侍講，除右諫議大夫、遷給事中兼國史院修撰、禮部侍郎，以龍圖閣學士徙賓化，卒，年五十八。事迹附載《宋史·范鎮傳》，《宋史·范鎮傳》附《祖禹傳》載：

祖禹，字淳甫，一字夢得。其生也，母夢一偉丈夫，被金甲入寢室，曰：『吾漢將軍鄧禹。』既寤，猶見之，遂以爲名。幼孤，叔祖鎮撫育，如己子。祖禹自以既孤，每歲時，親賓慶集，慘怛若無所容，閉門讀書，未嘗預人事。既至京師，所與交游，皆一時聞人，鎮器之。曰：『此兒天下士也。』進士甲科，從司馬光編修《資治通鑒》，在洛十五年，不事進取。書成，光薦爲秘書省正字。時，王安石當國，尤愛重之。……祖禹修《實録》詆誣，又摭其諫禁中雇乳媪事，連貶武安軍節度副使、昭州别駕、安置永州、賀州，又徙賓化而卒，年五十八……蘇軾稱爲『講官第一』，祖禹嘗進《唐鑒》十二卷、《帝學》八卷、《仁宗政典》六卷，而《唐鑒》深明唐三百年治亂，學者尊之，目爲『唐鑒公』云……（據《二十五史》本《宋史》卷三百三十七）

鄧禹是西漢末與劉秀共爲建立東漢的名將[一]，范氏家人以東漢鄧禹爲模範而取名『祖禹』，做人的起點就很高，但范祖禹家道不幸而早孤貧，由其叔祖父范鎮撫養成人。范祖禹中年以前仕途平緩，中年以後，因修《實録》中存所謂『詆毁』并『蔡卞[二]修國史以《實録》無據，貶公永州，黄庭堅同坐，處之怡然，死于化州。天下稱「唐鑒公」獨不立黨，……』[三]其屢遭貶謫可見梗概。宋陳均《九朝編年備要·論修史罪范祖禹等并竄黜》卷二十四載宋哲宗紹聖元年，范祖禹遭貶之由説：

祖禹，永州；趙彦若，澧州；黄庭堅，黔州，并安置。坐修《神宗實録》詆誣也。言者論所撰《實録》美意良法，輒敢隱没而微言譏刺者，凡數十事。……（據文淵閣《四庫全書》本）

此文中所説的《神宗實録》有『詆毁』是一個重要的理由。構陷范祖禹一再遭貶的人，其實是章惇、蔡京、蔡卞、劉拯等奸佞之臣及其黨人所構擬黨錮之禍，宋徐自明《宋宰輔編年録·欽宗宣和七年》載曰：

[一] 鄧禹，《後漢書》有傳。
[二] 蔡卞是北宋佞臣蔡京昆弟。
[三] 宋黄震《古今紀要·宋朝·哲宗·范祖禹》（據文淵閣《四庫全書》本卷十九）。

……章惇入相，蔡京兄弟翕然俱進，……借朋黨之説，以屏逐异己之人，同指以爲元祐黨，盡竄嶺海之外。吕大防，秦人，無黨。范祖禹，蜀人，師司馬光，不立黨，亦不免竄逐以死。（據文淵閣《四庫全書》本卷十三）

此載宋哲宗元祐時期，章惇、蔡京兄弟羅織的黨錮之禍[二]。范祖禹雖不屬于朋黨中人，但范氏是章惇、蔡京等人的『异己』，故在竄逐之列，最終死于貶謫之所。章惇、蔡京之徒構陷『黨錮』，有一個重要的媒介人物，此人即是宋哲宗紹聖時期的寵妃陳婕妤，明馮琦原編、陳邦瞻增輯《宋史紀事本末》載曰：

紹聖三年八月，竄范祖禹于賀州，劉安世于英州。時，劉婕妤專寵内庭，前祖禹元祐中，聞禁中覓乳媪，以帝年十四，非近女色之時，與安世上疏，勸進德愛身，又乞太皇太后保護聖躬，言甚切。至太后謂曰：『乳媪之説，外間虚傳也。』祖禹對曰：『外議雖虚，亦足爲先事之戒。』太后深嘉之，至是，章惇、蔡卞摭諫乳媪事，乃指婕妤也。于是，坐二人構造誣謗之罪。（據文淵閣《四庫全書》本卷十一）

此文中記載，范祖禹在宋哲宗紹聖三年被流放到賀州，劉安世流放到英州，起因是范祖禹與劉安世在元祐時期曾經上疏阻止只有十四歲的年輕皇帝接受『乳媪』之事。到了紹聖時期，皇帝成人，專寵劉婕

[二] 章惇、蔡京等構陷劉安世、范祖禹二人罪，宋彭百川《太平治迹統類》卷十九有類似的記載。

妤，章惇、蔡卞等奸佞通過劉婕妤，『坐二人構造誣謗之罪』，范祖禹屢遭貶逐，大抵上述事。《四川通志·人物》載曰：

范祖禹，字淳夫，鎮之從孫。舉進士，爲校書郎，從司馬光修《資治通鑒》。有史才，歷官侍講，勸帝日御經筵。除諫議大夫，請帝先辨邪臣。爲翰林學士，講説明切，世稱講官第一。後章惇譖之，竄化州，卒。所著《帝學》《帝鑒》《仁皇政典》行于世。（據文淵閣《四庫全書》卷八）

范祖禹爲人耿直，建言君主，心繫天下。宋佚名氏編《宋史全文》，在《宋哲宗》三中載曰：『（元祐七年）……范祖禹言：臣掌國史，伏睹仁宗皇帝在位四十二年，豐功盛德，固不可得而名言。所可見者，其事有五：畏天、愛民、奉宗廟、好學、聽諫。仁宗行此五者于天下，所以爲仁也。臣願陛下深留聖思，法象祖宗。』〔二〕敬畏自然，撫愛人民是古代王朝統治者應該遵循的，此説以仁宗皇帝爲藉，實謂哲宗皇帝。范祖禹預修《資治通鑒》又仕職『經筵』八年之久，深悟『治亂興廢之道』，所撰《唐鑒》以至于《帝學》都深含著警示最高統治者治國利民的思想。因此，同時爲官的蘇軾贊譽范祖禹爲『講官第一』。

范祖禹之作《唐鑒》，最直接的外在因素是參與司馬光主編的《資治通鑒》，范氏主筆『唐史』，唐代治亂興廢文獻盡在觀覽；内在緣由，當與家學和傳統的史學筆法〔三〕以『史』爲『鑒』有關。范祖禹《〈唐鑒〉序》文説：

〔二〕據文淵閣《四庫全書》本卷十三下。
〔三〕即歷史上所説的『春秋筆法』。

承議郎著作佐郎臣祖禹：受詔，與臣光修《資治通鑒》，臣祖禹分職『唐史』，得以考其興廢治亂之所由。……臣謹采唐得失之迹，善惡之效。上起高祖，下終昭、宣，凡三百六篇，爲十二卷，名曰《唐鑒》。唐之事雖不能遍舉，而其大略可睹矣。元祐元年二月日臣謹上。（宋范祖禹《范太史集》。據文淵閣《四庫全書》本卷三十六）。

范祖禹作《唐鑒》之由，據此可見一斑，唐代的『得失之迹，善惡之效』是范祖禹編撰《唐鑒》的筆法，『善可以法，惡可以戒』成爲《唐鑒》的綱領。宋黄仲炎撰《春秋通説·昭公》曰：

昭公雖出奔，而《春秋》每歲必書公之所處者，存君也。存君者，天地之大義也，故范氏《唐鑒》用《春秋》之法，削『武后紀』而系之中宗，垂教戒于萬世，嚴矣。（據文淵閣《四庫全書》本卷十一）

南宋晁公武《郡齋讀書志》有類似的評論（詳下引），《唐鑒》未專爲武則天作本紀，而是把武則天繫于『唐中宗』本紀之後，是《春秋》筆法，也是古代男權思想的折射；另范祖禹的養從祖范鎮爲人善，爲政正，對范祖禹有著直接的影響，且范鎮與司馬光交善并同朝爲官，對范祖禹具有一定影響也是可以肯定的。《宋史·范鎮傳》載曰：

……鎮平生與司馬光相得甚歡，議論如出一口，且約生則互爲傳，死則作銘。光生爲鎮傳，服其勇決。鎮復銘光墓云：……鎮清白坦夷，遇人必以誠恭儉慎，默口不言人過。臨大節，决大議，色和而語壯，常欲繼之以死。雖在萬乘前，無所屈，篤于行義。……（同前卷三百三十七）

范鎮與司馬光交友相得，許諾互爲對方做生時傳記和死後的墓志銘，范鎮爲人誠懇禮讓，從不隨便言人之過，但面對著原則問題，決不苟且，死節而存大義，在所不屈。范祖禹是其從祖父撫養成人，當然也要接受范鎮價值觀念的影響，范祖禹成爲歷史上杰出的史學家，與他幼年接受的教育密不可分。司馬光所以舉薦范祖禹爲《資治通鑒》編修，范氏的才學固然十分重要，更重要的是司馬光與其養從祖父范鎮的交誼，是不能忽視的。

中國古代的『理學』以北宋爲肇端，范祖禹是史學家，同時也是理學家，與北宋理學家二程（程顥、程頤）或在師友之間，但范祖禹是否爲二程門人，史無確載。據宋朱熹編《二程外書》記載，范祖禹曾與程頤談論『唐事』，待范祖禹作《唐鑒》，多采用程頤之説，《二程外書》説：

范淳夫嘗與伊川論唐事，及爲《唐鑒》，盡用先生之論。先生謂門人曰：淳夫乃能相信如此。

（據文淵閣《四庫全書》本卷十一）

又《二程外書》曰：

伊川使人抄范純夫《唐鑒》，先生問曰：此書如何？伊川曰：足以垂世。《唐鑒》議論多與伊川同。（同前卷十二）

宋真德秀在《西山讀書記》中也據以爲説，《西山讀書記·張子之學》載：『范祖禹，字淳夫。嘗與伊川論唐事，及爲《唐鑒》盡用先生之意。先生謂門人曰：「淳夫乃能相信如此。」』〔一〕以上相關的記載，倘非訛傳，那麽，范祖禹與程頤差在師友之間而已，關于范氏爲二程門人事，朱熹并無定説。就范祖禹與程頤曾論及唐代治亂興廢之事，依《二程外書》所載，范祖禹編修《唐鑒》，其中的議論是采用了程氏之意。以事理推度，《唐鑒》中的議論或許采用了程氏的一些見解、觀點，『盡用先生之論』『盡用先生之意』不免虚美。又，朱熹《伊洛淵源録》載曰：

范内翰，名祖禹，字淳夫，蜀人。元祐中，爲給諫講讀官，入翰林，爲學士，後坐黨論，貶，死。《家傳遺事》載其言行之懿甚詳，然不云其嘗受學于二先生之門也。獨鮮于綽《傳信録》記伊川事而以門人稱之。又其所著《〈論語〉説》《唐鑒》，議論亦多資于程氏，故今特著先生稱道之語，以見梗概，他不得而書也。（據文淵閣《四庫全書》本卷十四）

鮮于綽《傳信録》今已不傳，故不得其詳。就范祖禹與二程的師友關係，朱熹所載十分謹慎，唯其記程頤稱道范祖禹之語。

宋徽宗崇寧二年，以權奸蔡京爲尚書左僕射兼門下侍郎故，《唐鑒》遭毁版，《宋史·徽宗本紀》載：

（宋徽宗）崇寧二年……乙亥，詔毁刊行《唐鑒》并三蘇、秦、黄等文集。（據《二十五史》本

〔一〕 據文淵閣《四庫全書》本卷三十一。

《宋史》卷十九）

又，元陳桱《通鑒續編》有類似的記載：

夏四月，詔毁范祖禹《唐鑒》、蘇洵、蘇軾、蘇轍、黄庭堅、秦觀文集。（據文淵閣《四庫全書》本卷十一）

宋徽宗崇寧二年遭毁弃的《唐鑒》版，當屬宋哲宗元祐初年奉上哲宗是書的刊版。又，是書在北宋時期尚有抄本，前引《二程外書》載程頤曾使人抄録《唐鑒》，即所謂『伊川使人抄范純夫《唐鑒》』云云，若此記不誤，程頤或即曾經存有抄本。據范祖禹《〈唐鑒〉自序》説，進御皇帝的《唐鑒》在元祐元年（見上引《自序》），與《二程外書》所記：『元祐中，客有見伊川者，凡案間無他書，惟印行《唐鑒》一部，先生曰：「近方見此書，三代以後，無此議論。」』（同前卷十二）程頤案頭所庋《唐鑒》并爲元祐刊本，崇寧二年遭毁弃的《唐鑒》亦當此本。按照《欽定天禄琳琅書目·宋版史部·〈帝學〉》著録中言及《唐鑒》南宋吕祖謙爲《唐鑒》作注，吕祖謙據以作注的《唐鑒》亦未知是何版本。宋尤袤《遂初堂書目·史學類》著録『范太史《唐鑒》』，但并無題識，亦無卷數，是何傳本，尤未所知。宋晁公武《郡齋讀書志·史評類》著録説：

《唐鑒》二十卷。右皇朝范祖禹醇夫撰。醇夫爲温公《通鑒》局編修官十五年，分掌『唐史』。以其所自得，著成此書。取武后臨朝二十一年系之中宗，其言曰：『此春秋公在乾侯之義也。雖得罪于君子，亦所不辭。』觀此則知醇夫之從公，决非苟同者。凡二百六篇。（據文淵閣《四庫全書》本按照晁公武的題記，《唐鑒》爲二十卷，與陳振孫所記不同，篇數凡二百六篇，比陳振孫著録少一百篇，當是筆誤？亦未可知。

陳振孫《直齋書録解題・别史類》載：

> 《唐鑒》十二卷案，《文獻通考》作二十卷。翰林學士成都范祖禹淳父撰。祖禹與修《通鑒》，分主『唐史。』元祐初，上此書，考其治亂興廢之由，爲三百六篇。（據文淵閣《四庫全書》本卷四）

陳振孫此記爲十二卷，但注明馬端臨的《文獻通考》著爲二十卷，可知是書在南宋即有卷次的不同。

又，《宋史・藝文志》著録《唐鑒》曰：

> 范祖禹《唐鑒》十二卷，……（據《二十五史》本《宋史》卷二百三）

《宋史・藝文志》亦著爲十二卷，元人編訂《宋史・藝文志》或據宋人著録卷數。又，宋王應麟《玉海・藝文・元祐〈唐鑒〉》曰：『著作佐郎范祖禹與司馬光修《資治通鑒》，分職「唐史」，采得失之迹，善惡之效，上起高祖，下終昭、宣，凡三百六篇，爲十二卷，名曰《唐鑒》，元祐元年進。』[一] 這裏，著于録者亦爲十二卷。又，元王士點撰《秘書監志・秘書庫》載曰：『《唐鑒》六册不全。』（卷五）元代，國家書庫裏收藏的《唐鑒》是殘本。由宋到元的著録，均未涉及《唐鑒》的注本，清梁國治等修纂《（乾

[一] 據文淵閣《四庫全書》本卷四十九。

隆）欽定國子監志·經籍志》：『《唐鑒》二十卷，范祖禹撰，吕祖謙注。』（據文淵閣《四庫全書》本卷五十一）清于敏中等編《欽定天禄琳琅書目·宋版史部·〈帝學〉》，在此亦提及《唐鑒》，其文載：『嘗進《唐鑒》十二卷，深明唐三百年治亂，學者尊之目爲「唐鑒公」』云云。（據文淵閣《四庫全書》本卷二）

根據宋代至于清代著録，《唐鑒》大抵有十二卷本、二十卷本和吕祖謙注《唐鑒》的二十四卷本。《唐鑒》在宋代問世以後就具有很大的影響，范祖禹與《唐鑒》爲當時并稱爲『唐鑒公』（見前引《宋史》），宋蔡絛《鐵圍山叢談》載：

范内翰祖禹作《唐鑒》，名重天下。坐黨錮事久之，其幼子温，字元實，與吾善。政和初，得爲其盡力，而朝廷因還其恩，數遂官温焉。温實奇士也，一日游大相國寺，而諸貴璫，蓋不辨有祖禹，獨知有《唐鑒》而已。見温輒指目，方自相謂也，曰：『此《唐鑒》兒也。』（據文淵閣《四庫全書》本卷四）

蔡絛是范祖禹同時代的晚輩，與范祖禹之子范温交善，根據蔡氏的記載，當時的士人不關注范祖禹之名，但知道范祖禹之作《唐鑒》，而且稱其子范温『唐鑒兒』，《唐鑒》成了范祖禹的代名詞，故當時范祖禹就有『唐鑒公』之譽，足見《唐鑒》在北宋時期就有非常良好的評價以及影響。雖遭禁毁，但并未毁弃撰者與《唐鑒》『名重天下』廣泛而深遠的影響，史官稱范祖禹爲學『開陳治道，區別邪正，辨釋事宜，平易明白，洞見底藴』[二]，并非過譽之論。《唐鑒》是爲帝王『治道』行事撰修的參考書，即爲『帝範』，所謂『開陳治道，區别邪正』是《唐鑒》的綱領。按照《唐鑒》的見解，帝王治道，君子、小人之辨是原則，即近君子，遠小人，帝王能近君子而用君子，國家則治，則興；帝王近小人而用小人，國家則亂，則廢，社會的『善惡』就此延伸出來——這是決定國家社稷『治亂興廢』的不替之術。即如程頤所説『足以垂世』（文見前引）。宋孫覿《鴻慶居士集·講筵乞讀范祖禹〈唐鑒〉札子》説：

……臣竊見故翰林學士范祖禹撰《唐鑒》一書，專論唐三百年君子、小人、善惡之辨，唐之所以興，以君子；其所以廢，以小人，著之簡篇，炳然在目。……今所宜監，莫近于唐，凡三百六十篇，離爲十二卷。元勳盛德，亂臣賊子，忠邪賢佞，如指東西，如分黑白，開卷了然。……臣進讀《唐鑒》一二篇，不出歲年，可見唐室廢興之由，盡出于君子、小人用舍之際。善爲可法，惡爲可戒，必能補聖政之萬一。（據文淵閣《四庫全書》本卷二十七）

此文作者孫覿是北宋末南宋初年的奸佞之臣，但孫氏在此《札子》中所評《唐鑒》却是十分恰當。唐代所以興盛，是因爲近君子之臣；唐所以廢亡，是因爲近小人。『善爲可法，惡爲可戒』是秉承了司馬光《進〈資治通鑒〉表》中所論及『……關國家興衰，繫生民休戚。善可爲法，惡可爲戒。……』（據

[二] 見《宋史·范鎮傳》附《范祖禹傳》（卷三百三十七）。

《資治通鑒》）的思想，無疑是君主治理國家的睿哲之見，同樣也是對《唐鑒》『治道』内容精闢歸納。如同范祖禹《唐鑒》所論者：『古之王者，必正身、齊家以率天下。其身不正，未有能正人者也。』

南宋朱熹的早期之論，對《唐鑒》頗有否定之詞，但其後則復肯定。朱熹前後不一，亦未知其所由[一]。

范祖禹作帝王治道之書，除了《唐鑒》之外，尚有《帝學》《仁宗訓典》（亦作《仁宗政典》），悉爲『深裨治道』之書[二]。

[一] 説見《朱子語録》。
[二] 參見宋熊克《中興小紀》卷九録南宋禮部尚書謝克家奏章之文。

欽定四庫全書　史部十五

唐鑑　史評類

提要

臣等謹案唐鑑二十四卷宋范祖禹撰祖禹字純甫華陽人嘉祐八年進士歷官龍圖閣學士出知陜州治平中司馬光奉詔編輯通鑑祖禹為編修官分掌唐史以其所自得者著成此書上自高祖下迄昭宣撮取大綱繫

以論斷為卷十二元祐初為著作佐郎表上之後呂祖謙註之分為二十四卷是書極為伊川程子所稱謂三代以後無此議論朱子則謂其議論弱又有不相應處然其取武后臨朝二十一年繫之中宗自謂比春秋公在乾侯之義且曰雖得罪君子亦所不辭蓋掊司馬光通鑑言之朱子作綱目書帝在房州實仍其例又如論白馬之禍謂裴樞本附朱全忠以為相非忠於唐室不主歐陽修樞等不死必不以國與人之論朱子亦以為非歐公所及則朱子非不取之也其他持議類皆探本尋源以明治亂之由雖或濶於事情而大旨嚴正固可與孫甫唐史論斷並傳焉乾隆四十三年六月恭校上

總纂官臣紀昀臣陸錫熊臣孫士毅

總校官臣陸費墀

進唐鑑原表

臣祖禹言臣竊以自昔下之戒上臣之戒君必以古驗今以前示後禹益之於舜則言其所無于佚于樂書大禹謨益曰吁戒哉罔失法度罔遊于逸罔淫于樂傲虐之作防於未然書益稷禹曰無若丹朱傲惟慢遊是好傲虐是作周名之於成王則相古先民歷年墜命書名誥相古先民有夏天迪從子保面稽天若今時既墜厥命今相有殷天迪格保面稽天若今時既墜厥命又我不敢知曰有夏服天命惟有歷年我不敢知曰不其延惟不敬厥德乃早墜厥命我不敢知曰有殷受天命惟有歷年我不敢知曰不其延惟不敬厥德乃早墜厥命日陳於前皆所以進哲

德而養聖功也臣祖禹誠惶誠懼頓首頓首臣昔在先朝承之書局典司載籍實董有唐嘗於紬次之餘稽其成敗之迹折以義理緝成一書思與庶人傳言百工執藝書胤征工執藝事以諫獻之先帝庶補萬分比臣赴職不幸先帝遽揚末命伏遇皇帝陛下嗣膺大統睿智日躋詳延耆儒啓沃聖學書說命啓乃心沃朕心監於前代唐褚遂良傳太宗曰朕監前代以為元龜宜莫如唐儀刑祖宗之典則詩周頌儀式刑文王之典日靖四方四方承式萬世永賴書大禹謨帝曰萬世永賴時乃功臣之此書雖不足

以發揮德業廣助聰明拳拳之忠不能自已苟有所得不敢不告輒以狂愚塵玷日月罪當誅死伏惟清閒之燕少賜省覽其唐鑑十二卷繕寫成六冊謹隨表上進以聞臣祖禹誠惶誠懼頓首頓首謹言元祐元年二月二十八日承議郎行秘書省著作佐郎騎都尉賜緋魚袋臣范祖禹上表

又上太皇太后原表

臣祖禹言臣聞觀古所以知今章往所以察來易繫辭夫易所

以彰往察來唐於本朝如夏之於商商之於周也厥監不遠著而易見臣祖禹誠惶誠懼頓首頓首臣頃在書局多歷年所書君奭云不勤而祿無補聖世神宗皇帝明燭幽遠一物不遺特垂誤恩擢置秘省臣比及赴職不幸先帝違豫遽棄群臣不獲一覲清光螻蟻之志無所復伸臣嘗於職事之餘討論唐史摭其行事緝成一書妄以私意而發明之可以稽參得失監觀成敗伏遇太皇太后陛下母臨萬國天覆群生酌于民言以美聖政臣區區

之忠既無及於先帝思報之於陛下是以冒昧自竭不敢隱默古者史為書瞽為詩百工獻藝庶人傳語（左襄十四年史為書瞽為詩工誦箴諫大夫規誨士傳言庶人謗商旅于市百工獻藝）思不出職交修於上冀以塵露仰裨崇深臣職文史敢忘斯義竊惟治亂興廢皆起細微言之於已然不若防之於未然慮之於未有不若視之於既有故曰前事之不忘後事之師也（史記秦本紀云）其唐鑑十二卷繕寫成六冊謹隨表上進以聞臣祖禹誠惶誠懼頓首頓首謹言元祐元年二月二

十八日承議郎行秘書省著作佐郎騎都尉賜緋魚袋臣范祖禹上表

唐歷代傳世之圖

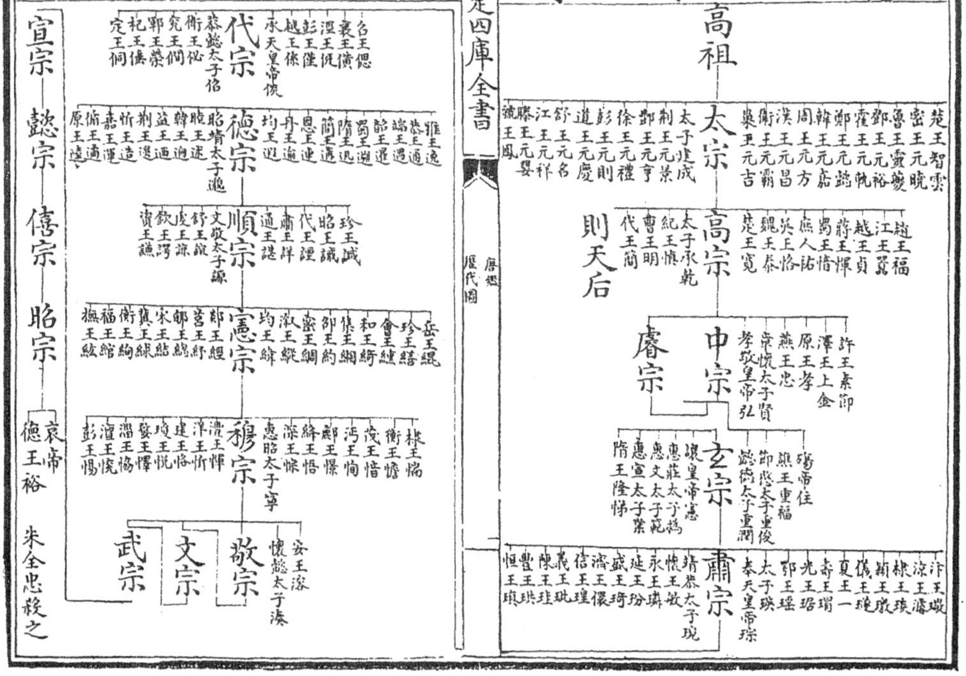

歷代紀元之圖

高祖	武德九
太宗	貞觀二十二
高宗	永徽六　乾封二　顯慶五　總章二　龍朔三　咸亨四　麟德二　上元二
	儀鳳三　開耀一　調露一　永淳一　永隆一　弘道一
則天	光宅一　證聖一　垂拱五　萬歲登封一　載初四　聖歷三　延載一　大足三　神龍三
中宗	景龍四
睿宗	景雲二　太極一
玄宗	先天二　天寶十三　開元二十九
肅宗	至德二　上元二　乾元三　寶應二
代宗	廣德二　大歷十四　永泰一
德宗	建中四　貞元二十一　興元一
順宗	永貞一
憲宗	元和十五
穆宗	長慶四
敬宗	寶歷三
文宗	太和九　開成五
武宗	會昌六
宣宗	大中十三
懿宗	咸通十四
僖宗	乾符六　光啓四　廣明一　文德二　中和四
昭宗	龍紀一　光化二　大順二　天復三　景福二　天祐一　乾寧四
哀帝	二

唐鑑卷一

宋 范祖禹 撰
呂祖謙 註

高祖上

隋大業十三年（煬帝年號）高祖為太原留守領晉陽宮監時煬帝南遊江都天下盜賊起高祖子世民（太宗）知隋必亡陰結豪傑謀舉大事懼高祖不聽與副監裴寂謀寂因選晉陽宮人私事高祖乃以大事告之世民因亦入白其事五月以詐殺副

留守王威高君雅遂起兵遣劉文静使突厥約連和（使去聲）

臣祖禹曰匹夫欲自立於鄉黨猶不可不自重也況欲圖王業舉大事而可以不正啓之乎（啓開導之也）太宗陷父於罪而脅之以起兵（脅音協下同）高祖昵裴寂之邪（昵近也尼質切）受其宮女而不辭又稱臣於突厥倚（依倚也）何以示後世矣夫創業之君其子孫則而象之（孝聖治章其民則而象之）如影響之應形聲（孔安國尚書傳影之隨形響之應聲言不虛）尤不可不慎舉也是以唐世人主無正家之法戎

狄多猾夏之亂（書舜典蠻夷猾夏孔安國云猾亂也）蓋高祖以此始也

或曰太宗苟不為此則高祖或終不從而突厥將為後患（將如字）二者權以濟事也（後王霸傳光武謂官屬曰王霸權以濟事殆天瑞也）臣竊以為不然古之王者行一不義殺一不辜而得天下不為也（孟公孫丑上行一不義殺一不辜而得天下皆不為也）太宗恐高祖之不從懼突厥之為患終守臣節可也豈有脅父臣虜以得天下而可為歟此而可為則亦無所不至矣惜乎太宗有濟世之志撥亂之才而不知義也

唐本紀書生見太宗曰年幾冠必能濟世安民虞世南傳太宗自謂三王以來撥亂之主莫吾若也

高祖使建成世民將兵擊西河郡攻拔之執郡丞高德儒世民數之曰汝指野鳥為鸞以欺人主取高官吾興義兵正為誅佞人耳遂斬之自餘不戮一人秋毫無犯

臣祖禹曰昔武王克商（克勝也）釋箕子之囚封比干之墓式商容之閭（史周紀武王釋箕子之囚表商容之閭封比干之墓又書武成）戮蜚廉惡來於海隅（史秦紀蜚廉生惡來惡來有力蜚廉善走父子俱以材力事殷紂周武王伐紂并殺惡來）顯善除惡如恐不及何哉使民知嚮方示以征伐之本意也故海內莫不革心易慮（荀儒效四海之內莫不革心易慮以化順之）以聽上之所為去商之汙俗被周之美化如水之走下（孟離婁上民之歸仁也猶水之就下）草之從風也（語顏淵君子之德風小人之德草草上之風必偃）太宗始起兵而戮一佞人民知所好惡矣如是則誰不欲為忠而不為佞宜其成王業之速也德儒佞於隋而戮於唐為佞者果何利哉

高祖以書招李密密自恃兵彊欲為盟主復書曰（復如字）所望左提右挈戮力同心執子嬰於咸陽（秦王）殪商辛於

牧野（殪音翳）高祖得書曰密妄自矜大非折簡可致若遽絕之乃是更生一敵不如卑辭推獎以驕其志復書曰天生烝民必有司牧當今為牧非子而誰老夫年踰知命願不及此欣戴大弟攀鱗附翼惟弟早膺圖籙以寧兆庶宗盟之長屬籍見容復封於唐斯榮足矣密得書甚喜曰唐公見推天下不足定矣

臣祖禹曰晉文公譎而不正孔子譏之（語憲問晉文公譎而不正齊桓公正而不譎）當是時李密方圍洛邑高祖乘虛席卷入

關（席卷猶言奄有也）寇進則前有太原之敵後有東都之師是以聚兵洛口而不能西其勢亦可見矣然則高祖何賴於寇而招之以納侮（書說命中無啓寵納侮）及其自欲為盟主也又何憚於寇而驕之以行詐哉且始舉義兵而勸進於叛人非所以為名也臣以為此非太宗劉文靜之謀必出於高祖與裴寂之徒怯懼之計得已而不已者也

武德元年三月隋恭帝詔以唐王為相國加九錫（相去聲下同）

王謂僚屬曰此諂諛者所為耳孤秉大政而自加寵錫可乎必若循魏晉之迹彼皆繁文偽飾欺天罔人考其實不及五霸而求名欲過三王此孤常所非笑竊亦恥之或曰歷代所行亦何可廢王曰堯舜湯武各因其時取與異道皆推其至誠以應天順人未聞夏商之末必效唐虞之禪也（禪去聲）若使少帝有知必不肯為若其無知孤自尊而飾讓平生素心所不為也但改丞相府為相國府其九錫殊禮皆歸之有司

臣祖禹曰魏晉之君欺孤孀寡以奪天位考其實無異於寒浞王莽（左襄四年魏莊子曰有夏后羿自鉏遷於窮石因夏民以代夏政用寒浞伯明氏之讒子弟也王莽漢元后之弟子漢末篡位號新室浞士角切）之王必欲效唐虞之文後世因襲而莫之改其君臣皆不以為羞也惟唐高祖知其出於諂諛者所為故繁文偽飾有所不行亦可謂不自欺者矣然以兵取而必為之文曰受禪於隋（禪時戰切）是亦未免襲衰世之迹也雖不能正其名實如三代之王而優於晉魏則遠矣

五月詔曰近世以來時運遷革前代親族莫不誅夷興亡之故豈伊人力其隋蔡王智積等子孫並付所司量才選用

臣祖禹曰詩曰商之孫子其麗不億上帝既命侯于周服侯服于周天命靡常（大雅文王詩毛萇云麗數也鄭氏云商之孫子其數不徒億多言之也至天已命文王之後乃為侯於周九服之中無常者善則就之惡則去之）武王數紂曰昏棄厥遺王父母弟不迪故致討焉（書牧誓王曰今商王受惟婦言是用昏棄厥肆祀弗荅昏棄厥遺王父母弟不迪乃惟四方之多罪逋逃是崇是長是信）

是使誅其罪人之身而立其子天下之公義也況其父
兄宗族乎自晉魏以來彊臣簒奪除君之族而代其
位以非道得之亦以非道失之易姓之禍如循一軌傳
曰君以此始亦必以終信矣唐高祖始即位而錄隋
之子孫（唐本紀武德元年五月即皇帝位奉隋帝為酅國公詔前隋恭王智積等子孫皆選用之）
由漢以來最為忠厚其享國長世宜哉
萬年縣法曹孫伏伽上表以為隋以惡聞其過（惡烏故切）亡
天下宜易其覆轍（轍亦音易）務盡下情人君言動不可不慎

陛下今日即位而明日有獻鷂雛者（鷂音耀）又百戲散樂
亡國淫聲近太常於民間借婦女裙襦以充妓衣（襦音儒）
擬五月五日元武門遊戲非所以為子孫法也又言太
子諸王參僚宜謹擇其人帝省表大悅下詔褒稱擢為
治書御史賜帛三百匹頒示遠近
臣祖禹曰國將興必賞諫臣國將亡必殺諫臣（國語晉興王賞諫臣逸王罰之）故諫而受賞者興之祥也諫而被殺者亡
之兆也天下如人之一身夫身必氣血周流無所壅
底（孟序正塗塈底）而後能存焉諫者使下情得以上通上意
得以下達如氣血之周流於一身也故言路開則治
言路塞則亂治亂者繫乎言路而已高祖鑒隋之所
以亡王業初基庶事草創而首闢言路以通下情可
謂知所先務矣是以海內聞風如熱者之得濯癈者
之得起民知上之憂已而疾痛將有所赴愬也（孟天下有疾其君者皆赴愬於王）唐室之興不亦宜乎
十一月徐世勣降賜姓李氏

臣祖禹曰古者天子建國賜姓命氏（左隱八年天子建德因生以賜姓）
姓氏所以別其族類之所出也自三代之衰稱姓
者或以國（如風俗通氏族篇曰氏於國齊魯宋衛是也）或以族（族謂宗族）或以
地（如高氏出齊太公之後食采於高因氏焉）或以官（漢倉氏庾氏其祖本主倉庾之官食貨志云居官以為姓號注云倉氏庾氏是也）子孫各本於其祖不可改也漢
高祖賜婁敬姓為劉鄙陋無稽（前漢婁敬傳賜姓劉氏）而唐世
人主遂以為法非其親者附之屬籍或加於盜賊强
寇以逆族異類為同宗（如唐李勣曹州離狐人本姓徐氏高祖賜姓李附宗正屬）

(屬是也)然則古之賜姓者別之而後之賜姓者亂之也夫惟天親不可以人為而強欲同之豈理者乎上瀆其姓下忘其祖非先王之制不可為後世法也

二年閏二月隋宇文士及封德彝來降(降下江切)帝與士及有舊時士及妹為昭儀由是授上儀同帝以封德彝隋室舊臣而諂巧不忠深誚責之罷遣就舍德彝以秘策干帝帝悅尋拜內史舍人俄遷侍郎

臣祖禹曰高祖以女寵進士及責德彝之諂巧既斥

之矣復悅其計策而驟用之甚矣佞人之難遠也(遠去聲)自古君子易疏(易音異下同疏平聲)小人易親蓋君子難於進而果於退小人不耻於自售(售鬻也)而戚於不見知(戚哀也)其進也無所不至人君一為所惑不能自解(解九買切釋也)鮮有不至禍敗者也(鮮上聲少也)

三年五月晉州人吉善行自言於羊角山見白衣老父謂善行曰為我語唐天子(為于偽切)吾為老君吾而祖也詔於其地立廟

臣祖禹曰商祖契(史殷紀殷契舜賜姓子氏)周祖后稷(史周紀周后稷名棄姓姬氏)皆本其功德所起不可誣也唐之出於老子(老子姓李名耳)由妖人之言而諂諛者附會之高祖啓其原高宗明皇扇其風又用方士詭誕之說躋老子於上帝(唐高宗紀乾封元年二月己未如亳州祠老子追謚玄元皇帝)卑天誣祖悖道甚矣(悖背也)與王莽稱王子喬為皇祖叔父何以異哉

四年十月趙郡王孝恭李靖圍江陵蕭銑降(銑先典切降下江切)帝數之(數數其過也)銑曰隋失其鹿天下共逐之銑無天命

故至此若以為罪無所逃死竟斬於都市

臣祖禹曰蕭銑故梁子孫(唐本傳銑後梁宣帝子孫)屯難之世(難去聲)民思其主銑因隋亂保據荊楚欲復其考之業雖僭大號(唐本傳義寧二年僭稱皇帝)非唐之叛臣也唐師伐而取其地執其主亦足矣而銑以百姓之故不忍固守而降完府庫奉圖籍而歸之唐(同上武德四年高祖詔孝恭與李靖率巴蜀兵圍銑大破之靖直逼其都詣軍門降)然則唐初割據之主銑最無罪高祖誅之淫刑甚矣我太祖太宗削平四方僭偽之國

係纍其主致之闕下纍力追切縶也孟係纍其子弟雖無道如劉鋹拒命如繼元皆五代時僭僞者窮天下之力而後取之不誅一人皆死牖下自三代以來未之有也此所以祈天永命者歟書名誥祈天永命

五年太子建成與齊王元吉共傾秦王世民引樹黨友樹植也中允王珪洗馬魏徵洗先典切說太子曰秦王功蓋天下中外歸心殿下但以年長位居東宫無大功以鎮服海内今劉黑闥散亡之餘衆不滿萬資糧匱乏以大軍

臨之勢如拉朽殿下宜自擊之以取功名因結納山東豪傑庶可自安太子乃請行帝許之

臣祖禹曰立子以長上聲不以有功以德不以有衆古之道也晉獻公使太子申生伐東山里克入而諫君出見太子而勉之以孝左閔二年晉侯使太子申生伐東山皋落氏里克諫曰太子奉冢祀社稷之粢盛以朝夕視君膳者也故曰冢子君行則守有守則從從曰撫軍守曰監國古之制也夫帥師專行謀誓軍旅君與國政之所圖也非太子之事也師在制命而已稟命則不威專命則不孝君子曰善處父子之間矣王魏以輔導東宫為職東宫

太子之稱當勸建成以孝於高祖友於秦王則儲位安矣儲副也太子君之副貳秦王有定天下之功高祖茍欲立之能為泰伯不亦善乎史吳世家吳泰伯泰伯弟仲雍皆周太王子而王季歷之兄也季歷賢而有聖子昌太王欲立季歷泰伯仲雍二人奔之荊蠻文身斷髮示不可用以避季歷季歷果立是為王季且建成既為太子則國其國也安在於有功乃使之擊賊以立威結豪傑以自助是導之以争也禍亂何從而息乎夫以王魏之賢其為建成謀猶如此況庸人乎

唐鑑卷一

唐鑑卷二

宋 范祖禹 撰
呂祖謙 註

高祖下

七年初定令以太尉司徒司空為三公次尚書門下中書秘書殿中內侍為六省次御史臺次太常至太府為九寺次將作監次國子學次天策上將府次十四衛東宮置三師至十率府（率音帥）王公置府佐國官公主置邑司並為京職事官州縣鎮戍為外職事官自開府至將仕郎二十八階為文散官自驃騎至陪戎三十一階為武散官上柱國至武騎尉十二等為勳官

臣祖禹曰三公論道經邦燮理陰陽（書周官立太師太傅太保茲惟三公論道經邦燮理陰陽）故不以一職名官（前百官公卿表太師太傅太保為三公蓋參天子坐而議政無不總統故不以一職名官）太尉掌武蓋古者大司馬之職也司徒主民司空主土皆六卿之任非三公之官也（同上冢宰司徒宗伯司馬司寇司空是為六卿或說司馬主天司徒主人司空主土是為三公）自漢以來失之矣唐不能革正而復因之是以官名之紊莫甚於唐且既有太尉司徒司空（唐百官志太尉司徒司空各一人是為三公正一品）而又有尚書省（同上尚書省尚書令一人正二品掌典百官其屬有六尚書吏部戶部禮部兵部刑部工部）是政出於二也既有尚書省而又有九寺（太常寺光祿寺衛尉寺宗正寺太僕寺大理寺鴻臚寺司農寺大府寺）是政出於三也夫天地之有四時百官之有六職（天官冢宰地官司徒春官宗伯夏官司馬秋官司寇冬官司空）天下萬事備盡如此如網之在綱（書盤庚若網在綱有條而不紊）裘之挈領雖百世不可易也人君如欲稽古以正名（語十三必也正名乎）苟捨周官臣未見其可也

初定均田租庸調法（調去聲下同）丁中之民給田一頃篤疾減什之六寡妻妾減七皆以什之二為世業八為口分每丁歲入租粟二石調隨土地所宜綾絹絁布（絁音施）歲役二旬不役則收其傭日三尺有事而加役者旬有五日免其調三旬租調俱免水旱蟲霜為災什損四以上免租六以上免調七以上課役俱免凡民貲業分為九

等（貲音資）百户為里五里為鄉四家為鄰四鄰為保在城邑者為坊在田野者為村食禄之家毋得與民爭利工商雜類無預仕伍男女始生為黄四歲為小十六歲為中二十為丁六十為老歲造計帳三歲造户籍

臣祖禹曰唐初定均田有給田之制蓋猶有在官之田也（唐食貨志唐之始時授人以口分世業田而取之以租庸調之法）其後租庸調法壞而為兩稅給田之制因不復見（同上天寶以來驕君昏主姦吏邪臣取濟一時屢更其制由是財利之說興聚斂之臣進蓋口分世業之田壞而為兼并租庸之法壞而為兩稅）蓋官田益少矣自井田廢而貧富不均（前食貨志秦孝公用商鞅壞井田開阡陌註云南北曰阡東西曰陌陌與佰同）後世未有能制民之產（孟梁惠王賢君制民之產使仰足以事父母俯足以畜妻子今也制民之產仰不足以事父母俯不足以畜妻子）使之養生送死而無憾者也（同上是使民養生喪死無憾也）立法者未嘗不欲抑富而或益助之不知富者所以能兼并由貧者不能自立也貧者不能自立由上之賦斂重而力役繁也為國者必曰財用不足故賦役不可以省盍亦反其本矣（同上盍亦反其本矣盍因合切何不也）昔哀

公以年饑用不足問於有若有若曰盍徹乎夫徹非所以裕用然欲百姓與君皆足必徹而後可也（語十二哀公問於有若曰年饑用不足如之何有若對曰盍徹乎曰二吾猶不足如之何其徹也對曰百姓足君孰與不足百姓不足君孰與足趙岐曰什一而稅謂之徹徹直列切）後之為治者三代之制雖未能復唯省其力役薄其賦斂（孟盡心上易其田疇薄其稅斂）務本抑末尚儉去奢占田有限困窮有養使貧者足以自立而富者不得兼之此均天下之本也不然雖有法令徒文具而已何益於治哉

太子建成欲圖秦王世民擅募驍勇為東宮衛士（驍古堯切）號長林兵又密使幽州突騎三百（騎去聲）置宮東諸坊使慶州都督楊文幹募壯士送長安帝幸仁智宮建成居守使郎將尒朱煥等以甲遺文幹（將去聲尒與爾同遺去聲）煥等去幽州上變告太子使文幹舉兵欲表裏相應帝遣宇文穎召文幹穎以情告之文幹遂舉兵反

臣祖禹曰建成為太子而擅募兵甲於東宮又使楊文幹反於外以危君父此天下之惡也（惡如字）罪孰大

馬高祖不以公義廢之乃外惑於姦臣之計內牽於
妃嬪之請嬪音頻至使兄弟不相容於天下前淮南王傳孝文即
位時高帝子惟孝文淮南厲王長在而厲王自以為最親驕蹇數不奉法上寬赦之後終得罪廢處蜀嚴
道卭郵王乃不食而死上聞之悲哭民為作歌曰一尺布尚可縫一斗粟尚可舂兄弟二人不相容此
高祖不明之過也

八年西突厥統葉護可汗汗平聲遣使請昏使去聲帝問裴
矩矩對曰今此虜方彊為國家今日計其當遠交而近
攻臣謂宜許其昏以威頡利數年之後中國充實足抗

北夷然後徐思其宜帝從之

臣祖禹曰自漢以女嫁匈奴而後世習為故常結昏
戎狄不以為耻前匈奴傳冒頓圍高帝於白登使劉敬結和親奉宗室女公主為單于閼
氏以為畏之邪與耶同下同則是以天下之大而畏人至
於納女耻也以為謀之邪則是以女為間間去聲而欲
奪人之國亦耻也高祖不謀於衆賢而問諸亡國之
臣宜其不知耻也且西突厥不若頡利之强弱者猶
許其昏則彊者何以制之此不足以示威適足取侮

於四夷而已其後太宗以女分妻諸夷酋長如唐蠻夷薛延
陀傳延陀使請婚帝許以新興公主下嫁之類妻去聲長方丈切中宗以後皆嫁公
主於蕃國如蠻夷西突厥傳中宗以金城公主妻贊普回紇傳肅宗幼女寧國公主下嫁唐延
啜之類夫匹士庶人求配偶猶各以其類況王姬公族
而棄之遠裔不復顧惜豈不哀哉而終唐之世人君
行之不以為難也其臣亦不以為非高祖太宗實啓
之也

九年六月秦王世民殺皇太子建成齊王元吉立世民

為皇太子詔軍國庶事無大小悉委太子處決處上聲八
月高祖傳位於太子

臣祖禹曰建成雖無功太子也太宗雖有功藩王也
太子君之貳國晉語太子君之貳也宋務光傳太子君之貳國之本也父之統也
而殺之是無君父也立子以長不以功所以重先君
之世也故周公不有天下孟萬章下伊尹周公不有天下弟雖齊聖
不先於兄久矣論者或以太宗殺建成元吉比周公
誅管蔡史周公世家周公乃奉成王誅管叔放蔡叔臣竊以為不然昔者

象日以殺舜為事舜為天子也則封之（舜弟象日以殺舜為事立為天子封之有庳出孟子）管蔡啓商以叛周周公為相也則誅之（相去聲）其迹不同而其道一也舜知象之將殺已也故象憂亦憂象喜亦喜盡其誠以親愛之而已矣（並孟子萬章）象得罪於舜故封之管蔡流言於國（書金縢武王既喪管叔及其群弟乃流言于國曰公將不利于孺子）將危周公以間王室（間去聲）得罪於天下故誅之非周公誅之天下之所當誅也周公豈得而私之哉後世如有王者不幸而有害兄之弟

如象則當如舜封之是也不幸而有亂天下之兄如管蔡則當如周公誅之是也舜處其常周公處其變此聖人所以同歸於道也若夫建成元吉亦得罪於天下者乎苟非得罪於天下則殺之者已之私也豈周公之心乎或者又以為使建成為天子又輔之以元吉則唐必亡臣曰古之賢人守死而不為不義者義重於死故也必若為子不孝為弟不弟悖天理滅人倫而有天下不若亡之愈也故為唐史者書曰秦王世民殺皇太子建成齊王元吉立世民為皇太子然則太宗之罪著矣

初洗馬魏徵（洗先典切）常勸太子建成早除秦王及建成敗世民召徵謂曰汝何為離間我兄弟（間去聲）衆為之懼徵舉止自若對曰先太子若早從徵言必無今日之禍世民素重其才改容禮之引為詹事主簿亦召王珪韋挺於嶲州（嶲戶圭切）皆以為諫議大夫

臣祖禹曰齊桓公殺公子糾召忽死之管仲不死又

相桓公以霸何哉（語十四子路曰桓公殺公子糾召忽死之管仲不死子貢曰管仲非仁者與桓公殺公子糾不能死又相之相去聲）桓公子糾皆以公子出奔子糾未嘗為世子也桓公先入而得齊非取諸子糾也桓公既入而殺子糾惡則惡矣然納桓公者齊也春秋書公伐齊納糾稱糾而不稱子不當立者也齊小白入於齊（小白齊桓公名）以小白繫之齊當立者也（按春秋莊公九年公伐齊納子糾齊小白入於齊）又曰齊人取子糾殺之稱子糾所以惡齊也（同上九月齊人取子糾殺之）是以管仲不得終讎桓公

而得以之為君今建成為太子且兄也秦王為藩王又弟也王魏受命為東宮之臣（王珪魏徵）則建成其君也豈有人殺其君而可北面為之臣乎且以弟殺兄以藩王殺太子而奪其位王魏不事太宗可也夫食君之祿而不死其難朝以為讎暮以為君於其不可事而事之皆有罪焉臣之事君如婦之從夫也其義不可以不明苟不明於君臣之義而委質於人（國楚語委質為臣無有二心質音摯）雖曰不利臣不信也

九月太宗引諸衛將卒（將去聲）習射於殿庭諭之曰戎狄侵盜自古有之患在邊境小安則人主逸遊忘戰是以寇來莫之能禦今朕不使汝曹穿池築苑專習弓矢居閒則為汝師突厥入寇則為汝將庶幾中國之民可以少安乎於是日引數百人教射於殿庭帝親臨試中（去聲）多者賞以弓刀布帛其將帥加以上考群臣多諫帝皆不聽由是人思自勵數年之間悉為精銳

臣祖禹曰有國家者雖不可忘戰（前主父偃傳司馬法曰天下雖安忘戰必危）然而教士卒習射者有司之事殿庭非其所也苟將士得其人何患乎士之不勇技之不精乎夫以萬乘之主（唐段秀實傳天子萬乘）而為卒伍之師（禮地官小司徒五人為伍五伍為兩四兩為卒）非所以示德也且人君始即位不以教化禮樂為先務而急於習射志則陋矣雖士勵兵彊征伐四克（揚先知云）威加海外非帝王之盛節亦不足貴也

十一月太宗與群臣論止盜或請重法以禁之帝哂之曰民之所以為盜者由賦繁役重官吏貪求飢寒切身

故不暇廉恥耳朕當去奢省費（省音青）輕徭薄賦選用廉吏使民衣食有餘則自不為盜安用重法耶自是數年之後海內升平路不拾遺商旅野宿焉

臣祖禹曰季康子患盜問於孔子孔子曰苟子之不欲雖賞之不竊（語十二云）信哉斯言也蓋君者本也民者末也君者源也民者流也本正則末正源清則流清矣（荀君道君子養源源清則流清源濁則流濁矣）是以先王之治必反求諸己（孟離婁行有不得者皆反求諸己）己正而物莫不應矣夫重法以

止盜法繁而盜愈多則有之矣未見其能禁也去奢省費輕傜薄賦此清源正本止欲之道也（前刑法志清源正本之論）太宗行之其效如此君人者無以迂言為難行（迂闊遠也）而以峻法為足恃則知致治之方矣

右高祖在位九年傳位於太宗貞觀九年崩年七十一

唐鑑卷二

欽定四庫全書

唐鑑卷三

宋　范祖禹　撰

呂祖謙　註

太宗一

貞觀元年帝謂太子少師蕭瑀曰朕少好弓矢（好音耗）得良弓十數自謂無以加近以示弓工乃曰皆非良材朕問其故工曰木心不正則脉理皆邪弓雖勁而發矢不直朕始寤鄉者辨之未精也（鄉讀曰嚮）朕以弓矢定四方識之猶未能盡況天下之務其能徧知乎乃命京官五品以上更宿中書內省（更其亨切）數延見（數音朔）問以民間疾苦及政事得失

臣祖禹曰傳曰國之將興也君子自以為不足其亡也若有餘（見上卷）太宗因識弓之未精而知天下之理已不能盡詢謀於衆而不自用（皇皇者華詩周爰咨詢周爰咨謀）此其所以興也

有上書請去佞臣者帝問佞臣為誰（為于偽切）對曰臣居草

澤不能的知其人願陛下與群臣言或揚怒以試之彼執理不屈者直臣也畏威順旨者佞臣也帝曰君源也臣流也濁其源而求其流之清不可得矣君自為詐何以責臣下之直乎朕方以至誠治天下見前世帝王好以權譎小數接其臣下者常竊恥之卿策雖善朕不取也

臣祖禹曰太宗可謂知君道矣夫君以一人之身而御四海之廣應萬物之衆苟不以至誠與賢而役其

獨智南有嘉魚詩至誠樂與賢者共之以先天下則耳目心思之所及者其能幾何是故人君必清心以涖之晉荀勗傳省事不如清心虛已以待之如鑑之明莊天道聖人之心靜乎天地之鑑也如水之止止水言不動則物至而不能罔矣夫權衡設而不可欺以輕重者唯其平也繩墨設而不可欺以曲直者唯其正也記經解權衡誠縣而不可欺以輕重繩墨誠陳而不可欺以曲直縣音懸我以其正彼以其頗平聲偏也我以其真彼以其偽何患乎邪之不察佞之不辨而必行詐以試之哉一為不誠則心且蔽矣邪正何能辨乎是故鑑垢則物不能察也水動則形不能見也已不明故也且待物以誠猶恐其不動也況不誠而能動物乎孟離婁不誠未有能動者也夫為君而使左右前後之人皆莫測其所為雖欲不欺不可得也唯能御以至誠則忠直者進而憸邪者無自入矣憸音纖

帝與侍臣論周秦修短蕭瑀對曰紂為無道武王征之周及六國無罪始皇滅之得天下雖同人心則異帝曰公知其一未知其二周得天下增修仁義秦得天下益

尚詐力此脩短之所以殊也蓋取之或可以逆得而守之不可以不順故也瑀謝不及

臣祖禹曰太宗於是失言易曰湯武革命順乎天而應乎人易革卦云取之以仁義守之以仁義者周也取之以詐力守之以詐力者秦也此周秦之所以異也後世或以湯武征伐為逆取揚先知湯武桓公征伐四克前陸賈傳湯武逆取而順守也而不知征伐之順天應人所以為仁義也太宗

曰取之或可以逆非也既謂之逆矣則無時而可也

二年正月帝謂魏徵曰人主何為而明何為而暗對曰兼聽則明偏聽則暗昔堯清問下民故有苗之惡得以上聞舜明四目達四聰故共鯀驩兜不能蔽也共音恭秦二世偏信趙高以成望夷之禍梁武帝偏信朱异以取臺城之辱隋煬帝偏信虞世基以致彭城閣之變是故人君兼聽廣納則貴臣不得壅蔽而下情得以上通也帝曰善

臣祖禹曰善哉太宗之問魏徵之對也可謂得其要矣夫聖人以天下為耳目故聰明管九守目貴明耳貴聰以天下之目為目視之無不見也以天下之耳為耳聽之無不聞也庸君以近習為耳目故暗蔽明暗之分惟在於遠近大小而已矣

四月突厥頡利可汗請入朝帝謂侍臣曰曩者突厥之彊控弦百萬憑陵中夏用是驕恣以失其民今自請入朝非困窮肯如是乎朕聞之且喜且懼何則突厥衰則邊境安矣故喜然朕或失道他日亦將如突厥能無懼乎卿等宜不惜苦諫以輔朕之不逮也

臣祖禹曰易曰其亡其亡繫於苞桑否卦九五云書曰儆戒無虞書大禹謨益曰戒哉儆戒無虞夫戒所以勵善而進德也太宗覩突厥入朝而知懼如此其能致貞觀之治宜哉貞觀太宗年號魏徵傳帝即位四年歲斷死刑二十九人幾致刑措斗米三錢至是天下大治

帝謂侍臣曰古語有之赦者小人之幸君子之不幸一歲再赦善人喑啞夫養稂莠者害嘉穀赦有罪者賊良民故朕即位以來不欲數赦數音朔恐小人恃之輕犯憲

章也

臣祖禹曰數赦之害前世論之詳矣如後王符傳賊民之甚者莫大於數赦數赦則惡人昌而善人傷矣之類夫良民不被澤而罪人獲宥政之偏黨莫甚於此欲以致和而措刑前李壽傳善政致和不亦踈乎而人君每以赦為推恩或祈陰德之報太宗懲之可謂善政矣

三年帝謂房玄齡杜如晦曰公為僕射當廣求賢人隨才授任此宰相之職也比聞聽受詞訟日不暇給安能

助朕求賢乎因敕尚書細務屬左右丞唯大事應奏者
乃關僕射
臣祖禹曰太宗責宰相以求賢而不使之親細務能
任相以其職矣書曰惟說式克欽承旁招俊乂列於
庶位（書說命下王曰來汝說云云惟說式克欽承旁招俊乂列於庶位）此相之職也
苟不務此而治簿書期會（前賈誼傳今大臣特以簿書不報期會之間為大故）
百吏之事豈所謂相乎
四月帝謂侍臣曰中書門下機要之司詔勅有不便者

皆應論執（應平聲）比來唯覩順從不聞違異若但行文書
則誰不可為何必擇才也房玄齡等皆頓首謝
臣祖禹曰朝廷設官分職（禮天官太宰惟王建國辨方正位體國經野設官分
職以為民極乃立天官冢宰六官同）非徒使上下相從欲交修其所不
逮也（書冏命穆王命伯冏懋乃后德交修不逮）故書曰百官修輔（書胤征百官修
輔厥后惟明）苟取克位而奉行上令則是胥史而已不明
之君自以無過惡人之言（惡烏故切）是以政亂而上不聞
太宗教責而使之言雖欲不治不可得也

四年滅突厥四夷君長詣闕（長上聲下同）請帝為天可汗（汗音
寒下同）帝曰我為大唐天子又下行可汗事乎群臣及四
夷皆稱萬歲是後以璽書賜西北君長皆稱天可汗
臣祖禹曰孔子曰夷狄之有君不如諸夏之亡也以
其無君臣之禮也（語三子曰夷狄之有君不如諸夏之亡也）太宗以萬乘
之主而兼為夷狄之君不恥其名而受其佞事不師
古（書說命說曰王人求多聞時惟建事學於古訓乃有獲事不師古以克永世匪說攸聞）不足
為後世法也（孟離婁上不可法於後世者不行先王之道也）

突厥部落分散其降唐者（降平聲）尚十萬口詔羣臣議區
處之宜朝士多言宜悉徙之河南兗州之間散居州縣
教之耕織可以化為農民顏師古請皆寘之河北分立
酋長領其部落李百藥以為宜因其離散各即本部署
為君長不相臣屬國分勢敵各自保全必不能抗衡中
國竇靜以為宜假之王侯之號妻以宗室之女（妻去聲）分
其土地析其部落使其權弱勢分易為羈制溫彥博請
準漢武故事置降匈奴於塞下（降下江切）使為中國扞蔽魏

徵以為宜縱之使還故土不可留之中國帝卒用彥博策置四都督府六州以處降衆酋長至者皆拜將軍中郎將布列朝廷五品以上百餘人殆與朝士相半因而入居長安者近萬家

臣祖禹曰先王之制戎狄荒服夷不亂華（家語相魯裔不謀夏夷不亂華）所以辨族類別内外也孔子美齊桓之功曰微管仲吾其被髮左衽矣（語十四子曰管仲相桓公霸諸侯一匡天下民到於今受其賜微管仲吾其被髮左衽矣）聖人之懲戎狄如此太宗既滅突厥

而引諸戎入中國使殊俗之人與公卿大夫雜處於朝廷苟欲冠帶四夷（冠去聲）以夸示天下而（夸大也音誇）不知亂華亦甚矣然則中國幾何不胥懾於戎也（幾音機胥相居切）是以唐室世有戎狄之亂豈非太宗之所啓乎

詔自今訟者有經尚書省判不服聽於東宮上啓委太子裁決若仍不服然後奏聞時太子年十二歲

臣祖禹曰太子之職在於視膳問安（左閔二年里克曰太子以朝夕視君膳者也記文王世子文王之為世子也朝於王季日三雞初鳴而衣服至於寢門外問内豎之御者曰今日安否何如）古之教者必以禮樂（記王制樂正崇四術立四教春秋教以禮樂冬夏教以詩書王太子王子群后之太子皆在焉）而置師保以輔翼之（記文王世子凡三王教世子必以禮樂樂所以修内也禮所以修外也立太師太傅以養之入則有保出則有師是以教喻而德成也師也者教之以事而喻諸德也保也者慎其身而輔翼之而歸諸道者也）苟問學明而德性成（記中庸尊德性而道問學）何患乎不能聽訟也且年十二而使之裁決庶事不已早乎若其才則將不學而能不才則宮臣必教之以欺其君父非所以養德也

六月發卒修洛陽宮以備巡幸張玄素諫曰陛下初平洛陽凡隋氏宮室之宏侈者皆令毀之曾未十年復加營繕何前日惡之而今日效之也（惡烏故切）且以今日財力何如隋世陛下役瘡痍之人襲亡隋之弊恐又甚於煬帝矣帝謂玄素曰卿謂我不如煬帝何如桀紂對曰若此役不息亦同歸於亂帝歎曰吾思之不熟乃至於是顧謂房玄齡曰朕以洛陽土中朝貢道均意欲便民故使營之今玄素所言誠有理宜即為之罷役後日或以

事至洛陽雖露居亦無傷也仍賜玄素絲二百匹

臣祖禹曰上之所好者下之所競也孟滕文公上有好者下必有甚焉好去聲太宗虛己以來直言故羣臣爭救其失唯恐其言之不切太宗不惟悅而從之又賞以勸之此人君之所難能也夫如是何患於有過乎

帝問房玄齡蕭瑀曰隋文帝何如主也對曰文帝勤於為治臨朝或至日昃五品以上引坐論事衛士傳餐而食雖性非仁厚亦勵精之主也帝曰公得其一未得其

一文帝不明而喜察不明則照有不通喜察則多疑於物事皆自決不任群臣天下至廣一日萬幾雖復勞神苦形復扶又切豈能一一中理中去聲群臣既知主意惟取決受成雖有愆違莫敢諫爭爭去聲此所以二世而亡也朕則不然擇天下賢才寘之百官使思天下之事關由宰相審熟便安然後奏聞有功則賞有罪則刑誰敢不竭心力以修職業何憂天下之不治乎因敕百司自今詔敕行下有不便者皆應執奏毋得阿從毋音無不盡己意

臣祖禹曰書云元首明哉股肱良哉庶事康哉又曰元首叢脞哉股肱惰哉萬事墮哉此舜皋陶所以賡歌而相戒也書益稷帝庸作歌曰敕天之命惟時惟幾乃歌曰股肱喜哉元首起哉百工熙哉皋陶拜手稽首颺言曰念哉率作興事慎乃憲欽哉屢省乃成欽哉乃賡載歌曰元首明哉股肱良哉庶事康哉又歌曰元首叢脞哉股肱惰哉萬事墮哉夫君以知人為明唐劉蕡傳君以知人為明知人則任賢去邪臣以任職為良君知人則賢者得行其所學臣任職則不賢者不得苟容於朝此庶事所以康也若夫君行臣職則叢脞矣臣不任君之事則

惰矣此萬事所以墮也當舜之時禹平水土書舜典帝曰咨禹汝平水土惟時懋哉稷播百穀帝曰棄黎民阻飢汝后稷播時百穀土穀之事舜不親也契敷五教帝曰契汝作司徒敬敷五教在寬皋陶明五刑帝曰皋陶汝作士五刑有服五服三就五流有宅五宅三居惟明克允又書大禹謨帝曰皋陶汝作士明於五刑教刑之事舜不治也伯夷典禮舜典帝曰咨四岳有能典朕三禮僉曰伯夷帝曰俞咨伯汝作秩宗夔典樂帝曰夔命汝典樂教胄子禮樂之事舜不與也益為虞帝曰咨益汝作朕虞垂作共工帝曰咨垂汝共工並同上虞工之事舜不知也禹為一相總百官自稷以下分職

以聽焉君人者如天運於上而四時寒暑各司其序則不勞而萬物生矣君不可以不逸也所治者大所司者要也臣不可以不勞也所治者寡所職者詳也不明之君不能知人故務察而多疑欲以一人之身代百官之所為則雖聖智亦日力不足矣故其臣下事無大小皆歸之君政有得失不任其患賢者不能行其志而持祿之士得以保其位此天下所以不治也是以隋文勤而無功太宗逸而有成彼不得其道而此得其道故也

帝之初即位也嘗與群臣語及教化帝曰今承大亂之後恐斯民未易化也魏徵對曰不然久安之民驕佚驕佚則難教經亂之民愁苦愁苦則易化（易音異下同）譬猶飢者易為食渴者易為飲也帝深然之封德彝非之曰三代以還人漸澆訛故秦任法律漢雜霸道蓋欲化而不能豈能之而不欲邪（與耶同）魏徵書生未識時務若信其虛論必敗國家徵曰五帝三王不易民而化（易音亦）昔黃帝征蚩尤高陽征九黎湯放桀武王伐紂皆能身致太平豈非承大亂之後邪若謂古人淳樸漸致澆訛則至於今當悉化為鬼魅矣（魅音媚）人主安得而治之帝卒從徵言元年關中飢米斗直絹一匹二年天下蝗三年大水帝勤而撫之民雖東西就食未嘗嗟怨是歲天下大稔流散者咸歸鄉里米斗不過三四錢終歲斷死刑纔二十九人東至於海南及五嶺皆外戶不閉行旅不齎糧取給於道焉帝謂長孫無忌曰貞觀之初上書者皆云人主當獨運威權不可委之臣下又云宜震耀威武

征討四夷唯魏徵勸朕偃武修文中國安四夷自服朕用其言今頡利成擒其酋長（長丁丈切）並帶刀宿衛皆襲衣冠徵之力也但恨不使封德彝見之耳徵再拜謝曰突厥破滅海內康寧皆陛下威德臣何力焉帝曰朕能任公公能稱朕所任（稱去聲）則其功豈獨在朕乎

臣祖禹曰太宗可謂能審取捨矣（前賈誼傳莫如先審取舍）魏徵仁義之言也欲順天下之理而治之封德彝刑罰之

言也欲咈天下之性而治之夫民莫不惡危而欲安惡勞而欲息以仁義治之則順以刑罰治之則咈矣故治天下在順之而已咈之而能治者未之聞也太宗從魏徵而不從德彝行之四年遂致太平仁義之效如此其速也故治道在人主所力行耳（前申公傳為治顧力行何如耳）孰不可為太宗乎及其成功復歸美於下此近世帝王之所不及也

唐鑑卷三

欽定四庫全書

唐鑑卷四

宋　范祖禹　撰
呂祖謙　註

太宗二

五年初帝令群臣議封建魏徵李百藥以為封建不便顏師古以為不若分王宗子勿令過大（今平聲）間以州縣雜錯而居十一月詔皇家宗室及勳賢之臣宜令作鎮藩部貽厥子孫非有大故無或黜免所司明為條例定等級以聞至十一年六月詔荊王元景等二十一王長孫無忌等十四人刺史皆令世襲無忌等皆不願之國上表固讓其明年詔停襲封刺史

臣祖禹曰柳宗元有言曰封建非聖人意也勢也（柳封建論云封建者更古聖王堯舜禹湯文武而莫能去之蓋非不欲去之也勢不可也勢之來其生人之初乎不初無以有封建封建非聖人意也）蓋自上古以來有之聖人不得而廢也故制其爵位之等為之禮命之數合之以朝覲會同離之以師長牧伯而後可治也周室既衰併

為十二列為六七而封建之禮已亡秦以詐力一天下剗滅方國以為郡縣（秦罷諸侯立郡縣始置郡守）三代之制不可再復矣後世唯知周之長久（周有天下三十七世八百六十七年故云長久）而不知所以長久者由其德不獨以封建也必欲法上古而封之弱則不足以藩屏（屏音丙）強則必至於僭亂此後世封國之弊且堯舜有天下猶不能私其子（堯舜以天下傳賢）況諸侯之後嗣或賢或不肖而必使之繼世是以一人而害一國也然則如之何記曰禮時為

大順次之三代封國後世郡縣時也因時制宜以便其民順也古之法不可用於今猶今之法不可用於古也後世如有王者親親而尊賢務德而愛民慎擇守令以治郡縣亦足以致太平而興禮樂矣何必如古封建乃為盛哉

康國求內附帝曰前代帝王好招來絕域以求服遠之名無益於用而糜弊百姓今康國內附倘有急難於義不得不救師行萬里豈不疲勞勞百姓以取虛名朕不為也遂不受魏徵曰內外治安臣不以為喜唯喜陛下居安思危耳

臣祖禹曰太宗知招來絕域之弊而不為然以兵克者則郡縣置之其疲勞百姓也亦多矣豈先行其言而後從之者歟然其不受康國則足以為後世法使其行事每如此其盛德可少貶哉

六年初群臣表請封禪帝曰卿輩皆以封禪為帝王盛事朕意不然若天下乂安家給人足雖不封禪庸何傷

乎昔秦始皇封禪漢文帝不封禪後世豈以文帝不及始皇耶且事天掃地而祭何必登泰山之巔封數尺之土然後可以展其誠敬乎群臣請不已帝亦欲從之魏徵獨以為不可乃止

臣祖禹曰古者天子巡狩至於方岳（書周官王乃時巡考制度于四岳諸侯各朝於方岳）必告祭柴望所以尊天而懷柔百神也（詩時邁巡狩告祭柴望也時邁其邦昊天其子之實右序有周薄言震之莫不震疊懷柔百神及河喬岳）後世學禮者失其傳而諸儒之諂諛者為說以希世主

謂之封禪(音善)實自秦始古無有也(史秦紀始皇東行郡縣上鄒嶧山立石與魯諸儒生議刻石頌秦德議封禪乃遂上泰山立石封祠祀禪梁父刻所立石)且三代不封禪而王秦封禪而亡人君不法三代而法秦以為太平盛事亦已謬矣太宗方明朝多賢臣而佞者猶倡其議獨魏徵以為時未可而亦不以其事為非也其後顏師古議其禮房喬裁定之徵亦預焉(唐禮樂志唐太宗已平突厥年穀屢豐羣臣言封禪者多乃命顏師古集當時名儒博士雜議不能決於是房玄齡魏徵博採衆議奏上之)貞觀之末屢欲東封以事而止(同上貞觀十五年將

東幸行至洛陽以彗星見乃止)高宗明皇遂踵行之(同上高宗乾封元年封泰山玄宗開元十二年有事泰山為玉冊玉匱石碱皆如高宗之制)終唐之世唯柳宗元以封禪為非以韓愈之賢猶勸憲宗(並見本傳云)則其餘無足怪也嗚呼禮之失也久矣世俗之惑可勝救哉

帝謂魏徵曰為官擇人不可造次用一君子則君子皆至用一小人則小人競進矣對曰然天下未定則專取其才不考其行喪亂既平則非才行兼備不可用也

臣祖禹曰太宗以治亂在庶官(書說命惟治亂在庶官不及私昵惟其能)欲進君子退小人此王者之言也而魏徵之所謂才者小人之才也高陽氏有子八人天下以為才其所以為才者曰齊聖廣淵明允篤誠高辛氏有子八人天下以為才其所以為才者曰忠肅恭懿宣慈惠和(左文十八年高陽氏有才子八人蒼舒隤敳檮戭大臨尨降庭堅仲容叔達齊聖廣淵明允篤誠天下之民謂之八愷高辛氏有才子八人伯奮仲堪叔獻季仲伯虎仲熊叔豹季貍忠肅共懿宣慈惠和天下之人謂之八元共音恭隤音頹敳五才切檮音逃戭音演尨莫江切降下江切)周公制禮作樂(記明堂位周公朝諸侯於明堂制禮作樂)孔子以為才(語曰如有周公之才之美)然

則古之所謂才者兼德行而言也後世之所謂才者辯給以禦人(語五禦人以口給)詭詐以用兵僻邪險詖(音秘)趨利就事是以天下多亂職斯人之用於世也在易師之上六曰開國承家小人勿用必亂邦也(易師卦上六大君有命開國承家小人勿用必亂邦也王弼云小人勿用非其道也)既濟曰高宗伐鬼方三年克之小人勿用(易既濟九三高宗伐鬼方三年克之小人勿用王弼云履得其位君子處之故能興也小人居之遂亂邦也)王者創業垂統(孟公孫丑君子創業垂統)為可繼也敷求哲人以遺後嗣(書伊訓敷求哲人俾輔於爾後嗣)故能長

世也豈其以天下未定而可専用小人之才歟夫有才無行之小人無時而可用退之猶懼其或進也豈可先用而後廢乃取才行兼備之人乎徵之學駁而不純故所以輔道其君者卒不至於三王之治也

九年十一月以光禄大夫蕭瑀為特進復令參預政事帝曰武德六年以後高祖有廢立之心而未定我不為兄弟所容實有功高不賞之懼斯人也不可以利誘不可以死脅真社稷臣也因賜瑀詩曰疾風知勁草板蕩

識誠臣

臣祖禹曰太宗以蕭瑀無貳心於已而嘉之可謂能知臣矣且太子在而私於藩王者明主之所甚惡也惡烏故切或誘以利或脅以死而從之者不亦多乎惟瑀介然自立有隕無貳太宗所以知其臨大節而不可奪也語八臨大節而不可奪也君子人歟君子人也人君以此取於人豈不得忠正之士也

十年八月帝謂群臣曰朕開直言之路以利國也而比來上封事者多訐人細事自今復有為是者以讒人罪之

臣祖禹曰太宗欲開直言而惡告訐訐謂攻發人之陰私惡烏故切許居列切不惟塈讒而又罪之書舜典帝曰朕塈讒說殄行塈音即可謂至明且遠矣語十二可謂明也已矣可謂遠也已矣此為君為長之道也長丁丈切

文德皇后崩十一月葬昭陵帝念后不已於苑中作層觀以望昭陵嘗引魏徵同登使視之徵熟視曰熟與孰同臣

昏眊不能見帝指視之徵曰臣以為陛下望獻陵若昭陵則臣固見之矣帝泣為毀觀為于偽切

臣祖禹曰魏徵可謂能以義正君矣造次不忘納之於善造七報切恐其薄於孝而厚於愛也孟子曰唯大人為能格君心之非孟離婁云若魏徵近之矣

十一年二月帝自為終制初文德皇后疾篤言於帝曰妾生無益於人不可以死害人願勿以丘壠勞費天下因山為墳器用瓦木而已及葬帝復為文刻之石稱皇

后節儉遺言薄葬以為盜賊之心止求珍貨既無珍貨復何所求朕之本志亦復如是王者以天下為家何必物在陵中乃為己有今因九嵕山為陵（嵕祖紅切）鑿石之工纔百餘人數十日而畢不藏金玉人馬器皿皆用土木形具而已庶幾姦盜息心存沒無累當使百世子孫奉以為法至是帝以漢世豫作山陵免子孫蒼猝勞費（蒼采忝反猝倉沒反）又志在儉葬恐子孫從俗奢靡於是自為終制因山為陵容棺而已

臣祖禹曰厚葬之禍古今之所明知也夫藏金玉於山陵是為盜積而標示其處也豈不殆哉（殆危也）是以自漢以來無不發之陵（謂盜發其塚）後之人主知其有害無益而姑為之賈禍（賈音古招也）迹相接而莫之或戒也太宗雖為終制以戒子孫而昭陵之葬（文德皇后姓長孫崩葬昭陵）亦不為儉及唐之末不免暴露之患豈非高宗之過乎

帝幸洛陽至顯仁宮官吏以闕儲偫有被譴者魏徵諫曰陛下以儲偫譴官吏臣恐承風相扇異日民不聊生殆非行幸之本意也昔煬帝諷郡縣獻食視其豐儉以為賞罰故海内叛之此陛下所親見柰何欲效之乎帝驚曰非公不聞此言因謂長孫無忌曰朕昔過此買飯而食僦舍而宿今供頓如此豈得猶嫌不足乎

臣祖禹曰富而不忘貧則能保其富矣貴而不忘賤則能保其貴矣夫以萬乘之貴（唐段秀實傳天子萬乘乘去聲）四海之富而猶以為不足何哉忘其始之賤貧而欲大無

窮也是以高宗舊勞于外爰暨小人及其即位卒為賢君（書無逸高宗舊勞于外爰暨小人作其即位暨音洎）文王卑服即康功田功（同上文王卑服即康功田功徽柔懿恭惠鮮鰥寡孔安國曰文王節儉卑其衣服以就安人之功以就田功）周公作書以戒成王恐其不知稼穡之艱難而驕逸也（同上周公作無逸曰嗚呼君子所其無逸先知稼穡之艱難乃逸孔安國曰稼穡為農夫艱難事）漢文有言曰朕能任衣冠念不至此是以恭儉愛民唯恐煩之嗚呼其可謂有德者矣若太宗聞諫而能自省不亦賢乎

三月帝宴洛陽宮西苑泛積翠池顧謂侍臣曰煬帝作此宮苑結怨於民今日悉為我有正由宇文述虞世基裴蘊之徒内為謟諛外蔽聰明故也可不戒哉

臣祖禹曰太宗可謂不忘戒矣覩隋之宮苑而以謟諛掩蔽戒群臣夫知彼之所以亡則圖我之所以存而不敢怠也此三王之所由興也

八月馬周上疏其畧曰貞觀之初天下饑歉斗米直匹絹而百姓不怨者知陛下憂念不忘故也今比年豐穰

匹絹得粟十餘斛而百姓怨咨者知陛下不復念之多營不急之務故也自古以來國之興亡不以畜積多少在於百姓苦樂且以近事驗之隋貯洛口倉而李密因之東都積布帛而世充資之西京府庫亦為國家之有至今未盡夫畜積固不可無要當人有餘力然後收之不可強歛以資寇（強去聲）敬夫儉以息人陛下已於貞觀之初親所履行在於今日為之固不難也陛下必欲為長久之謀不必遠求上古但如貞觀之初則天下幸甚

臣祖禹曰紂積鉅橋之粟（史記紂有鉅橋之粟服虔曰鉅橋倉名許慎曰鉅鹿水之大橋有漕粟也）武王發之（書武成發鉅橋之粟大賚于四海孔安國云紂所積之府庫皆散發以賑貧民）人主不務德而務聚歛者民散而國亡太宗在位寖久將外事四夷内治宮室聚財積穀欲以有為馬周先事而諫欲如初年之節儉可謂將順其美而救其惡矣（孝經事君章將順其美匡救其惡）

十二年九月帝問侍臣創業守成孰難房玄齡對曰草昧之初與群雄並起角力而後臣之創業難矣魏徵曰

自古帝王莫不得之於艱難失之於安逸守成難矣帝曰玄齡與吾共取天下出百死得一生故知創業之難徵與吾共安天下常恐驕奢生於富貴禍亂生於所忽故知守成之難然創業之難既已往矣守成之難方當與諸公慎之

臣祖禹曰自古創業而失之者寡守成而失之者多周公曰相小人厥父母勤勞稼穡厥子乃不知稼穡之艱難（書無逸相小人厥父母勤勞稼穡厥子乃不知稼穡之艱難相視也去聲孔安國云視小）

人不孝者其父母躬稼穡而子乃不知其勞故禍亂未嘗不生於安逸也然非特創業之君守成為難其後嗣守成尤難也可不慎哉

十三年五月旱詔五品以上上封事魏徵上疏以為陛下志業比貞觀之初漸不克終者凡十條其間一條以為比年以來輕用民力乃云百姓無事則驕逸勞役則易使自古未有因百姓逸而敗勞而安者也此恐非興邦之至言帝深加獎歎云已列諸屏障朝夕瞻仰并錄

付史官仍賜徵黃金十斤廐馬二匹

臣祖禹曰有國者不憂百姓之貧而疑其財之有餘取之不已不恤百姓之勞恤憂也而疑其力之有餘使之不已此二者亡之道也人主曷不反諸己己欲富而惡貧惡烏切下同則富者民之所欲也己欲逸而惡勞則逸者民之所欲也前晁錯傳對文帝策人情莫不欲富人情莫不欲逸與其所欲去其所惡而不王者未之有也孟子梁惠王然而不王者未之有也王去聲以太宗之明而養民不及其初宜魏徵以為漸不克終也

唐鑑卷四

唐鑑卷五

宋 范祖禹 撰
呂祖謙 註

太宗三

貞觀十四年帝大徵天下名儒為儒官數幸國子監使之講論增學生滿三千二百六十員自屯營飛騎亦給博士使授以經有能通經者聽得貢舉於是四方學者雲集京師乃至高麗百濟新羅高昌吐蕃諸酋長亦遣

子弟請入國學升講筵者至八千餘人

臣祖禹曰古之教者家有塾黨有庠遂有序國有學（記學記古之教者家有塾黨有庠術有序國有學鄭氏云術當為遂門側之堂謂之塾周禮五百家為黨又鄉遂在遠郊之外）士脩之於家而後升于鄉升于鄉而後升于國升于國而後達于天子其教之有素其養之有漸故成人有德小子有造（思齋詩肆成人有德小子有造毛詩云造為也鄭氏曰成人謂大夫士也小子其弟子也文王在于宗廟如此叙言大夫士皆有德小子皆有所成造）賢才不可勝用（勝平聲）由此道也後世鄉里之學廢人君能教者不過聚天下之士而烏合於京師（如烏鴉之合散）學者衆多炫耀一時而已非有教育之實也唐之儒學惟貞觀開元為盛（唐儒學傳太宗文治煥然三代之盛所未聞也唐三百年之盛稱貞觀經籍大備又稱開元焉）其人才之所成就者亦可覩矣孟子曰學所以明人倫也（孟滕文公學則三代共之皆所以明人倫也）無學則人倫不明故有國者以為先（記學記夫古之王者建國君民教學為先）如不復三代之制臣未知其可也

八月侯君集滅高昌帝欲以高昌為州縣魏徵諫曰陛

下初即位高昌王文泰夫婦首來朝其後稍驕倨故王誅加之罪止文泰可矣宜撫其百姓存其社稷復立其子則威德加于遐荒四夷皆悅服矣今若利其土地以為州縣州縣則常須千人鎮守數年一易往來死者十有三四供辦衣資違離親戚十年之後隴右虛耗矣陛下終不得高昌撮粟尺帛以佐中國所謂散有用以事無用臣未見其可帝不從九月以其地為西州置安西都護府于交河城留兵鎮之于是唐地東極于海西至

馬耆南盡林邑北抵大漠皆為州縣東西九千五百里南北一萬九百一十八里

臣祖禹曰魏徵之言其利害非不明也以太宗之智豈不足以知之惟其好大而喜遠矜功而循名（唐本紀贊太宗好大喜功窮兵於遠）不能以義制心（書仲虺之誥以義制事以禮制心）故忠言有所不從而欲前世帝王皆莫我若也

十一月禮官奏請加高祖父母服齊衰五月（齊音咨衰音催）嫡子婦服朞嫂叔弟妻夫兄舅皆服小功從之

臣祖禹曰人莫不有本自高祖以上推而至于無窮苟或知之何可忘其所從來也既遠矣則服有時而絕先王之意不足以為法也嫂叔無服古之人豈於其嫂獨無恩乎傳曰其夫屬乎父道者妻皆母道也其夫屬乎子道者妻皆婦道也至于嫂不可以為母則無屬乎妻道者也故推而遠之以明人倫加之而無義不若不加之為愈（勝也）凡喪服從先王之禮則正矣（言太宗從禮官奏加服不喻先王之禮制）

十二月魏徵上疏以為委大臣以大體責小臣以小事為治之道也今委之以職則重大臣而輕小臣至于有事則信小臣而疑大臣信其所輕疑其所重將以致治其可得乎帝納之

臣祖禹曰昔衛獻公捨大臣而與小臣謀（獻公定公子）故失國出奔（獻公奔齊在外十二年）且大臣之所任者大小臣之所任者小而以小謀大以遠謀近此人君偏聽之蔽鮮有不敗事者也（鮮先典切）

帝謂侍臣曰朕雖平定天下其守之甚難魏徵曰臣聞戰勝易守勝難（易音異）陛下之言及此宗廟社稷之福也

臣祖禹曰書曰后克艱厥后臣克艱厥臣（書大禹謨后克艱厥后臣克艱厥臣政乃乂）又曰無輕民事惟艱（書太甲無輕民事惟難無安厥位惟危）孔子曰為君難（語十三子曰為君難為臣不易如知為君之難也不幾乎一言而興邦乎）夫知所難而後可以有為也傳曰君以為易則其難也將至矣君以為難則其易也將至焉太宗知守

之之難所以能有終也
言事者多請帝親覽表奏以防壅蔽帝以問魏徵對曰
斯人不知大體必使陛下一一親之豈唯廟堂州縣之
事亦當親之矣
臣祖禹曰人主之職在于任賢得賢則萬事治何憂
乎壅蔽而防之哉苟知其非賢而姑用之也（姑且）既用
而復疑之以一人之聰明而欲周天下之務則君愈
勞而臣愈惰（怠也）此治功所以不成也（此言人君當誠信待賢不可少

有疑慮）且君臣日與相處而眄眄然防其欺蔽之不暇
（眄眄目相視孟子使民眄眄然眄與盻同）則是左右前後皆不可信也然
則誰與為治乎
十五年帝遣職方郎中陳大德使高麗（使去聲麗平聲）八月自
高麗還大德初入其境欲知其山川風俗所至城邑以
綾綺遺其守者曰（遺去聲）吾雅好山川（好去聲）此有勝處（處去聲）
吾欲觀之守者喜道之遊歷無所不至往往見中國人
自云家在某郡隋末從軍沒于高麗高麗妻以遊女與高麗

錯居（錯雜也）殆相半也因問親戚存沒大德紿之曰（紿徒海切）
皆無恙咸涕泣相告數日後隋人望之而哭者徧于郊
野大德言于帝曰其國聞高昌亡大懼館候之勤加於
常數帝曰高麗本四郡地耳吾發卒數萬攻遼東彼必
傾國救之別遣舟師出東萊自海道趨平壤水陸合勢
取之不難但山東州縣彫瘵未復不欲勞之耳
臣祖禹曰大德出使絕域當布宣德澤以懷遠人使
聲教所及（書大禹謨朔南暨聲教使使去聲下如字）無思不服（詩文王有聲自西自

東自南自北無思不服）此其職也而以賂遺覘其險阻（遺去聲覘癡廉
切說文視也）詭詐誘其民人以為奇能藉口歸報啓人主
征伐之志罪之大者也且天子之使四夷之所想望
而為諜于外國（諜間也音牒）失使之職豈不辱乎
帝謂侍臣曰朕有二喜一懼比年豐稔長安斗粟直三
四錢一喜也北虜久服邊鄙無虞二喜也治安則驕侈
易生驕侈則危亡立至此一懼也
臣祖禹曰太宗樂而不忘憂喜而不忘懼可謂能持

盈守成矣（危驚太平之君子能持盈守成）夫惟憂于未然懼于無形故卒無憂懼也

帝嘗臨朝謂侍臣曰朕為天子常兼將相之事給事中張行成退而上書以為禹不矜伐而天下莫與之争陛下撥亂反正群臣誠不足望清光然不必臨朝言之以萬乘之尊乃與群臣校功争能臣竊為陛下不取帝甚善之

臣祖禹曰人主不患有過患不能改過也太宗一言

之失而其臣已救正之惟能親賢以自輔（董仲舒策求賢以自輔）聽諫以自防（淇澳詩有文章又能聽其規諫以禮自防）所以為美也雖過庸何傷乎

十六年四月帝謂諫議大夫褚遂良曰卿猶知起居注所書可得觀乎對曰史官書人君言動備記善惡庶幾人君不敢為非未聞自取而觀之也帝曰朕有不善卿亦記之耶對曰臣職當載筆不敢不記黄門侍郎劉洎曰借使遂良不記天下亦皆記之帝曰誠然

臣祖禹曰人君善行被于天下炳若日月衆皆覩之其得失何可私也欲其可傳于後世（離婁下舜為法於天下可傳於後世）莫若自脩而已矣何畏乎史官之記而必自觀之邪劉洎以為天下亦皆記之斯言足以儆其君心而全其臣職矣

八月帝曰當今國家何事最急褚遂良曰今四方無虞唯太子諸王有定分最急帝曰此言是也時太子承乾失德魏王泰有寵群臣日有疑議帝聞而惡之謂侍臣

曰方今群臣忠直無踰魏徵我遣傅太子絶天下之疑

九月以徵為太子太師時徵有疾小愈當詣朝表辭帝手詔諭以周幽晉獻廢嫡立庶危國亡家漢高祖幾廢太子頼四皓然後安我今頼公即其義也知公疾病可卧護之徵乃受詔

臣祖禹曰魏徵之于太宗知無有不言言無有不盡君臣之際人莫得而閒也當是時太子魏王方争群臣有黨徵不知之是不明也知而不言是隱情也且

君使之為太子師倚其正直以重太子也外不聞告其君以嫡庶之别内不聞訓太子以禍敗之戒受君之託而無補救處父子兄弟疑危之際依違而已小旻詩謀之其臧則具是違謀之不臧則具是依豈其疾而耄乎卒之身故而見疑讒人得以間之惜哉間側也去聲

初高昌既平歲發兵千餘人戍其地褚遂良上疏曰陛下興兵取高昌數郡蕭然累年不復歲調千餘人屯戍遠去鄉里破産辦裝又謫徙罪人皆無賴子弟適足騷

擾邊鄙豈能有益行陳所遣多復逃亡徒煩追捕加以道塗所經沙磧千里冬風如割夏風如焚行人往來遇之多死設使張掖酒泉有烽燧之警陛下豈得高昌一夫斗粟之用終當發隴右諸州兵食以赴之耳然則河西者中國之腹心高昌者他人之手足也奈何糜敝本根以事無用之土乎且陛下得突厥吐谷渾皆不有其地為之立君長以撫之高昌獨不得與為比乎叛而執之服而封之刑莫威焉德莫厚焉願更擇高昌子弟可立者使君其國子子孫孫負荷大恩永為唐臣内安外寧不亦善乎帝弗聽及西突厥入寇帝悔之曰魏徵褚遂良勸我復立高昌吾不用其言今方自咎耳

臣祖禹曰有國者喪師之禍小而或以霸喪去聲秦穆公越王句踐是也句音勾得地之禍大而或以亡楚靈王齊湣王是也湣音昏是故廣地不若廣德後藏宫傳務廣德者強強兵不若強民先王患德之不足而不患地之不廣患民之不安而不患兵之不強封域之外聲教所不

及者唐蠻夷傳荒服之外聲教不逮遠及也不以煩中國也淮南子自三代之盛胡越不與受正朔不足以煩中國耳太宗不從忠諫卒自咎悔況不若太宗之強盛而可為乎

帝嘗指殿下樹愛之殿中監宇文士及從而譽之不已帝正色曰魏徵嘗勸我遠佞人遠去聲我不知佞人為誰意疑是汝今果不謬士及叩頭謝

臣祖禹曰大禹曰何畏乎巧言令色孔壬書皐陶謨禹曰能哲而惠何憂乎驩兜何遷乎有苗何畏乎巧言令色孔壬孔氏云孔甚也巧言靜言庸違令色象恭滔天

孔子曰佞人殆(語十五子曰遠佞人佞人殆殆危也)佞人者止於諛悅順從而已近之必至於殆何也彼佞人者不知義之所在而惟利之從故也利在君父則從君父利在權臣則附權臣利在敵國則交敵國利在戎狄則親戎狄利之所在則從之利之所去則違之於君父何有哉忠臣則不然從義而不從君從道而不從父使君不陷于非義父不入于非道故雖有所不從其命將以處君父于安也君有不義不從也而況于權臣乎

父有不義不從也而況于他人乎臣之佞者其始莫不巧言令色(同上註又語一巧言令色鮮矣仁五巧言令色足恭)未必有悖逆之心及其患失則無所不至終於弑君亡國者皆始之諛悅順從者也是故堯舜畏之以比驩兜有苗(書皐陶謨何憂乎驩兜何遷乎有苗何畏乎巧言令色孔壬)孔子以為殆(語十五子曰佞人殆)人君可不遠之乎

十七年二月帝問褚遂良曰舜造漆器諫者十餘人此何足諫對曰奢侈者危亡之本漆器不已將以金玉為之忠臣愛君必防其漸若禍亂已成無所復諫矣帝曰然朕有過卿亦當諫其漸朕見前世帝王拒諫者多云業已為之或云業已許之終不為改如此欲無危亡得乎

臣祖禹曰所貴乎賢者為其能止亂于未然閑邪于未形也(易乾卦閑邪存其誠)若其已然則衆人之所知也何賴于賢乎危亡之言惟明主能信而闇主忽焉是以自古無事之時常患乎諫之難入也今有人康強而無疾或告之以多言之損氣多食之致死彼愛其身者

聞之必惕焉兢兢而不忘(小旻詩戰戰兢兢如臨深淵如履薄氷)則疾疢何自而生矣彼恃其強者聞之不惟不信而又艴然(艴音弗不悅貌孟公孫丑曾西艴然不悅曰)是人也不病則已病則忽焉而死雖欲救無及矣從諫之與拒諫者何以異于是故聖主能從諫於未然賢主能改過于已然諫而不聽者斯為下矣忠臣之事上君也亦諫其未然事中君也多諫其已然事闇君也(闇與暗同不明也)救其橫流故有以諫救身者矣(如龍逢比干之屬)唐虞之時群聖聚于

朝無過舉矣憂其所當憂戒其所當戒而已故常有儆懼之言其慮患豫也至于後世令主其賢臣多諫其已然而防其未然太宗求諫于群臣其有意于防未然者乎

帝曰人主惟有一心而攻之者甚衆或以勇力或以辯口或以諂諛或以姦詐（姦與奸同）或以嗜慾輻輳攻之各求自售以取寵禄人主少懈而受其一則危亡隨之此其所以難也

臣祖禹曰人主不可以有偏好（去聲）偏好者姦邪之所趨而讒賊之所入也（姦與奸同）書曰惟精惟一允執厥中（書大禹謨舜命禹曰人心惟危道心惟微惟精惟一允執厥中）夫如是則衆莫得而攻之矣

太常丞鄧素使高麗還請于懷遠鎮增戍兵以逼高麗

帝曰遠人不服則脩文德以來之未聞一二百戍兵能威絕域者也

臣祖禹曰太宗以增戍兵不若脩文德其言豈不美哉然非能行之直以辨折其臣下而已（直猶言特也）其始不欲增戍而卒親征之（太宗親身伐高麗高麗蠻夷之國麗平聲）不為其小而為其大豈大者足以勝德乎書曰非知之艱行之惟艱（書說命傅說戒高宗曰非知之艱行之惟艱王忱不艱允協于先王成德）太宗之謂矣

唐鑑卷五

欽定四庫全書

唐鑑卷六　　宋　范祖禹　撰

呂祖謙　註

太宗四

初帝謂監修國史房玄齡曰前世史官所記皆不令人主見之何也對曰史官不虛美不隱惡若人主見之必怒故不敢獻也帝曰朕之為心異于前代帝王欲自觀國史知前日之惡為後來之戒公可譔次以聞諫議大

夫朱子奢上疏諫帝不從玄齡乃與給事中許敬宗等刪定為高祖今上實録書成上之帝見書殺建成元吉事多微隱謂玄齡曰昔周公誅管蔡以安周季友鴆叔牙以存魯朕之所為亦類是耳史官何諱焉命削去浮詞直書其事

臣祖禹曰古者官守其職史書善惡（如字下同）君相不與焉（相去聲與讀如預）故齊太史兄弟三人死於崔杼而卒不沒其罪（史齊世家崔杼弒齊君齊太史書曰崔杼弒莊公崔杼殺之其弟復書崔杼復殺之少弟復書崔杼乃舍之）此奸臣賊子所以懼也後世人君得以觀之而宰相監修欲其直筆不亦難乎司馬遷有言曰文史星歷近乎卜祝之間蓋止於執簡記事直書其實而已非春秋有褒貶賞罰之文也（杜預左傳序春秋以一字定褒貶）後之為史者務褒貶而忘事實失其職矣人君任臣以職而宰相不與史事（與讀曰預）則善惡廢乎其信也

十八年正月帝欲伐高麗褚遂良諫李世勣追咎魏徵

諫討薛延陀帝欲自征高麗遂良上疏以為天下譬猶一身兩京心腹也州縣四肢也四夷身外之物也高麗罪大誠當致討命猛將將四五萬衆仗陛下威靈取之如反掌耳今太子新立年尚幼稺自餘藩屏陛下所知一旦棄金湯之全踰遼海之險以天下之君輕行遠舉皆愚臣之所甚憂也帝不聽

臣祖禹曰高麗臣屬於唐而其主為賊臣所弑為大國者不可不討然高麗之大未如突厥其險遠不過

於高昌吐谷渾皆蠻夷國名此三國者皆命將帥以偏師取之遂墟其國墟荒也何獨至于高麗而欲自征之乎

太宗若從遂良之言雖伐而不克亦未失也

八月帝謂司徒無忌等曰人苦不自知其過卿可為朕明言之對曰陛下武功文德臣等順之不暇又何過可言帝曰朕問公以已過公等乃曲相諛悅朕欲面舉公等得失以相戒而改之何如皆拜謝帝曰長孫無忌善避嫌疑應物敏速決斷事理而總兵攻戰非其所長

高士廉涉獵古今心術明達臨難不改節當官無朋黨所乏者骨鯁規諫耳唐儉言辭辨捷善和解人事解上聲朕三十年遂無言及於獻替楊師道性行純和自無愆失而情實怯懦緩急不可得力岑文本性質敦厚文章華贍而持論常據經遠自當不負於物劉洎性最堅貞有利益然其意尚然諾私于朋友馬周見事敏速其性貞正論量人物直道而言朕比任使多能稱意褚遂良學問稍長性亦堅正每寫忠誠親附於朕譬如飛鳥依人人自憐之

臣祖禹曰君臣以道相與以義相正者也記禮運君臣相正國之肥也故先王以群臣為友有朋友之義非徒以上下之分相使而已太宗欲聞過于無忌而無忌納諂以悅之君好直而臣不忠好呼報切其罪大矣而太宗論群臣之得失其言皆中于理哉中去聲褚遂良直道事君犯顏諫爭爭去聲盡忠無隱王魏之比也珪徵而譬之飛鳥依人輕侮其臣不恭孰甚焉

十九年帝親伐高麗六月車駕至安市城進兵攻之高麗北部耨薩延壽真帥高麗靺鞨兵十五萬救安市帝謂侍臣曰今為延壽策有三引兵直前連安市城為壘據高山之險食城中之粟縱靺鞨掠吾牛馬攻之不可猝下猝雖骨切欲歸則泥潦為阻坐困吾軍上策也拔城中之衆與之宵遁中策也不度智能來與吾戰下策也卿曹觀之彼必出下策成擒在吾目中矣高麗有對盧年老習事謂延壽曰秦王內芟群雄外服戎狄獨立為

帝此命世之材今舉海内之衆而來不可敵也為吾計者莫若頓兵不戰曠日持久分遣奇兵斷其運道糧食既盡求戰不得欲歸無路乃可勝也延壽不從引軍進戰大敗遂來降（下江切）

臣祖禹曰傳曰國無小不可易也（易輕也音異）蓋雖小國必有智者為之謀勇者致其死則雖以天下之大百萬之衆未可恃以為必勝也高麗對盧之謀正合於太宗所謂上策使延壽而能聽用唐師豈不殆哉

高麗既敗舉國大駭後黄城銀城皆自抜遁去數百里無復人煙帝驛書報太子與高士廉等書曰朕為將如此何如

臣祖禹曰太宗之伐高麗非獨恃其四海之富兵力之彊本其少時奮于布衣志氣英果百戰百勝以取天下治安既久不能深居高拱猶思所以逞志扼腕踴躍喜于用兵（擊鼓詩踊躍用兵）如馮婦搏虎（孟盡心晉人有馮婦者善搏虎有衆逐虎虎負嵎莫之敢攖望見馮婦趨而迎之馮婦攘臂下車衆皆悅之其為士者笑之）不能自止非有理義以養其志（孟告子理義之悅我心）中和以養其氣始于勇敢終于勇敢而已矣記曰所貴于勇敢強有力者貴其敢行禮義也天下無事則用之於禮義天下有事則用之於戰勝用之於戰勝則無敵用之於禮義則順治（記聘義有行謂之有義有義謂之勇敢故所貴于勇敢者貴其能以立義也所貴於立義者貴其有行也所貴於有行者貴其行禮也故所貴於勇敢者貴其敢行禮義也故勇敢強有力者天下無事則用之于禮義天下有事則用之于戰勝用之于戰勝則無敵用之于禮義則順治外無敵内順治此之謂盛德故聖王之所貴勇敢強有力如此也勇敢強有力而不用之于禮義戰

勝而用之于爭鬭則謂之亂人敢行如字有行去聲）太宗於天下無事不知用之於禮義而惟以戰勝為美也是故以天子之尊而較勝於遠夷一戰而克（克勝也）自以為功矜其智能夸示臣下（夸大也）其器不亦小哉

凡征高麗抜玄菟等十城（菟音兎）徙遼蓋巖三州戶口入中國者七萬人新城建安駐蹕三大戰斬首四萬餘級戰士死者幾三千人（幾音機）戰馬死者什七八帝以不能成功深悔之歎曰魏徵若在不使我有是行也命馳驛

祀徵以少牢復立所製碑名其妻子詣行在勞賜之勞去聲

臣祖禹曰太宗北擒頡利西滅高昌兵威無所不加四夷震慴而玩武不已親擊高麗以天下之衆困于小夷無功而還意折氣沮親見煬帝煬音陽以勤遠亡國而襲其所為臣以為太宗之征高麗無異於煬帝但不至于亂亡耳惟不能慎終如始書仲虺之誥慎厥終惟其始日新其德易大畜剛健篤實輝光日新其德而欲功過五帝地廣三

王是以失之然見危而思直臣知過而能自悔此所以為賢也

二十年六月詔江夏王道宗等擊薛延陀又遣李世勣圖其諸部帝手詔自詣靈州招撫鐵勒八月道宗擊延陀破之鐵勒諸部皆請入朝車駕至浮陽回紇各遣使入貢帝大喜詔以戎狄與天地俱生上皇並列流殃構禍乃自運礿朕聊命偏師遂擒頡利始弘廟畧已滅延陀鐵勒百萬餘戶散處北漠遠遣使人委身內屬請同編列並為州郡混元以降殊未前聞宜備禮告廟仍頒示溥天九月帝至靈州敕勒諸部俟斤遣使相繼詣靈州者數千人帝為詩序其事曰雪耻酬百王除凶報千古明年詔以回紇等諸部為府及州各以其酋長為都督及刺史諸酋長請于回紇以南突厥以北開一道謂之參天可汗汗音寒道置六十六驛各有馬及酒肉以供過使歲貢貂皮以充租賦帝許之於是北荒悉平然吐迷度巳私自稱可汗官號皆如突厥故事

臣祖禹曰昔武王克商通道于九夷八蠻西旅獻獒書旅獒西旅獻獒太保作旅獒旅獒惟克商遂通道于九夷八蠻西旅厎貢厥獒太保乃作旅獒用訓于王曰嗚呼明王慎德四夷咸賓無有遠邇畢獻方物惟服食器用太保召公也獒音敖大犬也西戎遠夷貢大犬故作此書以戒之太保作訓曰不矜細行終累大德為山九仞功虧一簣同上夙夜罔或不勤不矜細行終累大德為山九仞功虧一簣允廸茲生民保厥居惟乃世王孔氏傳云八尺曰仞喻向成也未成一簣猶未為山故曰功虧一簣是以聖人乾乾終日慎終如始因事而戒恐其驕也太宗不得志於東夷欲收功于北荒因延陀破亡以兵臨之如疾風振槁枯木

也左衽之民衽襟也夷狄之人衣皆左衽解辮內附辮結髮自以為
開闢以來未之有也昔之有天下者莫不以冠帶四
夷為盛德大業何哉易繫盛德大業至矣哉故嘗試論之曰中
國之有夷狄如晝之有夜陽之有陰君子之有小人
也中國失政則四夷交侵先王所以御之者亦可得
而畧聞矣舜曰而難任人蠻夷率服書舜典柔遠能邇而難任人蠻夷
率服難去聲任平聲下皆如字又曰無怠無荒四夷來王書大禹謨益曰吁戒
哉云云無怠無荒四夷來王按此即益戒舜之辭非舜自言然則欲其率服莫若

難任人欲其來王莫若無怠荒柔遠能邇治內安外
而殊俗之民嚮風慕義前宣帝紀百蠻嚮風單于慕義不以利誘不
以威脅而自至矣欲附者則撫之不欲者不強致也
強去聲故不勞民不費財至于後世之君或以讐疾而
欲殄滅之或愛悅而欲招來之是二者皆非也何則
彼雖夷狄亦猶中國之民也趨利避害欲生惡死豈
有異于人乎言夷狄雖非中國比類其貪生惡死亦與中國之人同惡烏故切王者
於天地之間無不養也鳥獸草木猶當愛之況人類

而欲殘之乎殘之固不可況不能勝而自殘其民乎
仁人之所不為也為之者秦始皇是也山川之所限
風氣之所移言語不通嗜欲不同記王制五方之民言語不通嗜欲不
同得其地不可居得其民不可使也列為州縣是崇
虛名而受實弊也且得之既以為功則失之必以為
恥其失不在于己則在于子孫故有征討之勞餽餉
之煩民不堪命而繼之以亡隋煬是也且中國地非
不廣也民非不衆也曷若無得無失修其禮樂政刑

記樂記禮樂刑政四達而不悖以惠養吾民使農有餘粟女有餘布
孟滕文公農有餘粟女有餘布兵革不試以致太平記樂記兵革不試諸侯賓服
不亦帝王之盛美乎故有求于外如彼其難也無求
於外如此其易也然而人君常捨所易而行所難何
哉忽近而喜遠厭故而謀新不入于秦則入于隋雖
不至于亡而常與之同事其累德豈細哉書旅獒不矜細行終
累大德累去聲太宗矜其功能好大無窮前本紀贊好大喜功窮兵于遠好呼
報切華夷中外欲其為一非所以遺後嗣安中國之道

遺貽也去聲此當以為戒而不可慕也言當以太宗為戒不可慕其所為

二十一年二月帝將復伐高麗朝議以為高麗依山為城攻之不可猝拔前大駕親征國人不得耕種所克之城悉收其穀繼以旱災民大半乏食今若數遣偏師更迭擾其疆埸音亦使彼疲于奔命釋耒入堡音保數年之間千里蕭條則人心自離鴨綠之北可不戰而取矣帝從之三月以牛進達李世勣為大總管伐高麗

臣祖禹曰太宗以蓋蘇文弒其君故舉問罪之師當

誅其賊臣弔其國人置君而後去之則德刑舉矣而唐師入境貪其土地虜其民人使其父兄子弟流為餓殍且弒君者蓋蘇文也彼高麗之民何罪豈王者之師乎伐而不克益發忿兵乃更欲撓其疆埸害其耕稼則是利於為寇非禦寇也唐高麗傳太宗時蓋蘇文當嗣立建武弟之子藏為王自為莫離支專國帝拜藏遼東郡王將討蓋蘇文群臣勸毋行帝曰吾知之矣去本而就末舍高而取下釋近而之遠三者不祥伐高麗是也然蓋蘇文弒君戮大臣以逞國人延頸待救議者固未亮耳朕必勝有五以大擊小以順討逆以安乘危以逸敵勞以悅當怨渠憂不克邪今天下大定唯遼東未賓故自取之不遺後世憂也誓師而東

八月立皇子明為曹王明母楊氏巢剌王之妃也有寵於帝文德皇后之崩也欲立以為后魏徵諫曰陛下方比德唐虞奈何以辰嬴自累乃止尋以明繼元吉後

臣祖禹曰太宗手殺兄弟太宗殺建成元吉曾不愧恥而復納元吉之妃惡莫大焉苟非用魏徵之言過而遂之立以為后何以視天下之人乎視見也云云視當作示以明繼元吉後是章其母之為弟婦也章讀如彰明之彰其瀆人倫

亦甚哉

二十二年六月帝以高麗困弊議明年發三十萬眾一舉滅之或以為大軍東征須備經歲之糧非畜乘之所能載宜具舟艦音檻下同為水運隋末劍南獨無寇盜屬者遼東之役劍南復不預及其百姓富庶宜使之造舟艦帝從之七月遣右領左右府長史強偉于劍南伐木造舟艦大者或長百尺其廣半之別遣使行水道自巫峽抵江揚趨萊州偉等發民造船役及山獠雅邛眉三州

獠反獠音老九月遣張士貴梁建方發隴右峽中兵二萬餘人以擊之蜀人苦造船之役或乞輸直顧潭人造船帝許之州縣督迫嚴急民至賣田宅鬻子女不能供穀價踊貴劍外騷然帝聞之遣長孫知人馳驛往視之知人奏稱蜀人脆弱不耐勞劇大船一艘庸絹二千二百三十六匹山谷已伐之木挽曳未畢復徵庸絹二事併集民不能堪宜加存養帝乃敕潭州船庸皆從官給

臣祖禹曰昔舜命禹征有苗三旬苗民逆命乃班師振旅書大禹謨帝曰咨禹惟時有苗弗率汝徂征禹乃會羣后誓于師曰濟濟有衆咸聽朕命蠢茲有苗昏迷不恭侮慢自賢反道敗德君子在野小人在位民棄不保天降之咎肆予以爾衆士奉辭罰罪爾尚一乃心力其克有勳三旬苗民逆命益贊于禹曰惟德動天無遠弗屆矧茲有苗禹拜昌言曰俞班師振旅帝乃誕敷文德舞干羽于兩階七旬有苗格夫以舜禹征伐猶無功故用兵非美事也老子曰佳兵者不祥之器老子道德經云不得已而用之太宗之伐高麗其得已而不已者乎聖人有不能服則反求諸已故舜舞干羽而格有苗未聞以苗民逆命為忿也太宗不能反已而恥其無功

欲傾天下之力逞志於遠夷何其迷而不復也夫天下如人之一身四方猶四支也師役四支之病也以高麗之役不及于蜀而必欲疲是一支病而使別支皆被其痛此豈愛身之道乎

二十三年四月帝謂太子曰李世勣才智有餘然汝與之無恩恐不能懷服我今黜之若其即行俟我死汝於後用為僕射親任之若徘徊顧望當殺之耳五月以同中書門下三品李世勣為疊州都督世勣受詔不至家而去

臣祖禹曰太宗以李世勣為何如人哉以為愚也則不可以託孤幼而寄天下矣語八可以託六尺之孤可以寄百里之命臨大節而不可奪君子人歟君子人也以為賢也當任而勿疑書大禹謨任賢勿貳去邪勿疑何乃憂後嗣之不能懷服先黜之而後用之邪是以犬馬畜之也夫欲奪其心而折之以威欲得其力而懷之以恩此漢祖所以馭黥彭之徒黥布彭越狙詐之術也揚問道御得其道則天下狙詐咸作使御失其道則天下狙詐咸作逆五伯之

所不為也（伯讀如霸）豈堯舜親賢之道乎（孟盡心堯舜之仁不徧愛人急親賢也）苟以是心而待其臣則利祿之士可得而使也賢者不可得而致也若夫祿之以天下而不顧繫馬千駟而不視者（孟萬章伊尹耕于有莘之野而樂堯舜之道焉非其義也非其道也祿之以天下弗顧也繫馬千駟弗視也）太宗豈得而用之哉

右太宗在位二十四年崩年五十三

臣祖禹曰太宗以武撥亂以仁勝殘（勝者升語十三子曰善人為邦百年亦可以勝殘去殺矣）其材畧優于漢高而規模不及也（前高紀其

規模弘遠矣）恭儉不若孝文而功烈過之矣（前梅福傳孝文加之以恭儉）迹其性本強悍勇不顧親而能畏義而好賢（好呼報切）屈己以從諫（唐段平仲傳聖主屈己以從諫）刻厲矯揉力于為善此所以致貞觀之治也夫賢君不世出（唐本紀贊至治之君不世出）自周武成康歷八百餘年而後有漢漢歷八百餘年而後有太宗其所成就如此豈不難得哉人主之所行其善惡是非在後世當其時不可得而辨也故凡太宗之行事其善與不善臣皆舉其大畧矣老子曰善人者不善人之師不善人者善人之資（老子道德經云）人君擇其善者而從之（語七擇其善者而從之其不善者而改之）足以得師其不善者戒之足以為資矣

唐鑑卷六

欽定四庫全書

唐鑑卷七

宋 范祖禹 撰

吕祖謙 註

高宗

永徽元年正月太宗女衡山公主應適長孫氏有司以為服既公除欲以今秋成昏于志寧言漢文立制本為百姓公主服本斬衰縱使服本例除豈可情隨例改請俟三年喪畢成昏帝從之

臣祖禹曰君喪三年古未之改也漢文率情變禮雖欲自損以便人而不知使人入于短喪也自是以後民不知戴君之義而嗣君遂亦不為三年之服唐之人主鮮能謹于禮者故有公除而議昏亮陰而舉樂忘父子之親固不可矣然如漢文之制志寧之議是亦有父子而無君臣也內無父子外無君臣而欲教化行禮俗成難矣為國家者必務革漢文之薄制遵三代之隆禮教天下以方喪三年則衆著于君臣之義矣

三年正月梁建方大破處月朱邪孤注御史劾奏建方逗留不進高德逸救令市馬自取駿者帝以建方等有功釋不問大理卿李道裕奏言德逸所助之馬筋力異常請實中廐帝謂侍臣曰道裕法官進馬非其本職妄希我意豈朕行事不為臣下所信邪朕方自咎故不欲黜道裕耳二月甲寅帝御安福門樓觀百戲觀去聲乙卯謂侍臣曰昨登樓欲以觀人情及風俗奢儉非為聲樂朕聞胡人善為擊鞠之戲嘗一觀之昨初升樓即有群胡擊鞠意謂朕篤好之也帝王所為豈宜容易朕已焚此鞠易音異冀杜胡人窺望之情亦因以自誡

臣祖禹曰高宗即位之初日引刺史問民疾苦尊禮輔相恭己以聽故永徽之政有貞觀之風唐長孫無忌傳初無忌與褚遂良悉心奉國以天下安危自任故永徽之政有貞觀之風帝亦賓禮老臣拱己以聽云察道裕希旨而自責行己之不足取信覩胡人進戲而知所好之不可不慎率是道也豈不足為賢君哉不

數年而悖謬昏亂忠臣不可諫骨肉不相保雖享國之日久卒成武氏之簒何哉（同上奸臣陰圖帝暗於聽受卒以昏覆自是政歸武氏幾至亡國）初親賢後用佞也書曰孺子其朋孺子其朋其往（書洛誥孺子其朋孺子其朋其往無若火始燄燄厥攸灼叙弗其絕）周公所以戒成王也況高宗乎

五年九月帝謂五品以上曰頃在先帝左右見五品以上論事或仗下面陳或退上封事終日不絕豈今日獨無事邪何公等皆不言也

臣祖禹曰太宗嘉納直言導群臣以諫爭（唐魏徵傳上太宗疏陛下貞觀之初導人使諫爭爭音諍）是以論闕失者日相繼也後嗣承其餘烈以高宗之闇而求言于臣下如此由其祖宗為之法也詩曰詒厥孫謀以燕翼子（文王有聲詩豊水有芑武王豈不仕詒厥孫謀以燕翼子毛氏云燕安翼敬也鄭氏云詒傳也孫順也）太宗之謂矣

帝欲廢王皇后立武昭儀畏大臣不從乃與昭儀幸太尉長孫無忌第酣飲極驩席上拜無忌寵姬子三人皆為朝散大夫仍載金寶繒錦十車以賜無忌帝因從容言皇后無子以諷無忌無忌對以它語竟不順旨帝及昭儀皆不悅而罷昭儀又令母楊氏詣無忌第屢有祈請無忌終不許衛尉卿許敬宗亦數勸無忌無忌厲色折之

臣祖禹曰高宗欲廢后而立妾故官無忌妾子又重賂以悅之誘之以利非德賞也而無忌受其官與賜豈未之思乎夫大臣欲以義正君而先沒於利不足以為重矣無忌苟辭其官反其賜而不受使其君知

大臣之不可誘以利亦足以格其非心（書冏命繩愆糾繆格其非心）而益見憚矣（憚忌也）無忌不知出此卒使武后怨其受賜而不助已姦臣得以入其謀高宗無足譏焉惜乎無忌之不學也

六年九月帝召大臣欲廢皇后立武昭儀李勣稱疾不入褚遂良以死爭帝大怒長孫無忌曰遂良受先朝顧命有罪不可加刑韓瑗涕泣極諫又上疏諫來濟上表諫帝皆不納他日李勣獨入見帝問之曰朕欲立武昭

儀為后遂良固執以為不可遂良既顧命大臣事當且已乎對曰此陛下家事何必更問外人帝意遂決

臣祖禹曰高宗欲廢立而猶難於顧命大臣孔安國書傳臨終之命曰顧命取決於李勣之言勣若以為不可則武氏必不立矣勣非惟不諫又勸成之孽后之立無忌遂良之死唐室中絶皆勣之由其禍豈不憯哉太宗以勣為忠託以幼孤而大節如此見上注書曰知人則哲惟帝其難之書皋陶謨皋陶曰都在知人在安民禹曰吁咸若時惟帝其難之知人則哲能官人安民則惠黎民懷之信矣

麟德二年二月帝語及隋煬帝謂侍臣曰煬帝拒諫而亡朕常以為戒虛心求諫而竟無諫者何也李勣對曰陛下所為盡善群臣無得而諫

臣祖禹曰甚矣李勣之佞也陷君於惡又諂以悅之君有求諫之心而臣無納忠之志其罪大矣勣本群盜不學無識可為將而不可為相唐本傳大業末翟讓為盜勣年十七往從之將相並去聲以輔少主同上帝疾謂太子曰爾於勣無恩今以事出之我死宜即授以僕射彼必致死力矣乃授疊州都督高宗立召進開府儀同三司同中書門下參掌樞密遂為尚書右僕射居伊周之地伊尹輔太甲周公輔成王非其任矣

總章元年四月彗星見於五車帝避正殿減常膳撤樂許敬宗等奏請復常曰彗星見東北見音現高麗將滅之兆也帝曰朕之不德謫見于天豈可歸咎小夷且高麗百姓猶朕之百姓也不許戊辰彗星滅

臣祖禹曰天垂象聖人則之易繫辭天垂象見吉凶聖人則之三辰之眚三辰日月星辰眚過也天所以警戒人君也昔齊景公欲

禳彗星晏子曰彗所以除穢君無穢德又何禳焉若德之穢禳之何損左昭二十六年齊有彗星齊侯使禳之晏子曰無益也祇取誣焉天道不謟不貳其命若之何禳之且天之有彗也以除穢也君無穢德又何禳焉若德之穢禳之何損君無違德方國將至何患於彗若德回亂民將流亡祝史之為無能補也公說乃止而許敬宗諂諛人主歸咎高麗豈不矯誣上天乎高宗庸昏而猶能出人君之言其至誠足以動天矣然則自古失道之君未必其身親為不善也姦佞之臣納之於惡者蓋多矣亦可以為戒哉

二年八月詔以十月幸凉州時隴右虛耗議者多以為未宜遊幸帝聞之御延福殿召五品以上謂曰自古帝王莫不巡守故朕欲巡視遠俗若果以為不可何不面陳而退有後言何也自宰相以下莫敢對詳刑大夫來公敏獨進曰巡守雖帝王常事然今高麗新平餘寇尚多西邊經略亦未息兵隴右戶口彫弊鑾輿所至供億百端誠為未易外間實有竊議但明制已行故群臣不敢陳論耳帝善其言為之罷西巡未幾擢公敏為黃門

侍郎

臣祖禹曰自褚遂良韓瑗來濟之逐唐本傳褚遂良貶愛州刺史卒韓瑗貶振州卒王崇曰武后遣使殺之來濟坐貶庭州卒長孫無忌之死唐本傳無忌詔削官爵置于黔州卒天下以言為諱久矣而高宗責群臣之不言若賢主之所為何哉蓋親見太宗孜孜求諫聽受直言於心不忘而欲慕其名是以時亦為之及其溺於所愛不顧禮義則雖以元舅之親無忌高宗舅顧命之臣遂良長孫無忌受太宗遺詔遂良傳太宗寢疾召遂良長孫無忌曰漢武帝寄霍光劉備托諸葛亮朕今委卿矣太子仁孝其盡誠輔之以先帝遺言爭之確乎其不可入也易乾卦確乎其不可拔也涼州之不行得非武后之意乎何其從諫之易也易音異且不從其大而從其細雖曰能聽諫而謹其細行書旅獒不矜細行終累大德行去聲亦不免溺於大惡也惡如字

十一月李勣寢疾謂弟弼曰我見房杜平生勤苦僅能立門戶遭不肖蕩覆無餘吾有子孫今悉付汝我死謹察視之其有志氣不倫交遊非類者皆先撾殺然後以

聞自是不復更言

臣祖禹曰易曰積善之家必有餘慶積不善之家必有餘殃易坤卦積善之家必有餘慶積不善之家必有餘殃臣弑其君子弑其父非一朝一夕之故其所由來者漸矣由辨之不早辨也君子如欲澤及其子孫世守其門戶則莫若積善以遺之而已矣房杜事君以忠其子孫不肖覆宗絕祀出于不幸非其積不善也李勣一言而廢母后立孽后殺忠臣唐本傳帝欲立武昭儀為皇后畏大臣異議未決帝召勣與長孫無忌于志寧褚遂良計之勣稱疾不至帝曰皇后無子罪莫大於絕嗣將廢之遂

良等持不可志寧顧望不對帝後密訪勣曰將立昭儀而顧命之臣皆不可今止矣答曰此陛下家事無煩問外人帝意遂定而王皇后廢詔勣志寧奉冊立武氏其後無忌遂良韓瑗等死皆由此故云殺忠臣罪不容誅得死牖下幸矣至于其孫率群不逞以起兵以興復為辭而希覬非望之福戮及父祖剖棺暴尸豈非餘殃哉唐李敬業傳敬業勣子震之子諸武擅命唐子孫誅戮天下憤之敬業乘人怨謀起兵旬日兵十餘萬武后遣李孝逸兵三十萬往擊之削其父祖官爵斲冢藏除屬籍而勣之將死乃以房杜為戒可謂不能省已者矣古者父子之間不責善孟離婁父子之間不責善責善則離離則不祥莫大焉骨肉之親無絕也而有志氣不倫交遊非類者遽使殺之殘忍無親何異于豺虎乎貊岩夷人也非所以為訓也

上元二年四月太子弘甍五月下詔朕方欲禪位禪音善太子而疾遽不起宜申往命加以尊名可謚為孝敬皇帝

臣祖禹曰皇帝者有天下之號苟無其位非所以為贈謚也父沒而後子立今父在而追尊其子豈禮也哉李泌以為武后欲謀簒國酖太子弘蓋高宗不之

知而後復加之尊名以掩其迹是時政出于后高宗尸位而已通鑑考異曰新書本紀云天后殺皇太子新傳云從幸合璧宮遇酖甍唐歷云弘仁孝英果深為上所鍾愛以請嫁二公主失愛于天后不以壽終實錄補傳皆不言弘遇酖按李泌對肅宗孝敬皇帝為太子監門仁明豈悌天后方圖臨朝乃酖殺立雍王賢為太子新書蓋據此及唐歷也按弘之死其文難明今但云時人以為天后酖之疑以傳疑其後明皇追謚寧王憲唐讓皇帝憲傳帝以憲推天下有高世之行非大號不稱乃追謚讓皇帝代宗追謚建寧王倓唐承天皇帝倓傳代宗大歷元年有詔以倓當艱難時首定大謀排衆議于中國有功乃追謚承天皇帝以此為故事皆不正之禮不可為後世法也

弘道元年二月右庶子同中書門下三品李義琰改葬父母使其舅氏遷舊墓帝聞之怒曰義琰倚勢乃陵其舅家不可復知政事義琰聞之不自安以足疾乞骸骨庚子以義琰為銀青光祿大夫致仕

臣祖禹曰高宗責義琰為宰相而陵其母家不可以率天下斯言當矣然已以讒殺元舅高宗舅長孫無忌高宗欲立武昭儀無忌固言不可後既立銜之敬宗言無忌反遂下詔削官爵置于黔州卒出本傳而不自知惡何以責臣下之薄於母黨乎由此觀之高宗內

牽變寵外刼讒言以無忌之親一旦誅斥祚移后家哀哉

右高宗在位三十三年崩年五十六

中宗

嗣聖元年春正月甲申朔改元赦天下帝欲以皇后父韋玄貞為侍中宰相裴炎固爭帝怒曰我以天下與玄貞何不可而惜侍中邪炎白太后二月戊午廢帝為廬陵王幽之立豫王旦為皇帝政事皆決於太后豫王

居别殿不得有所預立永平王成器為皇太子赦天下改元文明秋九月甲寅赦天下改元光宅已已追尊武氏祖考皆為王妣皆為妃冬十月栁州司馬李敬業舉兵於揚州以匡復為辭太后遣李孝逸李知本率兵三十萬討之復敬業姓徐氏十一月敬業為其黨王那相所殺

二年春正月太后赦天下改元垂拱三月丙辰遷帝於房州

三年春正月帝在房州冬十月有山出于新豐縣太后改新豐為慶山

四年秋九月虢州人楊初成自稱郎將募人迎帝於房州太后殺之

五年春正月帝在房州太后毁乾元殿作明堂夏五月太后加號曰聖母神皇秋八月琅邪王冲舉兵於博州太后遣丘神勣率兵拒之冲為其下所殺越王貞舉兵于豫州九月太后遣麴崇裕岑長倩率兵拒之斮貞冲屬

籍改其姓為虺氏貞自殺冬十二月太后殺霍王元軌江都王緒大殺唐宗室流其幼者于嶺南改明堂為萬象神宫

六年春正月帝在房州太后享於萬象神宫赦天下改元永昌追尊考曰皇妣曰后夏四月殺汝南王煒鄱陽公諲等宗室十二人秋七月流紀王慎于巴州改其姓為虺氏冬十月殺嗣鄭王璥等六人流嗣滕王脩琦等六人于嶺南十一月太后大赦改元載初以十一月為

元年正月十二月為臘月來歲正月為一月除唐宗室
屬籍
七年春正月帝在房州夏五月太后殺梁郡公孝逸秋
七月流舒王元名於和州殺豫章郡王亶澤王上金許
王素節八月殺南安郡王潁等宗室十二人九月壬午
太后改國號曰周大赦改元天授加尊號曰聖神皇帝
以豫王為皇嗣賜姓武氏永平王為皇孫立武氏七廟
追尊祖考皆曰皇帝妣皆曰皇后武氏親屬皆為王女

皆為公主冬十月殺許王素節之子瑛等八人十二月
改置社稷納武氏主于太廟改唐太廟為享德廟乙酉
日南至祀昊天上帝于明堂以武氏祖配
八年春正月帝在房州
九年春正月帝在房州夏四月太后赦天下改元如意
秋九月赦天下改元長壽更以九月為社冬十二月殺
豫王妃劉氏德妃竇氏
十年春正月帝在房州

十一年春正月帝在房州夏五月太后赦天下改元延
載十一月赦天下改元證聖萬象神宮火
十二年春正月帝在房州秋九月太后合祭天地于南
郊赦天下改元天冊萬歲十二月封於神岳赦天下改
元萬歲登封禪於少室
十三年春正月帝在房州三月太后復作明堂改曰通
天宮赦天下改元萬歲通天冬十一月享于通天宮族
劉思禮等三十六家流其親屬千餘人

十四年春正月帝在房州夏四月太后作九鼎秋七月
享於通天宮赦天下改元神功冬十一月甲子享於通
天宮赦天下改元聖歷
十五年春正月戊午帝至自房州冬十一月太后以豫
王旦為相王
十六年春正月帝在東宮
十七年春正月帝在東宮冬十月太后復以正月為十
一月十月為正月赦天下

十八年春正月帝在東宮太后改元大足冬十月太后如京師赦天下改元長安

十九年春正月帝在東宮冬十一月太后祀南郊

二十年春正月帝在東宮冬十一月太后如東都

二十一年春正月帝在東宮

神龍元年春正月癸卯張柬之崔玄暐敬暉桓彥範袁恕已李湛薛思行趙承恩楊元琰李多祚崔泰之朱敬則冀仲甫翟世言王同皎率左右羽林兵迎帝于東宮

誅張易之張昌宗張同休張昌儀張景雄甲辰大赦改元丙午帝復於位徙太后於上陽宮二月甲寅復國號曰唐

臣祖禹曰昔季氏出其君魯無君者八年春秋每歲必書公之所在及其居乾侯也正月必書曰公在乾侯不與季氏之專國也春秋昭二十五年九月己亥公孫於齊次於陽州杜預云諱奔故曰孫若自孫讓而去位者陽州齊魯境上邑孫音遜二十六年三月公至自齊居于鄆二十七年同二十八年公如晉次于乾侯在魏郡斥丘縣晉境內邑二十九年春公至自乾侯居于鄆三十年春王正月公在乾侯三十一年同三十二年正月公在乾侯取闞十二月己未公薨于乾侯自二十五年至三十二年共八年自司馬遷作呂后本紀後世為史者因之故唐史亦列武后於本紀其于紀事之體則實矣春秋之法則未用也或曰武后母也中宗子也母雖不慈子不可以不孝中宗欲以天下與韋元貞不得為無罪武后實有天下不得不列于本紀不沒其實所以著其惡也臣以為不然中宗之有天下受之於高宗也武后以無罪而廢其子是絕先君之世也況其革

命乎中宗曰我以天下與韋元貞何不可此乃一時拒諫之忿辭非實欲行之也若以為罪則漢哀帝之欲禪位董賢前漢董賢傳哀帝即位賢隨太子官為郎二歲餘賢傳漏在殿下為人美麗自喜哀帝望見悅其儀貌識而問之曰是舍人董賢邪因引上與語拜為黃門郎由是寵愛日甚為駙馬都尉侍中旬月間賞累鉅萬貴振朝廷常與上臥起後上置酒麒麟殿賢父子親屬宴飲王閎兄弟侍中中常侍皆在側上從容觀賢曰吾欲法堯舜禪如何閎進曰天下乃高祖天下非陛下之有也統業至重天子亡戲言上默然不悅禪音善其臣亦可廢立也春秋吳楚之君不稱王所以存周室也史孔子世家吳楚之君自稱王而春秋貶之天下

者唐之天下也武氏豈得而間之故臣復係嗣聖之年黜武氏之號以為母后禍亂之戒竊取春秋之義雖獲罪于君子而不辭也

二年四月處士韋月将上書告武三思潛通宮掖必為逆亂帝大怒命斬之黄門侍郎宋璟固執不奉詔蘇珦等(珦音向)皆以為方夏行戮有違時令(令去聲)帝乃命與杖流嶺南過秋分一日平曉廣州都督周仁軌斬之

臣祖禹曰自古殺諫臣未有不亡國者中宗愚闇(闇與暗同)

足以取亡而高祖太宗德澤未遠人心天命未厭唐也故禍及其身而已矣

景龍四年四月定州人郎岌上言韋后宗楚客將為逆亂韋后白帝杖殺之五月許州司兵參軍燕欽融復上言(燕平聲)皇后淫亂干預國政宗族強盛安樂公主武延秀宗楚客圖危宗社帝召欽融面詰之欽融頓首抗言神色不撓帝黙然宗楚客矯制令飛騎撲殺之投於殿庭石上折頸而死楚客大呼稱快帝雖不窮問意頗怏怏不悅由是韋后及其黨始憂懼

臣祖禹曰易姤之初六曰繫于金柅貞吉有攸往見凶羸豕孚蹢躅姤之初六陰柔之始也以剛德制之則得貞吉縱之以往則無所不凶若羸豕之孚無時而自止也夫(夫音符)女子小人放而不制其惡必至于滔天弑父與君而後已是以聖人戒之中宗一怏怏不悅而其身已不保雖欲制之其可得乎

右中宗即位之明年為武后所廢凡二十二年而復位

復位六年為韋后及安樂公主馬秦客楊均所毒而崩年五十五

唐鑑卷七

唐鑑卷八　　宋　范祖禹　撰

呂祖謙　註

睿宗

景雲元年十二月帝以二女西城隆昌公主為女冠以資天皇天后之福

臣祖禹曰孔子曰生事之以禮死葬之以禮祭之以禮可謂孝矣語為政云未聞以女子為女冠而可以資福

於其親者也天子之女天下之所取則也不從先王之禮而從方士之言襲非法之服奉不享之祠以是為孝非所以率天下也夫古之人豈不欲捨其子而厚其親若其可為則先王為之矣不待後世而始能行也至于明皇亦以女追福於睿宗皆廢人倫蔑典禮不可為後世法也

二年正月追立妃劉氏曰肅明皇后陵曰惠陵德妃竇氏曰昭皇后陵曰靖陵皆招魂葬于東都城南立廟京師號儀坤廟

臣祖禹曰人之死也魂氣歸於天形魄歸於地葬所以藏體魄也若魂氣則無不之也茍無體魄則立廟以祀之而已魂氣不可得而葬也夫棺槨所以掩形也墓所以藏棺槨也其形氣既無有矣而必為之陵墓不亦虛乎

右睿宗在位四年傳位于玄宗開元四年崩年五十五

玄宗上

開元元年七月以高力士為右監門將軍知內侍省事

初太宗定制內侍省不置三品官黃衣廩食守門傳命而已天后雖女主宦官不用事中宗時嬖幸猥多宦官七品以上至千餘人然衣緋者尚寡帝在藩邸力士傾心奉之及為太子奏為內給事至是以誅蕭岑功賞之是後宦官稍增至三千餘人除三品將軍者寖多衣緋紫者千餘人宦官之盛自此始

臣祖禹曰自古國家之敗未有不由子孫更變祖宗

之舊也（更音庚下同）創業之君其得之也難故其防患也深其慮之也遠故其立法也密後世雖有聰明才智之君高出群臣之表然未若祖宗更事之多也夫中人不可以假威權蓋近而易以為姦也明皇不戒履霜之漸（易坤卦初六履霜堅冰至象曰履霜堅冰陰始凝也）而輕變太宗之制崇寵宦官增多其員自是以來寖干國政其原一啓末流不可復塞唐室之禍基于開元書曰監于先王成憲其永無愆（書說命傅說告高宗曰監于先王成憲其永無愆）為人後嗣可不念之哉

十月姚崇為相嘗奏請序進郎吏帝仰視殿屋崇再三言之終不應崇懼趨出高力士諫曰陛下新總萬機宰相奏事當面加可否奈何一不省察帝曰朕任崇以庶政大事當奏聞共議之郎吏卑秩乃一一以煩朕邪會力士宣事至省中為崇道帝語崇乃喜聞者皆服帝識人君之體

臣祖禹曰人君勞於求賢逸於任人（後王崇傳古人勞於求賢逸於任人）古者疇咨僉諧（書堯典帝典疇咨若時登庸孔安國云疇誰也前武紀贊疇咨海内舉其俊茂）然後用之（孟梁惠王見賢焉然後用之）苟得其人則任而無疑（書大禹謨任賢勿貳去邪勿疑）乃可以責成功明皇既相姚崇而委任之如此其能致開元之治不亦宜乎

二年正月并州長史薛訥奏請擊契丹帝亦以冷陘之役欲討之羣臣姚崇等多諫甲申以訥同紫微黃門三品將兵擊契丹群臣乃不敢言

臣祖禹曰姚崇等以其君討契丹為是邪（契音挈）當成

之為非邪當爭之不可徼諫而止也（爭去聲）明皇既不聽諫又益甚之遂相薛訥而使之將兵（相將並去聲）崇等乃不敢言則是人君可以威脅群臣而遂其非也然則君有大過（孟子君有大過則諫）將何以止之夫人臣諫而不聽則當去位苟不能強諫而視其君之過舉（強去聲）至於天下咸怨其臣則曰非我不諫君不能用我也始則擇利以處其身終則引謗以歸其君此不忠之大者也使君驕其臣而輕于用武天下不勝其弊（勝平聲）

崇之罪也

帝素友愛近世帝王莫能及初即位為長枕大被與兄弟同寢聽朝罷多從諸王遊在禁中拜跪如家人禮飲食起居相與同之於殿中設五幄與諸王更處其中更平聲謂之五王帳宋王成器尤恭慎未嘗議及時政與人交結帝愈信重之故讒間之言間去聲無自而入

臣祖禹曰文王孝於王季王季文王父故友于兄弟思齊詩刑于寡妻至于兄弟以御于家邦睦于太姒太姒文王妃故慈于子孫以及

其家邦至于鳥獸草木無不被其澤者推其心而已矣先王未有孝而不友友而不慈者也至于後世帝王或能於此則不能于彼何哉非其才不足以為聖賢不能舉斯心加諸彼而已孟梁惠言舉斯心加諸彼而已明皇以藩王有功成器居嫡長而能辭位以授之唐讓皇帝憲傳本名成器睿宗為皇帝故憲立為皇太子睿宗將建東宮以憲嫡長又嘗為太子而楚王有大功故久不定憲辭曰儲嗣天下之公器時平則先嫡國難則先功重社稷也使付授非宜海內失望因涕泣固辭時大臣亦言楚王有定社稷功且聖庶抗嫡不宜更議帝嘉憲讓遂許之立楚王為皇太子玄宗始封楚王故

明皇之心篤于兄弟蓋成器之行有以養其友愛之心也是以能全其天性而讒間之言無自入焉嗚呼茍能充是心則仁不可勝用也孟盡心下人能充無欲害人之心而仁不可勝用也至于為人父則以讒殺其子為人夫則以廢黜其妻為人君則以非罪殄戮其臣下是皆不能充其類也孟滕文公是尚能充其類也茍不充其類則其為善豈不出於利心哉

三年十二月或上言按察使徒煩擾公私請精選刺史

縣令停按察使帝命右尚書省官議之姚崇以為今止擇十使猶患未盡得人況天下三百餘州縣多數倍安得刺史縣令皆稱其職乎乃止

臣祖禹曰姚崇之辯雖能折議者之言然亦未為得也夫天子者擇一相而任之荀王伯人主有職論一相而兼率之一相者擇十使而使之使上去聲下如字十使者擇刺史縣令而置之賢者舉之不肖者去之則君不勞而天下治矣故有一相則有十使有十使則有刺史縣令

矣何患乎不得其人哉任相者天子之事也選使者相之職也察吏者使之責也郡縣之廣守令之衆焉得人人而擇之（焉於虔切）苟相得其人則委之擇大吏而已矣吏非其人則是相之不才也退之而已矣崇不論此乃以爲刺史縣令不可偏擇豈宰相之體乎

四年姚崇薦廣州都督宋璟自代十二月帝將幸東都以璟爲刑部尚書西京留守遣内侍將軍楊思勗迎之璟在塗竟不與思勗交言思勗素貴幸歸訴于帝帝嗟

嘆良久益重璟

臣祖禹曰昔申棖以慾不得爲剛（語五子曰吾未見剛者或對曰申棖子曰棖也慾焉得剛焉於虔切）宋璟所以能剛其唯無慾乎明皇以此重之可謂能知賢矣

宋璟爲相突厥默啜自則天世爲中國患朝廷旰食傾天下之力不能克郝靈荃得其首自謂不世之功璟以天子好武功恐好事者競生心徼倖（好呼報切）痛抑其賞逾年始授郎將靈荃慟哭而死

臣祖禹曰宋璟可謂賢相矣見其始而知其終沮其勝而憂其敗懲人主之好武爲天下患之深也其後明皇卒以黷武至於大亂何其智之明歟其可謂賢相矣

姚宋相繼爲相二人每進見帝輒爲之起去則臨軒送之及李林甫爲相雖寵任過於姚宋然禮遇殊卑薄矣

臣祖禹曰三公坐而論道（禮冬考工記坐而論道謂之三公）天子所與共天位治天職者也（孟萬章弗與共天位也弗與治天職也）故其禮

不可不尊其任不可不重自堯舜至于三代尊禮輔相（相息亮切）詩書著矣漢承秦敝崇君卑臣然猶宰相進見天子御坐爲起在輿爲下（前翟方進傳丞相進見聖主御坐爲起在輿爲下）所以體貌大臣而風厲其節也（前賈誼傳所以體貌大臣厲其節也）開元之初明皇勵精政治優禮故老姚宋是師天寶以後宴安驕侈倦求賢俊委政群下（唐張九齡傳贊開元間勵精求治元老舊勳動所尊憚故姚崇宋璟言聽計行力不推而功已成及太平久志滿意驕而張九齡爭益切言益不聽）彼小人者惟利是就不顧國體巧言令色（書皐陶謨）

何憂乎巧言令色孔壬語一巧言令色鮮矣仁巧言令色足恭以求親昵人主茍之
薄於禮而厚於情是以林甫得容其姦故人君不體
貌大臣則賢者日退而小人日進矣

十年四月以兵部尚書同中書門下三品張說兼朔方
軍節度使

臣祖禹曰宰相之職無不總統前百官公卿表太師太傅太保是為三公蓋參天子坐而議政無不總統而兼節制一道此開元之亂制也孔
子曰必也正名乎語十三子路曰衛君待子而為政子將奚先子曰必也正名乎夫

宰相百官之首也荀王伯相者論列百官之長名且不正則何以
正百官矣自古官制之紊未有如開元者然則後世
何所法乎

六月制增太廟為九室

臣祖禹曰七世之廟可以觀德書咸有一德云荀卿曰有天
下者事七世天子七廟記王制天子七廟三昭三穆與太祖之廟而七自古
以來未之有改也其祖宗有功德而其廟不毀則無
世數前韋元成傳詔王者祖有功宗有德元成奏祖宗之廟世世不毀商之三宗商三

宗中宗高宗太甲周之文武是也然則三昭三穆之外猶足
以祖有功而宗有德矣明皇始為九廟過其制矣夫
禮不可多也不可寡也三代之禮所以為後世之法
者盡矣唐制何所取乎

初諸衛府兵自成丁從軍六十而免其家又不免雜徭
浸以貧弱逃亡畧盡百姓苦之張說建議請募壯士充
宿衛不問色役優為之制逋逃者必爭出應募帝從之
旬日得精兵十三萬分隸諸衛更番上下兵農之分自

此始矣

臣祖禹曰唐制諸衛府有為兵之利而無養兵之害
田不井而兵猶藏于民秦孝公用商君廢井田開阡陌後世最為近
古有便於國者也開元之時其法寖隳非其法不善
盖人失之張說不究其所以而輕變之說音悅下同兵農
既分其後卒不能復古則說之為也夫三代之法出
于聖人及其末流亦未嘗無弊救之者舉其偏以補
其弊而已前董仲舒傳先王之道必有偏而不起之處故有眊而不行舉其偏者以補其弊而

已矣若并其法廢之而以私意為一切苟簡之制則先王之法具存者幾何天下之務常患于議臣之好改舊章此所以多亂也

唐鑑卷八

唐鑑卷九

宋　范祖禹　撰
呂祖謙　註

玄宗中

開元十三年初隋國馬皆為盜賊及戎狄所掠唐初纔得牝牡三千匹於赤岸澤徙之隴右命太僕張萬歲掌之萬歲善於其職自貞觀至麟德馬蕃息及七十萬匹分為八坊四十八監各置使以領之是時天下以一縑

易一馬垂拱以後馬潛耗太半帝初即位牧馬有二十四萬匹以太僕卿王毛仲為內外閑廐使少卿張景順副之至是有馬四十三萬匹牛羊稱是帝之東封以牧馬數萬匹從色別為羣望之如雲錦帝嘉毛仲之功加開府儀同三司

臣祖禹曰詩美衛文公曰秉心塞淵騋牝三千定之方中詩秉心塞淵騋牝三千毛氏云秉操也馬七尺曰騋騋馬與牝馬也鄭氏云塞充實淵深也國馬之制天子十有二閑馬六種三千四百五十六匹邦國六閑四種馬千二百九十六匹衛之先君兼邶鄘而有之

（而馬數過禮制令文公滅而復興從而能富馬有三千雖非禮制國人美之）夫塞故能誠淵故能通誠於已而通於人所以致物之多也唐之國馬惟得一能臣而掌之不數十年而其多過於二百倍由其任職之專也傳曰冀之北土馬之所生（左昭四年冀之北土馬之所生無興國馬杜預云燕代也）夫馬必生於邊隅而養於苦寒之地（北地故多寒）稍遷之中國則莫能壯也三代諸侯之國雖皆有馬以春秋之時考之未若晉之強也（左昭四年晉國險而多馬）鄭之小駟出於河南故不可乘也（左僖十五

年乘小駟鄭入也慶鄭曰古者大事必乘其產生其水土而知其人心安其教訓而服習其道惟所納之無不如志今乘異產以從戎事及懼而變將與人易亂氣狡憤陰血周作張脉僨興外彊中乾進退不可周旋不能君必悔之弗聽）唐養馬於隴右非獨就其水草之美蓋置之西戎之地以求其徤也凡欲制事得其人而善其法豈有不勝者乎

十四年四月岐王範薨贈謚惠文太子

臣祖禹曰太子君之貳（國晉語士蔿曰太子君之貳也唐宋務光傳太子君之貳國之本）將以付畀宗廟社稷之重非官爵也而以為贈何哉雖親愛其弟欲以厚之然不正之禮不足為後法也

十七年八月帝以生日宴百官於花萼樓下源乾曜張說帥百官上表請以每歲八月五日為千秋節布於天下咸令宴樂尋又移社就千秋節

臣祖禹曰太宗不以生日宴樂以為父母劬勞之日也（蓼莪詩哀哀父母生我劬勞）乾曜等乃以人主生日為節又移社以就之夫節者陰陽氣至之候不可為也社者國

之大祀不可移也明皇享國既久驕心寖生乾曜說不能以義正君每為諂首以逢迎之後世猶謂說等為名臣不亦異乎

十九年正月王毛仲賜死自是宦官勢益盛高力士尤為帝所寵信嘗曰力士上直吾寢則安故力士多留禁中稀至外第四方表奏皆先呈力士然後奏御事小力士即決之勢傾內外

臣祖禹曰明皇不監石顯之事而寵任力士（前石顯傳石顯

弘恭皆少坐腐刑為中黃門以選為中尚書宣帝時任顯為僕射元帝即位顯為中書令是時元帝被疾不親政事以顯中人典事中人無外黨情專可信任遂委以政事無小大因顯白決貴幸傾朝皆敬事顯顯巧慧能探人主微指內陰賊持詭辨以中傷人公卿以下畏顯重足一跡諸附麗者皆得寵位至使省決章奏以萬機之重委之閹寺失君道甚矣其後李林甫楊國忠皆因力士以進唐李林甫傳武三思女嘗私林甫因高力士出三思家武請以林甫代為相迹其禍亂所從來者漸矣傳曰存亡在所任前劉向傳治亂榮辱之端在所信任人君可不慎其細哉

二十四年武惠妃譖太子瑛鄂王瑤光王琚帝大怒以語宰相欲皆廢之張九齡諫曰陛下踐阼垂三十年太子諸王不離深宮日受聖訓天下之人皆慶陛下享國久長子孫蕃昌今三子皆已成人不聞大過陛下奈何一旦以無根之語喜怒之際盡廢之乎且太子天下本不可輕搖昔晉獻公聽驪姬之讒殺申生三世大亂漢武帝信江充之誣罪戾太子京城流血晉惠帝用賈后之譖廢愍懷太子中原塗炭隋文帝納獨孤后黜太子勇立煬帝遂失天下由此觀之不可不慎陛下必欲為

此臣不敢奉詔帝不悅李林甫初無所言退而私謂宦官之貴幸者曰此主上家事何必問外人帝猶豫未決惠妃密使官奴牛貴兒謂九齡曰有廢必有興公為之援宰相可長處九齡叱之以其語白帝帝為之動色為吁僞切故終九齡罷相太子得無動明年將廢太子帝召宰相謀之林甫對曰此陛下家事非臣等宜預帝意乃決

臣祖禹曰明皇三子之廢繫於李林甫之一言其得未廢繫於張九齡之未罷相賢則父子得以相保相佞則天性滅為仇讎孝經九父子之道天性也置相可不慎哉

二十五年四月監察御史周子諒彈牛仙客非才引讖書為證帝怒甚命左右撲於殿庭絕而復蘇仍杖之朝堂流瀼州至藍田而死李林甫言子諒張九齡所薦也貶九齡荊州長史

臣祖禹曰古之殺諫臣者必亡其國明皇親為之其大亂之兆乎開元之初諫者受賞及其末也而殺之非獨於此而異也始誅韋氏抑外戚唐睿宗紀景雲元年六月壬午

韋皇后弒中宗臨淄郡王隆基率萬騎兵誅韋氏安樂公主鄭厚曰韋后與安樂公主合謀於餅餡中進藥中宗崩睿宗方為相王子臨淄王謀復社稷微服與劉幽求等入向二鼓天星散落如雪幽求曰天意如此時不可失乃攻白獸門斬關初入韋后走入飛騎營有飛騎斬其首安樂公主方照鏡畫眉軍士斬之捕索諸韋在宮中及后親族皆斬之焚珠玉錦繡唐本紀開元二年七月乙未焚錦繡珠玉於前殿詆神僊禁言祥瑞唐本紀開元十三年九月丙戌罷奏祥瑞豈不正哉其終也惑女寵極奢侈求長生悅禨祥唐楊貴妃傳開元二十四年武惠妃薨後庭無當帝意者或言妃姿質天挺宜充掖庭召號太真得幸遂專房宮中號娘子儀體與皇后等又天寶九載寶貞符命張均等往求得之時帝遵道教慕長生故所在爭言符瑞羣臣

奏表無虛日本紀贊云自高宗中宗再罹女禍韋氏遂以族滅玄宗親平其亂可以鑑矣而又敗以女子方其勵精政事幾致太平及侈心一動窮天下之欲不足以為樂而溺其所甚愛亡其所可戒至於竄身失國而不悔考其終始之異其性習之相遠也如此以一人之身而前後相反如此由有所陷溺其心故也可不戒哉

廢太子瑛鄂王瑤光王琚皆為庶人尋賜死七月大理卿徐嶠奏今歲天下斷死刑五十八大理獄院由來相傳殺氣大盛烏雀不栖今有鵲巢其樹於是百官以幾致刑措幾平聲上表稱賀帝歸功宰輔賜李林甫爵晉國公牛仙客豳國公

臣祖禹曰明皇一日殺三子而林甫以刑措受賞讒諂得志天理滅矣安得久而不亂乎

二十七年二月羣臣上尊號曰開元聖文神武皇帝

臣祖禹曰三皇稱皇五帝稱帝三王稱王豈其德不足歟名號一而已矣及秦皇帝之號史秦始皇紀秦初并天下廷尉斯等與博士議曰古有天皇地皇有泰皇泰皇最貴臣等昧死上尊號為泰皇命為制令為詔天子自稱曰朕王曰去泰著皇采上古帝位號號曰皇帝他如議制曰可朕為始皇帝固已僭矣後

世因而不改以為法後王也漢哀惑於妖讖太初始有陳聖劉太平之號前哀帝太初元年號曰陳聖劉太平皇帝韋昭曰敷陳聖劉之德周宣驕恣自稱天元北後周宣帝號天元皇帝高宗稱天皇武后稱天后唐高宗上元元年八月壬辰皇帝稱天皇皇后稱天后尊號之興蓋本於開元之際主驕臣諛遂著以為故事使其臣子生而加諡於君父豈不悖哉

二十九年正月帝夢玄元皇帝告云吾有像在京城西南百餘里汝遣人求之吾當與汝興慶宮相見帝遣使

求得於盩厔（音戾式質切）樓觀山間閏四月迎置興慶宮五月命畫玄元真容分置諸州開元觀

臣祖禹曰中庸曰誠則形形則著（記中庸誠則形形則著著則明明則動動則變變則化唯天下至誠為能化）揚雄曰人心其神矣乎（揚問神篇人心其神乎操則存舍則亡）人之有夢也蓋亦誠之形而心之神也今夫入無人之室而其心惴焉則或聞肅肅之聲見罔象之形也何心之動也夢亦如是矣昔高宗恭默思道誠心求賢故夢帝賚之良弼果求而得之（書說命高

宗夢得說使百工營求諸野得諸傳巖作說命王作書曰以台正於四方台恐德弗類恭默思道夢帝賚予良弼以代予言乃審厥象俾以形旁求天下說築傳巖之野惟肖爰立作相王置諸左右）此其心之神也開元之末明皇怠於庶政志求神仙惑方士之言自以老子其祖也（玄元皇帝即老子）故感而見夢亦其誠之形也自是以後言祥瑞者衆而迂怪之語日聞（事並見天寶間）諂諛成風姦宄得志而天下之理亂矣人君心術可不慎哉

天寶元年時天下聲教所被之州二百三十一羈縻之州八百置十節度經畧使以備邊凡鎮兵四十九萬人馬八萬餘匹開元之前每歲供邊兵衣糧費不過二百萬天寶之後邊將奏益兵寖多每歲用衣千二十萬匹糧百九十萬斛公私勞費民始困苦矣

臣祖禹曰海內之地非不廣也生民之財非不多也人君苟能清心以治之恭儉以守之（唐崔植傳文帝躬履儉約為天下守財）豈有不足之患哉守成之君不能持盈天下（鳧鷖詩太平君子能持盈守成）於其安也而勞之於其富也而刻之是

以天下之禍常基於太平之時至於亂已成而人主猶不悟也豈非好大多欲（好呼報切）任失其人之咎歟

陳王府法曹參軍田同秀上言見玄元皇帝於丹鳳門外之空中告以我藏靈符在尹喜故宅帝遣使於故函谷關求得之羣臣上表以函谷寶符潛應年號請於尊號加天寶字從之二月饗玄元皇帝於新廟甲午饗太廟丙申合祀天地於南郊改桃林縣曰靈寶田同秀除朝散大夫

臣祖禹曰孟子曰上之所好下必有甚者矣明皇崇老喜僊故其大臣諛小臣欺蓋度其可為而為之也不惟信而惑之又賞以勸之則小人孰不欲為姦罔哉昔漢文一為新垣平所詐而終身不復言神仙之事可謂能補過也

二年三月追尊周上御大夫為先天太皇皋繇為德明皇帝

臣祖禹曰老子之父書傳無見焉取方士附會之說

而追尊加謚不亦誣乎皐陶作士而作史者以為大理既不經矣又以為李氏所出而尊之尤非其族類也唐之先祖出於隴西狄道非有世次可考而必託之上古以耀於民非禮之禮適所以為後世笑也

四載正月帝謂宰相曰朕比以甲子日於宮中為壇為百姓祈福朕自草黃素置案上俄飛升天空中語云聖壽延長又朕於嵩山鍊藥成以置壇上及夜左右欲收之又聞空中語云藥未須收此日守護達旦乃收之太子諸王宰相皆上表賀

臣祖禹曰明皇假於怪神以罔天下言之不怍（愧怍也語十四其言之不怍則為之也難）而居之不疑（語十二色取仁而行違居之不疑）何以使其臣下不為欺乎是率天下而欺巳也昔漢武封太室而從官諂諛言有呼萬歲者（前本紀元封元年春正月詔朕用事華山至于中嶽翌日親登嵩高御史乘屬在廟旁吏卒咸聞呼萬歲者三登禮罔不荅其令祠官加增太室祠）明皇乃自為詐又甚於漢武矣

初武惠妃薨帝悼念不已後宮數千無當意者或言壽

王妃楊氏之美絕世無雙帝見而悅之乃令妃自以其意乞為女冠號太真更為壽王娶左衛郎將韋昭訓女潛內太真宮中不期歲寵遇如惠妃七月冊昭訓女為壽王妃八月冊太真為貴妃

臣祖禹曰衛宣公納伋之妻國人惡之（新臺詩刺衛宣公也納伋之妻作新臺於河上而要之毛氏傳云伋宣公之世子宣公為伋娶於齊女而美公奪之生壽及朔惡烏故切取去聲）明皇殺三子又納子婦於宮中用李林甫為相使族滅無罪父子夫婦君臣人之所以立也三綱絕

矣（語註：君為臣綱，父為子綱，夫為妻綱）其何以為天下乎
六載十月帝欲使王忠嗣攻吐蕃石堡城忠嗣上言石
堡險固吐蕃舉國守之今頓兵其下非殺數萬人不能
克臣恐所得不如所亡不如且厲兵秣馬（秣音末）俟其有
釁然後取之帝意不快將軍董延光自請將兵取石堡
城帝命忠嗣分兵助之忠嗣不得已奉詔而不盡副延
光所欲延光怨之李光弼言於忠嗣曰大夫以愛士卒
之故不欲成延光之功雖迫於制書實奪其謀也何以

知之今以數萬衆授之而不立重賞士卒安肯為之盡
力乎然此天子意也彼無功必歸罪於大夫大夫軍府
充牣何愛數萬段帛不以杜其讒口乎忠嗣曰今以數
萬之衆爭一城得之未足制敵不得亦無害於國故忠
嗣不欲為之今受責天子不過以金吾羽林一將軍歸
宿衛其次不過黜中上佐忠嗣豈以數萬人命易一官
乎延光過期不克言忠嗣沮撓軍計帝怒李林甫因使
人誣告忠嗣救徵入朝貶漢陽太守八載帝使哥舒翰

攻石堡城拔之唐士卒死者數萬果如忠嗣之言
臣祖禹曰王忠嗣可謂賢將矣不為無益害有益（書旅獒不作無益害有益功乃成）不以所得易所亡不顧一身之危而
惜士卒之命其可謂賢將矣然忠嗣知石堡之不可
取莫若固守前議而勿分兵以助延光均之得罪不
亦宜乎既黽勉奉詔予之兵而復撓其謀（予音與撓奴教切）
使讒人得以藉口豈忠嗣思之未至邪
十二月以高仙芝為安西四鎮節度使自唐興以來邊

帥皆用忠厚名臣不久任不遥領不兼統功名著者往
往入為宰相其四夷之將雖才畧如阿史那社爾契苾
何力猶不專大將之任皆以大臣為使以制之及開元
中天子有呑四夷之志為邊將者十餘年不易始久任
矣皇子則慶忠諸王宰相則蕭嵩牛仙客始遥領矣蓋
嘉運王忠嗣專制數道始兼統矣李林甫欲杜邊帥入
相之路以胡人不知書乃奏言文臣為將怯當矢石不
若用寒族胡人胡人則勇決習戰寒族則孤立無黨陛

下誠以恩洽其心彼必能為朝廷盡死帝悦其言始用安禄山至是諸道節度使盡用胡人精兵咸戍北邊天下之勢偏重卒使禄山傾覆天下皆出於林甫專寵固位之謀也

臣祖禹曰李林甫巧言似忠明皇故信而不疑然以胡人不知書則不必聰明聖智之主而後能知其謀也明皇蔽於否臧四夷欲求一切之功是以李林甫得其計以中其欲（中竹仲切）人君苟不能以義制欲迷而

不復何所不至哉

八載二月引百官觀左藏賜物有差帝以國用豐衍故視金帛如糞壤賞賜貴寵之家無有限極

臣祖禹曰財者天地之所生而出於民之膏血先王知稼穡之艱難（書無逸君子先知稼穡之艱難乃逸）杼柚之勤勞（杼直呂切盛緯器柚音軸機絲軸也）故取之有制而用之有節明皇暴斂而横費之（横去聲）其不愛惜如此安得無禍乎

帝以符瑞相繼皆祖宗休烈六月上聖祖號曰大道玄元皇帝上高祖諡曰神堯大聖皇帝太宗諡曰文武大聖皇帝高宗諡曰天皇大聖皇帝中宗諡曰孝和大聖皇帝睿宗諡曰玄真大聖皇帝竇太后以下皆加諡曰順聖皇后十三載二月朝獻太清宮又上聖祖尊號曰大聖祖高上大道金闕玄元太皇大帝享太廟上高祖諡曰神堯大聖大光孝皇帝太宗諡曰文武大聖大廣孝皇帝高宗諡曰天皇大聖大弘孝皇帝中宗諡曰孝和大聖大昭孝皇帝睿宗諡曰玄真大聖大興孝皇帝

以漢家諸帝皆諡孝故也

臣祖禹曰自堯舜禹湯文武之君諡號惟一而已既稱天以誄之（唐韻曰誄銘誄音壘述前人之功德說文曰誄諡也）則子孫不可得而改也高宗不師古昔始改祖宗舊諡天寶以後增加復重至繁而不可紀夫祖宗苟有高世之功德則曰文曰武足矣若其無功德而子孫妄加之則是誣之而使天下後世以為譏玩也故夫孝子慈孫之欲顯其親莫若使名副其實而不浮（浮過也記表記行之浮於名）

則天下心服之矣未聞以謚號繁多為貴也唐之典禮不經經常也亦甚哉

九載十月太白山人王玄翼上言見玄元皇帝言寶仙洞有妙寶真符命刑部尚書張均等往求得之時帝尊道教慕長生故所在爭言符瑞羣臣表賀無虛月李林甫等皆請捨宅為觀以祝聖壽帝悅

臣祖禹曰昔秦始皇削平六國六國燕韓魏趙齊楚漢武帝驅攘四夷前禮樂志征討四夷銳志武功皆雄才之主也及其為方士

之所欺玩無異於嬰兒人君惟恭儉寡慾清虛以居上則邪謟無自而入矣其心一有所蔽鮮不為惑也鮮先典切明皇不正其心故小人爭為幻以惑之幻音患其神明精爽既奪矣此所以養成大亂也

唐鑑卷九

欽定四庫全書

唐鑑卷十

宋 范祖禹 撰
呂祖謙 註

玄宗下

十載帝命有司為安祿山起第於親仁坊敕令但窮壯麗不限財力既成具幄帟器皿帟音亦充牣其中雖禁中服御之物殆不及也祿山生日帝及貴妃賜衣服寶器酒饌甚厚後三日召祿山入禁中貴妃以錦繡為大襁

褓裹祿山襁居兩切使宮人以綵輿舁舁與居切帝觀之喜賜貴妃洗兒金錢復厚賜祿山盡歡而罷自是祿山出入宮掖不禁或與貴妃對食或通宵不出頗有醜聲聞於外帝亦不之疑也

臣祖禹曰昔辛有適伊川見被髮而祭者知其將為戎左僖二十二年初平王之東遷也辛有適伊川見被髮而祭於野者曰不及百年此其戎乎其禮先亡矣杜預云辛有周太史伊川周地被髮而祭有象夷狄明皇不信其子而寵祿山以為戲至使出入宮禁而不疑褻慢神器亦極矣

豈天奪其明以肇播遷幸蜀之禍基歟何其惑之甚也

十一載户部侍郎王鉷聚斂刻剝（鉷胡中切）歲貢額外錢帛百億萬貯於內庫以供宮中宴賜曰此皆不出於租庸調（去聲）中外嗟怨帝以鉷為能富國益厚遇之權寵日盛領二十餘使宅旁為使院文案盈積吏求署一字累日不得前中使賜賚不絕於門雖李林甫亦畏避之鉷弟户部郎中銲凶險不法（銲何旦切）召術士任海川問我有王

者之相否海川懼亡匿鉷恐事泄捕得殺之王府司馬韋會定安公主之子也話之私庭鉷又殺之銲所善邢縡與右龍武萬騎謀殺龍武將軍以其兵作亂殺李林甫陳希烈楊國忠有告之者帝使鉷捕之鉷意銲在縡所先遣人召之乃捕縡縡格鬬且走禁軍擊斬之國忠言鉷必預謀敕陳希烈與國忠鞫之於是任海川韋會等事皆發鉷賜自盡銲杖死於朝堂鉷子準偁流嶺南尋殺之籍其第舍數日不能徧

臣祖禹曰昔榮夷公好專利厲王悅之召穆公（一本作芮）（良夫）知王室之將卑以為王人者將導利而布之上下者也而或專之其害多矣夫利物之所生而天下之所以養人也專之必壅壅則所害者多（史周紀厲王即位三十年好利近榮夷公大夫芮良夫諫曰王室其將卑乎夫榮公好專利而不知大難夫利百物之所生也天地之所載也而有專之其害多矣天地百物皆將取焉何可專也所怒甚多而不備大難以是教王王其能久乎夫王人者將以導利而布之上下者也使神人百物無不得其極猶曰怵惕懼怨之來也今王學專利其可乎匹夫專利猶謂之盜而王行之其歸鮮矣榮公若用周必敗也王不聽卒以榮公為卿士王行

暴虐侈傲國人謗王）故凡有利必有害利於己必害於人君子不盡利以遺民（遺去聲）所以均天地之施也（施去聲）聖王寧損己以益人不損人而益己記曰與其有聚斂之臣寧有盜臣（記大學傳百乘之家與其有聚斂之臣寧有盜臣）是以興利之臣鮮不禍敗（鮮先典切少也）自桑弘羊以來未有令終者也（令善也令終謂善終前食貨志武帝時桑弘羊洛陽賈人之子以心計年十三侍中言利事析秋毫矣元封元年為治粟都尉領大司農斡天下鹽鐵盡籠天下貨物從之歲小旱上令百官求雨卜式言烹弘羊天乃雨）唐世言利始於宇文融（唐本傳融廣置使額以修上心百姓愁怨有司

寖失職自融始其後言利得幸者踵相躡皆本於融云融既流死同上流嚴州卒而韋堅楊慎矜王鉷繼起又益甚之唐本傳贊宇文融韋堅楊慎矜王鉷皆開元之幸人也或以括戶取媚或以漕運承恩或以聚貨得倖或以剝下獲寵負勢自用人莫敢違極於楊國忠皆身首異處宗族塗地其故何哉壅利而所害者衆也天下之怨歸之故其惡必復其禍必酷而唐室幾亡其後以劉晏之能猶不免唐本傳楊炎執政貶晏忠州刺史建中元年賜晏死天下以為冤況其非道者乎必若公劉之厚民公劉詩美公劉之厚於民管仲之富國管仲以魚鹽富齊國李悝之平糴

魏文侯李悝作平糴法大熟則上糴三而舍一中熟則糴二下熟則糴一使民適足平則止小飢則發小熟所斂中飢則發中熟所斂大飢則發大熟所斂糶之雖遇飢饉水旱糴不貴而民不散取有餘以補不足也耿壽昌之常平漢宣帝時耿壽昌白邊郡皆築倉以穀賤時增其價而糴以利農穀貴時減價而糶名曰常平倉民便之不為掊克上下皆濟則身享其榮後嗣蒙其慶矣吉凶禍福之效如此可不戒哉

十二載正月帝欲加安祿山同平章事已令張垍草制楊國忠諫而止時垍為太常卿翰林院供奉唐初詔敕皆中書門下官有文者為之乾封以後始召文士元萬頃范履冰等草諸文詞常於北門候進止謂之北門學士中宗之世上官昭容專其事帝即位始置翰林院密邇禁庭延文章之士下至僧道書畫琴棊數術之士皆處之謂之待詔

臣祖禹曰中書門下出納王命之司也初學記中書令漢武所置出納帝命掌尚書奏事故詔敕行焉明皇始制翰林而其職始分既發號令預謀議則自宰相以下進退輕重繫之矣豈特取其詞藝而已哉釋老之徒方外之士書畫

琴棊數術執伎以事上不與士齒者也而使與文學之臣雜處非所以育材養賢也上失其制下懷其利為之者不亦可羞哉

先是劍南節度使鮮于仲通討南詔蠻大敗於瀘南士卒死者六萬人仲通僅以身免楊國忠掩其敗狀仍敘其戰功六月劍南留後李宓又將兵七萬擊南詔閣羅鳳誘之深入士卒罹瘴疫飢死什七八乃引還蠻追擊之宓被擒全軍皆沒國忠隱其敗更以捷聞益發中國

兵討之前後死者二十萬人

臣祖禹曰管子有言曰堂上遠於百里堂下遠於千里君門遠於萬里言壅蔽之為害深也(管子法令堂上遠於百里堂下遠於千里門庭遠於萬里今步者一日百里之情通矣堂上有事十日而君不聞此所謂遠於百里也步者十日千里之情通矣堂下有事期月而君不聞此所謂遠於千里也)明皇信一楊國忠喪師二十萬而不得知(喪去聲)以敗為勝其不亡豈不幸哉國忠欺蔽如此而舉朝亦無一人敢以實告君者蓋在位者皆小人無一賢也當是時明皇享

國四十餘年(在位共四十六年)自以為太平有萬世之安而不知禍亂將發於朝暮由置相非其人也可不戒哉

帝嘗謂高力士曰朕今老矣朝事付之宰相邊事付之諸將夫復何憂力士對曰臣聞雲南數喪師又邊將擁兵太盛陛下何以制之臣恐一旦禍發不可復救何謂無憂帝曰卿勿言朕徐思之自去秋水旱相繼關中大饑楊國忠惡京兆尹李峴不附己以災沴歸咎於峴(沴音厲峴乎面反)九月貶峴長沙太守帝憂雨傷稼國忠取禾之善者獻之曰雨雖多不害稼也帝以為然扶風太守房琯言所部水災國忠使御史推之是歲天下無敢言災者高力士侍側帝曰淫雨不已卿可盡言對曰自陛下以權假宰相賞罰無章陰陽失度臣何敢言帝默然

臣祖禹曰明皇之言未為失也其失者任非其人也誠使朝事付之相如姚宋(相去聲)邊事付之將(去聲)如王忠嗣夫復何憂哉而以姦宄為賢能巨猾為忠良是以禍亂成而不自知也自李林甫之時言路塞絕(唐李林甫

傳居相位十九年固寵市權欺蔽天子耳目諫官皆持祿養資無敢言者補闕杜璡再上書言政事斥為下邽令因以語動其餘曰明主在上羣臣將順不暇亦何所論君獨不見立仗馬乎終日無聲而飫三品芻豆一鳴則黜之矣後雖欲不鳴得乎由是諫諍路絕)以安言為實以實言為妖楊國忠知其君之可欺也而欺之公卿大夫百執事之人宴安寵祿諛佞成風大亂將作凡民且能知之而無一人敢言者蓋其君子皆去其立於朝者皆小人也高力士帷幄之臣非有深謀遠慮心知其事而不忍嘿默(嘿巨禁反說文曰口閉也)此非其忠義過人蓋朝廷

無賢百官失職而至於宦者言天下之事明皇亦可以悟矣而曾不之省以及於亂不亦宜乎

十五載三月以吳王祇為靈昌太守河南都知兵馬使賈賁前至雍丘有衆二千先是譙郡太守楊萬石以郡降祿山逼真源令張巡使為長史西迎賊巡至真源率吏民哭於玄元皇帝廟起兵討賊吏民樂從者數千人巡選精兵千人西至雍丘與賈賁合

臣祖禹曰明皇之末朝廷無忠賢左右無正人一旦

賊兵起幽薊唐開元十八年以漁陽縣為薊州薊音計中原瓦解中原中國也前徐樂傳書土崩瓦解而顏杲卿首謀常山真卿唱義於中原唐顏杲卿傳安祿山表杲卿為常山太守祿山反杲卿及長史袁履謙潛定策時真卿在平原素聞逆謀陰養死士為拒守計遣盧逖至常山約起兵斷賊北道張介然崔無詖死其城郭唐張介然傳祿山反守陳留介然至屯不三日賊已渡河車騎蹂騰烟塵漫數十里士聞鉦鼓聲皆褫氣不能授甲凡旬六日城陷斬介然於軍門李憕盧奕蔣清死其官守唐李憕傳憕改東京留守安祿山反玄宗遣封常清募兵東京憕與盧奕達奚珣繕城塹綏士卒將遏賊西鋒祿山度河不數日薄城下憕坐留守府奕守臺城陷祿山鼓而入殺數千人矢着闕門執憕奕及官屬蔣清害之賈賁以一尉討賊時為平父尉與張巡事並見上張巡以縣令起兵郭子儀鷹揚於朔方唐本傳祿山反詔子儀充朔方節度使鷹揚言其如鷹鳥之飛揚也周武王時太公亦稱鷹揚故大明詩維師尚父時惟鷹揚李光弼電擊於河北唐本傳光弼代子儀為朔方節度使朔方即河北也電擊言如雷電之擊莫知所至孰謂天下無人乎蓋有之而不用也其後興復唐室卒賴之於忠賢夫國有人則存無人則亡古者萬乘之國有一臣則不可得而亡況忠賢如此其多乎唐之不亡斷可知矣詩云無競惟人四方其訓之烈文詩無競惟人四方其

訓之毛氏云競強也訓道也鄭氏云無彊乎惟人賢人也得賢人則國家彊矣故天下諸侯順其所為也茍得其人則何危亂之有

哥舒翰軍於潼關或說楊國忠曰今朝廷重兵盡在翰手翰若援旗西指於公豈不危哉國忠大懼乃奏潼關大軍雖盛而無後繼萬一失利京師可憂請選監牧小兒三千於苑中訓練使李福德領之乃募萬人屯灞上令杜乾運將之名為禦賊實備翰也翰亦恐為國忠所圖乃表灞上軍隸潼關六月召乾運詣關因事斬之國

忠益懼帝遣使趣翰進兵復陜洛翰奏以為未可國忠疑翰謀已言翰逗留將失機會帝續遣中使趣之項背相望翰不得已撫膺慟哭引兵出關與賊將崔乾祐戰於靈寶西原翰大敗乾祐進克潼關蕃將火拔歸仁等執翰以降賊

臣祖禹曰楊國忠既激安祿山使之速反以信其言楊國忠明皇貴妃之從祖兄天寶中妃既進冊國忠亦浸顯三姊皆美帝呼為姨封韓虢秦三國為夫人出入宮掖恩寵震天下虢國素與國忠亂李林甫死拜國忠右相先是國忠激祿山反故因再發之欲以

其言為信又促哥舒翰出兵潼關恐其為已不利動為身計不顧社稷之患然所以求全者適足以自族也夫就利避害小人之常也利發於已而不利於人則為之害於國而不害於家則為之自以為得計矣而不知害於國則亦害於家不利於人則亦不利於已是以自古小人之敗必至於家國俱亡此先王所以戒小人之不可用也明皇以天下安危寄之一相而其人如此安得不傾覆乎

楊國忠首倡幸蜀之策帝然之甲午移仗北內既夕命陳玄禮整比六軍厚賜錢帛選閑廄馬九百餘匹外人皆莫之知乙未黎明帝獨與貴妃姊妹皇子妃主皇孫楊國忠韋見素魏方進陳玄禮及親近宦官宮人出延秋門妃主皇孫之在外者皆委之而去

臣祖禹曰傳曰社稷之主不可以輕輕則失衆況為天下之主乎古者天子巡狩必載廟主而行明皇既不能率其民人城守以待勤王之師必不得已而避

寇出奔猶當告於宗廟諭衆而行為備而動則不至於顛沛矣乃以天子之尊獨與其所愛脫身而逃委其子孫皆碎賊手明皇自取之也自是以後天下有變則京師不守人主先為出計自明皇始其可醜也夫

帝遣宦者王洛卿前行告諭郡縣置頓食時至咸陽望賢宮洛卿與縣令俱逃中使徵召吏民莫有應者日向中帝猶未食楊國忠自市胡餅以獻於是民爭獻糲飯

屬昌反雜以麥豆皇孫輩爭以手掬食之須臾而盡猶未能飽帝皆酬其直慰勞之衆皆哭帝亦掩泣

臣祖禹曰臣民之位上下之等以勢相扶而已矣天子者以一身而寄天下之上所恃者衆心之所戴也合而從之則為人君離而去之則為匹夫天下常治則能保人君之尊亂則衆散衆散則與匹夫何異哉書曰予臨兆民懔乎若朽索之馭六馬書五子之歌述大禹之戒以作歌其一曰皇祖有訓云云予臨兆民懔乎若朽索之馭六馬為人上者奈何不敬先王不敢自恃如此故其國家可保也明皇享國幾五十年一旦失國出奔自長安至咸陽不四十里而已無食天子之貴四海之富其可恃乎

有老父郭從謹進言曰祿山包藏禍心固非一日亦有詣闕告其謀者陛下往往誅之使得逞其姦逆致陛下播越是以先王務延訪忠良以廣聰明蓋為此也臣猶記宋璟為相數進直言天下賴以安平自頃以來在廷之臣以言為諱惟阿諛取容是以闕門之外陛下皆不得知草野之臣必知有今日久矣但九重嚴邃區區之心無路上達事不至此臣何由得睹陛下之面而訴之乎

帝曰此朕之不明悔無所及慰諭而遣之

臣祖禹曰天寶之亂田夫野人皆能知之而其君不得聞豈不哀哉夫壅蔽之禍至白刃流矢交於前六親不能相保而始覺也不亦晚乎

右玄宗在位四十六年傳位於肅宗寶應元年崩年七十八

唐鑑卷十

欽定四庫全書

唐鑑卷十一

宋 范祖禹 撰

吕祖謙 註

肅宗

至德元載七月甲子帝即位於靈武城南樓尊玄宗曰

上皇天帝赦天下改元

臣祖禹曰哥舒翰守潼關王思禮請迴兵誅楊國忠翰曰此乃翰反非祿山也翰偾軍降虜（降户江切）固無足

道然其言可為後法肅宗以皇太子討賊至靈武遂自稱帝此乃太子叛父何以討祿山也唐有天下幾三百年（唐自高祖武德至昭宣帝天祐凡二百九十年幾平聲）由漢以來享國最為長久然三綱不立（語疏君為臣綱父為子綱夫為妻綱）無父子君臣之義見利而動不顧其親是以上無教化下無廉恥古之王者必正身齊家以率天下（記大學欲齊其家先脩其身）其身不正未有能正人者也（語十三其身正不令而行其身不正雖令不從）唐之父子不正而欲以正萬事難矣其享國長久亦

曰幸哉

帝在靈武文武官不滿三十人披草萊立朝廷制度草創武人驕慢大將管崇嗣在朝堂背闕而坐言笑自若監察御史李勉奏彈之繫於有司帝特原之歎曰吾有李勉朝廷始尊

臣祖禹曰昔趙襄子有晉陽之難羣臣皆懈惟高共不敢失禮及襄子行賞以共為先（史趙世家知伯怒與韓魏之師攻晉陽歲餘引汾水灌其城城中懸釜而炊易子而食羣臣皆有外心禮益慢惟高共不敢失禮襄子懼乃夜

使相張孟同私於韓魏韓魏與合謀以三月丙戌三國反滅智伯共分其地於是襄子行賞高共為上張孟同曰晉陽之難唯共無功襄子曰方晉陽急羣臣皆懈唯共不敢失人臣禮是以先之）肅宗之在朔方唐室危如綴旒（鄭氏商頌長發詩箋云綴結也旒旗之垂者也綴旒喻其易絶以比唐家之危亦如此）李勉不以王路夷險易其心（夷平也易如字）不以君父在草莽而廢其職（說文曰草中為莽）事君若此可謂忠正之士矣

文部侍郎同平章事房琯（琯烏官切）喜賓客好談論多引拔知名之士而輕鄙庸俗人多怨之賀蘭進明與琯有隙

言琯專為迂濶大言以立虛名所引用皆浮華之黨真王衍之比也帝由是疎之琯上疏請將兵復兩京帝許之加持節招討西京兼防禦蒲潼兩關兵馬節度使琯請自選參佐悉以戎務委李揖劉秩二人皆書生不閑軍旅琯謂人曰賊曳落河雖多安能敵我劉秩琯分為三軍以中軍北軍為前鋒十月二軍遇賊將安守忠於咸陽之陳濤斜琯效古法用車戰以牛車二千乘乘去聲馬步夾之賊順風鼓譟牛皆震駭賊縱火焚之人畜大

亂官軍死傷者四萬餘人存者數千而已琯自以南軍戰又敗帝聞琯敗大怒李泌為之營救帝乃宥之待琯如初琯惟高簡時國家多難難去聲而琯多稱病不朝謁不以職事為意日與劉秩李揖高談釋老或聽門客董庭蘭鼓琴庭蘭以是大招權利明年罷琯為太子太師

臣祖禹曰房琯有高志虛名而無實才肅宗既踈之而猶以為將帥以其能成克復之功是不知其臣也琯以讒見踈而猶以討賊為已任是不量其君也量如字下同君不知其臣臣不量其君而欲成天下之務易繫辭惟幾成天下之務未之聞也且肅宗任琯而琯任劉秩君臣不知人如此夫安得不敗乎

帝在彭原廨舍隘狹帝與張良娣博打子娣音弟聲聞於外李泌言諸軍奏報停壅帝乃潛令刻乾樹雞為子不欲有聲良娣以是恐泌

臣祖禹曰明皇播遷於蜀肅宗越在草莽解見上段宗廟焚毀社稷丘墟此痛心嘗膽之時也史越世家吳王夫差擊越敗之

越王勾踐反國乃苦身焦思置膽於坐坐臥即仰膽飲食亦嘗膽曰女忘會稽之耻邪女音汝嘗膽言嘗飲其苦而於軍旅之中與婦人嬉戲豈非以位為樂乎肅宗之志不及遠矣享國不永此其兆歟

二載四月帝在鳳翔是時府庫無蓄積專以官爵賞功諸將出征皆給空名告身空去聲自開府特進列卿大將軍下至中郎郎將聽臨事注名其後又聽以信牒授人官爵以至異姓王者諸有官者但以職任相統攝不復計官爵高下大將軍告身一通纔易一醉凡應募入軍

者一切衣金紫衣去聲至有朝士僮僕衣金紫而身執賤役者名器之濫至是而極焉

臣祖禹曰傳曰不軌不物謂之亂政左隱五年臧僖伯諫君將納民於軌物者也故講事以度軌量謂之軌取材以章物采謂之物不軌不物謂之亂政軌法也官爵者人君所以馭天下不可以虛名而輕用也君以為貴則人貴之君以為賤則人賤之難得而加於君子則貴矣易得而施之小人則賤矣肅宗欲以苟簡成功而濫假名器左成二年惟名與器不可以假人輕於糞土此亂政

之極也唐室之不競強也不亦宜乎

九月廣平王俶郭子儀等大軍收西京初帝欲速得京師與回紇約曰克城之日土地士庶歸唐金帛子女皆歸回紇至是葉護葉攝音下同欲如約俶拜於葉護馬前曰今始得西京若遽俘掠則東京之人皆為賊固守不可復取矣願至東京乃如約葉護許之十月收東京回紇及西域諸胡縱兵大掠三日軍士為之鄉導府庫及士民之室皆空回紇意猶未厭俶患之父老請率羅錦萬匹以賂回紇回紇乃止

臣祖禹曰肅宗欲克復唐室苟求天下之賢而與之共天下之功因民之心以討暴逆何患乎賊之不滅而唐之人主好結戎狄以求其援肅宗姑務欲速不為遠謀語十三欲速則不達至使諸胡縱掠與賊無異其失民也不亦甚乎昔武王伐商亦有微盧彭濮書牧誓武王與受戰於牧野王曰嗟我友邦冢君御事司徒司馬司空亞旅師氏千夫長百夫長及庸蜀羌髳微盧彭濮人孔安國云八國皆蠻夷戎狄屬文王者國名羌在西蜀髳微在巴蜀盧彭在西北庸濮在江漢之南春

秋之時姜戎常佐晉征討皆以中國之師制之使為掎角之助而已春秋傳三十三年夏四月辛巳晉人及姜戎敗秦師于殽杜預云姜氏之戎居晉南鄙戎子駒支之先也晉人角之諸戎掎之不同陳故言及掎居錡切至於後世則倚戎狄以成功也倚靠也與之共事未有不為患者也

十二月上皇至咸陽帝備法駕迎於望賢宮上皇在宮南樓帝釋黃袍着紫袍望樓下馬趨進拜舞於樓下上皇降樓降如字下也撫帝而泣帝捧上皇足嗚咽不自勝上皇索黃袍自為帝着之帝伏地頓首固辭上皇曰天數

人心皆歸於汝使朕得保餘齒汝之孝也帝不得已受之上皇不肯居正殿曰此天子之位也帝固請自扶上皇登殿尚食進食帝品嘗而薦之將發行宮帝請為上皇習馬而進之上皇上馬帝親執鞚行數步上皇止之帝乘馬前引不敢當馳道上皇謂左右曰吾為天子五十年未為貴今為天子父乃貴耳

臣祖禹曰肅宗以皇太子討賊遂自立於靈武不由君父之命而有天下是以不孝令也及其迎上皇於

望賢宮百姓皆注耳目則辭帝服避馳道屑屑焉為末禮以眩耀於衆豈其誠乎況其終也用婦言而保奸謀遷其父於西宮卒以憤鬱而殞事親若此罪莫大焉唐張庶人傳乾元初立為后稍豫政事與李輔國相倚多以私謁撓權與輔國謀從上皇西內端午日帝名山人李唐帝方擁幼女顧唐曰我念之無怪也唐曰太上皇今日亦當念陛下帝泫然涕下而制於后卒不敢謁西宮事亦見下上元二年又李輔國傳輔國妄言於帝曰太上皇居近市交通外人願從入禁中帝不寤上皇謂力士曰吾兒用輔國謀恐不得終孝矣會帝屬疾輔國即詐言皇帝請上皇案行宮中馳奏曰陛下以興慶宮湫隘奉迎乘輿還宮中太上還西內自是怏怏不豫至棄天下且

臨危則取大利居安則取小節以是為孝亦已悖矣孟子曰不能三年之喪而緦小功之察放飯流歠而問無齒決孟子盡心不能三年之喪而緦小功之察放飯流歠而問無齒決此之謂不知務緦麻三月服放飯流歠皆飲食大嚼齒決齒中餘肉謂既不能念三年之喪而察察於緦麻三月小功五月既放飯流歠為大嚼而計較於齒中餘肉皆致其小忘其大者喻肅宗不念上皇而愛其公主其肅宗之謂乎

乾元元年六月史思明既降户江切下同李光弼以思明終當叛亂而烏承恩為思明所親信陰使圖之又勸帝以

承恩為范陽節度副使賜阿史那承慶鐵券令共圖思明帝從之會承恩入京師帝使內侍李思敬與之俱至范陽宣慰承恩謀泄思明責之承恩謝曰此皆李光弼之謀也思明乃集將佐吏民向西大哭曰臣以十三州十萬衆降朝廷何負陛下而欲殺臣遂殺承恩連坐死者二百餘人因思敬表上其狀帝遣中使慰諭思明曰此非朝廷與李光弼之意皆承恩所為殺之甚善

臣祖禹曰王者所以威服海內惟其有信與義而已

匹夫一為不信猶不可自立於鄉黨况人主而為不信天下其誰從之肅宗既納史思明之降加以爵命於時未有逆亂之節也李光弼為國元帥職在禦侮知其有不臣之志終為背叛言於君而備之可也待其發而誅之可也乃使傳語之臣陰與其黨為盜賊之計不亦辱王命乎若事之捷(勝也)則反側之人(反側不正貌)誰不懷懼事之不捷適足以長亂(長丁丈切)非所以弭亂也(弭止也)既失信於已降之虜又歸罪于死事之臣欲以服天下奸雄之心(奸與姦同)豈不難哉

九月命郭子儀等九節度討安慶緒帝以子儀光弼皆元勳難相統屬故不置元帥但以宦官魚朝恩為觀軍容宣慰處置使觀軍容之名自此始明年三月九節度之師六十萬潰於相州

臣祖禹曰夙沙衛殿齊師殖綽郭最曰子殿國師齊之辱也(左襄十八年叔向告晉侯曰城上有烏齊師其遁十一月丁卯朔入平陰遂從齊師夙沙衛連大車以塞隧而殿殖綽郭最曰子殿國師齊之辱也杜預云奄人殿師故以為辱殿丁練切軍後曰殿)夫以諸侯之師使閹人殿之猶以為辱况天子之師而使宦者為之主帥乎是辱天下之衆也且慶緒窮虜郭李不世出之將也使朝恩節制之猶不免於敗則庸人可知矣肅宗初復兩京舉六十萬之衆而棄之其不亡亦幸哉

上元元年十一月淮西節度使王仲昇惡宋州刺史劉展使監軍邢延恩入奏展倔彊不受命名應謠讖請除之延恩因說帝曰展與李銑一體之人今銑誅展不自安不去之恐為亂然展方握強兵請除展江淮都統代

李峘俟其釋兵赴鎮中道執之此一夫力耳帝從之以展為江淮都統三道節度使密敕李峘鄧景山圖之延恩授展制書展疑之延恩乃馳詣廣陵與峘謀解印節以授展展舉宋州兵七千趨廣陵延恩知展已得其情還奔廣陵與李峘鄧景山發兵拒之移檄州縣言展反展亦移檄言峘反使其將擊景山景山衆潰延恩奔壽州展引兵入廣陵峘悉鋭兵守京口聞展將至軍自潰

峘奔宣城展陷潤州昇州十二月陷蘇州常州湖州泗州宣州濠楚舒和滁廬等州初帝命平盧兵馬使田神功將所部精兵三千屯任城鄧景山既敗與邢延恩奏乞敕神功救淮南未報景山遣人趣之且許以淮南金帛子女為賂神功討展展敗神功入廣陵及楚州大掠殺商胡以千數城中穿掘畧徧明年擊展斬之平盧軍大掠十餘日安史之亂兵不及江淮至是其民始罹荼毒矣

臣祖禹曰邢延恩一言而朝廷信失藩臣背叛江淮數千里罹塗炭之患（書仲虺之誥民墜塗炭孔安國云民之危險若陷泥墜火無救之者）甚矣小人之交亂四國也肅宗不明有以來讒慝之口豈特一延恩之罪哉

二年五月初李輔國與張后同謀遷上皇於西内是日端午山人李唐見帝帝方抱幼女謂唐曰朕念之勿怪也唐曰太上皇思見陛下計亦如陛下之念公主也帝泫然泣下然畏張后尚不敢詣西内

臣祖禹曰陽失其所以為陽則制於陰剛失其所以為剛則困於柔（君與夫為陽為剛臣與婦為陰為柔肅宗見制於輔國張后故為陽制於陰剛困於柔）肅宗不君故制於小人女子不能讎疾而反畏之欲見其父而且不敢其況能保四海乎

九月制去尊號但稱皇帝去年號但稱元年以建子月為歲首月皆以所建為數（數音疏）因赦天下

臣祖禹曰肅宗信禨祈之小數以為更制改號（更亦平聲）可以致福而弭禍（弭除也）夫畏鬼神聽巫覡者匹婦

之愚也（男巫曰巫女巫曰覡覡胡狄切）以天下之君為之不亦異哉

寶應元年建巳月楚州刺史崔侁表稱有尼真如怳惚登天見上帝賜以寶玉十三枚云中國有災以此鎮之羣臣表賀甲寅上皇崩帝疾轉劇乃命太子監國甲子制改元復以建寅月為正月月數皆如舊赦天下丁卯帝崩

臣祖禹曰昔堯命重黎絶地天通（書呂刑乃命重黎絶地天通罔有降格）蓋惡神人雜糅巫覡矯妄而誣天罔民也後世主

昏於上民迷於下黷亂天下無所不有肅宗父子不相信妖由人興故奸偽得以惑之獲寶不一月而二帝崩吉凶之驗亦可睹矣

帝疾篤張皇后與太子謀誅李輔國太子不可后乃召越王係諭之授甲於長生殿程元振知其謀密告輔國以兵送太子於飛龍廐輔國元振夜勒兵三殿收捕越王係及宦官等百餘人遷后於別殿帝在長生殿使者逼后下殿（使去聲）并左右數十人幽於後宮宦官宮人皆

驚駭逃散帝尋崩輔國等殺后并係及兗王僩

臣祖禹曰李輔國本飛龍馬家皁隸之流（唐本傳輔國以閹奴為閑廐小兒）肅宗尊寵而任之委之以政授之以兵明皇以憂崩已以駭歿張后二王以戮死上不保其父中不保其身下不保其妻子此近小人之禍也可不戒哉可不戒哉

初帝召山南東道節度使來瑱赴京師（瑱音鎮）瑱諷將吏上表留之行及鄧州復令還鎮荆南呂諲（諲音因）淮西王仲昇及中使往來者言瑱曲收衆心恐久難制帝乃割商金均房別置觀察使令瑱止領六州行軍司馬裴茙謀奪瑱位（茙音戎）密表瑱倔彊難制（倔渠勿切）請以兵襲取之帝以為然乃以瑱為淮西河南十六州節度外示寵任實欲圖之密敕以茙代瑱為襄鄧等州防禦使瑱聞徙鎮大懼又諷將吏留巳代宗欲姑息無事復以瑱為山南東道節度使裴茙既得密敕即率麾下二千趣襄陽（趣與趨同）瑱以兵逆之（逆迎也）問所以來對曰尚書不受朝命

故來若受代謹當釋兵瑱曰吾已蒙恩復留鎮此因取敕及告身示之茙驚惑瑱與薛南陽縱兵夾擊大破之追擒茙於申口送京師賜死

臣祖禹曰肅宗信讒黜陟不明以藩鎮為餌欲誘反側之臣故劉展叛於前來瑱亂於後皆朝廷易置（易如字）不以其道故也且瑱未失臣節而行裴茙簒奪之謀使茙克瑱而代其位不若瑱跋扈之為愈也（跋扈強梁之稱扈音戶）夫藩臣倔彊阻兵得一賢相足以制之肅宗

謀及宦者得無亂乎

右肅宗在位七年崩年五十三

唐鑑卷十一

唐鑑卷十二

宋 范祖禹 撰

呂祖謙 註

代宗

廣德元年閏正月以史朝義降將薛嵩為相衛邢洺貝磁六州節度使田承嗣為魏博德滄瀛五州都防禦使李懷僊仍故地為幽州盧龍節度使時河北諸州皆已降嵩等迎僕固懷恩拜於馬首乞行間自效懷恩亦恐賊平寵衰故奏留嵩等及李寶臣分帥河北自為黨援朝廷亦厭苦兵革苟冀無事因而授之

臣祖禹曰僕固懷恩既平河北而除惡不絕其本復留賊黨以邀後功亦由任蕃夷為制將故也唐失河北實自此始使郭李為將其肯遺國患乎遺去聲

六月禮部侍郎楊綰上疏論進士明經之弊請令縣令察孝廉取行著鄉閭學知經術者薦之於州刺史考試升之於省任各占一經朝廷擇儒學之士問經義二十

條對策三道上第即注官中第得出身下第罷歸左丞賈至議以為自東晉以來人多僑寓士居鄉土百無一二請兼廣學校保桑梓者鄉里舉焉在流寓者庠序推焉勅禮部具條目以聞七月綰上貢舉條目秀才問經義二十條對策五道國子監舉人令博士薦於祭酒試通者升之於省如鄉貢法明法委刑部考試或以為明經進士行之已久不可遽改事雖不行識者是之

臣祖禹曰自三代以後取士之法不本於鄉里學校

三代以前以鄉舉里選取士記王制命鄉論秀士升之司徒曰選士司徒論選士之秀而升之學曰俊士升於司徒不征於鄉升於學者不征於司徒曰造士大樂正論造士之秀者以告於王而升於司馬曰進士司馬辨論官材論進士之賢者以告於王而定其論論定然後官之任官然後爵之位定然後祿之至唐而其弊極矣惟楊綰貢舉之議最為近古可行而卒為庸人沮止況先王所以致治之具欲舉而措之天下不亦難乎

二年二月僕固懷恩叛其子瑒為其衆所殺傳首詣闕羣臣入賀帝慘然不悅曰朕信不及人致勳臣顛越深用為愧又何賀焉命輦懷恩母至長安給待優厚月餘以壽終以禮葬之功臣皆感歎帝之幸陜也李光弼竟遷延不至帝恐遂成嫌隙其母在河中數遣中使存問之吐蕃退除光弼東都留守以察其去就光弼辭以就江淮糧運引兵歸徐州帝迎其母至長安厚加供給使其弟光進掌禁兵遇之加厚

臣祖禹曰傳曰禹湯罪己其興也勃焉左莊十一年臧文仲曰禹湯罪己其興也勃焉桀紂罪人其亡也忽焉代宗之責己也厚其待人也

恕韓原毀古之君子其責己也重以周其待人也輕以恕而誠不能感物何哉賞罰無章而善善惡惡不明上下之情不通讒巧得行於其間故也是以有功者不自保無罪者恐見誅以恩加人而人不親以信示人而人益疑紀綱壞亂恩威不立為唐世姑息之主記檀弓小人之愛人也以姑息鄭氏云息猶安也言苟容取安也由不得其道也

大曆五年十一月元載以李泌有寵於帝忌之與其黨攻之不已會江西觀察使魏少游求參佐帝謂泌曰元

載不容卿朕今匿卿於魏少游所俟朕決意除載當有信報卿可束裝來也乃以泌為江西判官且屬少游使善待之

臣祖禹曰代宗以萬乘之主不能庇一臣而匿之於遠藩既相元載知其不可則退之而已矣乃欲稔其惡而誅之（稔熟也）且載方見任而與泌密除載然則人臣誰敢自保皆非人君之道此天下所以多亂也

六年八月帝厭元載所為思得士大夫之不阿附者為

腹心漸收載權內出制書以浙西觀察使李栖筠為御史大夫宰相不知載由是稍絀（音屈）

臣祖禹曰代宗知元載之惡欲罷其相位一言而已可也誰敢不從且載所以方命專政者挾君以為重也君去之則失其所恃何惡之能為乃立黨自助以傾其相視之如敵國（敵匹也相匹敵之國如春秋時秦晉之類）主勢不已甲乎（代宗）

九年三月以皇女永樂公主許妻魏博節度使田承嗣之子華帝意欲固結其心而承嗣益驕慢

臣祖禹曰齊景公涕出而女於吳以為既不能令又不受命是絕物也（孟離婁既不能令又不受命是絕物也涕出而女於吳女去聲）齊與吳皆列國也後世且猶羞之代宗德不足以柔服刑不足以御姦以天子之尊而以女許嫁叛臣之子苟欲姑息而反以納侮君道卑替亦已甚矣此公卿大臣之恥也

十年十月諸鎮討田承嗣帝嘉李寶臣之功遣中使馬

承倩齎詔勞之將還寶臣自詣其館遺之百縑承倩詬罵擲出道中寶臣慚其左右兵馬使王武俊說寶臣曰令公在軍中新立功豎子尚爾況寇平之後以一幅詔書召歸闕下一匹夫耳不如釋承嗣以為己資寶臣遂有玩寇之志

臣祖禹曰齊寺人貂漏師于多魚（左僖公二年齊寺人貂始漏師于多魚杜預云寺人內閹官豎貂也多魚地名齊桓多嬖寵內則如夫人者六人外則幸豎貂易牙之等終以此亂國傳言貂於此始被貴寵漏泄桓公軍事為齊亂張本）夙沙衛殺馬以塞道

而殖綽郭最見獲（左襄十八年叔向告晉侯曰城上有烏齊師其遁十一月丁卯朔入平陰遂從齊師夙沙衛連大車以塞隧而殿殖綽郭最曰子殿國師齊之辱也子姑先乎乃代之殿衛殺馬於隘以塞道晉州綽及之射殖綽中肩兩矢夾脰曰止將為三軍獲不止將取其衷顧曰為私誓州綽曰有如日乃弛弓而自後縛之其右具丙亦舍兵而縛郭最）皆以宦寺敗國喪師（喪去聲）承倩一怒實臣而諸鎮解體巨猾逋誅終唐之世不能取魏其為害也過於寺人貂夙沙衛遠矣

十二年元載伏誅楊綰為相綰性清簡儉素制下之日朝野相賀郭子儀方宴客聞之減坐中聲樂五分之四京兆尹黎幹騶從甚盛即日省之止存十騎中丞崔寬第舍宏侈亟毀撤之

臣祖禹曰上之化下如風之靡草也（語十二君子之德風小人之德草草上之風必偃靡亦偃）楊綰以清名儉德為相而天下從之如此況人君能正已以先海內其有不率者乎是以先王必正其心脩其身而天下自治（記大學心正而后身脩身脩而后家齊家齊而后國治國治而后天下平）孟子曰君仁莫不仁君義莫不義君正莫不正一正君而國定矣（孟離婁云）此之謂也

是秋霖雨河中府池鹽多敗戶部侍郎判度支（度徒諾切）韓滉恐鹽戶減稅奏雨雖多不害鹽仍有瑞鹽生帝疑其不然遣諫議大夫蔣鎮往視之京兆尹黎幹奏秋霖損稼滉奏幹不實帝令御史案察奏所損凡三萬餘頃渭南令劉澡阿附度支稱縣境田獨不損御史趙計奏與澡同帝曰霖雨溥博豈得渭南獨無更命御史朱敖視之損三千餘頃帝歎息久之曰縣令字人之官不損猶應言損乃不仁如是乎貶澡南浦尉計澧州司戶而不問滉蔣鎮還奏瑞鹽實如滉所言仍上表賀請宣付史臣幷置神祠錫以嘉名帝從之賜號寶應靈慶池時人醜之

臣祖禹曰代宗責縣令職在字人無恤隱之心（隱憫也）而阿黨權勢黜之當矣韓滉掌邦計之臣（滉判度支故云掌邦計）敢為面欺乃置而不問是刑罰止行於卑賤而不行於貴近也蔣鎮以諫官受委覆實而共為姦罔人主卒受其欺廷臣亦無敢言此二臣者豈非以其君

雖欲恤民而卒歸於好利受佞可以蒙蔽故敢行詐而無所忌憚也是以雖有仁心而民不被其澤孟離婁今有仁心仁聞而民不被其澤者不行先王之政天下愈受其弊由賞罰不平聽任不明故也且在縣令與御史則始疑而終察之在戶部與諫官則始疑而終信之其為欺一也明於疎遠而昧於貴近是朝廷無公道也書曰無偏無黨王道蕩蕩書洪範五皇極無偏無黨王道蕩蕩無黨無偏王道平平若代宗者其何責焉

十四年五月德宗即位在亮陰中動遵禮法閏月詔罷省四方貢獻之不急者罷梨園使及樂工三百餘人又詔天下無奏祥瑞及獻珍禽奇獸怪草異木內莊宅使上言諸州有官租萬四千餘斛帝令分給所在充軍儲放諸國所獻馴象於荊山之陽凡四十有二及豹貀貀女猾切鬬雞獵犬之類悉縱之又出宮女數百人於是中外皆悅淄青軍士至投兵相顧曰明主出矣吾屬猶反乎

臣祖禹曰德宗即位之初思致太平知天下厭代宗之政滌其煩穢決其底滯四海之內聞風震悚以為不世出之主也唐太宗紀贊至治之君不世出不數年而致大亂何哉燭理不明而所任非人求欲速之功役其獨智而不本於人情故也前晁錯傳策三王計安天下必本於人情孟子曰其進銳者其退速其德宗之謂乎

代宗優寵宦官奉使者不禁其求取嘗遣中使賜妃族還問所得頗少代宗不悅以為輕我命妃懼遽以私物償之由是中使公求賂遺無所忌憚宰相常貯錢於閤

中每賜一物宣一旨無徒還者出使所歷州縣移文取貨與賦稅同皆重載而歸德宗素知其弊及即位遣中使邵光超賜李希烈旌節希烈贈之僕馬及縑七百匹黃茗二百斤帝聞之怒杖光超六十而流之於是中使之未歸皆潛棄所得於山谷雖與之莫敢受

臣祖禹曰代宗寵宦者而縱之受賂雖為蠹政其害未大也德宗矯其失而深懲之豈不明哉然其終也舉不信羣臣惟宦者之從至委以禁兵持天下之柄

而授之唐劉貞亮傳德宗貞元末宦人領兵附順者益衆宦者傳序德宗懲艾泚賊以左右神策天威等軍委宦者主之置中護軍尉中護軍分提禁兵是以威柄下遷政在宦人舉手伸縮便有輕重其後人主廢置於其手如王守澄弒憲宗於中和殿立穆宗楊復恭立昭宗自稱立天子既得位乃廢定策國老奈負心門生何之類則其為害又甚於代宗何其明於知父之失而闇於知己之非乎昔者明王欲改其先君之過者殆不然故夫德宗即位之初凡深矯代宗之政者愚人以為喜而哲人以為憂蓋出於一時之銳而無忠信誠慤之心以守之記檀弓荀無忠信誠慤之

心雖固結之民其不解乎未有不甚之者也

右代宗在位十八年崩年五十三

德宗一

建中元年正月始用楊炎議約百姓丁產定等級作兩稅法比來新舊徵科色目一切罷之二稅外輒率一錢者以枉法論

臣祖禹曰立法者其始未嘗不廉而終於貪出令者其始未嘗不戒而終於廢法令者人君為之而與天下共守之者也唐李乾祐法令者與天下共之苟朝廷自不守其法則天下其誰守之德宗之政名廉而實貪故其令始戒而終廢其初禁暴非不嚴也而刻剝之令紛然繼出天下不勝其弊勝平聲蓋法雖備具而意常誅求人君用意出於法外天下之吏奉朝廷之意而不奉其法逆意有罪奉法無功是以法雖存而常為無用之文也德宗

帝初即位疎斥宦官親任朝士而張涉以儒學入侍薛

邕以文雅登朝繼以贓敗宦官武將得以藉口曰南牙文臣贓動至巨萬而謂我曹濁亂天下豈非欺罔邪於是帝心始疑不知所倚仗矣

臣祖禹曰德宗之不明豈足與有為哉二臣以贓敗而疑天下之士皆貪何其信小人之深而待君子之淺也舜不以朝有四凶而不舉元凱左文十八年昔高陽氏有才子八人齊聖廣淵明允篤誠天下之人謂之八凱高辛氏有才子八人忠肅共懿宣慈惠和謂之八元舜舉八凱使主后土以揆百事舉八元敷五教於四方四凶謂共工驩兜三苗鯀周不以家有

管蔡而不封懿親（管叔蔡叔周武王弟）夫以失於一人而不（入聲）取於衆是以噎而廢食也已則不明不能求賢卒委官者以為腹心乃疑朝士皆不可倚伏不自知其蔽也

二年二月以御史大夫盧杞為門下侍郎同平章事杞陰狡欲起勢立威小不附已者必欲寘之死地引太常博士裴延齡為集賢直學士親任之

臣祖禹曰君子與小人莫不引其類而聚於朝（前劉向傳

封事賢人在上位則引其類而聚之於朝）人君得一賢者而相之為相者舉其類而進之後之進者亦舉其類繼之者莫非賢也其國未嘗無人焉則是得一賢而百姓被其德澤者數十年而未已也其任小人也豈特一時之患哉亦舉其類而進之後之進者亦舉其類繼之者莫非小人也是以任一不肖而天下被其災害者亦數十年而未已焉德宗既相盧杞而杞復引延齡以為助則其國政可知矣盧杞相於建中之初而延齡用於正元之後是始終之以小人也故德宗之時賢人君子常阨窮而道不得行由小人彙進而不已也（彙類也）人君置相可不慎哉

三年四月帝遣中使發河朔三鎮兵討田悅王武俊不受詔執使者送朱滔滔言於衆曰將士有功者吾奏求官勲皆不遂今欲與諸君共趨魏州擊破馬燧以取溫飽何如皆不應三問乃曰幽州之人自安史之反從而南者無一人得還今其遺人痛入骨髓況太尉司徒皆

受國寵榮將士亦各蒙官勲誠且願保目前不敢更有僥覬滔默然而罷乃誅大將數十人厚撫循其士卒帝聞之以力未能制滔賜滔爵通義郡王冀以安之滔反謀益甚分兵營於趙州劉怦以書諫止之滔不從遣人誘張孝忠孝忠拒之滔將兵發深州至東鹿將行士卒忽大亂諠譟曰天子令司徒歸幽州奈何違勅南救田悅滔大懼走匿蔡雄等矯傳滔令諭士卒曰今茲南行乃為汝曹非自為也衆乃共殺勅使又呼曰雖知司

徒此行為士卒終不如且奉詔歸鎮雄復諭之衆然後定滔即引軍還深州密令訪察唱亂者得二百餘人悉斬之乃復引兵而南衆莫敢前卻

臣祖禹曰民皆有常性（書湯誥惟皇上帝降衷下民若有恒性克綏厥猷惟后）飢食渴飲以養其父母妻子而終天年此人情之所欲也豈樂為叛而沈其族哉然自古治少而亂多由上失其道而民不知所從（語十九上失其道民散久矣）故姦雄得以詭其衆而用之也天寶以後幽薊為反逆之區中

國視之無異戎狄朱滔扱其民如此不得已而後從之亦足見其本非好亂也君人者可以省已而脩政矣詩序曰小雅盡廢則四夷交侵（六月詩小雅盡廢則四夷交侵中國微矣）先王不以罪四夷而咎中國反求諸已自脩而已矣（孟公孫丑反求諸已而已矣）人君苟行仁政使民親其長愛其上（孟梁惠下君行仁政斯民親其上死其長矣）驅之為亂莫肯從也姦雄豈得而詐之哉

時兩河用兵月費百餘萬緡府庫不支數月太常博士韋都賓陳京建議以為貨利所聚皆在富商請括富商錢出萬緡者借其餘以供軍計天下不過借一二千商則數年之用足矣帝從之詔借商人錢令判度支條上判度支杜佑大索長安中商賈所有貨意其不實輒加搒捶人不勝苦有縊死者長安囂然如被寇盜計所得纔八十餘萬緡又括僦櫃錢凡蓄積錢帛粟麥者皆借四分之一封其櫃窖百姓為之罷市相帥遮宰相馬自訴以千萬數盧杞始慰諭之勢不可遏乃疾驅自他道歸計悉借商所得二百萬緡人已竭矣

臣祖禹曰人君用天下之力取天下之財征伐不庭以一海內所以保民也而兵革既起未嘗不虐其民暴斂之害甚於寇盜寇盜害民之命而暴斂失民之心害民命者君得而治之君失民心則不可得而復收也孔子曰苛政猛於虎也（記檀弓孔子過泰山側有婦人哭於墓者而哀夫子式而聽之使子路問之曰子哭也一似重憂者而曰然昔吾舅死於虎吾夫又死焉今吾子又死焉夫子曰何為不去也曰無苛政夫子曰小子識之苛政猛於虎也識音志）借商之事可見

矣議者必曰不有小害不得大利不有小殘不成大功一勞而久逸暫費而永寧是以人主甘心焉而卒致大亂此不可以不戒

帝初即位崔祐甫為相務崇寬大故當時以為有貞觀之風想望太平及盧杞為相知帝性多忌因以疑似離間羣臣勸帝以嚴刻御史中外失望

臣祖禹曰德宗性本猜克（克當作刻唐本傳德宗猜忌刻薄以彊明自任）故小人易入用崔祐甫則治用盧杞則亂祐甫輔之以寬大固益其德矣杞輔之以嚴刻則合其性焉由

其本猜克故也當其即政之始勵精求治（舊本紀史臣曰帝初總萬機勵精治道）猶能任賢一為小人所指導而終身不復使祐甫用於貞元之後亦豈得行其志哉

淮南節度使陳少遊奏本道稅錢每千請增二百五月詔他道皆如淮南又鹽每斗價皆增百錢十一月加少遊同平章事

臣祖禹曰少遊重斂加賦以媚上求寵此民賊也德宗推其法於天下而以宰相賞之是以百吏承風競為刻剝民不勝困以至大亂夫以天官賞民賊（孟子告君不鄉道不志於仁而求富之是富桀也今之所謂良臣古之所謂民賊也）安得無顛覆之禍乎

唐鑑卷十二

欽定四庫全書

唐鑑卷十三

宋　范祖禹　撰

吕祖謙　註

德宗二

建中四年正月闗播薦李元平有將相之器帝擢元平為汝州别駕李希烈襲陷汝州捕之偽署御史中丞播聞之詫曰元平事濟矣謂必覆賊而建功也左右笑之無何賊偽署為宰相有告其貳者元平斷一指自誓帝

患希烈問計於盧杞杞惡顔真卿對曰真卿為四方所信使宣慰希烈可不勞師旅而服帝以為然命真卿宣慰希烈為希烈所留真卿叱責之竟為希烈所殺

臣祖禹曰闗播薦李元平盧杞陷顔真卿宰相之所好惡如此其事暴於天下也（暴露）非難見也而德宗不知惟其不好直而好佞（好呼報切）所以蔽也相非其人欲不亂其可得乎

五月初行稅間架除陌錢法時河東澤潞河陽朔方四軍屯魏縣神策永平宣武淮南浙西荆南江西沔鄂湖南黔中劍南嶺南諸軍環淮寧之境（沔彌兖切）舊制諸道軍出境則仰給度支（度徒各切）帝優恤將士每出境加給酒肉本道糧仍給其家一人兼三人之給故將士利之各出境纔踰境而止月費錢百三十餘萬緡常賦不能供判度支趙賛乃奏行二法所謂稅間架者每屋兩架者為間上屋稅錢二千中稅千下稅五百吏執筆握筭入人室廬計其數或有宅屋多而無它資者出錢動數百緡

敢匿一間杖六十賞告者錢五十緡官所謂除陌錢者公私給與及賣買每緡官留五十錢給它物及相貿易者約錢為率敢隱錢百杖六十罰錢二千賞告者錢十緡其賞錢皆出坐事之家於是愁怨之聲聞於遠近

臣祖禹曰易剥之六四曰剥牀以膚凶（易曰剥牀以膚凶象曰剥牀以膚何可長也）夫牀者膚之所依也剥牀不已必害於膚剥民不已必害於君故象曰切近災也（見上註）德宗有平一海内之志而求欲速之功（語十三欲速則不達）不務養民

而先用武軍食不足則暴征橫斂以繼之民愁兵怨激而成亂自古不固邦本而攻戰不息者（書五子之歌民惟邦本本固邦寧）必有意外之患此後王之深戒也

八月翰林學士陸贄以兵窮民困恐別生內變乃上奏其略曰將不能使兵國不能馭將非止費財翫寇之弊亦有不戢自焚之災又曰無紓目前之虞（紓音舒）或興意外之患人者邦之本財者人之心其心傷則其本傷其本傷則枝幹顛瘁矣又曰人搖不寧事變難測是以兵

貴拙速不尚巧遲若不靖於本而務救於末則救之所為乃禍之所起也又論關中形勢畧曰今關輔之間興發已甚宮苑之內備衛不全萬一將帥之中又如朱滔希烈或負固邊壘誘致豺狼或竊發郊畿驚犯城闕未審陛下復何以備之贄請追還神策六軍明敕涇隴邠寧但令嚴備封守仍令更不徵發使知各保安居又降德音罷京城及畿縣間架等雜稅則冀已輸者弭怨見處者獲寧人心不搖邦本自固帝不能用

臣祖禹曰賢者之知國如良醫之知疾察其形以為病色視其脉理而識死生之變不待其顛仆而後以為病也（仆音赴）陸贄論用兵之致亂如蓍龜之先見何其智哉夫豈如瞽史之知天道乎亦觀其事而知之也非獨如贄之賢者能知之意天下之凡民亦必有知之者惟人君不覺也天下之患在於人莫敢言而君不得知言之而不聽則末如之何也必亂而已矣

李希烈圍襄城危急帝發涇原等諸道兵救之十月涇

原節度使姚令言將兵五千至京師軍士冒雨寒甚多攜子弟而來冀得厚賜遺其家既至一無所賜發至滻水詔京兆尹王翃犒師唯糲食菜餤衆怒蹴而覆之遂作亂還趨京城百姓狼狽駭走賊大呼告之曰汝曹勿恐不奪汝商貨僦質矣不稅汝間架陌錢矣

臣祖禹曰昔秦逐匈奴戍五嶺而陳勝起大澤（前張耳陳餘傳耳餘為左右校尉至諸縣說其豪傑曰秦為亂政北為長城之役南有五嶺之戍云云使天下父子不相聊令陳王奮臂為天下倡始莫不嚮應）隋伐突厥高麗而楊玄感亂

黎陽自古攻戰不已傾國以外向者必召內患民疲而本搖故也襄城之危德宗以為至憂故竭天下之力以救之而不知大盜之覆都邑譬之欲除疥而疾潰於腹心欲救四支而禍發於頭目兵革既起天下之變其可勝慮乎

初神策軍使白志貞掌召募禁兵東征死亡者志貞皆隱不以聞但受市井富兒賂而補之名在軍籍受賜而身居市廛為販鬻司農卿段秀實上言禁兵不精其數

全少猝有患難將何以待之不聽至是帝召禁兵以禦賊竟無一人至者帝乃出幸奉天

臣祖禹曰周公作立政以戒成王自左右常伯至於綴衣虎賁皆選忠良而勿以憸人（書立政周公作立政周公若曰拜手稽首告嗣天子王矣用咸戒于王曰王左右常伯常任準人綴衣虎賁云云繼自今立政其勿以憸人其惟吉士用勱相我國家）是時齊侯呂伋掌天下之兵故康王之立太保命仲桓南宮毛取二千戈虎賁百人以逆周家以為天子心膂爪牙者太公之子也（書顧命王崩太保命仲桓南宮毛俾爰齊侯呂伋以二千戈虎賁百人逆子釗于南門之外）其發之也以宰相之命二諸侯往焉慎重如此王室其可亂乎晉悼公使弁糾御戎荀賓為右使訓諸御知義羣騶知禮故可用也（左氏傳）至漢之時宿衛者猶以忠力之臣與公卿之子蓋古之遺法也夫以天子之尊必使諸侯與天下之賢者共扞衛之訓其徒旅使知禮義不如是不足以為固也後世苟簡人君多疑寧與小人而不與君子德宗之世所任尤非其人至於變起京邑而

無一卒之衛其後懲前之失委之宦者而其禍愈深夫聚天下不義之人使執利器而環天子之居不以付之忠賢臣是以知後世人主之不尊國家之無法也

翰林學士姜公輔叩馬言曰朱泚嘗為涇帥坐弟滔之故廢處京師臣嘗謂陛下既不能推心待之則不如殺之毋貽後患今亂兵若奉以為主則難制矣請召使從行帝倉卒不暇用其言曰無及矣既而姚令言與亂兵

謀果迎泚而立之帝初至奉天詔徵諸道兵入援有上言朱泚為亂兵所立且來攻城宜早脩守備盧杞切齒言曰朱泚忠貞羣臣莫及奈何言其從亂傷大臣心臣請以百口保其不反帝亦以為然又聞羣臣勸泚奉迎乃詔諸道援兵至者皆營於三十里外姜公輔諫曰今宿衛軍寡防慮不可不深若泚竭忠奉迎何憚於兵多如其不然有備無患帝乃悉召援兵入城盧杞及白志貞言於帝曰臣觀朱泚心迹必不至為逆願擇大臣入京

城宣慰以察之帝以問從臣皆畏憚無敢行金吾將軍吳溆獨請行既至為泚所殺鳳翔後營將李楚琳嘗事朱泚夜與其黨作亂殺節度使張鎰始帝以奉天迫隘欲幸鳳翔户部尚書蕭復遽請見曰陛下大誤鳳翔將卒皆朱泚故部曲其中必有與之同惡者臣尚憂張鎰不能久豈得以鑾輿蹈不測之淵乎帝曰吾行計已决試為卿留一日明日聞鳳翔亂乃止是月以復為吏部尚書公輔為諫議大夫並同平章事朱泚自將逼奉天

十一月靈武留後杜希全等四軍入援將至上召將相議道所從出關播渾瑊曰漠谷道險狹恐為賊所邀不若自乾陵北過附柏城而行營於城東北雞子堆與城中掎角相應（掎居綺切偏引也）且分賊勢盧杞曰漠谷路近若為賊所邀則城中應接可也倘出乾陵恐驚陵寢渾瑊曰自泚圍城斬乾陵松柏以夜繼晝其驚多矣今城中危急諸道救兵未至惟希全等來所繫非輕若得營據要地則泚可破也杞曰陛下行師豈比逆賊若令希全

等過自驚陵寢也帝乃命希全等自漠谷進希全等果為賊所邀死傷甚衆城中出兵應接為賊所敗是夕四軍潰退保邠州泚攻益急

臣祖禹曰人君如欲知其臣聽其言而以事驗之則忠邪賢不肖可得而見矣姜公輔策朱泚必反蕭復言鳳翔必亂見幾知變何其明也盧杞以百口保泚請遣大臣宣慰而吳溆没於賊又誤援軍奉天益危宰相謀國乖剌如此則其人可知矣奉天之守實公

輔與復是賴德宗雖以為相不旋踵而疎斥之（踵足後也）杞幾亡社稷（幾平聲）至死猶以為賢自古臨禍難而不悟（難去聲）鮮有如德宗者也（鮮上聲）

朱泚僭號大秦皇帝置百官以樊系為禮部侍郎系為泚譔冊文既成仰藥而死

臣祖禹曰司馬遷有言曰知死必勇非死者難也處死者難使樊系能拒朱泚不作冊文而死豈不為忠臣乎而文成乃死是亦為逆而已矣惜哉其為忠與

逆在於作與不作而已系之不敢拒泚不過畏死而怯耳而卒不免於死其愚豈不甚哉能死而不能拒泚此特臧獲婢妾之引決者耳（引決自經也）非能勇也士有不幸而身處危亂者其亦視此以為戒哉

朱泚攻圍奉天經月城中資糧俱盡帝嘗遣健步出城覘賊（覘癡廉切視也）其人懇以苦寒為辭跪奏乞一襦袴（襦上音儒下音跨）帝為之尋求不獲竟憫默而遣之時供御纔有糲米二斛（糲米不精也音厲又郎葛切脫粟也）每俟賊休息夜縋人於城外采蕪菁根而進之帝召卿相將吏謂曰朕以不德自陷危亡固其宜也公輩無罪宜早降以救室家羣臣皆頓首流涕期盡死力故將士雖困急而銳氣不衰

臣祖禹曰德宗以飢羸之卒守一縣之地而當朱泚十萬之師備禦俱竭危不容喘所恃者人心未去也卒能克復宗社不失舊物（先是夏少康不失舊物於此引以為言）而況以天下之大億兆之衆守之以道德用之以仁義其誰能敵之故人君茍得民心則不在地之廣狹兵之衆寡王天下猶反掌也湯以七十里文王以百里（孟公孫丑王不待大湯以七十里文王以百里）豈不信哉

朱泚既據府庫之富不愛金帛以悅將士公卿家屬在城者皆給月俸神策六軍從車駕及哥舒曜李晟者泚皆給其家糧加以繕完器械日費甚廣及長安平府庫尚有餘蓄見者皆追怨有司之暴斂焉

臣祖禹曰德宗欲剗滅藩鎮故聚天下之財因師出以為名而多殖貨利（書仲虺之誥惟王不殖貨利安國云殖生也貨資貨利資財）

以為人主可欺天下而莫之知也夫匹夫猶不可以家之有無欺其鄰里況人主內有餘富而可以不足欺天下乎得財而失民將誰與守矣其失國宜哉而向之所積反為盜資貨悖而出猶不能竭先王不以利為利而以義為利蓋以此也

唐鑑卷十三

欽定四庫全書

唐鑑卷十四

宋　范祖禹　撰
呂祖謙　註

德宗三

帝問陸贄以當今切務贄以鄉日致亂（鄉音向）由上下之情不通勸帝接下從諫乃上疏其畧曰若羣情之所甚欲者陛下先行之所甚惡者陛下先去之（惡烏故切　去上聲）欲惡與天下同而天下不歸者自古及今未之有也又曰四方既患於中外意乖百辟又患於君臣道隔郡國之

志不達於朝廷朝廷之誠不升於軒陛上澤闕於下布下情壅於上聞實事不必知知事不必實疏奏旬日帝無所施行亦不詰問贄又上疏其畧曰人各隱情以言為諱至於變亂將起億兆同憂獨陛下恬然不知方謂太平可致帝乃遣中使諭之曰朕本性甚好推誠亦能納諫將謂君臣一體全不隄防緣推誠信不疑多被姦人賣弄今所致患害朕思亦無他其失反在推誠又諫

官論事罕能慎密例自矜衒歸過於朕以自取名朕從即位以來見奏對論事者甚多大抵皆是雷同道聽塗說試加質問遽即辭窮若有奇才異能在朕豈惜拔擢朕見從前以來事秖如此所以近來不多取次對人亦非倦於接納贄上疏其畧曰天不以地有惡木而廢發生天子不以時有小人而廢聽納又曰唯信與誠有補無失一不誠則心莫之保一不信則言莫之行又曰馭之以智則人詐示之以疑則人偷上行之則下從之上

施之則下報之又曰誠信之道不可斯須而去身願陛下慎守而行之有加恐非所以為悔者也又曰仲虺贊成湯不稱其無過而稱其改過吉甫誦周宣不美其無闕而美其補闕聖賢之意較然著明唯以改過為能不以無過為貴智者改過而遷善愚者耻過而遂非又曰諫官不密自矜信非忠厚其於聖德固亦無虧陛下若納諫不違則傳之適足增美陛下若違諫不納又安能禁之勿傳又曰陛下雖窮其辭而非窮其理雖服其口而未服其心又曰諫者多表我之能好諫者直示我之能賢諫者之狂誣明我之能恕諫者之漏泄彰我之能從有一於斯皆為盛德帝頗采用其言（為如字）

臣祖禹曰德宗播遷幾於亡國不能反求諸己（已見上卷）而以為失在推誠既過而不改又諫而不從乃疑臣下之揚其惡而掠其美（左傳掠美以為昏）因不復以聽納為事甚矣其無人君之德也陸贄之言曲盡其情考其聽從曾無一二臣故剟其大畧（剟丁活切）以見德宗之性

與其行事以為戒焉

李懷光頓兵不進數上表暴揚盧杞等罪惡衆論諠騰亦咎杞等帝不得已貶杞為新州司馬白志貞為恩州司馬趙贊為播州司馬

臣祖禹曰德宗之性與小人合與君子殊故其去小人也難遠君子也易忠正之士一言忤意則終身擯斥盧杞裴延齡之徒至死而念之不衰迫於危亡不得已然後去之君子則於其不可去而逐之矣夫賢

之與佞正之與邪聽其所言觀其所行（語五今吾於人也聽其言而觀其行）亦足以知之矣德宗反而易之豈惡治而欲亂哉蓋其性與小人合也

興元元年正月蕭復嘗言於帝曰宦官自艱難以來多為監軍恃恩縱橫此屬但應掌宮掖之事不宜委以兵權國政帝不悅又嘗言陛下踐阼之初聖德光被自用楊炎盧杞以致今日陛下誠能變更睿志臣敢不竭力倘使臣依阿苟免臣實不能又嘗與盧杞同奏事杞順

帝旨復正色曰盧杞言不正帝愕然退謂左右曰蕭復輕朕戊子命復充山南東西荊湖淮南江浙福建嶺南等宣慰安撫使實疎之也既而劉從一及朝士往往奏留復帝謂陸贄曰朕欲遣重臣宣慰謀於宰相及朝士僉謂宜然今乃反覆如此朕為之悵恨累日意復悔行使之論奏邪其不欲行意趣安在贄上奏曰若復有所請求從一何容為隱若從一自有回互則復不當受疑陛下何憚而不為辯明乃直為此悵恨也夫明則罔惑辯則罔冤惑莫甚於逆詐而不與明冤莫痛於見疑而不與辯是使情偽相糅（糅音揉）忠邪靡分帝亦竟不復辨也

臣祖禹曰德宗惡正直而保姦邪故親盧杞疎蕭復嫉隙既開無事而疑陸贄之言蓋欲救其心術而執疑耻過不欲辨明寧蓄諸心晦昧不決而已此讒賊之所由入也孟子曰不仁者可與言哉安其危而利其菑樂其所以亡者（菑與災同）其德宗之謂矣

陸贄在翰林為帝所親信居艱難中雖有宰相大小之事帝必與贄謀之故當時謂之內相帝行止必與之俱梁洋道險嘗與贄相失經夕不至帝驚憂涕泣募得贄者賞千金久之乃至帝喜甚太子以下皆賀然贄數直諫迕帝意盧杞雖貶官帝心庇之贄極言杞姦邪致亂帝雖貌從心頗不悅故劉從一姜公輔皆自下陳登用贄恩遇雖隆未得為相

臣祖禹曰德宗於危亂之中斯須不可無陸贄及其

用裴延齡之譖則棄之如脫屣然孟子舜視棄天下猶棄敝屣也於所厚如此宜其無所不薄也同上其所厚者薄則無所不薄也詩曰將恐將懼維予與女將安將樂女轉棄予小雅谷風詩云其德宗之謂矣

車駕至城固帝長女唐安公主薨四月帝至梁州欲為公主造塔厚葬之姜公輔表諫以為山南非久安之地公主之葬會歸上都此宜儉薄以副軍須之急帝使謂陸贄曰唐安造塔其費甚微非宰相所宜論公輔正欲

指朕過失自求名耳相負如此如何處之贄上奏極諫帝意猶怒罷公輔為左庶子

臣祖禹曰人君置相必求天下之賢蓋欲聞其忠言嘉謀揚至孝言合稷契之謂忠謨合臯陶之謂嘉以交脩其所不逮也書說命高宗謂說曰汝交脩予罔予棄書曰朝夕納誨以輔台德同上命之曰朝夕納誨以輔台德台音貽我也而後世宰相與諫爭之臣分其所職人君得失相不預焉必責之諫臣此諂諛之人持祿保位之計非賢相之職業也姜公輔一諫德宗以為非所宜論卒廢黜之不明之君豈知所以任相哉

帝問陸贄近有卑官自山北來者率非良士有邢建者論說賊勢語最張皇察其事情頗似窺覘今已於一所安置如此之類更有數人若不追尋恐成姦計卿試思之如何為便贄上奏以為今盜據宮闕有冒險遠來赴行在者當量加恩賞豈得復猜慮拘囚其略曰以一人之聽覽而欲窮宇宙之變態以一人之防慮而欲勝億兆之姦欺役智彌精失道彌遠又曰虛懷待人人亦思

附任數御物物終不親情思附則感而悅之雖寇讎化為心膂矣意不親則懼而阻之雖骨肉結為仇慝矣又曰陛下智出庶物有輕待人臣之心思周萬機有獨御區寓之意寓宇同謀吞衆畧有過慎之防明照羣情有先事之察嚴束百辟有任刑致理之規威制四方有以力勝殘之志由是才能者怨於不任忠藎者憂於見疑著勲業者懼於不容懷反側者迫於見討馴致離叛搆成禍災

臣祖禹曰德宗好察而不明是以致亂而不自知其非陸贄欲正其心術故必原其禍之所起而極論之使之懲既往之失防未來之悔也詩曰猶之未遠是用大諫（板詩云云毛氏曰猶圖也鄭氏云云王之謀不能圖遠用是故我大諫也）陸贄有焉

五月帝使謂陸贄曰渾瑊李晟諸軍當議規畫令其進取朕欲遣使宣慰卿宜審細條疏以聞贄以為賢君選將委任責成故能有功況今秦梁千里兵勢無常遙為

規畫未必合宜彼違命則失君威從命則害軍事進退羈礙難以成功不若假以便宜之權待以殊常之賞則將帥感悅贄上奏其畧曰鋒鏑交於原野而決策於九重之中機會變於斯須而定計於千里之外用捨相礙否臧皆凶（否部鄙切）上有掣肘之譏下無死綏之志又曰傳聞與指實不同懸筭與臨事有異又曰君上之權特異臣下唯不自用乃能用人

臣祖禹曰易師之六五曰長子帥師弟子輿尸貞凶（易師卦下同）六五為師之主制師之命者也長子人之師也故行師則吉弟子聽之於人者也故雖正而凶然則師之道在擇人而委任之不可以牽制也而人君常欲權在於已或不欲功歸於人將在外而以君命制之兵從中御未有能成功者也

六月李晟收復京師露布至行在帝命陸贄草詔賜渾瑊使訪求奉天所失裹頭內人贄上奏以為今巨盜始平疲瘵之民瘡痍之卒尚未拊循而首訪婦人非所以

副惟新之望也謀始盡善克終已稀始而不謀終則何有所賜瑊詔未敢承旨帝遂不降詔竟遣中使求之

臣祖禹曰德宗不能虛已以納諫雖勉從陸贄之言不降詔而遣使是閉其門而由戶出也人君苟不能彊於為善諫之為益也少哉

初魚朝恩既誅代宗不復使宦者典兵帝即位悉以禁兵委白志貞志貞得罪帝復以宦官竇文場代之從幸山南兩軍漸集帝還長安頗忌宿將握兵多者稍稍罷

之十月以文場監神策軍左廂兵馬使王希遷監右廂兵馬使始令宦官分典禁旅

臣祖禹曰德宗為唐室造禍之主此宗社覆亡之本也臣是以著之

蕭復奉使自江淮還與李勉盧翰劉從一俱見帝勉等退復獨留言於帝曰陳少遊任兼將相首敗臣節韋皐幕府下僚獨建忠義請以皐代少遊鎮淮南使善惡著明帝然之尋遣中使馬欽緒揖劉從一附耳語而去諸

相還閤從一詣復曰欽緒宣旨令從一與公議朝來所言事即奏行之勿令李盧知敢問何事也復曰唐虞黜陟岳牧僉諧爵人於朝與士共之使李盧不堪為相則罷之既在相位朝廷政事安得不與之同議而獨隱此一事乎此最當今之大弊朝來主上亦有斯言復已面陳其不可不謂聖意尚爾復不惜與公奏行之但恐浸以成俗未敢以告竟不以事語從一從一奏之帝愈不悅復乃上表辭位罷為左庶子

臣祖禹曰蕭復欲黜少遊賞韋皐此朝廷之公議也德宗苟以為然在於一言使宰相行之而已何疑於李勉盧翰而獨與從一為密邪且既以為相而不待之以誠則疎遠之臣其可信者幾希矣(幾平聲)夫如是忠臣賢者豈得盡其心乎(鹿鳴詩忠臣嘉賓得盡其心矣)

貞元二年四月關中倉廩竭禁軍或自脫巾呼於道曰拘吾於軍而不給糧吾罪人也帝憂之甚會韓滉運米三萬石至陝李泌即奏之帝喜遽謂左右曰米已至陝

吾父子得生矣時禁中不釀命於坊市取酒為樂又遣中使諭神策六軍軍士皆呼萬歲時比歲饑饉兵民皆瘦黑至是麥始熟市有醉人當時以為嘉瑞人乍飽食死者復五之一數月人膚色乃如故矣

臣祖禹曰老子曰師之所處荊棘生焉大軍之後必有凶年(老子道德經云)言民以其愁苦之氣傷天地陰陽之和致水旱之災夫以兵除殘如人以毒藥攻疾疾去而人傷亦甚矣其血氣必久而後復之或終身遂衰

一失其養則易以死亡不若未病之完也先王制治於未亂保邦於未危（書周官若昔大猷制治於未亂保邦於未危）有天下者可不務哉

三年閏五月辛未吐蕃刼盟初李晟與張延賞有隙帝召延賞入相晟表陳其過惡帝重違其意以延賞為左僕射吐蕃尚結賛大舉入寇遊騎及好畤京城戒嚴晟遣將擊敗之尚結賛謂其徒曰唐之良將李晟馬燧渾瑊三人而已當以計去之入鳳翔境無所俘掠以兵二

萬直抵城下曰李令公召我來何不出犒我經宿乃引退晟又遣將襲擊吐蕃破之尚結賛乃引去帝忌晟功名會吐蕃有離間之言延賞等騰謗於朝無所不至晟聞之晝夜泣目為之腫悉遣子弟詣長安表請削髮為僧帝慰諭不許韓滉素與晟善帝命滉諭旨於晟使與延賞釋怨晟奉詔滉引延賞詣晟第宴謝結為兄弟因使晟表薦延賞為相帝以延賞為同平章事李晟為其子請昏於延賞延賞不許晟知延賞蓄憾未已初晟既破吐蕃摧沙堡馬燧渾瑊等各舉兵臨之吐蕃大懼屢遣使求和帝未許乃遣使卑辭厚禮求和於馬燧燧信其言為之請於朝晟曰戎狄無信不如擊之燧延賞皆與晟有隙爭言和親便帝意遂定延賞數言晟不宜久典兵帝乃謂晟曰大臣既與吐蕃有怨不可復之鳳翔宜留朝廷朝夕輔朕乃以晟為太尉中書令勲封如故餘悉罷之延賞既罷晟兵柄武臣憤怨解體不肯為用五月以渾瑊為會盟使瑊將二萬餘人赴盟所李晟深

戒以盟所為備不可不嚴延賞言於帝曰晟不欲盟好之成故戒瑊以嚴備我有疑彼之形則彼亦疑我矣盟何由成帝乃召瑊切戒以推誠待虜勿自為猜貳以阻虜情閏月瑊奏吐蕃決以辛未盟延賞集百官以瑊表示之曰李太尉謂吐蕃和好必不成此渾侍中表也盟日定矣晟聞之泣謂所親曰吾生長西陲備諳虜情所以論奏但耻朝廷為犬戎所侮耳辛未吐蕃刼盟渾瑊僅以身免是日帝視朝謂諸相曰今日和戎息兵社稷

之福馬燧曰然柳渾曰戎狄豺狼也非盟誓可結今日之事臣竊憂之李晟曰誠如渾言帝變色曰柳渾書生不知邊計大臣亦為此言邪皆伏地頓首謝因罷朝是夕韓遊瓌表言虜刼盟者兵臨近鎮帝大驚街遞其表以示渾明旦謂渾卿書生乃能料敵如此其審耶帝欲出幸以避吐蕃大臣諫而止李晟大安園多竹復有為飛語者云晟伏兵大安園謀因倉猝為變晟遂伐其竹

六月以馬燧為司徒兼侍中罷其副元帥節度使初吐

蕃尚結賛惡李晟馬燧渾瑊曰去三人則唐可圖也於是離間李晟因馬燧以求和欲執渾瑊以賣燧使併獲罪因縱兵直犯長安會失渾瑊而止張延賞慙懼稱疾不視事

臣祖禹曰人君於其所不當疑而疑之則於其所不可信而信之矣此必然之理也李晟有復唐室之大功又再敗吐蕃社稷是賴而德宗猜忌使勲賢憂懼不保朝夕至於讒邪之詭計戎狄之甘言則推誠而信之不疑一旦罷晟兵柄中外莫不解體行張延賞之私意中尚結賛之陰謀忠言至計確不可入而姦臣敵國得以欺賣由其心術顛倒見善不明故也揚用善不明用心不剛儔克也延賞敗國殄民刑孰大焉德宗曾不致詰使之得保首領死牖下幸矣

李泌為相帝謂泌曰自今凡軍旅糧儲事卿主之吏禮委延賞刑法委渾泌曰不可陛下不以臣不才使待罪宰相宰相之職不可分也非如給事則有吏過兵過舍

人則有六押至於宰相天下之事咸共平章若各有所主是乃有司非宰相也帝笑曰朕適失辭卿言是也

臣祖禹曰古之王者惟任一相以治天下唐虞有百揆夏商官倍可知也書周書唐虞稽古建官惟百夏商官倍亦克用乂周之冢宰實總六卿自司徒以下分職以聽焉詔王廢置者宰也禮大冢宰歲終則令百官府各正其治受其會聽其事以詔王廢置是以治出於一政有所統相得其職君得其道恭己無為而治語十五子曰無為而治者其舜也歟夫何為哉恭己正南面而已矣蓋以此也後世多

疑於人宰相之職分而不一君以為權在於巳臣亦以為政在於君國之治亂民之休戚（戚憂也）無所任責故賢者不得行其所學不肖者得以苟容於其間由官不正任不專故也其有功烈見於世稱為賢相者必其得君之專任職之久言行計從出於一人者也古者名與實稱而後事成功立焉後世不能正名而其實必合於古然後能有成功如欲稽古以建官必以一相統天下始可以言治矣

部國大長公主女為太子妃或告主淫亂且為厭禱帝大怒幽主於禁中切責太子太子不知所對請與蕭妃離昏帝召李泌（音必）告之且曰舒王近巳長立孝友溫仁泌曰陛下惟有一子柰何一旦疑之欲廢之而立姪得無失計乎陛下所生之子猶疑之何有於姪舒王雖孝自今陛下宜努力勿復望其孝矣帝曰卿不愛家族乎對曰能愛家族故不敢不盡言泌因言自古父子相疑未有不亡國覆家者今幸賴陛下以語臣臣敢以家族保太子向使楊素許敬宗李林甫之徒承此旨巳就舒王圖定策之功矣帝曰此朕家事何預於卿而力爭如此對曰天子以四海為家今臣獨任宰相之重四海之內一物失所責歸於臣況坐視太子冤橫而不言臣罪大矣帝曰為卿遷延至明日思之泌（上同）抽笏叩頭而泣曰如此臣知陛下父子慈孝如初矣因戒帝勿露此意於左右露之則彼皆樹功於舒王太子危矣明日帝意果悟太子由是獲免

臣祖禹曰李泌善處父子兄弟之間故能以其直誠正言感悟人主卒使父子如初可謂忠矣謟諛之人助君之決者必曰家事非他人所預（唐李勣傳高宗欲立武昭儀問勣勣曰陛下家事何預外人）陷君於惡率由此言泌以為天子以四海為家則莫非家事以君之子為巳任其知相之職業哉

唐鑑卷十四

欽定四庫全書

唐鑑卷十五

宋 范祖禹 撰

呂祖謙 註

德宗四

貞元五年二月帝從容與李泌論即位以來宰相曰盧杞忠清強介人言杞姦邪朕殊不覺其然泌曰人言杞姦邪而陛下獨不覺其姦邪此杞之所以為姦邪也儻陛下覺之豈有建中之亂乎帝曰建中之亂術士預請

城奉天此蓋天命非杞所能致也泌曰天命他人皆可以言之惟君相不可言蓋君相所以造命也若言命則禮樂政刑皆無所用矣紂曰我生不有命在天此商之所以亡也帝曰盧杞小心朕所言無不從對曰杞言無不從豈忠臣乎夫言而莫予違此孔子所謂一言喪邦者也

臣祖禹曰易曰窮理盡性以至於命（易說卦和順於道德而理於義窮理盡性以至於命）自君臣而言之為君盡君道為臣盡臣道（孟離婁欲為君盡君道欲為臣盡臣道二者皆法堯舜而已矣）此窮理也窮理則性盡性盡則至於命矣孟子曰莫非命也順受其正（孟盡心莫非命也順受其正是故知命者不立於巖牆之下盡其道而死者正命也桎梏而死者非正命也）夫順其正者人事也人事極矣而後可以言命故知命者不立巖牆之下（註見上）立巖牆之下而死者人之所取也非天之所為也順其道而死者天之所為非人之所取也故曰命若夫建中之亂有以取之乎無以取之乎若無以取之則不窮兵不暴斂不相盧杞

而致亂乃可謂命也若有以取之而曰命豈異於紂乎（書西伯戡黎西伯既戡黎祖伊恐奔告於王曰云云王曰我生不有命在天王謂紂）夫為人君不知相之姦邪不省己之闕失而歸之術者之言以為命宜其德之不建政之不脩也李泌之論不亦正乎

九年二月帝使人諭陸贄上以要重之事勿對趙憬陳論當密封手疏以聞贄上疏其畧曰昨臣所奏惟趙憬得聞陛下已至勞神委曲防護是於心膂之內尚有形

迹之拘職同事殊鮮克以濟恐乖無私之德且傷不吝之明

臣祖禹曰凡此皆德宗心術之蔽也故蕭復諫之於前陸贄論之於後而終不改蓋愈以自疑為得馭下之術而不知失為上之道是以愈疑而愈闇也

五月陸贄上疏奏論備邊六失其六曰機失於遥制自頃邊軍去就裁斷多出宸衷選置戎臣先求易制多其部以分其力輕其任以弱其心遂令乖於軍情亦聽命

乖於事宜亦聽命戎虜馳突迅如風飈駟書上聞旬月方報守土者以兵寡不敢抗敵分鎮者以無詔不肯出師賊既縱掠退歸此乃陳功告捷其敗喪則減百而為一其捃獲則張百而成千將帥既幸於總制在朝不憂罪累陛下又以為大權由己不究事情

臣祖禹曰明君用人而不自用故恭己而成功多疑之君自用而不用人故勞心而敗事自古征伐或勝或不勝多由於此二者矣傳曰師在制命而已稟命則不威且戎事在邊而人主自將行兵於千里之外決策於九重之中（唐孫伏伽傳天子禁衛九重）雖有方叔召虎之臣（周宣王臣方叔召虎）不得自便此非敵國之所敗乃人主自敗其師也

七月户部侍郎裴延齡奏臣判度支以來檢責諸州欠負八百餘萬緡抽貫三百餘萬緡呈樣物三十餘萬緡請別置欠負耗賸季庫以掌之染練物別置月庫以掌之詔從之欠負皆貧人無可償徒存其數者抽貫給用

隨盡呈樣染練皆左藏正物延齡徒置別庫虛張名數以惑帝帝信之以為能富國而寵之實無所增也虛費吏人簿書而已京城污濕地生蘆葦數畝延齡奏稱咸陽有陂澤數頃可牧廐馬帝使有司閱視無之亦不罪也左補闕權德輿上奏以為延齡取常賦支用未盡者充羨餘以為己功縣官先所市物再給其直用充別貯邊軍自今春以來並不支糧陛下必以延齡孤直獨立時人醜正流言何不遣信臣覆視究其本末明行賞罰

今羣情衆口喧於朝市豈京城士庶皆為朋黨邪陛下亦宜回聖慮而察之帝不從

臣祖禹曰自古聚斂興利之臣非有生財之術（記大學生財有大道）皆移東於西指虛為實徒張官吏置簿書以罔惑人主取功賞而已由明皇至於德宗其事不謀而同蓋興利必用小人小人莫不為欺故其所行皆由一律也

十一月宣武都知兵馬使李萬榮逐節度使劉士寧帝

議除親王充節度使令萬榮知留後陸贄上奏其畧曰為國之道以義訓人將教事君先令順長又曰若使傾奪之徒便得代居其任利之所在人各有心此源潛滋禍必難救非獨長亂之道亦開謀逆之端帝不從以萬榮為留後

臣祖禹曰自肅代以來藩鎮之將有殺逐其主帥者因而授之德宗之世姑息尤甚此教天下以簒也夫以下犯上以臣逐君此為國者所深惡聖主之法必誅而無赦者也不惟不討而又賞之使天下皆無君豈得不傴天子乎（傴音逼）禮曰政不正則君位危（記禮運所以治政安君也政不正則君位危君位危則大臣倍小臣竊）為國者必嚴上下之等明少長之序使不相陵越者蓋君欲自安也唐之人主壞法亂紀無政刑矣其何以為天下乎

十年帝性猜忌不委任臣下官無大小必自選而用之宰相進擬少所稱可羣臣一有譴責往往終身不復收用好以辯給取人不得敦篤之士艱於進用羣材淹滯

陸贄上疏諫其畧曰以一言稱愜為能而不核虛實以一事違忤為咎而不考忠邪其稱愜則付任逾涯不思其所不及其違忤則罪責過當不恕其所不能是以職司之内無成功君臣之際無定分帝不聽

臣祖禹曰昔仲弓為季氏宰問政孔子曰先有司赦小過舉賢才（語十二仲弓為季氏宰問政子曰先有司赦小過舉賢才曰焉知賢才而舉之曰舉爾所知爾所不知人其舍諸）夫為政不先有司則君代臣職矣不赦小過則下無全人矣不舉賢才則小人進矣失

此三者以為季氏宰且不可而況為天下乎自堯舜以來未有不由此三者而治蓋君人之常道也德宗反之足為後世戒哉

贄又奏請均節財賦凡六條其二請兩稅以布帛為額不計錢數其畧曰穀帛者人之所為也錢貨者官之所為也是以國朝著令租出粟庸出絹調出繒纊布曷嘗有禁人鑄錢而以錢為賦者也纊音曠今之兩稅獨異舊章但估資產為差便以錢穀定稅臨時折徵雜物每歲

色目頗殊惟計求得之利宜靡論供辦之難易所徵非所業所業非所徵遂或增價以買其所無減價以賣其所有一增一減耗損已多望勘會諸州初納兩稅年絹布定估比類當今時價加賤減貴酌取其中總計合稅之錢折為布帛之數

臣祖禹曰泉貨所以權物之輕重流於天下則為用積於府庫不為利也何以知其然邪穀帛出於民而官不可為也錢出於官而民不可為也取其所有而與其所無則上下皆濟矣是故以穀帛為賦則民不得不耕織以奉公上此驅之於農桑也如不取其所有而取其所無則民之所有棄之必賤矣官之所無收之必貴矣穀帛輕則民為之者少錢重則物甚賤者多是以利壅於上民困於下至於田野荒杼軸空大東詩小東大東杼軸其空杼盛緯器毛氏云空盡也由取其所無故也然則以錢為賦官豈得其利乎為法者必使民去末而反本則富國之道也

九月裴延齡奏左藏庫物多有失落近因檢閲使置簿書乃於糞土之中得銀十三萬兩其匹段雜貨百萬有餘此皆已棄之物即是羨餘羨延面切應移置雜庫以供別敕支用大府少卿韋少華不伏抗表稱此皆每月申奏見在之物請加推驗執政請令三司詳覆帝不許亦不罪少華延齡每奏對恣為詭譎皆衆所不敢言亦未嘗聞者延齡處之不疑帝亦頗知其詭妄但以其好詆毀人冀聞外事故親厚之羣臣畏延齡有寵莫敢言惟張

滂李充李銛以職事相關時證其妄而陸贄獨以身當之日陳其不可用十一月贄上書極陳延齡姦詐數其罪惡帝不悅待延齡益厚延齡日短贄於帝趙憬之入相也贄實引之既而有憾於贄密以贄所譏彈延齡事告延齡故延齡益得以為計帝由是信延齡而不直贄十二月贄與憬約至帝前極論延齡姦邪帝怒形於色憬默而無言壬戌贄罷為太子賓客

臣祖禹曰人君欲聞外事豈不有賢者可任以為耳

目乎德宗知延齡誕妄而信之是自蔽耳目也其惑亦甚矣夫姦臣之立於朝非獨狡佞足以惑其君心（狡姦也音絞）必有大臣之不忠者附益而封殖之故不可去也延齡之親寵陸贄之廢黜趙憬實為之助憬之罪大矣必若治之以春秋之法（春秋之法責人以備）尤憬其為誅首歟

十一年二月裴延齡譖陸贄李充張滂等失勢怨望動搖衆心四月貶贄為忠州別駕充等皆貶長史帝怒未解中外惴恐以為罪且不測諫議大夫陽城率拾遺王仲舒等守延英門上疏論延齡姦佞贄等無罪帝大怒欲加城等罪太子為之營救帝意乃解令宰相諭遣之時朝夕欲相延齡城曰脫以延齡為相城必取白麻壞之慟哭於庭七月城改國子司業坐言延齡故也

臣祖禹曰韓愈作爭臣論（見昌黎文集）當城未有言之時也世之論者或祖襲愈之餘意譏城以在職久而不言及陸贄之貶而後發向若贄不貶則無所成其名

矣豈得遂默而已乎臣以為不然揚雄曰或問賢曰為人所不能（揚重黎或問賢曰為人所不能請人曰顏淵黔婁四皓韋玄成）城有待而為之者也遏裴延齡為相救陸贄將死此人所不能非賢孰能為之一奮其忠名震四方終身廢放死而無憾自古處士之有益於國如城者鮮矣（鮮上聲少也）後世猶責之無已其不成人之美亦甚哉

十二年六月以竇文場霍仙鳴皆為神策護軍中尉是時竇霍勢傾中外藩鎮將帥多出神策軍臺省清要亦

有出其門者矣

臣祖禹曰自是宦者專國矣外則藩鎮内則臺省而多出其門則其易置天子不難矣刑賞國之大柄也唐韋澳傳爵賞刑罰人主之柄其可以假人乎

初帝以奉天窘乏故還宮以來尤專意聚斂藩鎮多以進奉市恩皆云税外方圓亦云用度羨餘其實或割留常賦或增斂百姓或減刻吏祿或販鬻蔬果往往私自入所進纔什一二李兼在江西有月進韋皐在西川有

日進其後常州刺史裴肅以進奉遷浙東觀察使刺史進奉自肅始至是宣歙觀察使劉贊卒判官嚴綬掌留務竭府庫以進奉徵為刑部員外郎幕僚進奉自綬始

臣祖禹曰古之人君或多難以興國或因亂而啟霸蓋險阻艱難憂患備嘗左傳險阻艱難備嘗之矣則知民之疾苦事之愆失困而後發其智懼而後懲其心故能有為也德宗還自興元不知其貪以取亡而惟貨之求愈務聚斂政吏駢惡揚先知政吏駢惡三勤也紀綱大壞德之不進

而其心謬戾亦甚矣哉

帝不欲生代節度使自擇行軍司馬以為儲帥李景畧為河東行軍司馬節度使李説忌之乃厚賂中尉竇文場使去之會有傳回鶻入寇者帝憂之以豐州當虜衝擇可守者文場因薦景畧九月以景畧為豐州都防禦使

臣祖禹曰德宗以姑息藩鎮為事唐本紀贊德宗猜忌刻薄強明自任及奉天之難深自懲艾遂行姑息之政由是朝廷益弱而方鎮愈強然必自選參佐以

副之者猶欲出於己也而藩臣得以計去之宦者得以術使之終不由己惟其苟簡多畏無法以自守也夫以一人之慮其可勝左右之欺哉

九月裴延齡卒中外相賀帝獨悼惜之十月以諫議大夫崔損同平章事損嘗為延齡所薦故用之

臣祖禹曰孔子曰好賢如緇衣取其敬又改為好之而無已也記緇衣詩好賢如緇衣案鄭註緇衣美武公也父子並為司徒善於其職國人宜之故美其德以明有國善善之功焉緇衣之宜兮敝予又改為兮毛氏云緇黑色卿士聽朝之正服改更也

有德君子宜居是御士之位鄭氏云緇衣者居私朝之服也楊曰敝弊也國人之服弊則改而為新之

裴延齡既死而德宗猶思其人又用其所薦者為相使其好賢如此豈不善哉夫賢之入人也難佞之惑人也深是以鮮有好賢如好佞者也鮮先典切少也好呼報切

十一月以韋渠牟為左諫議大夫帝自陸贄貶官尤不任宰相自御史刺史縣令以上皆自選用中書行文書而已然深居禁中所取信者裴延齡李齊運王紹李實韋執誼及渠牟皆權傾宰相趨附盈門紹謹密無損益

實狡險掊克執誼以文章與帝唱和和去聲年二十餘召入翰林渠牟形神恌躁尤為帝所親狎帝每對執政漏不過三刻渠牟奏事率至六刻語笑款狎往往聞外所薦引咸不次遷擢率皆庸鄙之士

臣祖禹曰德宗悅人之從已而惡人之違已惡烏故切故守正之士難入辨給之士易親給捷也易音異貞元之間雖忠邪賢佞雜處於朝而君子常阨窮孟公孫丑阨窮而不憫小人常得志韋渠牟之徒在左右王叔文之黨事東宫唐之小人於是為多其不至於亡非不幸也

唐鑑卷十五

欽定四庫全書

唐鑑卷十六

宋 范祖禹 撰

呂祖謙 註

德宗五

十二年六月張茂宗許尚公主未成婚茂宗母卒遺表請終嘉禮帝許之八月起復茂宗左衛將軍左拾遺蔣乂上疏諫以兵革之急古有墨衰從事者（衰方崔切）未聞駙馬起復尚主也帝遣中使諭之不止乃特召對於延英

謂曰人間多借吉成婚者卿何執此之堅對曰婚姻喪紀人之大倫吉凶不可瀆也委巷之家不知禮教其女孤貧無恃或有借吉從人未聞男子借吉娶婦者也太常博士韋彤裴堪復上疏諫帝不悅命趣下嫁之期辛巳成婚

臣祖禹曰朝廷者禮義之所出也而以喪婚習鄙悖之風使四方何觀焉德宗即位之初動必循禮而其終如此心無所主故也委巷鄙慝之禮法之所當禁也乃引以為比茍欲拒諫不亦惑乎

十二月先是宮中市物令官吏主之隨給其直比歲以宦者為使（使去聲）謂之宮市抑買人物稍不如本估其後不復行文書置白望數百人於兩市及要鬧坊曲閱人所賣物但稱宮市則斂手付與真偽不復可辨無敢問所從來及論價之高下者率用直數百錢物買人直數千物多以紅紫染故衣敗繒尺寸裂而給之仍索進奉門戶及腳價錢人將物詣市至有空手而歸者名為宮

市其實奪之商賈有良貨皆深匿之每勑使出雖沽漿賣餅者撤業閉門諫官御史數奏諫不聽徐州節度使張建封入朝具奏之帝頗嘉納以問工部侍郎判度支蘇弁（度徒各切）弁希宦者意對曰京師遊手萬家無土著生業（著直畧切）仰宮市取給帝信之故凡言宮市者皆不聽

臣祖禹曰詩云惠此京師以綏四國（民勞詩民亦勞止汔可小息惠此京師以綏四國）孔子曰近者悅遠者來（語十二葉公問政子曰近者悅遠者來）京師者諸夏根本天子所與共守者也（民勞詩惠此中國以

綏四方註鄭氏曰愛京師之人以安天下京師者諸夏之根本而德宗殘之如此然則遠者何所望乎當是時刻剝遍天下而京師甚焉

惟其委任宦官是以弊政至於如此其極也

十六年義成監軍薛盈珍為帝所寵信欲奪節度使姚南仲軍政南仲不從由是有隙盈珍屢毀南仲於帝帝疑之盈珍又遣小吏程務盈乘驛誣奏南仲罪牙將曹文洽亦奏事長安知之追及務盈於長樂驛殺之沈盈珍表於廁中自作表雪南仲之冤遂自殺帝聞而異之

徵盈珍入朝南仲恐讒之益深亦請入朝四月南仲至京師帝問盈珍擾鄉邪對曰盈珍不擾臣但亂陛下法耳且天下如盈珍輩何可勝數雖使羊杜復生亦不能行愷悌之政成攻取之功也帝默然竟亦不罪盈珍仍使掌機密盈珍又言於帝曰南仲惡政皆幕僚馬少微贊之也詔貶少微江南官遣中使送之推墜江中而死推池回切

臣祖禹曰德宗信宦者而疑羣臣故不分枉直語十二舉直錯諸枉能使枉者直不辨是非而其心常與宦者如一踈羣臣而外之雖有實言人殺身以明之終不信也至於宦者則妄言必聽之以為若出諸巳也故其為害如木之有蠹蠹蝕傳之也蠹音妬人之有膏肓之疾也左成十年晉侯病求醫於秦秦伯使醫緩為之未至公夢疾為二豎子曰彼良醫也懼傷我焉逃之其一曰居肓之上膏之下若我何醫至曰疾不可為也在肓之上膏之下攻之不可達之不及不可為也公曰良醫也杜氏曰肓鬲也心下為膏揚曰此謂度器之深如疾在膏肓不可救蠹深則木不可攻疾久則與身為一必俱亡而後已原其禍由人主與之為一故也可不為深戒哉

先是諸道兵討吳少誠既無統帥每出兵人自規利進退不一諸軍自潰於小溵水委棄器械資糧皆為少誠所有於是始議置招討使夏綏節度使韓全義本出神策軍素無勇畧專以巧佞貨賂結宦官中尉竇文場愛厚之薦於帝以為蔡州四面行營招討使十七道兵皆受節度每議軍事宦官為監軍者數十人坐帳中爭論紛然莫能決而罷天漸暑士卒久屯沮洳之地多疾疫

全義不存撫人有離心五月與吳少陽等戰于溵南廣利原鋒鏑未交諸軍大潰全義退保五樓七月少誠進擊之諸軍復大敗全義夜遁保溵水縣城

臣祖禹曰自古宦者預軍政未有不敗國喪師者喪去聲而唐為甚後世亦可以鑑矣猶循覆車之軌前賈誼傳前車覆後車戒豈非有疑於將帥而以宦者為可信乎則莫若慎擇將帥委任而勿疑之善也且將帥忠賢則不必監之監如字苟非其人將不顧其父母妻子何有於

宦者乎臣見其為害未見其有益也

山南東道節度使于頔頔音宙因討吳少誠大募戰士繕甲厲兵聚斂貨財恣行誅殺有據漢南之志專以慢上凌下為事帝方姑息藩鎮知其所為無如之何頔誣鄧州刺史元洪贓罪朝廷不得已流洪端州遣中使護送至東陽頔遣兵劫取歸襄州中使奔歸頔表責洪太重帝復以洪為吉州長史乃遣之又怒判官薛正倫奏貶峽州長史比敕下怒已解奏留為判官一一從之

臣祖禹曰德宗初有削平藩鎮之志其明斷似剛其不畏似勇然非實能剛勇也夫剛有血氣之剛語十六血氣方剛戒之在鬭有志氣之剛孟公孫丑其為氣也至大至剛夫勇有匹夫之勇孟梁惠此匹夫之勇敵一人者也有天下之勇孟梁惠文王之勇文王以一怒而安天下之民武王之勇武王亦一怒安天下之民此二者不可不察也始盛而終衰壯銳而老消此血氣之剛也其靜也正其動也徤此志氣之剛也血氣之剛可得而挫也志氣之剛不可得而挫也不度其可而為之不慮其後而發

之此匹夫之勇也居之以德行之以義此天下之勇也匹夫之勇可得而怯也天下之勇不可得而怯也是故至剛與大勇人君不可不養也德宗之初欲有為者血氣之剛匹夫之勇也其出之也易則其屈也必深其發之也輕則其挫也必亡是以其終怯畏如此之甚也

河東節度使李說薨以其行軍司馬鄭儋為節度使帝擇可以代儋者以刑部員外郎嚴綬嘗以幕僚進奉記

其名即用為河東行軍司馬

臣祖禹曰昔魏獻子為晉國之政其縣大夫皆以賢舉梗陽人欲納貨其臣遽諫而辭之（晉國語 史晉世家）德宗舉藩鎮之臣乃以貨利雖為天下之主不如列國之大夫也

十七年正月韓全義至長安竇文場為掩其敗迹帝禮遇甚厚全義稱足疾不任朝謁遣司馬崔放入對放為全義引咎謝無功帝曰全義為招討使能招來少誠其

功大矣何必殺人然後為功邪閏月遣歸夏州

臣祖禹曰詩曰不侮鰥寡不畏彊禦（烝民詩曰）惟有常德者能之德宗急於文吏緩於武夫凡有土地甲兵者皆畏縮而不敢治難乎有常德哉

初李齊運受常州刺史李錡（錡音倚又音奇）賂數十萬薦之於帝以為浙西觀察使諸道鹽鐵轉運使錡刻剝以事進奉帝由是悅之錡既執天下利權以貢獻固主恩又以饋遺結權貴恃此驕縱無復所忌憚盜取縣官財所部官屬無罪受戮者相繼浙西布衣崔善貞詣闕上封事言宮市進奉及鹽鐵之弊因言錡不法事帝覽之不悅命械送錡錡聞其將至預鑿阬待之善貞至并鎖械瘞阬中（瘞居厲切）遠近聞之不寒而慄

臣祖禹曰德宗本惡崔善貞直言（惡烏故切）故使李錡甘心焉善貞之死罪非特以告錡也鉗天下之口而長姦臣之威（長丁丈切）實德宗殺之是朝廷殺諫者非錡殺告者也

十九年七月初翰林待詔王伾善書王叔文善棊俱出入東宮娛侍太子叔文詭譎多詐太子嘗欲諫宮市事叔文以不宜言外事止之由是大愛幸與王伾相依附叔文因為太子言某可為相某可為將幸異日用之密結翰林學士韋執誼及當時有名而求速進者陸淳呂溫李景儉韓曄韓泰陳諫柳宗元劉禹錫等定為死友而凌準程异又因其黨以進日與遊處蹤跡詭祕莫有知其端者藩鎮或陰進資幣與之相結

臣祖禹曰古之教太子者必選天下之賢使與之共處左右前後皆正人也前賈誼傳古之王者太子迺生固舉之以禮選天下端士孝弟博聞有道者以衛翼之使與太子居處出入故生而見正事聞正言行正道左右前後皆正人也夫習與正人居不能毋正習與不正人居不能毋不正其後嗣猶或不能成德而小人之依德宗不能選賢以輔導東宮而惟使技藝博奕之人入侍豈不愚其子乎人有十金之產者必欲其子守之有一命之爵者必欲其子繼之此常人之情也而況天下之大祖業至重可不求賢以傳其

子而愚之乎詩曰其誰知之蓋亦勿思圜有桃詩心之憂矣其誰知之其誰知之蓋亦勿思昔之人君疑賢者導其子之為非而不疑於小人因之不教其子者亦不思而已矣

二十年六月昭義節度使李長榮薨帝遣中使以手詔授本軍但軍士所附者即授之時大將朱希皓為衆所服中使以手詔付之希皓言於衆曰此軍取人合是希皓但作節度使不得若朝廷以一束草來希皓亦必敬事中使言面奉進止只令此軍取大將授與節鉞朝廷不別除人希皓固辭兵馬使盧從史其位居四潛與監軍相結起出伍言曰若來大夫不肯受詔從史且請勾當此軍監軍曰盧中丞若如此亦固合聖旨中使因探懷取詔以授之從史捧詔再拜舞蹈希皓亟揮同列北面稱賀軍士畢集更無一言八月詔以從史為節度使

臣祖禹曰藩鎮不順未必人情之所欲也由朝廷御吏失其道而不能服其心是以致亂三軍之士豈不惡夫上下之相陵犯欲得天子之帥而事之哉廢置

爵賞人主之柄也前韋澳傳爵賞人主之柄毋以喜怒行之德宗不有而推以與人失其所以為君矣豈非不能與賢人圖事而至此乎

二十一年正月太子病不能言帝疾甚凡二十餘日中外不通莫知兩宮安否癸巳帝崩蒼猝召翰林學士鄭絪衛次公等至金鑾殿草遺詔蒼猝與倉卒同宦官或曰禁中議所立尚未定衆莫敢對次公遽言曰太子雖有疾地居冢嫡中外屬心必不得已猶應立廣陵王不然必大

亂絪等從而和之議始定

臣祖禹曰昔成王將崩命召公畢公率諸侯相康王憑玉几以訓之以元子付之大臣王崩太保命仲桓南宮毛俾爰齊侯吕伋以二干戈虎賁百人逆子釗於南門之外（書顧命成王將崩命召公畢公率諸侯相康王作顧命顧命惟四月甲子王乃洮頮水相被冕服憑玉几乃召太保奭芮伯彤伯畢公衛侯毛公師氏虎臣百尹御事王曰嗚呼疾大漸惟幾予審訓命汝爾尚明時朕言用敬保元子釗弘濟于艱難乙丑王崩太保命仲桓南宮毛俾爰齊侯吕伋以二干戈虎賁百人逆子釗於南門之外）當是時太子在內特出而迎

之所以顯之於衆也然則古之立君者惟恐衆之不覩而事之不顯也何則天子者天下之共主也故當與天下之人戴而君之未有竊取諸宮中而立之出於宦寺婦人之手而可以正天下者也先王於其即位也必以禮正其始於其將沒也亦以禮正其終顧命之書（孔安國云臨終之命曰顧命書即遺詔也）所以為萬世帝王之法也至於後世之君以富有天下為心惟恐失之大利所在天理滅焉故父子相疑以終事為諱以後嗣為忌是以繼承之際鮮有能正其禮者也順宗為太子二十餘年既有壯子一旦病不能言而德宗亦寢疾彌留（書顧命病日臻既彌留安國云彌留久留也）中外隔絕大臣不得聞知德宗既崩宦者猶有他議或太子幼弱儲位未定幾何而不變亂也唐之人主惟太宗每求天下之忠賢而託以幼孤（見太宗紀）高宗以下無足道者德宗在位歲久最為猜忌及其將沒不能召宰相而屬以社稷儲君廢置繫於宦者次公等特以草詔得至禁中遂

沮其謀不然幾有趙高之事（秦趙高矯遺詔殺公子扶蘇立胡亥說見史秦紀及李斯趙高傳）後之人主豈可不法三代而以唐為永鑑哉

右德宗在位二十六年崩年六十四

臣祖禹曰唐歷世二十歷年三百德宗享國二十有六年亦不為不久以其時考之秕政尤多而大弊有三一曰姑息藩鎮（唐本紀贊德宗奉天之難深自懲艾遂行姑息之政由是朝廷益弱而方鎮愈彊）二曰委任宦者（如用劉真玄領兵之屬）三曰聚斂貨財

如借商錢稅商錢茶竹木稅屋間架筭除陌錢之屬本夫志大而才小心褊而意忌不能推誠御物尊賢使能孟公孫丑尊賢使能俊傑在位以為果敢聰明足以成天下之務易繫辭惟幾成天下之務初欲削平僭叛剗滅藩鎮一有奉天之亂而心隕膽破惴畏姑息惟恐生事既猜防臣下則專任宦者思其窮窘則聚斂掊克益甚於初矣自古治愈久而政愈弊年彌進而德彌退鮮有如德宗者惟不知其過也是以藩鎮彊而王室弱宦者專而國命危貪政多而民心離

唐室之亡卒以是三者其所從來者漸矣

唐鑑卷十六

欽定四庫全書

唐鑑卷十七

宋　范祖禹　撰

呂祖謙　註

順宗

永貞元年二月丙戌加杜佑度支及諸道鹽鐵轉運使戊子以王叔文為副使先是叔文與其黨謀得國賦在手則可以結諸用事人取軍士心以固其權又懼驟使重職人心不能服藉杜佑雅有會計之名位重而務自

全易可制故先令佑主其名而自除為副以專之

臣祖禹曰易曰咸其股執其隨往吝象曰咸其股亦不處也志在隨人所執下也易咸卦九三云春秋傳曰凡師能左右曰以皆言制於人而無所能為也見前卷註杜佑以舊相不耻與小人共事而為之用其可賤也夫

賈耽以王叔文黨用事心惡之稱疾不出屢乞骸骨丁酉諸宰相會食中書故事丞相方食百僚無敢謁見者叔文至中書欲與韋執誼計事令直省通之直省以舊

事告叔文怒叱直省直省懼入白執誼逡巡慙赧竟起迎叔文就其閤語良久杜佑高郢鄭珣瑜皆停筯以待有報者云叔文索飯韋相公已與之同食閤中矣佑郢心知不可畏叔文執誼莫敢出言珣瑜獨歎曰吾豈可復居此位顧左右取馬徑歸遂不起二相皆天下重望相次歸卧叔文執誼等益無所顧忌遠近大懼

臣祖禹曰孔子曰行己有恥可謂士矣（語十二子曰行己有恥使於四方不辱君命可謂士矣）孟子曰人不可以無恥恥之於人大

矣（孟盡心人不可以無恥無恥之恥無恥矣又云恥之於人大矣不耻不若人何若人有）賈耻鄭珣瑜當小人用事而為相碌碌無補知其不可引疾而去能知恥矣方之杜佑高郢豈不有間哉

右順宗自正月即位至八月傳位於憲宗明年崩年四十六

憲宗

元和元年正月帝與杜黄裳論及藩鎮黄裳曰德宗自經憂患務為姑息不生除節帥有物故者先遣中使察軍情所與則授之中使或私受大將賂歸而譽之即降旌鉞未嘗有出朝廷之意者陛下必欲振舉紀綱宜稍以法度裁制藩鎮然後天下可得而理也帝深以為然於是始用兵討蜀以至威行兩河皆黄裳啓之也

臣祖禹曰藩鎮之亂異於諸侯諸侯自上古以來有之皆聖賢之後王者不得而滅絶也王畿不過千里其外皆以封國（周禮大司馬掌邦國之法制畿封國以正邦國乃以九畿之籍施邦國之政方千里曰國畿）故王者不勤於德則諸侯強大其理勢然也唐之藩鎮本起於盜賊（順宗憲宗）其始也天子封殖之

又從而姑息之（並見上註）至於不可制人主自取之也憲宗一裁以法而莫不畏威猶反掌之易天下治亂豈有不由君相者哉

二月帝與宰相論自古帝王或勤勞庶政或端拱無為互有得失何為而可杜黄裳對曰王者上承天地宗廟下撫百姓四夷夙夜憂勤固不可自暇自逸然上下有分紀綱有叙苟慎選天下賢才而委任之有功則賞有

罪則刑選用以公賞刑以信則誰不盡力何求不獲哉故明主勞於求人而逸於任人至於簿書獄市煩細之事各有司存非人主所宜親也昔秦始皇以衡石程書魏明帝自按行尚書事隋文帝衛士傳飧皆無補於當時取譏於後來其耳目形神非不勞也所務非其道也夫人主患不推誠人臣患不竭忠苟上疑其下下欺其上將以求理不亦難哉帝深然其言

臣祖禹曰鼂錯有言曰五帝神聖其臣莫能及故自

親事（前本傳對策五帝神聖其臣莫能及故自親事處於法宮之中明堂之上）錯之學本刑名之言也（同上錯學申商刑名於張恢）豈足以知帝王之道哉然而後世或稽其說以諫人主至使為上者行有司之事宰相失職天下不治由其臣不學之過也夫人主任一相一相舉賢才賢者各引其類（前劉向傳對賢人在上則引其類）豈不易而有成功乎是故上不可代其下下不可勤其上若為上而行有司之事豈獨治天下不可為也一縣亦不可為也奚獨一縣也一家亦不可為也黃裳之相憲宗其知所先務哉

二年帝嘗問李絳曰諫官多謗訕朝政皆無事實朕欲責其尤者一二人以儆其餘何如對曰此殆非陛下之意必有邪臣欲壅蔽陛下之聰明也人臣死生繫人主喜怒敢發口以諫者有幾就有諫者皆晝夜度思朝刪暮減比得上達（比昆志切）什無二三故人主孜孜求諫猶懼不至況罪之乎如此杜天下之口非社稷之福也帝善其言而止

臣祖禹曰李絳言人主不可不求諫人臣多莫敢諫

其曲盡上下之情矣舜曰予違汝弼汝無面從退有後言（書益稷禹曰云云帝曰予違汝弼汝無面從退有後言安國云違道汝當以義輔正我無得面從我違而退有後言我不可弼）以舜之聖而求其臣下如此恐其不諫也況於後世之君乎

十二月帝謂宰相曰太宗以神聖之資羣臣進諫者猶往覆數四況朕寡昧自今事有違宜卿當十論毋但一二而已

臣祖禹曰憲宗以太宗納諫勵其羣臣其有意於貞觀之治乎夫能自防如此庶可以寡過矣詩曰無念爾祖聿修厥德（文王詩王之藎臣無念爾祖聿修厥德毛氏云聿述也）憲宗有焉

山南東道節度使于頔憚帝英威為子季友求尚主帝以皇女普寧公主妻之李絳諫曰頔虜族季友庶孽不足以辱帝女帝曰此非卿所知公主適季友恩禮甚盛頔出望外大喜頃之帝使人諷之入朝謝恩頔遂奉詔

臣祖禹曰天子之於天下其為政必可繼也憲宗不愛一女以悅于頔天下藩鎮焉得人人而悅之（孟子云）古之王者所與為婚姻而嫁以女者必先聖之後不然則甥舅之國也頔方命不朝而天子以女妻其子不亦替乎

三年九月以戶部侍郎裴垍為中書侍郎同中書門下平章事初德宗不任宰相天下細務皆自決之由是裴延齡輩用事帝在藩邸心固非之及即位選擢宰相推心委之嘗謂垍等曰以太宗玄宗之明猶藉輔佐以成其理況如朕不及先聖萬倍者乎垍亦竭誠輔佐先是執政多惡諫官言時政得失垍獨賞之

臣祖禹曰古之賢相不惟以諫爭為己任又引天下之賢者使之諫其君此愛君之至者也佞相不惟諛諂其主又惡人之諫恐其為己不利此賊君之大者也人君欲知相之賢佞曷不以此觀之乎若裴垍者可謂忠於事君而不負相之職任矣

四年正月給事中李藩在門下制敕有不可者即於黃紙後批之吏請更連素紙藩曰如此乃狀也何名批敕裴垍薦藩有宰相器帝以門下侍郎同平章事鄭絪循默取容二月罷絪為太子賓客擢藩為門下侍郎同平章事藩知無不言帝甚重之

臣祖禹曰憲宗以循默罷鄭絪以忠直相李藩責任如此可謂正矣其中興唐室不亦宜乎

帝以久旱欲降德音李絳白居易上言欲令實惠及人

無如減其租稅又請出宮人禁諸道横斂以進奉及嶺南黔中福建掠賣人為奴婢閏月已酉制降天下繫囚餘皆如二臣之請已未雨絳表賀曰乃知憂先於事故能無憂事至而憂無救於事

臣祖禹曰古之救災必施舍已責逮鰥寡賑乏絶至漢之時恤民者猶賜之田租前文紀二年九月詔賜天下民今年田租之半十二年詔賜農民今年租稅之半十三年詔除田之租稅食貨志文帝賜民十二年租稅之半明年除民田之租稅孝景二年令民無出田稅二十而稅一後世人君惟赦有罪及有

爵而已德澤不加於百姓也絳居易以為欲令實恵及民無如減其租稅使憲宗詔令不為空文賢人之謀豈不信哉

四月帝欲革河北諸鎮世襲之弊乘王士真死欲朝廷自除人不從則興師討之裴垍李絳以為未可左軍中尉吐突承璀欲希帝意奪裴垍權自請將兵討之帝疑未決宗正少卿李拭奏稱承宗不可不討承璀親近信臣宜委之以禁兵使統諸軍誰敢不服帝以拭狀示諸學士曰此姦臣也知朕欲將承璀故上此奏卿曹記之自今勿令得進用

臣祖禹曰憲宗以李拭逢迎其意謂之姦臣可謂明矣知拭之不可用豈不知承璀之不可將哉將去聲下同而必將承璀是不能以公滅私書周官以公滅私民其允懷以義勝欲也夫不知其非而為之其過小知其非而為之其過大已為不正則邪之招也君人之道可不慎其在已哉

七月帝密問諸學士令劉濟田季安皆有疾若其物故豈可盡如成德付授其子天下何時當平議者皆言宜乘此際代之不受則發兵討之時不可失如何李絳等對曰羣臣見陛下西取蜀東取吳易於反掌故諂躁之人爭獻策畫勸開河北不為國家深謀遠慮陛下亦以前日成功之易而信其言臣等夙夜思之河北之勢與二方異何則西川浙西皆非反側之地其四隣皆國家臂指之臣劉闢李錡獨生狂謀其下皆莫之與闢錡徒

以貨財啗之大軍一臨則渙然離耳故臣等當時亦勸陛下誅之以其萬全故也成德則不然内則膠固歲深外則蔓連勢廣其將士懐其累代養嫗之恩（嫗於遇切）不知君臣逆順之理諭之不從威之不服將為朝廷羞之又鄰道平居或相猜恨及聞代易必合為一心蓋各為子孫之謀亦慮他日及此故也萬一餘道或相表裏兵連禍結財盡力竭西戎北狄乘間窺窬其為憂可勝道哉濟及季安與承宗事體不殊若物故之際有間可乘當臨事圖之於今用兵則恐未可太平之業非朝夕可致願陛下審處之

臣祖禹曰人君之患在狃於一勝而欲事所難不知敵之彊弱堅脆而輕用其武一戰不克喪威長寇征伐不息或起内患德宗奉天之亂是也夫根深則難拔疾固則難除先王内修政事外攘夷狄（車攻詩宣王能内修政事外攘夷狄復文王武王之境土）其為之有本末圖之有先後是以無欲速輕舉之悔也

十月制削奪王承宗官爵以左神策中尉吐突承璀為左右神策河中河陽浙西宣歙等道行營兵馬使諸路招討處置等使翰林學士白居易上奏以為自古及今未有徵天下之兵專令中使統領今承璀之任乃制將都統也陛下忍令後代相傳云以中官為制將都統自陛下始乎時諫官御史論承璀職名太重者相屬帝皆不聽戊子帝御延英殿度支使李元素鹽鐵使李鄘京兆尹許孟容御史中丞李夷簡諫議大夫孟簡給事中呂元膺穆質右補闕獨孤郁等極言其不可帝不得已明日削承璀四道兵馬使改處置為宣慰而已

臣祖禹曰憲宗以中官為大將此亂政也然其羣臣皆以為不可彊諫而力爭者相屬於朝此則治世之事也亦足以見其賢臣之多矣天下之禍莫大於人君過舉而下莫敢言如皆莫敢言則至於亡而不自知也

田季安將出兵邀王師幽州牙將譚忠為劉濟使魏知

其謀入謂季安曰今王師越魏伐趙不使耆臣宿將而專付中臣不輸天下之甲而多出秦甲君知為誰之謀此乃天子自為之謀欲將誇服於臣下也若師未叩趙而先碎於魏是上之謀反不如下能不耻且怒乎既耻且怒必任智士畫長策仗猛將練精兵畢力再舉涉河鑒前之敗必先伐魏矣

臣祖禹曰朝廷伐叛討逆以一四方此天下之公義也必與天下之賢者共為之（南有嘉魚詩全誠樂與賢者共之）其克以天下其不克以天下天子無私焉憲宗欲自有其功故任中人而不任宰相是天子與臣下爭功也何其不廣哉夫天子之功在於用人而不自用用伊尹者湯之功（伊尹商湯臣）用傅說者高宗之功（傅說高宗臣）用十亂者武王之功（周武王有亂臣十人謂周公旦召公奭太公望畢公榮公散宜生南宮适太顛閎夭及文母十人）用周公者成王之功（周公成王叔父相成王致太宰）未聞獨用家臣而後功由己出也憲宗一將承璀而天下之人已見其情知其將以誇服臣下人君之舉動

可不慎哉

五年帝嘗欲近獵苑中至蓬萊池西謂左右曰李絳必諫不如且止

臣祖禹曰書曰自成湯至於帝乙成王畏相（書酒誥自成湯至帝乙成王畏相惟御事厥棐有恭不敢自暇自逸安國云從成湯至帝乙中間之王猶能保成其王道畏敬輔相之臣不敢為非也）其稱中宗曰嚴恭寅畏（書無逸昔在殷王中宗嚴恭寅畏天命自度治民祗懼不敢荒寧）太王王季曰克自抑畏（同上惟我周太王王季克自抑畏安國云太王王季即祖皆言能以義自抑畏敬天命）詩曰惟此文王小心翼翼（大明詩小心翼翼昭事上帝）夫為人君動必有所畏此盛德也不然以一人肆於民上其何所不至哉憲宗畏直臣之諫而不敢盤於遊畋（書無逸）其可謂賢矣

唐鑑卷十七

唐鑑卷十八

宋 范祖禹 撰
呂祖謙 註

憲宗

七年帝嘗問宰相貞元中政事不理何乃至此李吉甫對曰德宗自任聖智不信宰相而信他人是使姦臣得以乘間弄威福政事不理職此故也帝曰然此亦未必皆德宗之過朕幼在德宗左右見事有得失當時宰相

亦未有再三執奏者皆懷祿偷安今日豈得專歸咎於德宗邪卿輩宜用此為戒事有非是當力陳不得已勿畏朕譴怒而遽止也

臣祖禹曰人君患不從諫人臣患不納忠人君唯不從諫也是以君子日疏小人日親君子立人之朝豈以疏而遂易其心哉（易如字）有官守者不失其職有言責者不失其言（孟公孫丑有官守者不得其職則去有言責者不得其言則去）君從之亦諫也君不從之亦諫也諫而不入則去之臣之義也君惡正直而悅謟諛然而未嘗殺一正士戮一諫者也而其臣懷祿畏罪而不言則曰君不能從此孟子所謂賊其君者也（孟離婁謂吾君不能者賊其君者也）憲宗之責宰相以其未盡人臣之義乎

李絳或久不諫帝輒詰之曰豈朕不能容邪將無事可諫

臣祖禹曰憲宗可謂能自克矣書曰僕臣正厥后克正（書畢命僕臣正厥后克正僕臣諛厥后自聖）夫能求諫如此豈非親正

直之益乎說曰后克聖臣不命其承（書說命傅說告高宗曰后克聖臣不命其承疇敢不祗若王休命說音悅）苟能悅而從之又責以求之何患乎臣之不諫也

李吉甫嘗言於帝曰賞罰人主之柄不可偏廢陛下踐阼以來惠澤深矣而威刑未振中外懈惰願加嚴以振之帝顧李絳曰何如對曰王者之政尚德不尚刑豈可捨成康文景而效秦始皇父子乎帝曰然後旬餘于頔入對亦勸帝峻刑又數日帝謂宰相曰于頔大是姦臣

勸朕峻刑卿知其意乎皆對曰不知也帝曰此欲使朕失人心耳

臣祖禹曰守位以仁易繫辭何以守位曰仁不聞以威有罪而刑之曰天罰書臯陶謨天討有罪五刑五用哉先王豈敢輕重於其心哉故書曰惟我在天下曷敢有越厥志書泰誓有罪無罪予曷敢有越厥志孟子引書之言曰有罪無罪惟我在天下曷敢有越厥志其言刑在人而不在己所以為無私也然則人君患無德不患無威人臣勸之以峻刑是納君於惡也孔子曰不知言無

以知人語二十憲宗懲于頔之姦謀其可謂知言矣夫如是邪說何自而入哉

十月李絳上言魏博五十餘年不霑皇化一旦舉六州之地來歸刳河朔之腹心傾叛亂之巢穴不有重賞過其所望則無以慰士卒之心使四鄰勸慕請發內庫錢百五十萬緡以賜之左右宦官以為所與太多後復有此將何以給之帝以語絳絳曰田興不貪專地之利不顧四隣之患歸命聖朝陛下柰何愛小費而遺大計不以收一道人心錢用盡更來機事一失不可復追借使國家發十五萬兵以取六州期年而克之其費豈止百五十萬緡而已乎帝悅曰朕所以惡衣菲食蓄聚貨財正為欲平定四方不然徒貯之府庫何為十一月遣知制誥裴度至魏博宣慰以錢百五十萬緡賞軍士六州百姓給復一年軍士受賜歡聲如雷成德兗鄆使者數輩見之相顧失色歎曰倔彊者果何益乎

臣祖禹曰憲宗不愛府庫之積以慰魏博三軍之心

可謂知所取與能用善謀矣其德厚如此猶不過於一傳而復失之雖穆宗御失其道揚問道御得其道則天下狙詐咸作使御失其道則天下狙詐咸作敵亦由人心不固而王澤易竭也況不懷之以德而臨之以兵其能有之十年乎

帝嘗於延英謂宰相曰卿輩當為朕惜官勿用之私親故李吉甫權德輿皆謝不敢李絳曰崔祐甫有言非親非故不諳其才諳者尚不與官不諳者何敢復與但問其才器與官相稱否耳若避親故之嫌使聖朝虧多士

之美此乃偷安之臣非至公之道也苟所用非其人則
朝廷自有典刑誰敢逃之帝曰誠如卿言
臣祖禹曰孔子曰舉爾所知語仲弓為季氏宰問政子曰先有司赦小過舉賢才曰焉知賢才而舉之曰舉爾所知爾所不知人其舍諸宰相之於人才苟知之也則內雖親不避外雖怨不棄也記儒行儒有內舉不避親外舉不避怨其行罰也亦然凡其功罪所在而無間其親與讎若權衡之於物輕重不私焉記經解猶衡之於輕重則至公矣安得斯人者而相其君哉私親而報怨者固不足

言矣其有避嫌而矯枉者親則廢之讎則德之豈不有心於其間哉是亦私而已矣人君多疑臣下之私其親故而其臣亦鮮不為欺記曰上人疑則百姓惑下難知則君長勞記緇衣上人疑則百姓惑下難知則君長勞鄭氏云難知有姦心也是以上下兩失之也
八年正月李吉甫李絳數爭論於帝前權德輿居中無所可否帝鄙之罷守本官
臣祖禹曰德輿依違中立無所適從自以為得固位

之術矣且於同列猶不敢忤而況於君乎苟無所發明則焉用彼相矣語十六則將焉用彼相矣焉於虔切憲宗黜之足以厲其臣下豈不明哉
九年二月李絳屢以足疾辭位癸卯罷為禮部尚書初帝欲相絳先出吐突承璀為淮南監軍至是帝召還承璀先罷絳相甲辰承璀至京師復以為弓箭庫使左神策中尉
臣祖禹曰李絳可謂大臣矣不與承璀並立於朝故

其言足以信於君行足以信於民可則進不可則退使其君用捨以義而不以利不如是何以為國之重哉
十年六月裴度同平章事初德宗多猜忌朝士有相過者金吾皆伺察以聞宰相不敢私第見客及度為相奏言今寇盜未平宰相宜招延四方賢才與參謀議始請於私第見客許之
臣祖禹曰易曰巽而耳目聰明易鼎卦聖人亨以享上帝大亨以養聖賢

巽而耳目聰明言人君養賢之效也詩曰周爰咨詢皇皇者華詩周爰咨謀周爰咨詢周爰咨諏周爰咨度言人臣事君之職也德宗禁錮宰相而使之其宰相亦塗其耳目以容身保位國之治亂民之休戚若不聞見焉自古以來未有聾瞽其大臣而可以為國者也夫疑之則勿任任之則勿疑並見前註置相者當擇之於未用之前而不當疑之於既用之後未有可託天下而不保其不欺君者也然而人君多悅人之從已其未用也輕信之既用也過防

之是以上下相蒙而政愈亂也蒙蔽欺也

王承宗縱兵四掠幽滄定三鎮皆苦之爭上表請討承宗帝欲許之中書侍郎同平章事張弘靖以為兩役並興恐國力所不支請併力平淮西乃征恒冀帝不為之止弘靖乃求罷用明年正月以弘靖為河東節度使

臣祖禹曰張弘靖言不失職進退以禮有大臣之體矣其後卒捨恒冀卒終也併力淮西如其所慮憲宗雖得之於裴度而失之於弘靖豈未之思乎

十二年十月李愬擒吳元濟裴度入蔡州以蔡州卒為牙兵或諫曰蔡人反仄者尚多不可不備度笑曰吾為彰義節度使元惡既擒蔡人則吾人也又何疑焉蔡人聞之感泣先是吳氏父子阻兵禁人偶語於塗夜不燃燭有以酒食相過從者罪之死度既視事下令惟禁盗賊鬬殺餘皆不問往來者不限晝夜蔡人始知有生民之樂

臣祖禹曰裴度伐叛以刑柔服以德使百姓曉然知

賊之為暴而唐之為仁故能變獷戾之俗獷頑也為驩虞之民孟盡心霸者之民驩虞如也虞讀如娛其後取淄青如反掌不惟乘勝用兵之易蓋人心先服故也豈非待物以誠之效歟

初淮西之人刼於李希烈吳少誠之威虐不能自拔久而老者衰幼者壯安於悖逆不復知有朝廷矣自少誠以來遺諸將出兵皆不束以法制聽各以便宜自戰故人人得盡其才韓全義之敗於溵水也於其帳中得朝

貴所與問訊書少誠東而示衆曰此皆公卿囑全義書云破蔡州日乞一將士妻女為婢妾由是衆皆憤怒以死為賊用雖中土風俗獷戾過於夷貊故以三州之衆舉天下之兵環而攻之四年然後克之

臣祖禹曰人君之御天下其失之甚易其取之甚難以憲宗之明斷將相之忠賢竭天下之兵力以伐三州四年而後克其難如此則人君豈可不兢兢業業（書皋陶謨兢兢業業一日二日萬幾安國云兢兢戒慎業業危懼也）慎其所以守之者

也

初吐突承璀為淮南監軍李鄘為節度使性剛嚴與承璀互相敬憚故未嘗相失承璀歸引以為相鄘恥由宦官進及將佐出祖樂作鄘泣曰吾老安外鎮宰相非吾任也十二月鄘至京師辭疾不入見不視事百官到門者皆辭疾不見鄘固辭相位明年以鄘為户部尚書

臣祖禹曰管子有言曰禮義廉恥是謂四維四維不張國乃滅亡（前賈誼傳疏舉管子之言管牧民篇曰國有四維禮不踰節義不自進廉不蔽惡恥不從枉）夫士之有恥所以重朝廷也况為天子之相而可以無恥乎李鄘不與宦者結而其進由之以為垢汙卒辭相位可謂知恥者矣若夫為大臣而不自重其身媚左右近習以固寵頑頓無恥見利忘義聞鄘之風亦可少愧哉

十三年淮西既平帝浸驕侈户部侍郎判度支皇甫鎛衛尉卿鹽鐵轉運使程异曉其意數進羡餘以供其費由是有寵鎛又以厚賂結吐突承璀九月鎛以本官异以工部侍郎並同平章事使如故制下朝野駭愕至市

道負販者亦嗤之裴度崔羣極諫其不可帝不聽度恥與小人同列表求自退不許度復上疏其畧曰所可惜者淮西盪定河北底寧承宗斂手削地韓弘輿疾討賊豈朝廷之力能制其命哉直以處置得宜能服其心耳陛下建昇平之業十已八九何忍還自墮壞使四方解體乎帝以度為朋黨不之省

臣祖禹曰人君賞一人而天下莫不勸罰一人而天

下莫不懼豈其力足以勝億兆之衆哉處之中理而能服其心也用一不肖而四方莫不解體殺一無罪而百姓莫不怨怒豈必人人而害之哉處之不中理而不服其心也苟能服其心則治天下如運之於掌（孟公孫丑猶運之掌也）何征而不克何為而不成裴度可謂知言矣其所以啓告人主豈不得其要乎

十四年淄青平裴度纂述蔡鄆用兵以來帝之憂勤機畧因侍宴獻之請內印出付史官帝曰如此似出朕志

非所欲也弗許

臣祖禹曰憲宗勞而不伐有功而不矜此大禹之德也（書舜謂禹曰汝惟不矜天下莫與汝爭能汝惟不伐天下莫與汝爭功）豈不賢哉其行已如此而不勝其驕侈之心卒任小人以隳盛業何其撥亂之易而守成之難耶蓋危則懼懼則善心生安則泰泰則逸心生是以天下既平而禍患常生於所忽也

三月橫海節度使烏重胤奏河朔藩鎮所以能旅拒朝命六十餘年者由諸州縣各置鎮將領事收刺史縣令之權自作威福鄉使刺史各得行其職則雖有奸雄如安史必不能以一郡獨反也臣所領德棣景三州已舉牒各還刺史職事應在州兵並以刺史領之四月詔諸道節度使都團練防禦經畧等使所統支郡兵馬並以刺史領之自至德以來節度使權重所統諸州各置鎮兵以大將主之暴橫為患故重胤論之其後河北諸鎮惟橫海最為順命由重胤處之得宜故也

臣祖禹曰後世郡縣古之諸侯也委之以土地人民而不與之兵是以匹夫而守此一州也天下有變則城郭不守而朝廷無藩籬之固何異於無郡縣乎是以為法者必關盛衰（楊先知聖王之法未嘗不關盛衰也）使一縣之衆必由於令一郡之衆必由於守守之權歸於按察按察之權歸於天子則天下如網網之相維（書盤庚若網在網有條而不紊）臂指之相使矣（唐陸贄傳天下如身之使臂臂之使指）唐自中葉郡置鎮兵主將有擅兵之勢而刺史無專城之任是

以郡縣愈弱藩鎮愈彊橫海一帥制之得宜而數世順命況天下處之皆得其道何危亂之有哉

八月帝問宰相玄宗之政先理而後亂何也崔羣對曰玄宗用姚崇宋璟盧懷慎蘇頲韓休張九齡則理用宇文融李林甫楊國忠則亂故用人得失所係非輕人皆以天寶十四年安祿山反為亂之始臣獨以為開元二十四年罷張九齡相專任李林甫此理亂之所分也願陛下以開元初為法以天寶末為戒乃社稷無疆之福

皇甫鎛深恨之

臣祖禹曰天下治亂係於用人明皇之政昭焉可覩矣崔羣以退張九齡任李林甫為治亂之所分豈徒有激而云哉其可謂至言矣聖人復起不能易也孟公孫丑聖人復起必從吾言矣

十五年正月帝服金丹多躁怒左右宦官往往獲罪有死者人皆自危庚子暴崩於中和殿時人皆言內常侍陳弘志弑逆其黨類諱之不敢討賊但云藥發人莫能明也初左軍中尉吐突承璀謀立澧王惲為太子帝不許及帝寢疾承璀謀尚未息太子憂之帝崩中尉梁守謙與諸宦官馬進潭劉承偕韋元素王守澄等共立太子殺吐突承璀及澧王惲

臣祖禹曰憲宗伐叛討逆盪平河北唐室威令赫然復張而變生於左右近習身陷大禍由任相非其人故也唐本紀贊憲宗剛明果斷自初即位慨然發憤志平僭叛能用忠謀不惑羣議卒收功自吳元濟誅彊藩悍將皆欲悔過而效順唐之威令幾於復振及晚節信用非人不終其業而身罹不測之禍則

尤甚於德宗可不為深戒哉可不為深戒哉

右憲宗在位十六年為陳弘志所弒年四十三

臣祖禹曰陳弘志弒憲宗而穆宗不討賊故舊史於憲宗之崩疑以傳疑舊紀曰時帝暴崩皆言內官陳弘志弒逆史氏諱而不書王守澄傳云憲宗疾大漸內官陳弘志等弒逆憲宗英威在人內官秘之不敢除討但云藥發暴崩新傳云守澄與內常侍陳弘志弒帝於中和殿茲事暧昧終不能測其虛實故但云暴崩其後文宗謀誅宦者本討元和之亂舊史官曰以累世變起禁闈尤側目於中官欲盡除之宣宗追怨穆宗以為預謀窮治逆黨誅之殆盡其子

孫皆以爲弑無疑矣臣故正其事曰爲陳弘志所弑

唐鑑卷十八

欽定四庫全書

唐鑑卷十九　　宋　范祖禹　撰

呂祖謙　註

穆宗

長慶元年三月翰林學士李德裕吉甫之子也以中書舍人李宗閔嘗對策譏切其父恨之宗閔又與翰林學士元稹爭進取有隙右補闕楊汝士與禮部侍郎錢徽善掌貢舉西川節度使段文昌翰林學士李紳各以書

屬所善進士於徽及榜出文昌紳所屬皆不與焉而及第者鄭朗覃之弟裴譔度之子蘇巢宗閔之婿楊殷士汝士之弟文昌言於帝曰今歲禮部不公所取進士皆子弟無藝以關節得之帝以問諸學士德裕稹紳皆曰誠如文昌言帝乃命中書舍人王起等覆試四月詔黜朗等十人貶徽江州刺史宗閔劍州刺史汝士開江令或勸徽奏文昌紳屬書上必悟徽曰苟無愧心得喪一致奈何奏人私書豈士君子所爲邪取而焚之時人多

之自是德裕宗閔各分朋黨更相傾軋垂四十年

臣祖禹曰昔漢之黨錮始於甘陵二部相譏而成於太學諸生相譽後黨錮傳序初桓帝為蠡吾侯受學於甘陵周福及即帝位擢福為尚書時同郡河南尹房植有名當朝鄉人為之謠曰天下規矩房伯武因師獲印周仲進二家賓客互相譏揣遂各樹朋徒漸成尤隙由是甘陵有南北部黨之議因此流言轉入太學諸生三萬餘人郭林宗賈偉節為其冠並與李膺陳蕃王暢更相褒重學中語曰天下模楷李元禮不畏強禦陳仲舉天下俊秀王叔茂河內張成弟子牢脩上言誣告膺等養太學遊士交結諸郡生徒更相驅馳共為部黨誹謗朝廷疑亂風俗於是天子震怒班下郡國逮捕黨人布告天下使同忿嫉遂收膺等其辭連及陳寔之徒二百餘人

海內塗炭二十餘年同上凡黨事始自甘陵汝南成於李膺張儉海內塗炭二十餘年諸所蔓衍皆天下善士三君八俊等三十五人唐之朋黨始於牛僧孺李宗閔對策而成於錢徽之貶皆自小以至大因私以害公凡羣臣有黨由主聽不明君子小人雜進於朝不分邪正忠讒以黜陟之而聽其自相傾軋以養成之也是以穆宗以後權移於下唐本贊唐自穆宗以來八世而為宦者所立者七君朝無公政士無公論爵賞僭濫刑罰交紛士之附名者不入於牛則入於李不憂國家之不治而唯恐其黨之不進也與夫三君八俊同上正直廢放邪枉熾結海內希風之流遂共相標榜指天下名士為之稱號上曰三君次曰八俊竇武劉淑陳蕃為三君君者言一世之所宗也李膺荀昱杜密王暢劉祐魏朗趙典朱寓為之八俊俊者言其人之俊英也厲名節立廉恥以抗權邪者斯為下矣何則漢之黨尚風節故政亂於上而俗清於下及其亡也人猶畏義而有不為唐之黨趨勢利勢窮利盡而止故其衰季士無操行操七高切不足稱也為國家者可不防其漸哉

十月河東節度使裴度討幽鎮翰林學士元稹與知樞

密魏弘簡深相結求為宰相由是有寵於帝每事咨訪焉稹無怨於裴度但以度先達重望恐其復有功大用妨已進取故度所奏畫軍事多與弘簡從中沮壞之度乃上表極陳其朋比姦蠹之狀以為逆豎構亂震驚山東姦臣作朋撓敗國政撓上聲又奴教切陛下欲掃蕩幽鎮先宜肅清朝廷何者為患有大小議事有先後河朔逆賊祇亂山東禁闈姦臣必亂天下是則河朔患小禁闈患大小者臣與諸將必能翦滅大者非陛下覺悟制斷無

以驅除又曰若朝中姦臣盡去則河朔逆賊不討自平若朝中姦臣尚存則逆賊縱平無益表三上帝雖不悅以度大臣不得已以弘簡為弓箭庫使稹為工部侍郎稹雖解翰林恩遇如故

臣祖禹曰昔周宣王任賢使能 烝民詩任賢使能周室中興焉 吉甫征伐於外 六月詩宣王征伐也時尹吉甫為將而北伐玁狁故其詩曰文武吉甫萬邦為憲 而王 宣王 之所與處者張仲孝友也 同上侯誰在矣張仲孝友 夫使文武之臣征伐 文武見上註 而左右前後得正良之士善

其君心則讒言不至而忠謀見用此所以能成功也苟使憸邪之人從中制之則雖吉甫無以成其功也宣王能使文武之業以致中興者 車攻詩宣王能復文武之境土 內順治而外嚴威也 記聘義用之於禮義則順治 穆宗庸昏姦諂在側 柏舟詩小人在側 裴度欲先正其本而後治其末先圖其大而後憂其小此輔相之職業也而其君多僻卒無成功蓋自古命將出師而小人沮之於內未有能克勝者也 克亦勝也 可不為深戒哉

二年先是盧龍節度使劉總棄官為僧以盧龍歸朝廷奏分所屬為三道以幽涿營為一道 涿音斲 請除張弘靖為節度使平薊嬀檀為一道 嬀音撝 請除薛平為節度使瀛莫為一道請除盧士玫為觀察使 玫音枚 弘靖先在河東以寬簡得衆總與之鄰境聞其風望以燕人桀驁日久 燕平聲 故舉弘靖自代以安輯之平知河朔風俗而盡誠於國故舉之士玫則總妻族之親也總又盡擇麾下宿將有功伉健難制者朱克融等送之京師乞加獎拔

使燕人有慕羨朝廷祿位之志又獻征馬萬五千匹然後削髮委去是時帝方酣宴不留意天下之務宰相崔植杜元穎無遠略不知安危大體苟欲崇重弘靖惟割瀛莫二州以士玫領之自餘皆統於弘靖朱克融輩久羈旅京師至假匄衣食 匄與丐同 日詣中書求官植元穎不之省及除弘靖幽州勒克融輩歸本軍驅使克融輩皆憤怨弘靖驕貴莊默自尊賓客將吏罕得關其言情意不接所辟幕僚韋雍輩多年少輕薄之士嗜酒豪縱裁

刻軍士糧賜數以反虜詬責吏卒（詬呼侯切）軍中人人怨怒雍欲杖小將不服士卒因作亂囚弘靖殺韋雍等推朱克融為留後初成德節度使王承宗卒朝廷以魏博節度使田弘正為成德節度使弘正自以久與鎮人戰有父兄之仇以魏兵二千從赴鎮因留自衛奏請度支供其糧賜戶部侍郎判度支崔倰（倰魯登切）性剛褊無遠慮謂魏鎮各自有兵恐開事例不肯給弘正四上表不報不得已遣魏兵歸弘正厚於骨肉輩魏鎮之貨以供兄弟

子姪之費河北將士頗不平詔以錢百萬緡（武巾切）賜成德軍度支輦運不時至軍士益不悅都知兵馬使王庭湊潛謀作亂激怒士卒魏兵既去庭湊夜結牙兵譟於府署（譟蘇到切）殺弘正及幕僚元從將吏并家屬三百餘人庭湊自稱留後崔倰於崔植為再從兄故時人莫敢言其罪詔起復田弘正之子前涇原節度使布為魏博節度使又詔魏博橫海昭義河東義武諸軍討庭湊帝自即位賞賜左右及宿衛諸軍無節及幽鎮用兵久無功

府藏空竭執政乃議王庭湊殺田弘正而朱克融全張弘靖罪有輕重請赦克融專討庭湊帝從之以克融為盧龍節度使田布以魏兵討鎮魏與幽鎮本相表裏及幽鎮叛魏人搖心魏博先鋒兵馬使史憲誠陰蓄異志離間鼓扇之會有詔分魏博軍與李光顏使救幽州布軍大潰多歸憲誠布獨與中軍八千人還魏復議出兵諸將益偃蹇欲布行河朔舊事布無如之何遂自殺衆擁憲誠還魏奉為留後詔以憲誠為魏博節度使深州

圍益急朝廷不得已二月以庭湊為成德節度使帝之初即位也兩河畧定蕭俛段文昌以為天下已太平漸宜消兵請密詔天下軍鎮有兵處每歲百人之中限八人逃死帝方荒晏不以國事為意遂可其奏軍士落籍者衆皆聚山澤為盜及朱克融王庭湊作亂一呼而亡卒皆集詔徵諸道兵討之諸道兵既少皆臨時召募烏合之衆又諸節度既有監軍其領偏師者亦置中使監陣主將不得專號令戰小勝則飛驛奏捷自以為功不

勝則廹脅主將以罪歸之悉擇軍中驍勇以自衛遣羸懦者就戰故每戰多敗凡用兵舉動皆自禁中授以方畧朝令夕改不知所從不度可否（度徒各反）唯督令速戰中使道路如織驛馬不足掠行人馬以繼之人不敢由驛路行故雖以諸道十五萬之衆裴度元臣宿望烏重胤李光顏皆當時名將討幽鎮萬餘之衆屯守踰年竟無成功財竭力盡崔植杜元頴王播為相皆庸才無遠畧史憲誠既逼殺田布朝廷不能討遂幷朱克融王庭湊

以節鉞授之由是再失河朔訖於唐亡不能復取

臣祖禹曰憲宗平河南開魏博由宰相得其人也穆宗拱手而得幽鎮不唯不能有而幷魏博失之（幷平聲或作併）由宰相非其才也其得之以相其失之也以相相者治亂之所繫（唐李德裕傳治繫於所信任）豈不重歟

右穆宗在位五年崩年三十

敬宗

寶歷二年正月裴度自興元入朝李逢吉之黨百計毀之先是民間謡云緋衣小兒坦其腹天下有口被驅逐又長安城中有横亘六岡如乾象度宅偶居第五岡拾遺張權輿上言度名應圖讖宅占岡原不召自來其心可見帝雖年少察其誣謗待度益厚二月以度為司空同平章事

臣祖禹曰孔子言衛靈公無道而不喪曰仲叔圉治賓客祝鮀治宗廟王孫賈治軍旅夫如是奚其喪（語十四子言衛靈公之無道也康子曰夫如是奚而不喪子曰仲叔圉治賓客祝鮀治宗廟王孫賈治軍旅夫如是奚其喪）言其國猶有人也敬宗在童足以取亡（詩注童恣行行去聲）而能不惑姦言復相裴度雖其身不免而社稷

有主天下未亂由得一相故也賢人所繫豈不重哉

帝遊戲無度狎暱羣小（暱晝質切）善擊毬好手搏禁軍及諸道爭獻力士又以錢萬緡付内園令（去聲）名募力士（名一叫切）晝夜不離側又好深夜自捕狐狸性復褊急力士或恃恩不遜輒配流籍沒宦官小過動遭捶撻皆怨且懼十二月辛丑帝夜獵還宫與宦官劉克明田務澄許文端

及擊毬軍將蘇佐明王嘉憲石從寬閻惟直等二十八人飲酒帝酒酣入室更衣殿上燭忽滅蘇佐明等弒帝於室內劉克明等矯稱帝旨命翰林學士路隋草遺制以絳王悟勾當軍國事壬寅宣遺制絳王見宰相百官於紫宸外廡克明等欲易置內侍之執權者於是樞密使王守澄楊承和中尉魏從簡梁守謙定策以衛兵迎江王涵入宮發左右神策飛龍兵進討賊黨盡斬之克明赴井出而斬之絳王為亂兵所害癸卯以裴度攝冢

宰百官謁見江王於紫宸外廡甲辰見諸軍使於少陽院乙巳文宗即位更名昂

臣祖禹曰裴度位為上相安危所繫（唐本傳威望德業比於郭子儀出入中外以身繫天下安危者二十年）君弒而不討賊君立而不預謀宮闈有變而外庭不知惟宦者所立則奉以為君耳且二日之閒而三易君主廢置皆由宦者不關宰相則安用大臣矣唐之綱紀於是大壞以度之勳德處之猶如此（唐本傳韋處厚疏裴度元勳巨德文武兼備若位巖廊委參決必使畏威幽鎮自臣）而況不賢者乎

右敬宗在位二年為劉克明等所弒年十八

臣祖禹曰周公作無逸曰在昔商王中宗享國七十有五年（書無逸昔在殷王中宗嚴恭寅畏天命自度治民祇懼不敢荒寧肆中宗之享國七十有五年）高宗五十有九年（其在高宗時舊勞於外爰暨小人作其即位不敢荒寧嘉靖殷邦至于小大無時或怨肆高宗享國五十有九年）祖甲三十有三年（同上其在祖甲不義惟王舊為小人作其即位爰知小人之依能保惠於庶民不侮鰥寡肆祖甲之享國三十有三年）自時厥後立王生則逸或十年或七八年或五六年

或四三年（同上自時厥後立王生則逸生則逸不知稼穡之艱難不聞小人之勞惟耽樂之從自時厥後亦罔克壽或十年或七八年或五六年或四三年）夫人君在位之淺深享壽之多少繫其治之逸勤德之薄厚不可不知也

唐鑑卷十九

欽定四庫全書

唐鑑卷二十

宋　范祖禹　撰

呂祖謙　註

文宗

太和二年自元和之末宦官益横（去聲）建置天子在其掌握威權出人主之右人莫敢言三月帝親策制舉人賢良方正劉蕡對策極言其禍其畧曰陛下宜先憂者宫闈將變社稷將危天下將傾海内將亂又曰陛下將杜

簒弑之漸則居正位而近正人遠刀鋸之賤親骨鯁之直輔相得以專其任庶職得以守其官奈何以褻近五六人總天下大政禍稔蕭墻姦生帷幄臣恐曹節侯覽復生於今又曰忠賢無腹心之寄閽寺擅廢立之權陷先君不得正其終致陛下不得正其始又曰陛下何不塞陰邪之路屏（屏音餅）褻狎之臣制侵凌迫脅之心復門户掃除之役戒其所宜戒憂其所宜憂既不能治其前當治於後既不能正其始當正其終又曰臣非不知言發而禍應計行而身戮（行下孟切）蓋痛社稷之危哀生人之困豈忍姑息時忌竊陛下一命之寵哉賢良方正裴休李郃等二十二人皆中第（中竹仲切）考官馮宿等見蕡策皆歎服而畏宦官不敢取詔下物論囂然稱屈諫官御史欲論奏執政抑之奈何李郃上疏自以所對遠不及蕡乞回所授以旌蕡直不報蕡由是不得仕於朝終於柳州司户

臣祖禹曰宦官脅制天子自宰相以下莫敢指言劉

蕡布衣無一命之寵斗升之禄而懷忠發憤極言其禍可謂直矣公卿大臣豈不愧哉夫天之生斯人苟有聰明正直之資必將有用於時其智必有所發其才必有所施不使之汨沒死而後已也聖人順天理而感人心（易咸卦聖人感人心而天下和平）斂天下之賢者而聚之於朝（前劉向傳賢人在位則引其類而聚之於朝）使之施其所有以為國之有則賢無不得其所賢得其所則民得其所民得其所則物得其所矣若蕡之直用之於諫爭（爭去）之職

聲糺正之任糺與糾同舉而寘之高位則賛之所有皆在
朝廷矣唐則不然抑遏之廢斥之使天下之口莫不稱其屈名塞天地選班固賓戲聲盈塞於天淵而身老巖穴卒不為世用豈不違天理逆人心乎

七年宰相李德裕言昔玄宗以臨淄王定內難淄音緇自是疑忌宗室不令出閤天下疑者皆以為幽閉骨肉虧傷人倫鄉使天寶之末建中之初宗室散處方州雖未能安定王室尚可各全其生所以悉為安祿山朱泚所

魚肉者由聚於一宮故也陛下誠因冊太子制書聽宗室年高屬疎者出閤且除諸州上佐使攜其男女出外婚嫁此則百年弊法一旦因陛下去之海內孰不欣悅帝曰兹事朕久知其不可方今諸王豈無賢才無所施耳八月庚寅冊太子因下制諸王自今以次出閤授緊望州刺史上佐竟以議所除官不決而罷

臣祖禹曰昔三代之王分封同姓布於天下夏商天命雖改而杞宋之祀與周並傳杞夏之後宋殷之後也其子孫歷千百歲不可得而滅絕也後世人主疑其骨肉寧為他人侮之唯恐同姓取之禁錮家室甚於縲囚縲繫也其國未亡而剪落枝葉以蹷其本王室喻本根同姓喻枝葉蹷顛仆也史諸侯年表第同姓而為王者九國推恩分子弟國邑強本幹為前諸侯王表周封國八百同姓五十有餘親親賢賢深固根本為不可拔者也故自魏晉以後一姓有天下遠者百餘年近者數十年而苗裔湮滅祀莫無主由其疑忌骨肉故也有唐之後五代之際已無聞焉者其祖宗之所致與

九年十一月帝與李訓鄭注謀誅中官訓及王璠郭行餘李孝本羅立言誅中官不克訓出奔仇士良等知帝預謀怨憤出不遜語帝慙懼不復言士良等遣禁兵露刃出閤門逢人即殺死者千六百餘人橫尸流血狼籍塗地擒王涯賈餗舒元輿等繫兩軍或斬李訓首送京師左神策出兵三百人以李訓首引王涯王璠羅立言郭行餘右軍出兵三百人擁賈餗舒元輿李孝本獻於廟社徇於兩市命百官臨視斬於獨柳之下梟其首於

興安門外梟（許驕切）親屬無問親踈皆死孩稚無遺時數日之間殺生除拜皆決於兩中尉帝不預知鳳翔監軍斬鄭注獻其首梟之滅其族仇士良等各進階遷官自是天下事皆決於北司宰相行文書而已宦官氣益盛迫脅天子下視宰相淩暴朝士如草芥焉

臣祖禹曰文宗憤宦官之弒逆欲除其偪（偪與逼同迫也）當擇賢相而任之朝廷既清綱紀既正賞罰之柄出於人主執其元惡付之有司（書康誥元惡大憝矧惟不孝不友）正典刑

而已矣（詩大雅尚有典刑）乃有訓注為詭譎之計欲用甲兵於陛墄之間不以有罪無罪皆夷滅之名外寇以攻内寇是以一敗塗地（史高祖紀今置將不善一敗塗地）社稷幾亡（幾僅也平聲）非徒無益而愈重禍（孟公孫丑非徒無益而又害之）蓋自古不用君子而用小人以去小人未有不害及國家者也

（唐本贊文宗仁而少斷承父兄之弊宦官撓權制之不得其術故終困以此甘露之事禍及忠良不勝冤憤飲恨而已王崇曰李訓欲先誅宦官及復河湟意果而謀淺文宗以為然太和元年十一月帝御紫宸殿韓約奏甘露降含元殿顧中尉仇士良等驗之訓因欲閉上官人使無逃者會風動廡幕見執兵者士良等驚因曰急矣既扶輦入東閤捕訓黨千餘斬之宦豎等知事連天子相與怨憤帝懼獨不語士良等憤怨屢欲廢帝乃於半夜置帝於一小殿歷階數帝過失帝俛首自是鬱鬱不樂至棄天下云）

開成元年帝自李訓之敗意忽忽不樂兩軍毬鞠之會什減六七設宴享聲伎盈庭未嘗解顏閑居或徘徊眺望或獨語歎息十月帝於延英謂宰相曰朕每與卿等論天下事則不免愁對曰為理者不可以速成帝曰朕每讀書恥為凡主他日復謂宰相曰我與卿等論天下事有勢未得行者退但飲醇酒求醉耳對曰此皆臣等

之罪也

臣祖禹曰文宗欲除宦官之偪以清宮闈正紀綱有其志而無其材闇於知人是以取敗雖恭儉寬厚勤於庶政（唐本贊仁宗恭儉文雅出於天性及即位銳意於治每延英對宰相率漏下十一刻）以其時君較之身無過行（行去聲孝身無擇行）而主威益削國命益微憤懣憂鬱至於沒世孟子曰徒善不足以為政（孟離婁徒善不足以為政徒法不能以自行）其文宗之謂乎

四年十月帝疾少間坐思政殿召當直學士周墀賜之

酒因問曰朕可方前代何主墀對曰堯舜之主也帝曰朕豈敢比德堯舜所以問卿者何如周赧漢獻耳墀驚曰彼亡國之主豈可比至德帝曰赧獻受制於彊諸侯今朕受制於家奴以此言之朕殆不如因泣下霑襟墀伏地流涕自是不復視朝

臣祖禹曰易曰言行君子之樞機樞機之發榮辱之主也（易繫辭言出乎身而加乎民行發乎近而見乎遠言行君子之樞機樞機之發榮辱之主也言行君子之所以動天地也）文宗欲立非常之功為高世之主（武紀詔盖

有非常之功必待非常之人）發而不中（孟公孫丑發而不中不怨勝己者中去聲）危辱如此自取之也豈不可哀哉

五年正月帝崩武宗即位九月以李德裕為門下侍郎同平章事德裕言於帝曰致理之要在於辨羣臣之邪正夫宰相不能人人忠良或為欺罔主心始疑於是旁詢小臣以察執政如德宗末年所聽任者唯裴延齡輩宰相署勑而已此政事所以日亂也陛下誠能慎擇賢才以為宰相有姦罔者立黜去之常令政事皆出中書推心委托堅定不移則天下何憂不理哉

臣祖禹曰古之王者唯以一相總天下之務（荀王霸篇論一相而任使之使臣下百職莫不宿道向化而務是夫人主之職也）是以治出於一（唐禮樂志三代出於一）政無多門（左傳晉政多門）苟非其才則取之而已矣不以小臣間之讒慝疑之所以重責任也德宗之時宰相失職故其政謬亂德裕欲先正其本而後圖所以為治其能致會昌之功伐盖以此歟

右文宗在位十五年崩年三十三

武宗

會昌三年四月昭義節度使劉從諫卒其子稹秘不發喪逼監軍奏稱從諫疾病請命稹為留後帝以澤潞事謀於宰相宰相多以為回鶻（鶻與紇同）餘燼未滅邊鄙猶須警備復討澤潞國力不支請以劉稹權知軍事諫官及羣臣上言者亦然李德裕獨曰澤潞事體與河朔三鎮不同河朔習亂已久人心難化是故累朝以來置之度外澤潞近處腹心一軍素稱忠義頃時多用儒臣為帥

如李抱真成立此軍德宗猶不許繼襲使李緘護喪歸東都敬宗不恤軍務宰相又無遠畧劉悟之死因循以授從諫跋扈難制（扈音戶）累上表迫脅朝廷今垂死之際復以兵權擅付豎子朝廷若又因而授之則四方諸鎮誰不思效其所為天子威令不復行矣帝曰卿以何術制之果可克否對曰稹所恃者河朔三鎮但得魏鎮不與之同則稹無能為也若遣重臣往諭王元逵何弘敬以河朔自艱難以來列聖許其傳襲已成故事與澤潞

不同今朝廷將加兵澤潞不欲更出禁軍至山東三州隸昭義者委兩鎮攻之兼令徧諭將士以賊平之日厚加官賞苟兩鎮聽命不從旁沮撓官軍則稹必成擒矣帝喜曰吾與德裕同之保無後悔遂決意討稹羣臣言者不復入矣上命德裕草詔賜成德節度使王元逵魏博節度使何弘敬其畧曰澤潞一鎮與卿事體不同勿為子孫之謀欲存輔車之勢但能顯立功效自然福及後昆丁丑帝臨朝稱其語要切曰當如此直告之是也

又賜張仲武詔以回鶻餘燼未滅塞上多虞專委卿禦侮元逵弘敬得詔悚息聽命五月下詔討稹以王元逵為澤潞北面招討使何弘敬為南面招討使元逵受詔之日出師屯趙州七月帝遣刑部侍郎兼御史中丞李回宣慰河北三鎮令幽州乘秋早平回鶻魏鎮早平澤潞回至河朔何弘敬王元逵張仲武皆具櫜鞬（櫜音高鞬音言切）郊迎立於道左不敢令人控馬讓制使先行自兵興以來未之有也回明辯有膽氣三鎮無不奉詔

臣祖禹曰自天寶以後河朔世為唐患憲宗雖得魏博而穆宗復失之是以朝廷惟事姑息（記檀弓小人之愛人也以姑息）幸其不叛斯可矣豈得而使之也至於武宗不惟使三鎮不敢助逆又因以為臂指之用（唐陸贄策邑如身王畿如臂四方如指）由德裕所以告之者能服其心也揚雄曰御得其道則天下狙詐咸作使御失其道則天下狙詐咸作敵（揚問道御得其道則天下狙詐咸作使御失其道則天下狙詐咸作敵故有天下者審其御而已矣）人主威制天下豈有不由一相者哉

仇士良以左衛上將軍內侍監致仕其黨送歸私第士良教以固權寵之術曰天子不可令閑常宜以奢靡娛其耳目使日新月盛無暇更及他事然後吾輩可以得志慎勿使之讀書親近儒生彼見前代興亡心知憂懼則吾輩踈斥矣其黨拜謝而去

臣祖禹曰小人莫不養君之欲以濟己之欲使其君動而不靜為而不止則小人得以行其計矣豈獨奢靡之娛悅耳目足蕩君心哉又有甚焉者矣或殖貨

利（書仲虺之誥不殖貨利）或治宮室（書序好治宮室）或開邊境或察臣下隨其君之所好皆所以竊權寵也人君樂得其欲而不知其為天下害是以政日亂而不自知惟能親正直遠邪佞則可以免斯患矣

八月帝從容言文宗好聽外議諫官言事多不著名有如匿名書李德裕曰臣頃在中書文宗猶不爾此乃李訓鄭注教文宗以術御下遂成此風人主但當推誠任人有欺罔者威以明刑孰敢哉帝善之

臣祖禹曰易曰天下之動貞夫一（易繫辭天下之動貞夫一者也）朝廷者四方之極也（詩殷頌京邑翼翼四方之極極中也）非至公無以絕天下之私非至正無以止天下之邪人君一不正其心則無以正萬事苟以術御下是自行詐也何以禁臣下之欺乎是以術行而欺愈多智用而心愈勞蓋以詐勝詐未有能相一者也禮曰王中心無為也以守至正（記禮運王中心無為以守至正也）夫惟正不可得而欺則不容於詐矣豈不約而易守哉（揚君子簡而易守也）

四年八月邢洺磁三州降（下降切）郭誼殺劉稹傳首京師潞州平初李德裕以貞元以來將帥出征屢敗其弊有三一者詔令下軍前者日有三四宰相多不與聞二者監軍各以意見指揮軍事將帥不得專進退三者每軍各有宦者為監使悉選軍中驍勇數百為牙隊其在陣戰鬬者皆怯弱之士每戰監使自有信旗乘高立馬以牙隊自衛視軍勢小卻輒引旗先走陣從而潰德裕乃與樞密使楊欽義劉行深議約監軍不得與軍政每兵

千人聽監使取十人自衛有功隨例霑賞二樞密皆以為然白帝行之自禦回鶻至澤潞罷兵皆守此制自非中書進詔意更無他詔自中出者號令既簡將帥得以施其方畧故所向有功元和後數用兵宰相不休沐或繼火乃得罷德裕在位雖遽書警奏皆從容裁決率午漏下還第休沐輒如令沛然若無事之時

臣祖禹曰治天下之繁者必至簡制天下之動者必至靜夫用兵於千里之外而君相擾於內則本先搖矣何以制其末乎是故號令簡則民聽不惑心慮靜

則事變不撓此所以能成功也

河北三鎮每遣使者至京師德裕嘗面諭之曰河朔兵力雖彊不能自立須藉朝廷官爵威命以安軍情語汝使與其使大將邀敕使以求官爵何如自奮忠義立功名事結知明主乎且李載義為國家平滄景及為軍中所逐不失作節度使楊志誠遣大將遮敕使馬求官及為軍中所逐朝廷竟不赦其罪此二者禍福足以觀矣由是三鎮不敢有異志

臣祖禹曰古之明王天下有不順者必諄諄而告教之再三不可然後征之則其民知罪而用兵有辭矣自唐之失河朔或討伐之或姑息之不聞有文告之命戒敕之辭也是以加兵而不服恩厚而愈驕李德裕以一相而制御三鎮如運之掌使武宗享國長久天下豈有不平者乎

右武宗在位六年崩年三十三

唐鑑卷二十

唐鑑卷二十一

宋　范祖禹　撰

呂祖謙　註

宣宗

大中元年二月初李德裕秉政引白敏中為翰林學士及武宗崩德裕失勢敏中乘上下之怒竭力排之使其黨李咸訟德裕罪德裕由是自東都留守以太子少保分司九月前永寧尉吳汝納訟其弟湘罪不至死李紳與李德裕相表裏欺罔武宗枉殺臣弟十二月貶德裕為潮州司馬明年九月再貶德裕為崖州司戶

臣祖禹曰裴度之相憲宗李德裕之相武宗皆有功烈為唐賢相大中以後無能繼之者德裕才優於度而德器不及也度為小人所傾無所不至唐本贊憲宗討蔡出入四年元濟外連奸臣刺宰相及用事者沮駭朝謀惟天子赫然排羣議任度政事危亦極矣而能以功名終唐本傳事四朝以全德終始德裕一失勢斥死海上何哉度不為黨德裕為黨故也自今觀之牛僧孺李宗閔之黨多小人德裕之黨多君子然因私以害公挾勢以報怨則一也夫惟天吏可以伐燕德裕自為朋黨而欲破朋黨此以燕伐燕也孟梁惠王燕可以伐之為天吏者可以伐之孔子曰克伐怨欲不行焉可以為難矣語十四克伐怨欲不行焉可以為難矣仁則吾不知也又曰君子矜而不爭群而不黨語衛靈公云德裕克伐怨欲必行焉矜而爭群而黨其能免乎

九年帝聰察彊記宮中廝役給灑掃者皆能識其姓名才性所任呼名使令無差誤者天下奏獄吏卒姓名一覽皆記之度支奏漬汙帛誤書漬為清樞密承旨孫隱中謂帝不之見輒足成之及中書覆入帝怒推按擅改章奏者罰謫之

臣祖禹曰宣宗扶摘細微以驚服其羣臣小過必罰而大綱不舉欲以一人之智周天下之務而不能與賢人共天職也孟萬章弗與共天職也譬如廉刻之吏而謹治簿書期會而不知為政前賈誼傳大臣特以簿書不報期會以為大故孟離婁惠

（而不知為政）特一縣令之才耳豈人君之德哉

十年十二月以户部侍郎判户部崔慎由為工部尚書同平章事帝每命相左右無知者前此一日令樞密宣旨於學士院以兵部侍郎判度支蕭鄴同平章事樞密使王龜長馬公儒覆奏鄴所判度支應罷否帝以為龜長等佑之即手書慎由名付學士院仍云落判户部事

臣祖禹曰堯舜疇咨四岳（書堯典帝曰疇咨又曰咨四岳舜典舜曰咨四岳）詢謀僉諧（書大禹謨詢謀僉同）而後用人既以為可則用之而不疑矣二使之請（使去聲）亦有司之常職也何疑於蕭鄴而遽易之宣宗以此為明防其羣下知臣之道（前蕭何傅何對吕后曰知臣莫若主）其不然乎

十二年二月以崔慎由為東川節度使帝欲御樓肆赦令狐綯曰御樓所費甚廣事須有名且赦不可數帝不悅曰遣朕於何得名慎由曰陛下未建儲宮海内屬望若舉此禮雖郊祀亦可況於御樓時上餌方士藥已覺躁渴而外人未知疑忌方深聞之俛首不復言旬日慎

由罷相

臣祖禹曰三代之時自天子至於庶人皆有常職以食其力有常行以勤其生壯而彊勉焉老而教訓焉脩身以俟死而已天下無異道（荀解敝篇天下無二道）未有衆人皆死而欲一己獨不死者也執左道以亂政者殺（記王制云）故無迂怪之士凡藥以攻疾豈有服之而不死者哉後世去聖寖遠異端競起（孟序異端競起）由秦漢以來乃有神仙服食不死之説（如秦始皇紀使韓終侯公石生求仙人不死之藥前漢書郊祀志武帝求神仙之類云）故人心多惑聖道不明此其一端也而人主尤甘心焉以唐考之自太宗至於武宗惑於方士（唐本紀武宗躬受道家之籙服藥以求長生王崇曰方士云云趙歸真以術進德裕諫之帝曰名以語養生之術耳不聽）而餌藥以敗者六七君皆求長生而反夭其天年（並注見上卷）亦可以為戒矣而宣宗又敗以藥至以儲嗣為諱惡豈不蔽甚矣哉夫心術不可不慎也一有所惑將無所不至不足以語學矣而況可為聖賢乎

帝臨朝接對羣臣如賔客雖左右近習未嘗見其有惰容每宰相奏事旁無一人立者威嚴不可仰視奏事畢忽怡然曰可以閒語矣因問閭閻細事或談宮中遊宴無所不至一刻許旋復整容曰卿輩善為之朕常恐卿輩負朕後日不得再相見乃起入宮令狐綯謂人曰吾十年秉政最承恩遇然每延英奏事未嘗不汗霑衣也

臣祖禹曰古者臣進戒於君君申敕其臣上下交修書說命高宗命傅說曰爾交修予罔予棄所以勤於德也宣宗視輔相之

臣禮貌雖恭而心防之如遇胥吏也遇待也唯恐其欺也拘之以利祿憚之以威嚴故所用多流俗之人而賢者不能有所設施白敏中令狐綯之徒宗極將相恃寵保位二十餘年其相如此則其君之功烈亦可知矣

十三年六月初帝長子鄆王溫無寵鄆音運居十六宅餘子皆居禁中夔王滋第三子也欲以為嗣為其非次故久不建東宮帝餌醫官李玄伯道士虞紫芝山人王樂藥疽發於背疽子余切八月疽甚宰相及朝臣皆不得見帝密以夔王屬樞密使王歸長馬公儒宣徽南院使王君方使立之三人及右軍中尉王茂玄皆帝平日所厚也獨左軍中尉王宗實素不同心三人相與謀出宗實為淮南監軍宗實已受敕於宣化門外將自銀臺門出左軍副使亓元實謂宗實曰聖人不豫踰月中尉止隔門起居今日除改未可辨也何不見聖人而出宗實感寤復入諸門已踵故事增人守捉矣元實翼導宗實直至

寢殿帝已崩東首環泣矣宗實叱歸長等責以矯詔皆捧足乞命乃遣宣徽北院使齊元簡迎鄆王壬辰下詔立鄆王為皇太子權句當軍國政事句當並去聲仍更名漼更平聲漼上聲收歸長公儒居方皆殺之癸巳宣遺制以令狐綯攝冢宰

臣祖禹曰古者受遺託孤語可以託六尺之孤必求天下之忠賢伊周伊尹相太甲周公相成王皆少主聖人不可及已漢武帝揔攬英俊及其末年所得者霍光金日磾而已前霍光傳

上年老寵姬鉤弋趙婕妤有男上欲以為嗣命大臣輔之察羣臣惟光任大重可屬社稷上使畫周公輔成王朝諸侯賜光後上病篤光泣問曰如有不諱誰當嗣者上曰君未喻前畫意耶立少子君行周公之事上以光為大司馬大將軍日磾為車騎將軍受遺詔輔少主日音密磾音低其可謂難也

齊桓公定嗣於易牙故其國大亂史齊世家齊桓公卒易牙入與豎刁因內寵立公子無詭為君太子昭奔宋五子各樹黨爭立相攻以故宮中空莫敢棺桓公尸在牀上六十七日尸蟲出於戶十一月乙亥無詭立乃棺赴又見左傳云杜預曰易牙既有寵於公為長衛姬請之

宣宗不能早立太子而以非次屬諸宦者至使元實挾正立長以相屠滅自文宗以後立不以正矣然皆

出於宦者之專命非人主使之也宣宗不懲其禍而以委之蓋以宰相為外臣宦者為腹心溺於所習而不自知其非也安在其為明哉

帝性明察沈斷用法無私從諫如流重惜官賞恭謹節儉惠愛民物故大中之政訖於唐亡人思詠之謂之小太宗

臣祖禹曰宣宗之治以察為明唐本紀贊宣宗精於聽斷以察為明無復仁恩雖聽納規諫而性實猜刻雖吝惜爵賞而人多僥倖外則藩方數逐其帥守而不能治內則宦者握兵柄制國命自如也並上註然百吏奉法政治不擾海內安靖幾十五年繼以懿僖不君唐室壞亂是以人思大中之政為不可及書曰自成湯至於帝乙罔不明德恤祀書多士云若宣宗者豈不足為賢君哉

右宣宗在位十四年崩年五十

懿宗

咸通七年十月高駢克交趾斬首三萬餘級南詔遁去

十一月置靜海軍於安南以駢為節度使自李涿侵擾羣蠻為安南患殆將十年至是始平

臣祖禹曰戎狄自古迭為中國患由秦以來未有得志於南蠻者也蓋以瘴毒險阻不得天時地利所恃者人和而已孟公孫丑天時不如地利地利不如人和而民從征役皆知必死如往棄市則是三者皆亡矣秦發閭左戍五嶺而陳項起秦遂以亡前陳勝吳廣傳秦二世元年秋發閭左戍漁陽九百人勝廣皆為屯長行至蘄大澤鄉會天大雨道不通度已失期失期法斬勝廣乃誅勝自立為將軍廣為都尉乃入

據陳勝自立為王項謂項羽自立為西楚霸王共攻秦閭左閭里門也言居在里門左者一切發之五嶺大庾始安臨賀桂陽揭陽漢初呂后欲誅趙佗士卒不能踰嶺史南越王趙佗傳言后遣將軍隆慮侯竈往擊之會暑溼士卒大疫兵不能踰嶺慮音閭溼古濕字武帝擊越發兵江淮因巴蜀罪人等放棄之同上元鼎五年使馳義侯因巴蜀罪人發夜郎兵下牂柯江咸會番禺蓋不可以中國之師涉其地也遂滅南越以為九郡本紀元鼎六年春定越地以為南海蒼梧鬱林合浦交趾九真日南珠崖儋耳郡元帝卒罷珠崖前本紀初元三年珠崖郡山南縣反博謀羣臣賈捐之以為宜棄珠崖救民飢饉乃罷珠崖光武遣馬援擊交趾最為有

功然三年而後克士卒死者什五六乃得一女子之首後馬援傳交趾女子徵側反畧嶺外六十餘城側自立為王拜援伏波將軍南擊交趾援緣海而進隨山刊道千餘里十八年軍至浪泊上與賊戰破之斬側傳首洛陽其難也如是唐太宗欲討馮盎而用魏徵之策卒招懷之唐馮盎傳貞觀初或告盎叛盎舉兵拒境太宗發江淮甲卒將討之徵諫曰天下初定創痍未復且王者兵不宜為蠻夷動勝之不武不勝為辱當懷之以德盎懼必自來帝乃遣韋叔諧諭盎盎遣智戴入侍帝曰徵一言賢於十萬衆明皇之末李宓敗於雲南死者二十萬唐南蠻傳云南詔楊國忠調天下兵凡十萬使李宓討之涉海而疫死宓敗於大和城死者什八自是以後南詔

盛彊至於懿宗陷安南國成都中國首尾疲於奔命唐南蠻傳咸通以來蠻始叛命甯入安南邕管一破黔州四盜西川遂圍盧耽召兵東方戍海門天下騷動十有五年賦輸不納京師者過半士卒瘴死亡命為盜可為痛心其後龐勛之亂起於桂林之戍黃巢之寇本於徐方之餘上贊懿宗仕相不明藩鎮屢叛南詔內侮屯戍思亂龐勛乘之倡戈橫行兵連不解唐遂以亡唐亡於黃巢而禍基於桂林唐室之衰宦者蠹其內南詔擾其外財竭民困海內大亂而因以亡矣夫蠻夷非能亡中國也而中國之亡蠻夷常為之資是以聖王不重外而輕內不勤遠而

忘邇恐征伐不息而變生於內以搖其本也易曰高宗伐鬼方三年克之易既濟高宗伐鬼方三年克之小人勿用高宗賢王鬼方小夷也以賢王伐小夷三年乃克用兵之難也唐自開元至於咸通南鄙之師皆由邊臣貪利邀功以啓羣蠻自我致寇大為國患非高宗不得已之伐也十年而克亦速矣哉

帝好音樂宴遊殿前供奉樂工常近五百人每月宴設不減十餘水陸皆備聽樂觀優不知厭倦賜與動及千

繙曲江昆明灞滻南宮北苑昭應咸陽所欲遊幸即行不待供置有司常具音樂飲食幄帟（帟音亦）諸王立馬以備陪從每行幸內外諸司扈從十餘萬人所費不可勝紀

臣祖禹曰國之將興其君未嘗不儉將亡未嘗不侈也懿宗不德而暴天產竆人力其能久有國乎

右懿宗在位十五年崩年四十一

唐鑑卷二十一

欽定四庫全書

唐鑑卷二十二

宋 范祖禹 撰
呂祖謙 註

僖宗

乾符二年帝之為普王也小馬坊使田令孜有寵及即位使知樞密遂擢為中尉帝時年十四專事遊戲政事一委令孜呼為阿父令孜頗讀書多巧數招權納賄除官及賜緋紫皆不關白於帝每見常自備果食兩盤與

帝相對飲啗從容良久而退帝與內園小兒狎昵賞賜樂工伎兒所費動以萬計府藏空竭令孜說帝籍兩市商旅寶貨悉輸內庫有陳訴者付京兆杖殺之宰相以下鉗口莫敢言

臣祖禹曰唐自明皇肅宗以來尊寵宦者德宗始委以禁兵（唐宦者傳德宗懲艾泚賊以左右神策天威等軍委宦者主之置護軍中尉中護軍分提禁兵是以威柄下遷政在宦人）文宗以後天子由其所立（唐本贊唐自穆宗以來八世為宦官所立者七君王崇曰陳弘志立穆宗王守澄立文宗仇士良立武宗馬元贊立宣宗王宗

實立懿宗劉行深立僖宗楊復恭立昭宗故其末流子孫至於如此夫國之興也未有不由親賢及衰也猶以小人取敗況祖宗所任不正則後世必有甚者矣是以明王必慎其所與恐開禍亂之原也若僖宗者又何責焉

濮州賊王仙芝及其黨尚君長攻陷濮曹州衆至數萬寃句人黄巢亦聚衆數千人應仙芝巢少與仙芝皆以販私鹽為事巢善騎射喜任俠任平聲粗涉書傳屢舉進士不第遂為盗與仙芝攻剽州縣横行山東民之困於

重斂者爭歸之數月之間衆至數萬

臣祖禹曰自古盗賊之起國家之敗未有不由暴賦重斂而民之失職者衆也書曰夏王率遏衆力率割夏邑書湯誓夏王率遏衆力率割夏邑有衆率怠弗協曰時日害喪予及汝皆亡又曰降監商民用乂讎斂書微子降監殷民用乂讎斂召敵讎不怠罪合于一多瘠罔詔此桀紂之所以亡也秦漢以下莫不皆然唐之季世政出閹尹不惟賦斂割剥復販鬻百物盡奪民利故有私鹽之盗商賈之事行曰商坐曰賈賈音古皆官為之使民無衣食之資欲不亡其可得乎

廣明元年二月左拾遺侯昌業以盗賊滿關東而帝不親政事專務遊戲賞賜無度田令孜專權無上天文變異社稷將危上疏極諫帝大怒召昌業至内侍省賜死

臣祖禹曰昔比干立於紂之朝三孤之位三孤少師少傅少保不可以視天下之亂而不言也王子之親不可以待宗廟之亡而不救也史周紀王子比干曰為人臣者不得不以死爭迺強諫紂紂怒曰吾聞聖人之心有七竅剖比干觀其心是以諫而死之唐之季世人

主蒙弱閹尹擅朝四海横流不可止救賢者遯世不居其位可也諫而死職則忠矣其未得為仁乎

十二月黄巢入長安縱兵大掠焚市肆殺人滿街尤憎官吏得之者皆殺之

臣祖禹曰揚雄有言曰秦之有司負秦之法度秦之法度負聖人之法度揚寡見云先王恵徳之不達於下也故舉仁賢而任之上有恵澤下吏猶或不能宣而況君為聚斂刻急之政則其臣阿意希旨必有甚者

矣孟滕文公上有好下必有甚焉者矣故秦之末郡縣皆殺其守令而叛蓋怨疾之久也唐之盜賊尤憎官吏亦若秦而已矣詩曰豈弟君子民之父母洞酌詩豈弟君子民之父母注云豈弟樂而易也夫為吏而使民愛之如父母則其愛君可知矣苟使民疾吏如寇讎則其君豈得不危亡乎

中和元年帝在成都日夕專與宦官同處議天下事待外疏踈薄左拾遺孟昭圖上疏以為治安之代遐邇猶應同心多難之時中外尤當一體去冬西幸不告南司

遂使宰相僕射以下悉碎于賊獨北司得全今朝臣至者皆冒重險出百死者也所宜同休等戚伏見前夕黄頭軍作亂陛下獨與令孜敬瑄及諸内臣閉城自守不名宰相不名諫臣求入不得請對不許且天下者高祖太宗之天下非北司之天下天子者四海九州之天子非北司之天子北司未必盡可信南司未必盡無用安有天子與宰相了無關涉朝臣皆棄若路人如此恐收復之期尚勞宸慮尸祿之士得以宴安已事誠不足諫而來者莫可追也疏入令孜屏不奏矯詔貶昭圖嘉州司户遣人沈於蟇頤津蟇音麻聞者氣塞而不敢言

臣祖禹曰自古大亂之世亦必有忠義之臣僖宗播越幾於亡矣幾音機近也而諫爭之職猶有人焉蓋天下未嘗無賢唯其君不能用也唐之將亡雖有忠賢亦末如之何矣昭圖豈不知言發而禍應哉特出於忠義憤激而不能已耳夫明主導天下而使之言其賢者樂告以善道干旄詩衛文公臣子多好善賢者樂告以善道也故國家可

得而治也記中庸天下國家可得而治也苟上下否隔易否卦上下不交否不可告語使人之言者出於憤激之氣則其國豈不殆哉

二年六月羅渾擎等反捕盜使楊行遷等與之戰不利求益兵府中兵盡陳敬瑄悉捜倉庫門庭之卒以給之是月大戰於乾谿官軍大敗行遷等恐無功獲罪多執村民為俘送府俘音孚日數十百人敬瑄不問悉斬之其中亦有老弱及婦女觀者或問之皆曰我方治田績麻

官軍忽入村係虜以來竟不知何罪
臣祖禹曰書曰火炎崑岡玉石俱焚天吏逸德烈於猛火（書胤征火炎崑岡玉石俱焚天吏逸德烈於猛火殲厥渠魁脅從罔治）自古以來將非其人而兵無紀律者多殺戮平民以為俘馘而上不知之其為暴甚於寇盜何則民知防寇盜而不虞王師也（虞度也）先王以用兵為戒豈非以所害者多歟
四年五月李克用破黃巢還至汴州館於上源驛朱全

忠與之宴發兵圍驛而攻之克用縋城得出引兵還晉陽上表自陳為全忠所圖將佐以下從行者三百餘人并牌印皆沒不返乞遣使按問發兵誅討時朝廷以大寇初平方務姑息得克用表大恐但遣中使優詔和解之克用前後凡八表稱全忠妬功嫉能陰狡禍賊（狡音絞）異日必為國患乞下詔削其官爵臣自率本道兵討之不用度支糧餉（度徒各切）帝累遣楊復恭等諭旨稱吾深知卿寃方事之殷姑存大體克用終鬱鬱不平時藩鎮相攻者朝廷不復能為之辨曲直由是互相吞噬唯力是視皆無所稟畏矣
臣祖禹曰天子所以制御天下者賞善罰惡（瞻彼洛矣詩賞善罰惡焉）辨是非枉直（語曰舉直錯諸枉）使人各當其所（當去聲）物各安其分而不相凌暴也（分去聲）克用有復唐室之大功而全忠輒欲殺之蕃夷之人不敢專兵復讐而赴訴於朝廷是諸侯猶有尊王室之心也為天子者宜詰其孰是孰非直者佑之不直者黜之使征伐號令

出於天子則誅一鎮而天下莫敢不從矣僖宗則不然知其直者而不恤置其不直者而不問是猶一郡一縣之長不能聽訟而使民以其彊弱自相勝也不唯全忠無所忌憚而克用心亦不服欲兩存之乃兩失之自是以後藩鎮擅相攻伐不復稟命以天子不足訴也唐之政令不行於藩鎮實自此始後雖復欲為彊其可得乎書曰有罪無罪予曷敢有越厥志（書泰誓云）刑罰者所以為天討也（書臯陶謨天討有罪五刑五用哉）王者之

於天下懲勸（前賈誼傳慶賞以勸善刑罰以懲惡）可不明哉

光啓元年六月乙巳右補闕常濬上疏以為陛下姑息藩鎮太甚是非功過駢首並足致天下紛紛若此猶未之寤豈可不念駱谷之艱危（駱音洛）復懷西顧之討乎宜稍振典刑以威四方田令孜之黨言於帝曰此疏傳於藩鎮豈不致其猜忿庚戌貶濬萬州司戶尋賜死

臣祖禹曰殺諫臣者其國必亡故侯昌業孟昭圖常濬皆以諫而死自是以後無敢言者唐亡之兆亦以

著矣何必天變彗孛之為妖乎（彗孛妖星）夫忠臣欲救社稷之危人君不惟棄其言而又戮其身不祥莫大焉（孟離婁上離則不祥莫大焉）此其國所以為墟也

先是安邑解縣兩池鹽皆隸鹽鐵置官榷之中和以來河中節度使王重榮專之田令孜奏復如舊制令孜自兼兩河榷鹽使收其利以贍軍重榮上章論訴不已遣中使往諭之重榮不可時令孜多遣親信覘藩鎮有不附已者（覘癡廉切）輒圖之令孜養子匡祐使河中重榮待之甚厚而匡祐傲甚舉軍皆憤怒重榮乃數令孜罪惡責其無禮監軍為講解僅得脫去匡祐歸以告令孜勸圖之令孜乃徙重榮為泰寧節度使以王處存為河中節度使重榮累表論令孜離間君臣（間諫音）數令孜十罪令孜結邠寧節度使朱玫鳳翔節度使李昌符以抗之重榮求救於李克用克用方怨朝廷不罪朱全忠玫昌符亦陰附全忠克用乃上言請討二鎮十二月戰於沙苑玫昌符大敗克用逼京城帝幸鳳翔明年令孜劫帝幸興

元

臣祖禹曰僖宗播遷兩京陷賊皆令孜之為也其養子傲狠於河中而重榮克用背叛再幸興元不去其本禍難不已（難去聲）書曰怨不在大（書康誥怨不在大亦不在小）豈不信哉

文德元年三月壬寅帝疾大漸皇弟吉王保長而賢羣臣屬望十軍觀軍容使楊復恭請立其弟壽王傑是日下詔立傑為皇太弟監軍國事

臣祖禹曰懿宗之崩中官廢長而立幼(長丁丈切下同)遂傾唐室僖宗疾革楊復恭亦如之大抵宦者利於幼弱欲專威權以長而立則己無功故必有所廢置謂之定策(唐楊復恭傳復恭定策立昭宗李茂貞上復恭書曰吾披荆榛立天子既得位乃廢定策國老奈負心門生何門生謂天子也又見下卷昭宗紀)夫立君以為天下而宦者以私一己既以援立為功未有不亂國家者也

右僖宗在位十六年崩年二十七

唐鑑卷二十二

欽定四庫全書

唐鑑卷二十三

宋 范祖禹 撰

呂祖謙 註

昭宗

大順元年四月赫連鐸李匡威請討李克用朱全忠亦上言克用終為國患今因其敗臣請帥汴滑孟三軍與河朔三鎮共除之乞朝廷命大臣為統帥初張濬因楊復恭以進復恭中廢更附田令孜而薄復恭復恭再用事深恨之帝知濬與復恭有隙特親倚之濬亦以功名為己任每自比謝安裴度克用之討黄巢屯河中也濬為都統判官克用薄其為人聞其作相(相去聲)私謂詔使曰(使去聲下同)張公好虛談而無實用傾覆之士也主上采其名而用之他日亂天下必是人也濬聞而銜之帝從容(從七蹤切)與濬論古今治亂濬曰陛下英睿如此而中外制於彊臣此臣日夜所痛心疾首也帝問以當今所急對曰莫若彊兵以服天下帝於是廣募兵於京師至

十萬人及全忠等請討克用帝命三省御史臺四品以上議之以為不可者什六七杜讓能劉崇望亦以為不可濬欲倚外勢以擠楊復恭乃曰先帝再幸山南沙陀所為也今兩河藩鎮共請討之此千載一時但乞陛下付臣兵柄旬月可平孔緯曰濬言是也帝曰克用有興復大功今乘其危而攻之天下其謂我何緯曰陛下所言一時之體也張濬所言萬世之利也帝以二相言叶僶俛從之五月詔削奪克用官爵屬籍以濬為河東行

營都招討制置宣慰使京兆尹孫揆副之八月揆為克用將李存孝所擒克用鋸殺之十月禁軍自潰張濬戰又敗克用上表訟冤制以孔緯為荊南節度使濬為岳鄂觀察使再貶緯均州刺史悉復李克用官爵使歸晉陽明年二月加克用守中書令再貶濬繡州司戶

臣祖禹曰李克用有復唐社稷之功苟無大害於天下猶將十世宥也（見上卷注）朱全忠欲殺之而朝廷不詰全忠與諸鎮一請討克用則遽從之蓋以克用出於蕃夷而陵蔑之耳然有功者見討有罪者不誅則無以為國故夫昭宗所以失政而海內愈亂者由張濬為此役也唐之將亡譬如人有必死之疾使秦和扁鵲救之（秦和扁鵲古之善醫者）未必能起也而庸醫妄藥以攻之所攻非疾所疾不攻豈不速其死乎

乾寧元年七月李茂貞遣兵攻閬州楊復恭楊守信帥其族黨犯圍走將自商山奔河東至乾元遇華州兵獲之八月韓建獻於闕下斬於獨柳李茂貞獻復恭與守

亮書訴致仕之由云承天門乃隋家舊業大姪但積粟訓兵勿貢獻吾於荊榛中立壽王纔得尊位廢定策國老有如此負心門生天子

臣祖禹曰惟君子可以有功小人不可以有功也君子有功而不伐（易繫辭子曰勞而不伐有功而不德厚之至也）小人有功而益驕先王戒小人勿用者以其不可立功也（易既濟高宗伐鬼方三年克之小人勿用）夫無功猶不可長也況其有功何以堪之故小人而有非常之功者國之不幸也復恭刑臣

官人也故曰刑臣至與天子為敵昭宗親戰用大師而後克之其言不臣如此由其恃援立之功故也豈不足為永戒哉

三年七月李茂貞犯京師帝將幸太原韓建請幸華州帝從之茂貞入長安宮室市肆燔燒俱盡帝憤天下之亂思得奇傑之士不次用之國子博士朱朴自言得為宰相月餘可致太平帝以為然八月以朴為左諫議大夫同平章事朴為人庸鄙迂僻無他長制出中外大驚

臣祖禹曰國之將亡如大厦之將顛扶其東而西傾支其南而北壞況所以扶而支之者非其任哉

四年帝在華州右拾遺張道古上疏稱國家有五危二亂昔漢文帝即位未幾平聲明習國家事今陛下登極已十年而曾不知為君馭臣之道太宗内安中原外開四夷海表之國莫不入臣今先朝封域日蹙幾盡臣雖微賤竊傷陛下朝廷社稷始為姦臣賣弄終為賊臣所有也帝怒貶道古施州司户仍下詔罪狀道古宣示諫官

臣祖禹曰昭宗之在華州唐室日趨於亡當求賢如不及聽言如在己班彪王命論見善如不及用人如由己社稷宗廟未可與也而斥逐言責之臣孟公孫丑有言責者不得其言則去杜絕諫爭之路唐李林甫傳諫爭路絕是自蔽耳目長姦諛也終於顛墜厥緒誠不知君道哉

光化三年初崔胤與帝密謀盡誅宦者及宋道弼景務脩死宦者益懼帝自華州還忽忽不樂音洛多縱酒喜怒不常左右尤自危於是中尉劉季述王仲先樞密使王

彥範薛齊偓等謀廢立偓音握十一月帝獵苑中夜醉歸手殺黄門侍女數人明日辰巳宮門不開季述率禁兵千人破門而入問得其狀謂崔胤曰主上所為如此豈可理天下庚寅季述陳兵殿廷召集百官使書奏請太子監國胤等不敢違帝在乞巧樓季述仲先與宣武進奏官程巖等帥兵入將士大呼至思政殿逢人輒殺帝見兵入驚墮牀下起將走季述仲先掖之令坐皇后趨至拜曰軍容勿驚官家有事惟軍容議季述出百官奏

曰願奉太子監國陛下保頤東宮帝曰昨與卿曹樂飲不覺太過何至於是后曰官家趣依軍容語宦官扶帝與后同輦適少陽院季述以銀撾畫地數帝曰某時某事汝不從我言其罪一也如此數十不止乃手鎖其門鎔鐵錮之遣李師虔將兵圍守穴墻以通飲食凡兵器針刀皆不得入帝求錢帛皆不得求紙筆亦不與時大寒嬪御公主無衣衾號哭聞於外季述矯詔太子監國又矯詔太子嗣位以帝為太上皇十二月季述遣養子希度詣朱全忠許以唐社稷輸之李振勸全忠討季述全忠乃囚希度遣振如京師崔胤密遣人說神策指揮使孫德昭誅季述等德昭乃與董彥弼周承誨謀伏兵誅之

天復元年正月乙酉朔德昭斬王仲先崔胤迎帝御長樂門樓率百官稱賀周承誨擒劉季述王彥範繼至方詰責已為亂梃所斃薛齊偓赴井死出而斬之滅四人之族以韓全誨張彥弘為左右中尉袁易簡周敬容為

樞密使

臣祖禹曰劉季述劫太子而幽帝宦者皆預謀昭宗不能因天下讐疾之心窮治逆黨以清宮闈奪其兵柄歸之將相（將相並去聲）而以亂易亂復任宦者既赦而不問又稍以法誅之至使反側不安外結藩鎮以致劫遷之禍由除惡不絕其本而大信不立故也昔陽虎作亂於魯囚季桓子劫其國君春秋書曰盜竊寶玉大弓若季述等家臣賤人不得曰廢立為唐史者宜書曰盜則名實正矣

六月崔胤請帝盡誅宦官宦官屬耳頗聞之韓全誨等涕泣求哀於帝帝乃令胤百事密封疏以聞勿口奏宦官求美女知書者數人內之宮中陰令詗察其事盡得胤密謀全誨等大懼每宴聚流涕相訣曰夜謀所以去胤之術時胤領三司使全誨等教禁軍諠譁訴胤減損冬衣帝不得已解胤鹽鐵使時朱全忠李茂貞各有挾天子令諸侯之意全忠欲帝幸東都茂貞欲帝幸鳳翔

胤知謀泄急遣朱全忠書稱被詔令全忠以兵迎車駕且言上反正公之力而鳳翔入朝引功自歸今不速至必成罪豈唯功為他人所有且見征討全忠得書十月舉兵發大梁全忠至河中表請車駕幸東都京城大駭士民亡竄山谷百官皆不入朝十一月壬子全誨等陳兵殿前奏曰全忠以大兵逼京師欲刼天子幸洛陽求傳禪音善臣等請陛下幸鳳翔收兵拒之帝不許仗劒登乞巧樓全誨等急即火其下帝降樓乃與皇后妃嬪諸

王百餘人皆上馬慟哭聲不絕全誨等遂火宫城壬戌車駕至鳳翔二年六月全忠敗李茂貞之師于虢縣之北進軍攻鳳翔九月全忠圍鳳翔十月茂貞出兵擊之又敗還汴軍每夜鳴鼓角城中地如動是冬大雪城中食盡凍餒死者不可勝計或卧未死肉已為人所剮市中賣人肉斤直錢百犬肉直錢五百茂貞儲待亦竭以犬彘供御膳帝鬻御衣及小皇子衣於市以充用削漬松柹以飼御馬十二月帝召李茂貞等食議與朱全忠和帝曰十六宅諸王以下凍餒死者日有數人在內諸王及公主妃嬪一日食粥一日食湯餅今已竭矣卿等意如何皆不對帝曰速當和解耳

三年正月茂貞請誅韓全誨等與朱全忠和奉車駕還京帝即遣內養帥鳳翔卒四十人收全誨等斬之以第五可範仇承坦為左右軍中尉王知古楊虔朗為樞密使是夕又斬李繼筠等十六人遣使囊全誨等首以示全忠時鳳翔所誅宦官已七十二人全忠使京兆捕九

十人甲子帝幸全忠營己巳入長安庚午崔胤奏誅宦官是日全忠以兵驅第五可範以下數百人於內侍省盡殺之寃號之聲徹於內外其出使者詔所在捕誅之止留黃衣幼弱者三十人以備灑掃帝愍可範等咸無罪為文祭之自是宣傳詔命皆以宮人其兩軍內外八鎮兵悉屬六軍以崔胤兼判六軍十二衛

臣祖禹曰崔胤本與韓全誨爭權因昭宗懲幽辱之禍謀盡誅中官故全誨黨李茂貞而胤結朱全忠各

倚彊藩以為外援而岐汴亦憑宦官宰相内為城社
以制朝廷故胤名全忠以兵入朝而全誨劫帝西幸
唐室之亡由南北司相吞滅而人主受其禍豈不為
將來之永鑒哉

唐鑑卷二十三

欽定四庫全書

唐鑑卷二十四

宋 范祖禹 撰
呂祖謙 註

昭宗

天祐元年正月全忠殺崔胤將劫帝遷都引兵屯河中
丁巳帝御延喜樓全忠遣牙將寇彦卿奉表稱邠岐兵
逼畿甸請帝遷都洛陽帝未及下樓宰相裴樞以得全
忠遺書促百官東行戊午驅士民號哭滿路罵曰賊臣

崔胤名朱温來傾覆社稷使我曹流離至此老幼繈屬
月餘不絶壬戌車駕發長安全忠以張廷範為御營使
毀長安宫室百司及民間廬舍取其材浮渭沿河而下
長安自是遂丘墟矣甲子帝至華州民夾道呼萬歲帝
泣謂曰勿呼萬歲朕不復為汝主矣館於興德宫謂侍
臣曰鄙語云紇干山頭凍殺雀何不飛去生處樂朕今
漂泊不知竟落何所因泣下沾襟左右莫能仰視二月
乙亥帝至陜全忠自河中來朝帝延全忠入寢室見何

后后泣曰自今大家夫婦委身全忠矣帝遣間使以御札告難於王建建使王宗祐將兵會岐兵迎車駕至興平遇汴兵不得進而還三月帝復遣間使以絹詔告急於王建楊行密李克用等令糾率藩鎮以圖匡復曰朕至洛陽則為全忠所幽閉詔勅皆出其手朕意不復得通矣四月全忠請車駕早發表章相繼帝屢遣宫人諭以皇后新產未任就路請俟十月東行全忠疑帝徘徊俟變怒甚謂寇彥卿曰汝速至陝即日促官家發來閏

月丁酉車駕發陝癸卯帝憩於穀水自崔胤之死六軍散亡俱盡所餘擊毬供奉內園小兒共二百餘人從帝而東全忠猶忌之為設食於幄盡縊殺之預選二百餘人大小相類者衣其衣服代之侍衛帝初不覺累日乃寤自是帝之左右職掌使令皆全忠之人矣甲辰車駕至洛陽帝自離長安日憂不測與皇后終日沉飲或相對涕泣全忠使蔣玄暉伺察帝動靜皆知之帝從容問玄暉曰德王朕之愛子全忠何故堅欲殺之因泣下嚙

中指流血玄暉具以語全忠全忠愈不自安時茂貞等移檄往來皆以興復為辭全忠方引兵西討以帝有英氣恐變生於中欲立幼君易謀禪代乃遣李振至洛陽與玄暉及朱友恭氏叔琮圖之八月壬寅帝在椒殿玄暉選龍武牙官史太等夜叩宫門言軍前有急奏欲面見帝夫人裴貞一開門見兵曰急奏何以兵為史太殺之玄暉問至尊安在昭儀李漸榮臨軒呼曰寧殺我曹勿傷大家帝方醉遽起單衣繞柱走太追而弒之漸榮

以身蔽帝太亦殺之又欲殺何后后乃求哀於玄暉乃釋之癸卯玄暉矯詔稱李漸榮裴貞一弒逆宜立輝王祚為皇太子更名柷監軍國事又矯皇后令太子柩前即位宫中恐懼不敢出聲哭丙午昭宣帝即位年十三

臣祖禹曰昔周之興也以諸侯歸之其亡也以諸侯叛之平王以後周室微弱政令不行（史周紀平王立東遷於洛邑辟戎寇平王之時周室衰微諸侯強并弱齊楚秦晉始大政由方伯）歷數百年而不亡者亦以諸侯持之也唐之亂以藩鎮及其末也藩鎮

割裂疆土皆盡而唐室遂亡僖昭之時惟李克用最為有功雖嘗跋扈而終不失臣節王室可倚以為藩扞使太原之勢常重則諸鎮未敢窺唐也唐僖宗紀光啓元年十一月河東節度使李克用叛張濬傳時朱全忠請舉兵誅李克用帝詔文武四品以上議皆言王室未寧雖得太原猶非所有濬固爭討之斷兩雄勢帝曰平巢克用功第一今乘危伐之天下其謂我何孔緯曰濬言萬世之利陛下所顧一時事爾帝乃決出師詔濬為河東招討使克用上書請罪即日罷濬司馬光資治通鑑光曰昭宗始則張濬覆車於平陽增李克用跋扈之勢而唐以其戎狄之人疑而不信外而不親有震上之勢而無朝廷之助

是以不競於汴而全忠獨彊吞噬諸鎮卒滅唐室自古忠者不見信而所信者不忠豈有不亡者乎

右昭宗在位十七年為朱全忠所弒年三十八

昭宣帝

天祐二年三月獨孤損裴樞崔遠並罷政事初柳璨及第不四年為宰相性傾巧輕佻時天子左右皆朱全忠腹心璨曲意事之同列裴樞崔遠獨孤損皆朝廷宿望意輕之璨以為憾和王傅張廷範本優人全忠欲以為太常卿樞以為太常卿當以清流為之廷範以梁客將不可乃曰廷範勲臣自有方鎮何藉樂卿恐非元帥之旨持之不下全忠聞之怒璨因此并遠損譖於全忠故三人皆罷五月乙丑彗星竟天占者曰君臣俱災宜誅殺以應之柳璨因疏其素所不快者於全忠曰此曹皆聚徒橫議怨望腹非宜以之塞災異李振亦言於全忠曰王欲圖大事此曹皆朝廷之難制者也不若盡去之全忠以為然乃貶獨孤損裴樞崔遠皆為刺史陸扆王

溥趙崇王贊皆為司戶其餘或門胄高華或科第自達於三省臺閣以名檢自處聲迹稍著皆指以為浮薄貶逐無虛日搢紳為之一空辛巳再貶樞損遠為瀧瓊白州司戶六月全忠聚樞等及朝士貶官者三十餘人於白馬驛一夕盡殺之投尸於河初李振屢舉進士不中第故深疾搢紳之士言於全忠曰此輩常自謂清流宜投之黃河使為濁流全忠笑而從之

臣祖禹曰白馬之禍至今悲之歐陽脩有言曰一太

常卿與社稷孰為重使樞等不死尚惜一卿其肯以國與人乎雖樞等之力不能存唐必不亡唐而獨存也（並見言行録）臣以為不然昭宗返自鳳翔而全忠篡奪之勢已成人無愚智皆知之矣樞乃其黨被其薦引以為宰相不恤國之存亡方且宴安於寵禄全忠之劫遷洛陽昭宗未及下樓樞受賊旨已率百官出長安東門昭宗卒以弒殞而唐遂亡由此觀之樞為忠於李氏乎忠於朱氏乎且長安與一太常卿孰重國

亡君弒與流品不分孰急樞不惜長安以與全忠乃惜一卿不與廷範不惜國亡君弒而惜流品之不分其愚豈不甚哉夫樞非有忠義之心能為社稷者也不勝其利欲之心畏全忠而附之弒其君父既從之矣以為除太常卿小事也持之不與未必拂全忠之心而微以示人至公從其大而違其細欲以竊天下之虛譽不意全忠怒之至此也全忠以為此小事也猶不從已其肯聽已之取天下乎是以肆其誅鋤無所不至不知樞等實非能為唐輕重乃全忠疑之過也鄉使樞有存唐之心當全忠之劫遷端委而受刃於國門天下忠義之士聞之必有奮發而起者矣樞不為此而惜一卿不死於昭宗之弒而死於廷範之事處身如此豈能為國慮乎迹其附會全忠以為相（去聲）進不由其道矣（孟滕文公惡不由其道）乃欲上不失賊臣之意下不失士大夫之譽其可得乎白馬之禍蓋自取之也（孟離婁云）然自古如此而死者多矣貪躁之士亦可

少戒哉

十二月王殷趙殷衡嫉蔣玄暉之權寵欲得其處譖玄暉云與柳璨張廷範於積善宮夜宴對太后焚香為誓欲興復唐室全忠信之斬玄暉戮其尸令殷殷衡弒太后追廢為庶人斬璨於上東門轘廷範於都市

臣祖禹曰孟子曰不仁而得國者有之矣不仁而得天下未之有也（孟離婁云）三代以後蓋有不仁而得天下者焉朱全忠之篡唐以悖逆取之以暴虐守之雖為

天子數年不免其身子孫殄戮靡有遺類是以一身易一族之富貴也五代之際起匹夫而為天子或五六年或三四年或一二年皆宗族夷滅世絶不祀（如梁朱温二主為後唐滅晉石敬瑭二主為契丹滅漢劉知遠二主為後周滅之類）亂臣賊子曾莫懲也書曰惠迪吉從逆凶惟影響（書大禹謨云）豈不信哉

二年正月天雄節度使羅紹威與朱全忠密謀帥兵攻牙軍闔營殪之凡八千家嬰孺無遺全忠引兵入魏州

自是魏兵衰弱紹威悔之

臣祖禹曰昔商民化紂之惡周公遷之於洛邑既歷三紀而其風未殄（書畢命惟周公左右先王綏定厥家毖殷頑民遷於洛邑密邇王室式化厥訓既歷三紀世變風移四方無虞予一人以寧商俗靡靡利口惟賢餘風未殄公其念哉）以累聖人之治猶如此（累去聲）甚矣汙俗之難變也自天寶以後（天寶元宗年號）燕趙魏不為唐有（燕平聲下同）其人安於悖逆不復知有君臣聲色之所不及（唐蠻夷傳荒服之外聲教不逮）政刑之所不加歷十五世然後殲夷殄滅靡有遺類而其俗猶不及改也其後梁之亡也始於魏莊宗之亡也亦始於魏其得之也以魏其失之也以魏由其習亂之久故易動也而燕人至於晉氏遂淪於左衽（左衽蠻夷之俗）豈非諸夏之禮其亡有漸乎趙居二寇之間或逆或順不若燕魏之甚也故其禍有淺深論者或謂紹威誅牙軍以弱魏而全忠無後顧之慮因以篡唐夫唐與魏離亦久矣牙軍適足亂魏以拒朝廷而已其能為唐室輕重豈其然乎

四年三月帝禪位於梁（禪音善）以楊涉為押傳國寶使涉子直史館凝式言於涉曰大人為唐宰相而國家至此不可謂之無過況手持天子璽綬與人雖保富貴柰千載何盍辭之涉大駭曰汝滅吾族神色不寧者數日

臣祖禹曰自古易姓之際必有仗節死義之臣忠於本朝故賊臣憚焉唐之亡也其宰相姦險趨利賣國與盜惟以傾覆宗社士之立於朝者皆小人也故以綬璽與人而不以為不可勸進賊庭而不以為羞惟

凝式一有言而其父大駭以為狂惑不祥之人矣豈其賢人君子遭世之亂而隱伏不見歟抑其累世之君不能養其風俗而無禮義廉耻之習歟前賈誼傳禮義廉耻是謂四維何三百年之天下唐二百九十年三百年舉大數而無一忠義之士扶持之也人君豈可不養士之廉耻以重其國哉

右昭宣帝在位四年禪位於梁梁封帝為濟陰王明年為所弒年十七

臣祖禹曰三代之得天下也以仁其失天下也以不仁孟離婁云人心悅而歸之則王離而去之則亡故凡有德則興無德則廢君人者勤於德以待天下之歸而已至於後世有天下者其德不足而以勢力劫持之天下之人非心服也力不能勝也孟公孫丑以力服仁者非心服也力不贍也故天下易離然而漢唐之有天下也除其暴亂而待之以寬書微子之命撫民以寬除其邪虐人心悅而從之故其享天下皆長久雖不足以及三代亦其次也魏之代漢非由積德故天下不服分而為三謂魏蜀吳數十年而亡若朱全忠之篡唐又不足以及曹氏直為盜賊而已矣言之可醜牆有茨詩不可道也所可道也言之醜也豈足道哉然唐之所以亡不可不戒亂臣賊子不可不懲也臣故舉其大畧而著之

右唐起高祖武德元年終昭宣帝天祐四年凡十四世二十帝二百九十年

臣祖禹曰唐自高祖取隋五年而四方底平九年而

太宗立貞觀之治幾於三代然一傳而有武氏之篡朝命中絕二十餘年高宗崩武后稱制號天后高宗贊武氏之亂唐之宗黨戕殺殆盡其賢士大夫不免者十八九以太宗之治遺德餘烈在人者未遠而幾於遂絕中睿享國日淺朝廷濁亂明皇以兵取而後得之睿宗紀景雲元年八月壬午韋皇后弒中宗矯遺詔自立為皇太后庚子臨淄郡王隆基率萬騎兵誅韋氏開元之治幾於貞觀而終之以天寶大亂唐室遂微本紀天寶十五載六月己亥祿山陷京師七月庚辰次子蜀郡肅宗以後無稱者惟憲宗元和之政號為中興元和憲宗年號共十五年凡唐之世治日

如此其少亂日如彼其多也昔三代之君莫不脩身齊家以正天下記大學欲明明德於天下者先治其國欲治其國先齊其家欲齊其家先脩其身而唐之人主起兵而誅其親者謂之定内難偪父而奪其位者謂之受内禪偪逼也音過禪音善此其閨門無法不足以正天下亂之大者也其治安之久者不過數十年或變生於内或亂作於外未有内外無患承平百年者也揚雄曰前漢揚雄字子雲陰不極則陽不生亂不極則德不形唐室之亂極於

五代而天祚有宋太祖皇帝順天人之心兵不血刃市不易肆而天下定神武所臨海外有截詩商頌云繼以太宗文治記祭義文王以文治四宗守成百有餘年太平鳧鷖詩太平之君子持盈守成雖三代之盛未有如此其久者也其取之也雖無以遠過於前代其守之也則不愧於三王内則家道正而人倫明易家人卦夫夫婦婦而家道正正家而天下定孟滕文公人倫明於上其養民也仁其奉己也儉德澤從厚刑罰從薄外則縣之政聽於令郡之政聽於守守之權歸於按察按察之權歸於朝廷上下相維輕重相制藩鎮無擅兵之勢郡縣無專殺之威自一命以上刑辱不及也故無大臣之誅施及羣生前董仲舒武帝制策德澤洋溢施于方外延及羣生功利無窮較之唐世我朝為優夫唐事已如彼祖宗之成效如此然則今當何監不在唐乎今當何法不在祖宗乎夫惟取監於唐取法於祖宗則永世保民之道也書惟王子子孫孫永保民

唐鑑卷二十四

帝學

（宋）范祖禹　撰

解題

周延良

《帝學》八卷，宋范祖禹撰。

本編據文淵閣《四庫全書》本影印，卷首有清乾隆題《御製范祖禹〈帝學〉詩》，下有諸皇子六人奉和詩。原有南宋嘉定十四年辛巳（一二二一）齊礪《序》及范祖禹的《〈帝學〉札子奏》。

范祖禹生平已見《〈唐鑑〉解題》。

《帝學》成書于何時，史無確載，大致在宋哲宗時期，范祖禹任侍講之際完成，于宋哲宗元祐年間進呈。關于是書的進呈時間，歷史文獻中亦無統一的記載。有元祐五年、元祐七年、元祐初年等諸家之説。宋李燾《續資治通鑑長編·哲宗》載曰：

元祐五年，……給事中兼侍講范祖禹上《帝學》八篇，且言三皇之時，至質略矣。伏羲始開人文，神農以下皆有師。……（據文淵閣《四庫全書》本卷四百四十七）

李燾是北宋末南宋初年人，按照李氏的記載，《帝學》是在「元祐五年」（一〇九〇）進呈，那就應該在元祐初年成書。又，宋王應麟《玉海·帝學》載：

（元祐）五年八月，侍講范祖禹進八卷，集帝王學問及祖宗講讀故事，上起伏羲，下訖神宗，原憲道于三皇，稽德于五帝。軌儀于三代，法象于祖宗。集群聖之所行，體乾健之不息。嘉定十一年，記注之臣，紀五宗之懿，續祖禹之書爲十卷。有詔《通鑑》徹章進讀，十二年五月丁未竟帙。癸亥

賜燕講官，請宣付史館，從之。（據文淵閣《四庫全書》本卷二十六）

王應麟是南宋晚季人，按照王氏記載，《帝學》是『元祐五年』進呈，在嘉定十一年，『記注之臣』[一]，續爲十卷。

以上是南宋時期比較權威的記載，《帝學》是在哲宗元祐五年進呈。另有佚名氏編《宋史全文・宋哲宗》三載『元祐五年……給事中兼侍講范祖禹上《帝學》八篇』[二]云云，均爲『元祐五年』進呈之説。

又，宋陳均《九朝編年備要・哲宗皇帝》載：

（元祐七年）秋七月，復翰林侍讀學士，以翰林學士范祖禹爲之，祖禹尋上《帝學》，疏略曰：『學，始于伏羲，至于成王。《易》《詩》《書》所稱，聖人所述，爲萬世法。由漢以下，其道不純，故可稱者鮮，自古以來，治日常少，亂日常多者，推原其本，由人君不學。方今蒙被涵養，德澤深厚，遠過前世，皆由以道德仁義，文治天下，人主無不好學故也。……』[三]（據文淵閣《四庫全書》本卷二十三）

陳均爲南宋中晚期人，是書的編訂，按照《四庫總目提要》所説：『其書取《日歷實録》及李燾《續通鑒長編》，删繁撮要，勒成一帙。』但事實上，陳氏《九朝編年備要》載爲『元祐七年』，與李氏所載的

〔一〕『記注之臣』，《玉海》此文雙行注爲『李□』。

〔二〕據文淵閣《四庫全書》本卷十三下。

〔三〕案，引文自『學，始于伏羲』至『人主無不好學故也……』是《九朝編年備要》節略述《帝學》卷八范祖禹所作的《跋》文中語。

時限相差兩年。又，宋呂中《宋大事記講義·哲宗皇帝·經筵》載：

……（元祐）七年，范祖禹上《帝學》八篇。（據文淵閣《四庫全書》本卷十九）

呂中是南宋晚季人，呂氏此載《帝學》進呈在『元祐七年』。

以上是南宋時期比較權威的『元祐七年』進呈之説記載。根據歷史上不確定的時限記載，《帝學》大致在宋哲宗元祐年間完成并進呈，是一部專爲皇帝編撰的讀本。

范祖禹是一位非常認真、嚴謹于仕職的官員，元馬端臨《文獻通考·經籍考》載曰：

《帝學》十卷。鼂氏曰：『皇朝范祖禹淳夫纂，自古賢君，迨于祖宗務學、事迹爲一篇，以勸講。』淳夫，元祐時在講筵八年，詰旦當講，前一夕，正衣冠，儼然如在上前。命子弟侍坐，先按講其説平時語，若不出諸口，及當講開列古議，仍參之時事，以爲勸戒。其音琅然，聞者興起。東坡常曰：『淳夫講書，言簡義明，粲然成文章，爲今講官第一。』（據文淵閣《四庫全書》本卷二百十）

此文述及范祖禹在經筵侍講八年，每逢『詰旦當講』，前一夕便正襟危坐如同在皇帝面前講讀一樣，講讀中，深入淺出，古義與時事互證，深得蘇東坡的贊許。今天讀《唐鑒》《帝學》仍然可以感受到蘇軾評價之不誣。

《帝學》是范祖禹在『經筵』侍講之際編撰、進呈的著述，一如前説，是專爲皇帝治國理政所作的參考書，故謂之《帝學》。范祖禹《乞進〈帝學〉札子》説：

臣以史職侍經筵，嘗采集前世帝王學問及記國朝祖宗講讀故事，爲書八卷，名曰《帝學》，可以

上助睿覽。今已繕寫畢，伏望聖慈許令進，入取進止。（見《范太史集·奏議》卷二十一，據文淵閣《四庫全書》本）

此《札子》中述及，范氏作爲史官，在經筵侍讀之際編撰之書，是專爲皇帝閲讀之書，請求皇帝批准進呈。其《進〈帝學〉札子》説：

臣先奏撰成《帝學》一書，今奉御寶批進，入其書八卷，共八册，爲一樸，謹具上進。（同上）

此《札子》是《帝學》獲得批准進呈後，在進呈《帝學》的同時進呈的『札子』，此時進呈的《帝學》還是抄本。到南宋時期，已有刻本，南宋齊礪《〈帝學〉序》説：

……其五世孫擇能宰高安，刊置縣齋，未幾，散逸。户曹玉牒汝洋，一日訪得元本，因俾鋟木，以補道院之闕，庶永其傳。……（據本編《帝學》）

此《序》是南宋人齊礪在嘉定辛巳季夏所述，嘉定辛巳（一二二一）是南宋宋寧宗年號，此時刻本是由范祖禹的五世孫范擇能在高安仕職之際刊刻的，但不久散佚，又有『汝洋一日訪得元本，因俾鋟木，以補道院之闕』（同上），大致可以説，范祖禹五世孫范擇能與汝洋的刻本都是『南宋刊本』，傳至清代的『嘉定刻本』可以統稱爲『南宋刊本』，是否即爲此刊本，亦不得遽爲結論。清莫友芝《郘亭知見傳本書目》録曰：『《天禄後目》有宋嘉定刊本三部。』[一] 莫氏所見并非原書，而是從《天禄後目》中看到的。

[一] 據《藏園訂補郘亭知見傳本書目·子部》二册（中華書局，二〇〇九年版，第五〇二頁）。

又，清于敏中等奉敕編訂《欽定天禄琳琅書目·宋版史部》著録：『《帝學》一函四册。宋范祖禹編，八卷。』〔一〕及于明清時期，刻本漸多。

《帝學》的卷次，按照范祖禹《札子》中所説是八卷，後世著録者多爲八卷，亦有『十卷』之説者，宋晁公武《郡齋讀書志·子部》：『《帝學》十卷。右皇朝范祖禹編纂。自古賢君，下迨祖宗務學、事迹爲一編，以勸講。』〔二〕南宋陳振孫《直齋書録解題·儒家類》著爲八卷，其説曰：『《帝學》八卷（案《文獻通考》作十卷）。』《文獻通考》著爲『十卷』是依據《郡齋讀書志》。元代著爲八卷，《宋史·藝文志·史類》：『范祖禹《唐鑒》十二卷，又《帝學》八卷。……李埴《續帝學》一卷。』〔三〕又，明代楊士奇編《文淵閣書目》：『《帝學》一部一册、《帝學》一部一册。』〔四〕兩著《帝學》均未録卷數。《欽定天禄琳琅書目》著録《帝學》的明版書，大抵今見《四庫》此書之所本，《欽定天禄琳琅書目》卷二著録『宋版書』爲明人吴寬藏本并摹寫其鈐印：

朱文 卷八

朱文 跋末

（據文淵閣《四庫全書》本卷八

〔一〕據文淵閣《四庫全書》本卷二。
〔二〕據文淵閣《四庫全書》本卷三上。
〔三〕據《二十五史》本《宋史》卷二百三。
〔四〕據文淵閣《四庫全書》本卷一。

以『叢書堂』無考爲説。《欽定天禄琳琅書目·明版史部》著録説：

《帝學》（一函二册）。宋范祖禹編，八卷，前齊礪序。前宋版已有是書，卷帙并同。本朝何焯藏本，有印記。焯，字屺瞻，長洲縣人，翰林院編修，贈侍讀學士。

何焯之印　白文　屺瞻　朱文　俱卷一　義門何氏家藏　朱文　書末

（據文淵閣《四庫全書》本卷八）

今見《四庫》本《帝學》八卷，前亦有齊礪序文，與《欽定天禄琳琅書目》所著者同。

《帝學》的體例與《唐鑒》大抵相同，皆以纂輯歷代故事作爲認識、論説的基礎，在縱向綫索之中于文獻條目之後給予評論，《四庫全書總目·〈帝學〉提要》説：

皆纂輯自古賢君迨宋祖宗務學、事迹，以勸講。由伏羲迄宋神宗，每條後間附論斷。自上古至漢唐二卷，自宋太祖至神宗六卷，于宋諸帝叙述獨詳，蓋亦本法祖之意，以爲啓迪也。……論今日之學與不學，係他日治亂，而力陳宜以進學爲急。又歷舉人主正心修身之要，言甚切。……（據文淵閣《四庫全書》本）

《帝學》所論，宋以前只有二卷，宋代自宋太祖至宋神宗爲六卷，先出歷史故事，後爲説者的評論，每則評論都在述説治國故事的同時强調作爲帝王『學』習與治亂興廢關係的重要性。

是書在南宋時期既有良好的影響。

南宋吕中在《宋大事記講義·哲宗皇帝·家法》中説：

元祐八年正月，范祖禹上《仁皇訓典》。先是，上《帝學》八篇，……此《帝學》一書，極言我朝百三十年海内承平，由祖宗無不好學故也。……（據文淵閣《四庫全書》本卷十九）

《帝學》一書，于今觀之，可界兩端：「帝」謂之基，「學」謂之範。人君是國家的核心，没有人君，國則無以立。人君立于國，學爲之要。故范祖禹在《帝學》的《跋》語中極述作爲人君「學」的重要意義，其説曰：

……三皇之時，至質略矣，伏羲始開人文，神農以下，皆有師，聖人之德，莫大于學。在《易》乾之六爻，龍德變化，皆聖人也。「九二」曰：「見龍在田」，孔子曰：「龍德而正中也，由學以聚之，問以辨之，故天下文明。」「九三」曰：「君子終日乾乾。」孔子曰：「進德修業，欲及時也。」至于「九五」，「飛龍在天」則與天地合其德，與日月合其明，與四時合其序，與鬼神合其吉凶。先天而天不違，後天而奉天時，聖人之德，莫盛于此，由學以致之也。「九二」「九五」皆曰「利見大人」，蓋非學則不能爲大人，故堯、舜稽古，垂衣裳而天下治，聖學之要也。……學，始于伏羲，至于成王。《易》《詩》《書》所稱，聖人所述，爲萬世法。由漢以下，其道不純，故可稱者鮮。自古以來，治日常少，亂日常多，推原其本，由人君不學也。……（據本編《帝學》卷八）

「學」是《帝學》中的重心詞，從此《跋》語中可以獲證。作爲帝王，必須擁有學問，這是千古不變的真理。《帝學》以「太昊伏羲氏」爲始，一直延及宋神宗時期，上下數千年之術，都不外乎帝王必

『學』之道、之理，誠如齊礪《序》中所言：

《帝學》一編，元祐中，太史范公勸講金華，摭取帝王務學求師之要，自宓羲迄于我宋，釐爲八卷上之。玉音嘉納，緝熙光明，于斯爲盛。……（據本編《帝學》卷首）

擁有治國之道，必須首先懂得治國之術，治國之術的獲取是由學完成的，『學』是治國之道的不二之選。在《勸學札子》一文中范氏復論『學』對帝王治國的意義，其説曰：

……夫學者，所以學治天下，王者之事也。故自堯、舜、禹、湯、文、武之君，皆汲汲于學。仲尼雖聖，亦皇皇有所不暇，此聖人所以不可及也。後世繼體守文之君，生而驕逸，不能務學，忘其祖宗之艱難，累世之勤勞，徒見天下無事，以爲禍亂無從而生，或荒耽于酒，或盤于游畋，或窮奢極侈，或輕用民力；諂諛日親，忠正日疏，人心離貳，遂亡其國。其所行之迹，後世視以爲戒。自古以來，治日常少，亂日常多。推原其本，由人君不學故也。天下治亂，皆繫于人君之心，君心正，則朝廷萬事無不正。……（《范太史集·奏議》據文淵閣《四庫全書》本卷十四）

上所引述之文從正反兩個方面證明『學』對帝王以至于國家治亂興廢的意義。就帝王而言，『學』是治理天下的手段，换言之，帝王要治理好一個國家就必須通過『學』而掌握了治理的手段。文中所例證的堯、舜、禹等其實是前世賢君的概括，前世賢君治世，『皆汲汲于學』。『後世繼體守文之君』由于不學，因此『治日常少，亂日常多』——這是自古皆然之理。『學』不僅是治理手段，而且還可以辨别『人君之心』是否正——『學』則『君心正』，反之則不正，不正國家必亂。《勸學札子》本質上是對《帝學》就帝王治亂的申説與發揮——正心修身是賢君必不可少的涵養。

南宋趙汝愚編《宋名臣奏議》，中《君道門》，專收宋代名臣有關于諫君治國之道奏章，南宋沈樞《通鑒總類》屬在『史抄類』，其書專釐《帝學門》，擷取歷史上帝王治道故事則不以時序，雖不免簡略，但亦有可以觀戒者，然終不及《帝學》之詳備。

御製題宋版范祖禹帝學

元祐成書心力殫逮乎嘉定又重刊欣茲祖禹芸編在

不異九齡金鑑看務學求師著儀軌修身莅政示倪端

知之行矣吾猶愧絲几寧惟玩古觀

乾隆乙未孟春

乾隆四十一年九月奉

旨皇子等所和詩著並錄欽此

皇四子　臣永珹恭和

儒臣第一妙研殫（謹案本傳蘇軾嘗稱祖禹為講官第一）仰契

皇心論不刊古鑑炯如著蔡奉陳編珍越鼎彝看數千

年上窺精蘊三萬言中得肇端（帝學共八卷計二萬九千餘字）幸

荷

綸音勤染翰（奉命子臣永珹等六人各繕一部）豹斑粗識愧童觀

皇六子　臣永瑢恭和

兩閣（通英延義）陳言要義殫先經繕進後經刊（建炎中禮部尚書謝克家上言請勅祖禹之子宗正少卿沖繕本進覽嗣祖禹五世孫擇能宰高安刊置縣齋嘉定中戶曹趙汝洋補刊）講筵不愧眉山譽（謹案本傳蘇軾稱祖禹為講官第一）史

筆應齊涑水看（祖禹進唐鑑十二卷學者有唐鑑公之目）紙墨古香留

篋裏星雲

宸藻冠篇端執中

聖學同堯舜一善兼資備

監觀

皇八子臣永璇恭和

聖學勤師古訓殫嘉謨有

契論寧刊惟精惟一傳心接求治求安運掌看用極先

由慎乎德從長猶

念執其端曲江金鑑編堪續

宵旰

堯衷比例觀

皇十一子臣永瑆恭和

太史編書典制殫衢州投進溯重刊如斯方册真

資用合是巖廊不厭看祭海三王皆後委傳薪千

古必求端孫踪衛感應何極按宋史范祖禹師司馬光不立黨令

日常蒙

聖主觀

皇十二子臣永瑹恭和

臣心克輔主心殫七百年來義不刊治要垂為邦

國守

幾餘宣示子孫看校書葉掃循庭際給札胥焚謹席端

恭命敬書永帙並校其筆誤

天藻輝煌標學鏡覲賢念典仰臨觀

皇十五子臣永琰恭和

帝王勤學貴心殫范氏編摩義不刊三代規模於

古會千秋得失在茲看衡量梨棗稽年表是編刊於宋嘉定辛巳距今五百餘年

聲振琳瑯揭簡端書舊入天祿琳瑯令日淵源滙

文府新建文淵文源文津三閣將四庫全書並有御製記真從

學海得淵觀

欽定四庫全書　子部一

帝學　儒家類

提要

臣等謹案帝學八卷宋范祖禹撰祖禹字淳父華陽人嘉祐八年進士歷官翰林學士出知陝州尋謫賓化而卒建炎二年追復龍圖閣學士事蹟具宋史是書乃哲宗元祐初祖禹在經筵時所進皆纂輯自古賢君迨宋祖宗務學事迹以勸講由伏羲迄宋神宗每條後間附論斷自上古至漢唐二卷自宋太祖至神宗六卷於宋諸帝敘述獨詳蓋亦本法祖之意以為啟迪也祖禹初侍哲宗經幄因夏暑罷講即上書論今日之學與不學係他日治亂而力陳宜以進學為急又歷舉人主正心修身之要言甚切至史稱其在邇英時守經據正獻納尤多又稱其長於勸講平生

論諫數十萬言其開陳治道區別邪正辨釋事宜平易明白洞見底蘊雖賈誼陸贄不是過今觀此書言簡義明敷陳剴切信有不愧史臣所言者惜哲宗昧於省察不知學古有獲之義終致更張初政國是混淆而祖禹忠愛之忱惓惓以防微杜漸為念其立論可謂深切著明於帝王典學之旨實能有所裨益焉乾隆四十一年十月恭校上

總纂官臣紀昀臣陸錫熊臣孫士毅

總校官臣陸費墀

帝學原序

帝學一編元祐中太史范公勸講金華摭取帝王務學求師之要自宓羲迄于我宋彙為八卷上之王音嘉納緝熙光明於斯為盛其五世孫擇能宰高安刋置縣齋未幾散逸户曹玉牒汝洋一日訪得元本因俾鋟木以補道院之闕庶永其傳嘉定辛巳季夏望日青社齊礪書

帝學劄子奏

建炎四年七月　日朝散大夫試禮部尚書臣謝克家等劄子奏臣等伏見故翰林學士范祖禹當元祐中終始實在經筵所著唐鑑既已進御外有仁皇訓典及帝學二書有益治道可備睿覽今祖禹之子前宗正少卿沖寓居衢州伏望聖慈下本州給以筆札令沖勘讀投

欽定四庫全書

帝學卷一

宋　范祖禹　撰

太昊伏羲氏
炎帝神農氏
黃帝有熊氏
少昊金天氏
顓頊高陽氏
帝嚳高辛氏

帝堯陶唐氏
帝舜有虞氏
大禹夏后氏
商王成湯
高宗
周文王
武王
成王

太昊伏羲氏仰則觀象於天俯則觀法於地觀鳥獸之文與地之宜近取諸身遠取諸物於是始作八卦以通神明之德以類萬物之情上古結繩而治伏羲始作書契百官以治萬民以察

臣祖禹曰伏羲氏德合天地通於神明始畫八卦以開物成務故孔子言易始於伏羲肇有書契以紀萬事而治道可傳於後至堯而大備故孔子序書始於堯其前豈無聖人哉盖其世遠不可以為法也揚雄

曰法始乎伏羲而成乎堯匪伏匪堯禮義哨哨聖人不取也後世帝王之學本伏羲故臣以為帝學之首

炎帝神農氏師曰悉諸

黃帝有熊氏幼而徇齊（徇疾齊遠也言聖德幼而疾遠）長而敦敏成而聰明師曰大橈（大橈作甲子者）又學於大真伏羲神農黃帝之書謂之三墳

少昊金天氏以鳥名官鳳鳥氏歷正（鳳鳥知天時故以名歷正之官）玄鳥氏司分（玄鳥燕也以春分來秋分去）伯趙氏司至（伯趙伯勞也以夏至鳴冬至止）

青鳥氏司啟青鳥鶬鷃也以立春鳴立夏止丹鳥氏司閉丹鳥鷩雉也以立秋來立冬去入大水為蜃上四鳥皆歷正之屬官祝鳩氏司徒祝鳩鵻鳩也鵻鳩孝故為司徒主教民鴡鳩氏司馬鴡鳩王鴡也摯而有別故為司馬主法制鳲鳩氏司空鳲鳩鴶鵴也鳲鳩平均故為司空平水土爽鳩氏司寇爽鳩鷹也鷙故為司寇主盜賊鶻鳩氏司事鶻鳩鶻鵃也春來冬去故為司事五鳩鳩民者也鳩聚也治民上聚故以鳩為名五雉為五工正雉有五種西方曰鷷雉東方曰鶅雉南方曰翟雉北方曰鵗雉伊洛之南曰翬雉利器用正度量夷民者也夷平也九扈為九農正扈有九種春扈鳻鶞夏扈竊玄秋扈竊藍冬扈竊黃棘扈竊丹行扈唶唶宵扈嘖嘖桑扈竊脂老扈鷃鷃以九扈為九農之號各隨其宜以扈民無淫者也扈止也止民使不淫放魯昭公十七年郯子來朝叔孫昭子問焉曰少昊氏鳥名官何故也郯子曰吾祖也我知之昔者黃帝氏以雲紀故為雲師而雲名炎帝氏以火紀故為火師而火名共工氏以水紀故為水師而水名太昊氏以龍紀故為龍師而龍名我高祖少昊摯之立也鳳鳥適至故紀於鳥為鳥師而鳥名自高陽以來不能紀遠乃紀於近為民師而命以民事則不能故也仲尼聞之見郯子而學之告人曰吾聞之天子失官學在四夷猶信然則古聖人之建官立事必本於學也

少昊氏有四叔曰重曰該曰修曰熙實能金木及水能治其官使重為句芒木正該為蓐收金正修及熙為玄冥二子相代為水正世不失職遂濟窮桑窮桑少昊之號也四子能治其官使不失職濟成少昊之功死

皆為民所祀窮桑地在魯北晉頃公十四年魏獻子問於蔡墨曰社稷五祀誰氏之五官也對曰少昊氏有四叔為句芒蓐收玄冥此其三祀也顓頊氏有子曰黎為祝融共工氏有子曰句龍為后土此其二祀也后土為社稷田正也有烈山氏之子曰柱為稷自夏以上祀之周棄亦為稷自商以來祀之

臣祖禹謹案周禮內史掌三皇五帝之書春秋之時楚左史倚相能讀三墳五典八索九丘是其書猶存也蓋自孔子刪書斷自唐虞不紀三皇而周易繫伏羲神農黃帝堯舜之事孔安國以伏羲神農黃帝之書為三墳少昊高陽高辛唐虞之書為五典司馬遷作史記以黃帝為五帝之首高陽高辛次之堯舜次之而少昊氏不紀考其制作法度自高陽已不能及四子修職皆百世祀少昊之德豈非學之至乎臣故取左氏傳郯子史墨之語以補少昊氏之事備三皇五帝之學焉

顓頊高陽氏師曰伯夷又受學於綠圖

帝嚳高辛氏聰以知遠明以察微仁而威惠而信修身而天下服師曰伯招

帝堯陶唐氏聰明文思光宅天下若稽古欽明文思安安益曰帝德廣運乃聖乃神乃武乃文師曰子州支父學於君疇孔子曰堯煥乎其有文章

帝舜有虞氏若稽古濬哲文明温恭允塞師曰許由學於務成昭務成昭教舜曰避天下之逆從天下之順天下不足定也避天下之順從天下之逆天下不足失也孟子曰大舜有大焉善與人同舍己從人樂取於人以為善自耕稼陶漁以至為帝無非取於人者取諸人以

為善是與人為善者也又曰舜聞一善言見一善行若決江河沛然莫之能禦也少昊高陽高辛唐虞之書謂之五典

臣祖禹曰帝王之學謂之大學禮記曰大學之道在明明德在親民在止於至善知止而后有定定而后能靜靜而后能安安而后能慮慮而后能得古之欲明明德於天下者先治其國欲治其國者先齊其家欲齊其家者先修其身欲修其身者先正其心欲正其心者先誠其意欲誠其意者先致其知致知在格物物格而后知至知至而后意誠意誠而后心正心正而后身修身修而后家齊家齊而后國治國治而后天下平故學者所以致知誠意正心修身齊家治國明明德於天下堯舜之道是也帝王之學所以學為堯舜也堯舜亦學于古先聖王而已其在易曰進德修業學以聚之問以辨之其在書曰若稽古其在詩曰正家以風天下此文王之學也揚雄曰適堯舜

文王者為正道後世學堯舜而及之者惟文王故孔子祖述堯舜憲章文武而習周公其他皆非道也

大禹夏后氏若稽古文命敷于四海祗承于帝聞善言則拜思日孜孜作訓以戒子孫曰民可近不可下民惟邦本本固邦寧予視天下愚夫愚婦一能勝予一人三失怨豈在明不見是圖予臨兆民懔乎若朽索之馭六馬為人上者奈何不敬又曰内作色荒外作禽荒甘酒嗜音峻宇彫牆有一于此未或不亡禹為人敏給克勤

惡旨酒而好善言師曰大成摯學於西王國禹惜寸陰為善日不足也見耕者耦立而式二人並耕曰耦式車敬耕者也過十室之邑必下下車也十室之邑以其必有忠信故下之

商王成湯不邇聲色不殖貨利以義制事以禮制心昧爽丕顯坐以待旦作盤銘曰苟日新日日新又日新伊尹耕于有莘之野而樂堯舜之道湯三往幣聘之伊尹思天下之民匹夫匹婦有不被堯舜之澤者如己推而內之溝中故就湯而說之以伐夏救民湯學于伊尹而

後臣之商頌曰湯降不遲聖敬日躋昭假遲遲上帝是祗帝命式于九圍是湯之德也

高宗得傅說以為相王曰來汝說台小子舊學于甘盤甘盤賢臣有道德者說曰王人求多聞時惟建事學于古訓乃有獲事不師古以克永世匪說攸聞惟學遜志務時敏厥修乃來允懷于茲道積于厥躬惟斆學半念終始典于學厥德修罔覺監于先王成憲其永無愆

周文王在傅弗勤處師弗煩益易之八卦為六十四卦伏羲畫八卦文王演之為六十四太公呂望避紂居東海之濱聞文王作興曰吾聞西伯善養老者往歸之文王以為師大雅曰亹亹文王令聞不已亹亹勉也其善聲聞無止時也又曰穆穆文王於緝熙敬止穆穆美也緝熙光明也又曰倬彼雲漢為章于天倬大也雲漢在天其為文章猶天子為法度于天下周王壽考遐不作人追琢其章金玉其相追琢玉使成文章喻文王為政先以心研精合于禮義然後施之萬民其好而學之如觀金玉然言其政可樂也勉勉我王綱紀四方又曰雝雝在宮肅肅在廟雝雝和也肅肅敬也又曰不聞亦式不諫亦入性與天合小雅

曰伐木燕朋友故舊也自天子至于庶人未有不須友以成者此文王燕朋友之詩單襄公曰文王質文言質性有文德故天祚之以天下孔子曰文王既沒文不在茲乎故祖述堯舜憲章文武子貢曰文武之道未墜于地孔子學文王者也武王師太公號曰師尚父師之尚之父之故曰師尚父王踐治三月召師尚父而問焉曰黃帝高陽之道有乎意亦忽不可得見與師尚父曰在丹書王欲聞之則齊矣三日王端冕師尚父亦端冕奉書而入負屏而立王下堂南面

而立師尚父曰先王之道不北面王行西折而南東面而立師尚父西面道書之言曰敬勝怠者吉怠勝敬者滅義勝欲者從欲勝義者凶且臣聞之以仁得之以仁守之其量百世以不仁得之以仁守之其量十世以不仁得之以不仁守之必及其世王聞書之言惕若恐懼退而為戒書於席之四端為銘焉於几為銘焉於鑑為銘焉於盥盤為銘焉於楹為銘焉於杖為銘焉於帶為銘焉於履屨為銘焉於觴豆為銘焉於户為銘焉於牖

為銘焉於劍為銘焉於弓為銘焉於矛為銘焉於席前左端之銘曰安樂必敬前右端之銘曰無行可悔後左端之銘曰一反一側亦不可忘後右端之銘曰所監不遠視邇所代鑑之銘曰見爾前慮爾後盥盤之銘曰與其溺於人也寧溺於淵溺於淵猶可游也溺於人不可救也楹之銘曰毋曰胡殘其禍將然毋曰胡害其禍將大毋曰胡傷其禍將長杖之銘曰惡乎危於忿疐惡乎失道於嗜慾惡乎相忘於富貴帶之銘曰慎戒必恭恭則壽劍之銘曰帶之以為服動必行德行德則興倍德則崩矛之銘曰造矛造矛少閒弗忍終身之羞予一人所聞以戒後世子孫既克商王訪于箕子作洪範西旅獻獒太保作旅獒用訓於王曰德盛不狎侮狎侮君子罔以盡人心狎侮小人罔以盡其力不役耳目百度惟貞玩人喪德玩物喪志志以道寧言以道接不作無益害有益功乃成不貴異物賤用物民乃足犬馬非其土性不畜珍禽奇獸不育于國不寶遠物則遠人格所寶

惟賢則邇人安嗚呼夙夜罔或不勤不矜細行終累大德為山九仞功虧一簣

成王幼不能涖阼周公相踐阼而治抗世子法於伯禽使之與成王居欲令成王之知父子君臣長幼之道也是故知為人子然後可以為人父知為人臣然後可以為人君知事人然後能使人召公為太保周公為太傅太公為太師保保其身體（保謂安守之）傅傅之德義（傅猶敷也）師導之教訓（師傅之教大同也師主於訓導傅即受而述之書序曰召公為保周公為師相成王為左）

右蓋周公復政留為太師此二公之職也天子疑則問問則應而不窮者謂之道道者導天子以道者也常立於前是周公也誠立而敢斷輔善而相義者謂之充充者充天子之志者也常立於左是太公也絜廉而切直匡過諫邪者謂之弼弼者拂天子之過者也常立於右是召公也博聞彊記敏給而善對者謂之承承者承天子之遺忘者也常立於後是史佚也故成王中立而聽朝則四聖維之是以慮無失計而舉無過事作頌曰惟予小子不聰

敬止日就月將學有緝熙于光明佛時仔肩示我顯德行召公作誥曰惟王受命無疆惟休亦無疆惟恤嗚呼曷其奈何弗敬又曰王其疾敬德相古先民有夏天迪從子保面稽天若今時既墜厥命今相有殷天迪格保面稽天若今時既墜厥命今沖子嗣則無遺壽耇曰其稽我古人之德矧曰其有能稽謀自天又曰我不可不監于有夏亦不可不監于有殷周公作洛誥王拜手稽首以求誨言周公曰孺子其朋孺子其朋其往無若火

始燄燄厥攸灼敘弗其絕乃惟孺子頒朕不暇聽朕教汝于棐民彝汝乃是不蘉乃時惟不永哉又作無逸周公曰嗚呼君子所其無逸先知稼穡之艱難乃逸則知小人之依相小人厥父母勤勞稼穡厥子乃不知稼穡之艱難乃逸乃諺既誕否則侮厥父母曰昔之人無聞知周公曰嗚呼繼自今嗣王則其無淫于觀于逸于遊于田以萬民惟正之供無皇曰今日耽樂乃非民攸訓非天攸若時人丕則有愆無若殷王受之迷亂酗于酒

德哉周公曰嗚呼我聞曰古之人猶胥訓告胥保惠胥教誨民無或胥譸張為幻周公曰嗚呼自殷王中宗及高宗及祖甲及我周文王茲四人迪哲厥或告之曰小人怨汝詈汝則皇自敬德厥愆曰朕之愆允若時不啻不敢含怒又作立政周公若曰拜手稽首告嗣天子王矣用咸戒于王曰王左右常伯常任準人綴衣虎賁周公曰嗚呼休茲知恤鮮哉又曰嗚呼孺子王矣繼自今我其立政立事準人牧夫我其克灼知厥若丕乃俾亂

相我受民和我庶獄庶慎時則勿有間之嗚呼予旦已受人之徽言咸告孺子王矣繼自今立政其勿以憸人其惟吉士用勱相我國家今文子文孫孺子王矣其勿誤于庶獄惟有司之牧夫嗚呼繼自今後王立政其惟克用常人王作周官以訓百官曰學古入官議事以制政乃不迷其爾典常作之師無以利口亂厥官又曰不學牆面涖事惟煩戒爾卿士功崇惟志業廣惟勤又曰作德心逸日休作偽心勞日拙

臣祖禹曰夏為天子十有七世四百三十有二年商為天子三十有一世六百二十有九年周為天子三十有六世八百六十有七年三代一千九百二十有八年其君以學見於經傳者唯禹湯高宗文武成王而已可謂至少也若夏之啟與少康商之祖甲中宗祖乙盤庚周之康王宣王皆有功烈見於詩書非學亦不能至也雖載籍關畧事遠難明然要之聖君少而庸君多故治日短而亂日長貴為天子富有天下苟不學則無聞於後人君可不勉哉如夏之桀商之紂昏亂其德覆宗絶祀後世言惡則必稽焉豈其性不可為善哉由不法先王不親賢不務學也書曰惟聖罔念作狂惟狂克念作聖聖狂之分惟在念與不念而已可不戒哉

帝學卷一

欽定四庫全書

帝學卷二

宋 范祖禹 撰

漢太祖高皇帝

太宗孝文皇帝

世宗孝武皇帝

孝昭皇帝

中宗孝宣皇帝

世祖光武皇帝

顯宗孝明皇帝

肅宗孝章皇帝

後魏高祖孝文皇帝

唐太宗文武大聖大廣孝皇帝

玄宗至道大聖大明孝皇帝

憲宗昭文章武大聖至神孝皇帝

漢太祖高皇帝初定天下太中大夫陸賈時時前稱說詩書帝曰乃公居馬上得之安事詩書賈曰馬上得之寧可以馬上治乎文武並用長久之術也鄉使秦已并天下修仁義法先聖陛下安得而有之帝有慙色謂賈曰試為我著秦所以失天下吾所以得之者及古成敗之國賈凡著十二篇每奏一篇帝未嘗不稱善左右呼萬歲稱其書曰新語

太宗孝文皇帝時求能治尚書者天下無有聞濟南伏生治之（生名勝故為秦博士）欲召時伏生年九十餘老不能行於是詔太常使掌故鼂錯往受之太中大夫賈誼為長沙

王太傅歲餘帝思誼徵之入見上方受釐坐宣室上因感鬼神事而問鬼神之本誼具道所以然之故至夜半帝前席既罷曰吾久不見賈生自以為過之今不及也誼上書言三代之君教太子之法曰太子少長則入於學學者所學之官也（官謂官舍）學禮曰帝入東學上親而貴仁則親疏有序而恩相及矣帝入南學上齒而貴信則長幼有差而民不誣矣帝入西學上賢而貴德則聖智在位而功不遺矣帝入北學上貴而尊爵則貴賤有等

而下不踰矣帝入太學承師問道退習而考於太傅太傅罰其不則而匡其不及則法也匡正也則德知長而治道得矣此五學者既成於上則百姓黎民化輯於下矣輯和也

世宗孝武皇帝時倪寬見帝語經學帝曰吾始以尚書為樸學弗好及聞寬說可觀乃從寬問一篇又詔求能為韓嬰詩者徵蔡義待詔久不進見義上疏曰臣山東草萊之人行能無所比容貌不及衆然而不棄人倫者竊以聞道於先師自託於經術也願賜清閒之燕得盡

精思於前上召見義說詩甚悅之擢為光禄大夫給事中制曰道民以禮風之以樂今禮壞樂崩朕甚閔焉故詳延天下方聞之士咸登諸朝其令禮官勸學講議洽聞舉遺興禮以為天下先太常議與博士弟子崇鄉黨之化以厲賢材焉於是建藏書之策外則有太常太史博士之藏內則有延閣廣內祕室之府置寫書之官下及諸子傳說皆充祕府董仲舒對冊推明孔氏帝遂罷黜百家表章六經疇洛海内舉其俊茂與之立功建太學修郊祀改正朔定歷數協音律作詩樂禮百神紹周後號令文章煥然可述後嗣得遵洪業而有三代之風

孝昭皇帝始元五年詔曰朕以眇身獲保宗廟戰戰慄慄夙興夜寐修古帝王之事通保傅傳孝經論語尚書未云有明賈誼作保傅傳在禮大戴記帝雖通此書而孝經論語尚書猶未能明也其令三輔太常舉賢良各二人郡國文學高第各一人蔡義以韓詩授帝博士韋賢亦進授帝詩

中宗孝宣皇帝髙材好學年十八師受詩論語孝經元

康元年詔曰朕不明六藝鬱於大道鬱不通也是以陰陽風雨未時其博舉吏民厥身修正通文學明於先王之術宣究其意者各二人中二千石各一人甘露三年詔諸儒講五經同異於石渠閣在未央殿北以藏秘書太子太傅蕭望之等平奏其議帝親稱制臨決焉乃立梁丘易大小夏侯尚書穀梁春秋博士

世祖光武皇帝愛好經術未及下車先訪儒雅採求闕文補綴漏逸先是四方學士多逼逃林藪至是莫不抱

負墳策雲會京師乃立五經博士各以家法教授太常差次總領焉建武五年修起太學備籩豆干戚之容帝受尚書通大義召桓榮入說甚善之每朝會輒令榮敷奏經義帝稱善曰得生幾晚拜榮為博士車駕幸太學會諸博士論難於前自隴蜀平後未嘗復言軍旅皇太子嘗問攻戰之事帝曰昔衛靈公問陳孔子不對此非爾所及每旦視朝日昃乃罷數引公卿郎將講論經理夜分乃寐皇太子見帝勤勞不怠承間諫曰陛下有禹

湯之明而失黃老養性之福願頤愛精神優游自寧帝曰我自樂此不為疲也

顯宗孝明皇帝為太子時桓榮以少傅授尚書包咸以郎中授論語及即位尊榮以師禮拜為太常帝嘗幸太常府令榮坐東面設几杖會百官驃騎將軍東平王蒼以下及榮門生數百人帝自執業每言輒曰太師在是永平二年三雍初成以李躬為三老桓榮為五更養老禮畢帝正坐自講諸儒執經問難於前冠帶縉紳之人圜橋門而觀聽者蓋億萬計榮疾篤帝問之入街下車擁經而前撫榮垂涕賜以牀茵帷帳刀劍衣被榮卒帝變服臨喪送葬五年以包咸為大鴻臚每進見錫以几杖入屏不趨贊事不名經傳有疑輒遣小黃門就舍即問九年為四姓小侯立學置五經師自期門羽林之士悉令通孝經章句匈奴亦遣子入學濟濟乎洋洋乎盛於永平矣

肅宗孝章皇帝為太子時張酺侍講及即位出為東郡

太守元和二年東巡狩幸東郡引酺及門生并郡縣掾史會庭中帝先備弟子之儀使酺講尚書一篇然後修君臣之禮還過魯幸闕里以太牢祀孔子及七十二人作六代之樂大會孔氏男子二十以上者六十三人命儒者講論蘭臺令孔僖因自陳謝帝曰今日之會寧於卿宗有光榮乎對曰臣聞明王聖主莫不尊師貴道今陛下親屈萬乘辱臨敝里此乃崇禮先師增煇聖德至於光榮非所敢承帝大笑曰非聖者子孫焉有斯言乎

遂拜侍郎中帝降意儒術特好古文尚書左氏傳建初四年會諸儒於北宮白虎觀講論五經同異使五官中郎將魏應承制問侍中淳于恭奏帝親稱制臨決如石渠故事

後魏高祖孝文皇帝好讀書手不釋卷五經之義覽之便講史傳百家無不該涉親講喪服於清徽堂從容謂羣臣曰彦和季豫等年在蒙稚早登纓紱失過庭之訓並未習禮每欲令我一解喪服自審義解浮疎抑而不

許頃因酒坐脫爾言從故屈朝彦遂親傳說將臨講坐慚戰交情御史中尉李彪對曰自古及今未有天子講禮陛下聖叡淵明事超百代臣得親承音旨千載一時

唐太宗文武大聖大廣孝皇帝初為天策上將開天策府置官屬乃開館於宮西延四方文學之士出教以王府屬杜如晦記室房玄齡虞世南文學褚亮姚思廉主簿李玄道參軍蔡允恭薛元敬顔相時諮議典籤蘇勗天策府從事中郎于志寧軍諮祭酒蘇世長記室薛收倉曹李守素國子助教陸德明孔穎達信都蓋文達宋州總管府戸曹許敬宗並以本官兼文學館學士分為三番更日直宿供給珍膳恩禮優厚帝朝謁公事之暇輒至館中引諸學士討論文籍或夜分而寢又使庫直閻立本圖像褚亮為贊號十八學士士大夫得預其選者時人謂之登瀛洲武德九年帝即位於弘文殿聚四部書二十餘萬卷置弘文館於殿側精選天下文學之士虞世南褚亮姚思廉歐陽詢蔡允恭蕭德言等以本

官兼學士令更日宿直聽朝之暇引入内殿講論前言往行商確政事或至夜分乃罷又取三品已上子孫充弘文館學生貞觀二年正月帝著金鏡述以示侍臣其略曰亂未嘗不任不肖治未嘗不任忠賢任忠賢則享天下之福用不肖則受天下之禍十四年二月幸國子監觀釋菜命祭酒孔穎達講孝經賜祭酒以下至諸生高第帛有差是時帝大徵天下名儒為學官數幸國子監使之講論學生能用一大經已上皆得補官增築學

舍千二百間增學生滿三千二百六十員自屯營飛騎亦給博士使授以經有能通經者聽得貢舉於是四方學者雲集京師乃至高麗百濟新羅高昌吐蕃諸酋長亦遣子弟請入國學升講筵者至八千餘人帝以師說多門章句繁雜命孔穎達與諸儒撰定五經疏謂之正義令學者習之二十二年帝撰帝範十二篇以賜太子曰君體建親求賢審官納諫去讒戒盈崇儉賞罰務農閱武崇文且曰修身治國備在其中一旦不諱更無所言矣

玄宗至道大聖大明孝皇帝為太子時褚無量以國子祭酒侍講及即位加右散騎常侍開元三年帝謂宰相曰朕每讀書有所疑滯無從質問可選儒學之士使入內侍讀盧懷慎薦太常卿馬懷素乃以懷素為左散騎常侍與無量更日侍讀每至閤門令乘肩輿以進或在別館道遠聽於宮中乘馬親送迎之待以師傅之禮以無量羸老特為之造腰輿在內殿令內侍舁之五年懷素為秘書監奏省中書散亂訛缺請選學術之士二十人整比校補從之於是搜訪逸書選吏繕寫命國子博士尹知章桑泉尉韋述等二十人同刊正以褚無量為之使於乾元殿前編校羣書八年無量卒命右散騎常侍元行沖整比羣書行沖上羣書四録凡書四萬八千一百六十九卷十一年置麗正書院聚文學之士秘書監徐堅太常博士賀知章監察御史趙冬曦等或修書或侍講以張説為修書使以總之有司供給優厚中書舍人陸堅以為此屬無益於國徒為糜費欲悉奏罷之

張説曰自古帝王於國家無事之時莫不崇宮室廣聲色今天子獨延禮文儒發揮典籍所益者大所損者微陸子之言何不達也帝聞之重説而薄堅十三年帝與中書門下及禮官學士宴於集仙殿帝曰仙者憑虛之論朕所不取賢者濟理之具朕今與卿曹合宴宜更名集賢殿其書院官五品以上為學士六品以下為直學士以張説知院事右散騎常侍徐堅副之二十五年帝

制訓誡六篇以示諸王其旨蓋明君臣父子之義齊祭稼穡之事宰臣李林甫等請宣布中外手詔曰周公誡伯禽無以魯國驕人朕萬聖雖慚豈忘誡子聊示庭訓何足宣布也天寶二載帝自注孝經頒於天下

憲宗昭文章武大聖至神孝皇帝留意典墳每覽前代興亡得失之事皆三復其言又讀貞觀開元實錄見太宗撰金鏡書及帝範玄宗撰開元訓誡帝遂採尚書春秋後傳史記漢書三國志晉書晏子春秋新序說苑等

書君臣行事可為龜鏡者集成十四篇一曰君臣道合二曰辨邪正三曰戒權倖四曰戒微行五曰任賢臣六曰納忠諫七曰慎征伐八曰慎刑法九曰去奢泰十曰崇節儉十一曰奬忠直十二曰修德政十三曰諫畋獵十四曰録勲賢分為上下卷目曰前代君臣事跡元和四年以其書寫於屏風列之御座之右遣中使以書屏六扇至中書宣示宰臣李藩裴垍曰朕近撰此屏風常所觀覽故以示卿藩等上表賀

臣祖禹案歐陽修贊曰唐有天下可稱者三君玄宗憲宗皆不克其終盛哉太宗之烈也今臣述明皇憲宗取其務學而已

帝學卷二

帝學卷三

宋 范祖禹 撰

大宋太祖啓運立極英武睿文神德聖功至明大孝皇帝

太宗至仁應道神功聖德文武睿烈大明廣孝皇帝

真宗膺符稽古成功讓德文明武定章聖元孝皇帝

太祖啓運立極英武睿文神德聖功至明大孝皇帝建隆元年正月幸國子監二月又幸詔加飾祠宇及塑繪先聖先賢先儒之象帝親製文宣王兖公二賛

臣祖禹曰昔武王克商未及下車而褒先聖之後封賢臣之墓表商容之閭釋箕子之囚是以天下悅服傳世三十歷祀八百蓋由此也太祖皇帝承五代之季受天眷命皇業初基日不暇給而即位之月首幸國學謁欵先聖次月又幸尊師重道如恐不及儒學復振寔自此始所以啓佑後嗣立太平之基也與武王未及下車之政何以異哉

三年六月以右諫議大夫崔頌判國子監始叙生徒講學帝遣中使以酒果賜之因謂侍臣曰今之武臣欲盡令讀書貴知為治之道帝召宗正丞趙孚對後殿令講周易謂左右曰孚所說精博亦可賞也

四年四月丁亥幸國子監

開寶元年知制誥李穆薦王昭素名見便殿昭素開封

酸棗人通九經尤精詩易時年七十七精爽不衰帝問何不求仕進致相見之晚對曰臣草野蠢愚無以裨聖化賜坐令講易乾卦召宰臣薛居正等觀之至飛龍在天帝曰此書豈可令常人見昭素對曰此書非聖人出不能合其象因訪以民間事昭素所言誠實無隱帝嘉之尋以衰老辭求歸鄉里拜國子博士致仕留月餘遣之

帝自開寶以後好讀書嘗歎曰宰相須用讀書人趙普

爲相帝嘗勸以讀書

臣祖禹曰太祖皇帝之時天下未一方務戰勝而欲盡令武臣讀書夫武臣猶使之讀書而況於文臣其可以不學乎又言宰相須用讀書人夫宰相猶當讀書而況於天子其可以不學乎又勸趙普以讀書蓋太祖皇帝知學之益又知爲君爲相不可以不學也書曰聖有謨訓明徵定保太祖皇帝之訓子孫可不念之哉

帝因讀尚書歎曰堯舜之世四凶之罪止從投竄何近代法網之密耶

臣祖禹曰人君讀書學堯舜之道務知其大指必可舉而措之天下之民此之謂學也非若人臣析章句考異同專記誦備應對而已太祖皇帝讀書能知其要如此史臣以爲有意於措刑其可謂至仁矣

太宗至仁應道神功聖德文武睿烈大明廣孝皇帝太平興國八年以聽政之暇日閱經史求人以備顧問始用著作佐郎呂文仲爲侍讀每出經史即召文仲讀之

帝語宰相曰史館所修太平總類自今日進三卷朕當親覽宋琪曰陛下好古不倦觀書爲樂然日閱三卷恐至罷倦帝曰朕性喜讀書開卷有益每見前代興廢以爲鑑戒雖未能盡記其未聞未見之事固多矣此書千卷朕欲一年讀徧因思好學之士讀萬卷書亦不爲難大凡讀書須性所好若其所不好讀亦不入昨日讀書從巳至申有鸛飛止殿吻至罷方去左右曰昔楊震講

學有鸛銜鱣墜堂下亦此類也

九年帝謂近臣曰朕讀書必究微旨尚書云伊尹放太甲於桐宮三年以冕服奉嗣王歸於亳作書三篇以訓太甲伊尹忠於太甲其理明矣杜預春秋後序云伊尹放太甲於桐乃自立也七年太甲潛出自桐殺伊尹立其子陟又左氏傳云伊尹放太甲而相之卒無怨色然則太甲雖見放還殺伊尹猶以其子爲相此與尚書敘太甲事異不知伏生昏忘將此古書乃當時雜記未足

審也豈有殺其父而復相其子者乎且伊尹著書訓君具在方册必無自立之意杜預通博不當憑汲冢穢説特立疑義使伊尹忠節惑於後人

端拱元年八月幸國子監謁文宣王畢升輦將出西門顧見講坐左右言學官李覺方叙徒講書即名覺令對御講説覺曰陛下六飛在御臣何敢輒陞高坐帝為降輦令有司張帟幕設别坐詔覺講易之泰卦從臣皆列坐覺因述天地感通君臣相應之旨帝甚悦賜帛百匹

明日謂宰臣曰昨聽説泰卦文理深奥足為君臣鑑戒朕與卿等當遵守勿怠

淳化五年十一月幸國子監召直講孫奭講尚書判監李至執經講堯典一篇未畢遽令講説命三篇帝曰尚書主言治世之道説命居最文王得太公高宗得傅説皆賢相也復誦説命事不師古匪説攸聞之句曰誠哉是言何高宗之時而有賢相如此嘉歎久之

帝與近臣論三史曰夫史書之作務在懲惡勸善若采摭小説異聞以綴飾者蓋不足訓大約忠孝正直可為嘉歎也

真宗膺符稽古成功讓德文明武定章聖元孝皇帝敦尚文雅自出閤後專以講學屬詞爲樂禁中遊息之所皆貯圖籍置筆硯及即位每召諸王府侍講邢昺及國子監直講孫奭等更侍講説質問經義久而方罷

咸平元年正月命擇官詳正經籍因訪明達經義者參知政事李至曰國學講書崔頤正博通諸經尤善説帝曰朕宫中無事甚樂聽書常求其人尤不易得翌日召

頤正講尚書於景福殿又於苑中講大禹謨自是日令赴御書院侍對帝謂宰相曰頤正講誦有功卿等更於班行中擇性行淳朴通經義知損益者二人以名聞頤正講尚書至十卷年老步趨艱蹇表求致仕帝命坐問卹甚至聽以本官致仕仍充直講二年七月以兵部侍郎楊徽之戸部侍郎夏侯嶠並爲翰林侍讀學士國子祭酒邢昺爲翰林侍講學士翰林侍讀吕文仲爲翰林侍讀學士按唐開元中置侍讀其後有翰林侍讀學士

五代以來四方多事時君尚武不暇嚮學故此職久廢
太宗崇尚儒術聽政之暇觀書爲樂殆至宵分手不釋卷繇是命文仲爲翰林侍讀寓直禁中以備顧問然名位未崇帝聰明稽古奉承先志首置此職擇耆儒舊德以充其選班秩次翰林學士祿賜如之設直廬於祕閣侍讀更直侍講長上日給尚食珍膳夜則迭宿帝嘗謂近臣曰朕聽政之外未嘗虛度時日探賾編簡素所耽玩但古聖奥旨有未曉處不免廢忘昨置侍講侍讀學

士自今令監館閣書籍中使日具當宿官名進入朕欲名見訪問自是多名對詢訪或至中夕焉

臣祖禹曰太宗始命呂文仲侍讀真宗置侍講侍讀學士仁宗開邇英延義二閣日以講讀爲常累聖相承有加無損有勤無怠此所以遺子孫之法也是以海内承平百三十年自三代以來蓋未之有由祖宗無不好學故也

二年七月幸國學謁先師及覧三禮圖召祭酒邢昺直講崔偓佺講尚書大禹謨從官侍座帝曰偓佺講書頗達經義甚可稱也賜偓佺緋章服昺已下器幣

帝御便殿命翰林侍講學士邢昺講左氏春秋侍讀預焉

五年講春秋畢邢昺曰春秋一經少有人聽多或中輟帝曰勤學有益最勝它事且深資政理無如經書朕聽政之餘惟文史是樂講論經義以日繫時寧有倦邪十月召近臣觀書龍圖閣帝曰朕自幼至今讀經典其間

有過數四在東宮時惟以敘書爲念其間亡逸者多方購求頗有所得今已類成正本除三館祕閣外又於後苑龍圖閣各存一本但恨校對未精如青宮要紀繼體治民論此一書二名並列篇目蓋購書之初務於數多不嫌重複甚無謂也

景德四年三月召近臣觀書玉宸殿即帝偃息之所茵幬皆黄絹爲之無文采之飾敘書八千餘卷帝曰此惟正經正史累校定者小說它書不置於此蓋俯近禁中

最便觀覽國家搜訪圖書其數漸廣臣僚家有叙書者朕先借其目參校所少併令抄補所得甚多信非時手不能備此今祕閣之後新衣庫雖有棟宇地猶狹隘朕累令經度若遷此庫以廣其地尤爲佳事當諭劉承珪增葺之

帝宴餞侍講學士邢昺於龍圖閣上挂禮記中庸篇圖昺指爲天下國家有九經之語因講述大義序修身尊賢之理皆有倫貫坐者聳聽帝甚嘉納之

大中祥符元年十一月幸曲阜謁文宣王廟有司定儀止肅揖帝特拜又幸孔林以樹木擁道降輿乘馬詣墳拜奠帝曰唐明皇襃先聖爲王朕欲追諡爲帝可乎當令有司檢討故事以聞或言宣父周之陪臣周止稱王不當加以帝號遂止增美名

帝命王旦選儒學之士旦薦崇文院檢討馮元帝召見命講易泰卦元進說曰地天爲泰者以天地之氣交也君道至尊臣道至卑惟上下相與則可以輔相天地財成萬物帝悦賜元緋章服稱旦善擇才

天禧元年二月詔太子中允直龍圖閣馮元講易於宣和門之北閣待制預焉自是聽政之暇遂以爲常

三年九月召宰臣樞密兩制及東宮僚屬於清景殿觀書帝以青宫要紀事有未備因博采羣書廣爲承華要略十卷每篇著賛以賜皇太子至是書成故召近臣觀焉

太宗時邢昺嘗纂禮選以獻其後帝閲書禁中得其本

作賛以示近臣曰朕在東宫昺爲侍講嘗徧講九經書亦有三五過或十餘過者唯尚書凡十四講蓋先帝慈旨勉勵每旦聽書食訖習射使與兄弟朝夕同處所習者文武二事尓

帝與諸王宗室友愛最篤然動有戒諭或問其講習爲學則喜見顔色形于奬勸編修君臣事迹日進草三二卷帝雖政務繁劇亦中夕披閲條其舛互纎悉窮究諸儒疲於應對爲文務求温雅製述尤多中外書奏歌頌

無不重復省覽暑月或衣單絺流汗浹體而詳覽不輟文史政事之外無他玩好帝讀經史摭其可以爲後世法者著正說五十篇其後仁宗御經筵命侍臣日讀一篇

帝學卷三

帝學卷四

宋 范祖禹 撰

仁宗體天法道極功全德神文聖武濬哲明孝皇帝上

仁宗體天法道極功全德神文聖武濬哲明孝皇帝大中祥符八年十二月封壽春郡王九年正月命尚書戶部郎中直昭文館張士遜戶部員外郎直史館崔遵度並爲王友眞宗宣諭曰兒子才七歲朕每自教之卿等

可盡乃心退見郡王於內東門南閤眞宗遣使謂士遜等曰兒子年小毋得列拜士遜等各拜二月詔以郡王學堂爲資善堂八月眞宗賜王歌凡七軸曰勸學曰修身曰懷儉約曰愼所好曰卹黎民曰勿矜伐曰守文天禧二年正月月旦眞宗幸元符觀遂幸資善堂徐王彭王郡王及南宮北宅宗室以下並列侍二月進封昇王八月立爲皇太子參知政事李迪樞密直學士王晣並兼太子賓客眞宗作元良箴以賜太子有殿侍張迪者

給事左右太子曰是可與賓客同名邪方覽尚書至協于克一遂令更名克一真宗知之甚悦以語宰臣賓客三年九月請賓客以下講論語自是以爲常又問元首明哉股肱良哉何謂也乾興元年二月即皇帝位三月賜輔臣飛白書各一軸初帝未嘗爲飛白書一日試書體勢遒勁有如夙習因以分賜焉戊寅中書請自禫祭後隻日於崇政殿或承明殿視事雙日如先帝故事前後殿皆不坐詔曰朕仰承先訓肇纘慶基思與忠賢日

勤聽覽至于宵旰非敢怠遑雖每屬於清閒亦靡圖於暇逸當延侍從講習藝文勉徇嘉謀用依來請雙日不視事亦當宣召侍臣便殿以閲書史兾不廢學也皇太后諭宰臣曰皇帝聽斷之暇宜召名儒講習經書以輔聖學十一月辛己始御崇政殿西廡召翰林侍講學士孫奭龍圖閣直學士兼侍講馮元講論語侍讀學士李維晏殊與焉初詔雙日御經筵自是雖隻日亦召侍臣講讀十二月甲辰召輔臣崇政殿西廡觀孫奭講論語既而帝親書唐人詩以分賜焉自是每召輔臣至經筵多以御書賜之或取經書要言書一二紙

天聖二年二月乙丑召輔臣于崇政殿西廡觀講孝經六月己未賜尚書工部郎中直龍圖閣馬宗元三品服以講孝經徹也時帝方嚮儒學召宗元入講故賜之八月己卯幸國子監謁文宣王召從臣升講堂令直講馬龜符説論語一篇賜龜符三品服已而觀七十二賢贊述閲三禮圖因問侍講馮元三代制度

四年閏五月甲子召輔臣于崇政殿西廡觀宋綬等讀唐書帝因曰朕覽舊史每見功臣罕能保其始終者若裴寂劉文靜俱佐命之臣而不免誅辱王曾曰寂等及禍良以功成而不知退也翰林侍讀學士勾當三班院宋綬請觧三班以專講勸皇太后命擇前代文字可以資孝養補政治者以備帝覽遂録進唐謝偃惟皇誠德賦又録孝經論語要言及唐太宗所撰帝範二卷明皇朝臣僚所獻聖典三卷君臣政理論治卷之上七月壬

申詔諸路轉運使訪取部幕職令録京朝官有通經術長于講説者以名聞

五年四月辛卯賜新及第人聞喜燕于瓊林苑遣中使賜御詩及中庸篇各一軸初帝欲賜中庸篇命中書録本既上乃令張知白進讀至修身治人之道必使反復陳之十月乙酉監修國史王曾言唐史官吳兢于正史實録外録太宗與羣臣對問之語爲貞觀政要今欲采太祖太宗真宗實録日歴時政記起居注其間事迹不

入正史者别爲一書從之

帝每御經筵以象架庋書策外向以使侍臣講讀天聖末孫奭年高視昏或陰晦即爲徙御坐于閣外奭每講論至前世亂君亡國必反復規諷帝意或不在書奭則拱默以俟帝爲竦然改聽嘗書無逸圖上之帝施于講讀閣

明道元年二月癸卯監修國史吕夷簡上三朝寶訓三十卷即王曾所請也

景祐元年正月丁亥尚書都官員外郎賈昌朝尚書屯田員外郎趙希言太常博士崇文院檢討王宗道國子博士楊安國並爲崇政殿説書日以二人入侍講説崇政殿置説書自此始

二年正月癸丑置邇英延义二閣寫尚書無逸篇于屏邇英在迎陽門之北東向延义在崇政殿之西南向是日御延义閣召輔臣觀賈昌朝講春秋盛度讀唐書

三年正月乙巳賈昌朝言臣幸得侍經禁中陛下每以

清閒之燕嚮學稽古徽言善道取高前聖事在隻日杳隔嚴宸時政記史館日歴及起居注莫得纂述臣自景祐元年春迄二年冬凡出筵傳臣出處升紬封章進對燕會賜與皆用存記列爲二卷乞送史館詔以邇英延义二閣記注爲名命章得象等接續修纂七月乙酉侍講學士馮元獻金華五箴降詔褒諭

四年三月甲戌朔以崇政殿説書尚書司封員外郎直集賢院賈昌朝尚書禮部員外郎崇文院檢討王宗道

尚書屯田員外郎國子監直講趙希言並兼天章閣侍講預內殿起居天章閣置侍講自此始九月丁卯御邇英閣讀唐書因詔唐書列傳止取事義切于規戒者讀之十月甲戌讀正説慎罰篇述後漢光武罷梁統從重之奏帝曰深文峻德誠非善政宋綬對曰王者峻德則易寛刑則難夫以人主得專生殺一言之怒則如雷如霆是峻易而寛難也丙戌讀正説養民篇帝曰尸子言君如杅民如水何也丁度對曰水隨器之方圓若民從

君之好惡是以人君慎所好焉甲午講春秋詔春秋自昭公之後魯道陵遲家陪用政記載雖衆而典要則寡宜刪去蔓辭止取君臣政教事節講之因謂宋綬等曰春秋經旨在于奬王室尊君道丘明作傳文義甚博然其間録詭異則不若公羊穀梁二傳之質綬等對曰三傳得失誠如聖言臣等自今凡丘明所記事稍近誣及陪臣僭亂無足勸誡者皆略而不講

寶元二年三月壬寅編修院與三司上歷代天下戶數前漢千二百二十三萬三千六十二後漢千六百七萬七千九百六十魏九十四萬三千四百二十三晉二百四十五萬九千八百宋九十萬六千八百七十後魏三百三十七萬五千三百六十八北齊三百三萬二千五百二十八後周三百五十萬隋八百九十萬七千五百三十六唐九百六萬九千一百五十四國朝太祖朝二百五十萬八千九百六十五太宗朝二百五十七萬四千二百五十七眞宗朝八百六十六萬九千七百九十

九寶元元年千一十一萬四千二百九十先是邇英閣讀眞宗正説養民篇見歷代戶口登耗之數帝顧謂侍臣曰今天下民籍幾何侍讀學士梅詢對曰先帝所作蓋述前代帝王恭儉有節則戶口充羨賦斂無藝則版圖衰減自五代之季生齒凋耗太祖受命而太宗眞宗繼聖承祧休養百姓天下戶口之數蓋倍於前矣因詔三司及編修院檢閲以聞至是上之十月乙丑御邇英閣講春秋左氏傳及讀正説終帝曰春秋所述前世治

亂之事敢不監戒正說先帝訓言敢不遵奉丁度等拜伏而言曰陛下德音若此誠天下之福也帝又問丁度尚書洪範酒誥二篇大義度悉以對帝命録二篇以進因詔續講周易李淑讀三朝寶訓丁度李仲容讀所編經史規鑑事迹十一月癸巳以皇子生燕宗室于太清樓讀三朝寶訓賜御詩又出寶元天人祥異書示輔臣其書帝所集天地辰緯雲氣雜占凡七百五十六分三十門爲十卷

慶歷元年七月戊申朔出御製觀文鑑古圖記以示輔臣八月詔兩制檢閲唐書紀傳君臣事迹近于治道者日録一兩條上之以翰林學士蘇紳言唐憲宗嘗令近臣具前代得失之迹繪圖以備觀覽也

二年二月名御史中丞賈昌朝侍講邇英閣故事臺丞無在經筵者帝以昌朝長於講説特名之天章閣侍講林瑀上周易天人會元紀御史中丞賈昌朝言瑀以陰陽小説上惑天聽不宜在勸講之地帝諭輔臣曰人臣雖有才學若過爲巧僞終有形迹乃落瑀職通判饒州

四年二月丙辰御迎陽門名輔臣觀圖畫其畫皆前代帝王美惡之迹可爲規戒者因命曾公亮講詩王洙讀祖宗聖政録丁度讀前漢書先是趙元昊反罷進講侍講趙師民上書陳十五事八曰延講誦因獻勸講箴至是復命講讀經史帝御邇英閣讀漢書紀問長安城象莫能知共推趙師民師民因陳自古都雍年世舊址所在若畫諸掌帝悦曰何直所記如此師民在經筵十餘

年甚見器異常盛夏屬疾家居帝飛白書團扇爲和平字以賜之丁度讀漢書帝曰漢稱文景景不及文鼂錯忠而被誅良可惜也三月己卯帝於邇英閣出危竿諭一篇述居高慎危之意又出御書十有三軸凡三十五事一曰遵祖宗訓二曰奉真考業三曰祖宗艱難不敢有墜四曰真宗愛民孝思感噎五曰守信義六曰不巧詐七曰好碩學八曰精六藝九曰慎言語十曰待耆老十一曰静進退十二曰求忠正十三曰懼貴極十四曰

保勇將十五曰尚儒籍十六曰議釋老十七曰重良臣十八曰廣視聽十九曰功無迹二十曰戒喜怒二十一曰明巧媚二十二曰分希旨二十三曰從民欲二十四曰慎滿盈二十五曰傷暴露兵二十六曰哀鰥寡民二十七曰訪屠釣臣二十八曰講遠圖術二十九曰辨朋比三十曰斥諂佞三十一曰察小忠三十二曰監迎合三十三曰罪己為民三十四曰損躬撫軍三十五曰一善可求小瑕不廢顧謂丁度等曰朕觀書之暇取臣僚

上言及進對事目可施于政治者書以分賜卿等度及曾公亮楊安國王洙等既拜賜因請註釋其義帝許之乙酉帝問輔臣春秋三傳异同之義賈昌朝對曰左氏多記時事公羊穀梁專解經旨大抵皆以尊王室正賞罰為意然三傳异同考之亦有得失也帝然之丙戌丁度等上答邇英聖問一卷帝覽之終篇指其中體大者六事付中書樞密院令奉行之答聖問者即所釋前所賜三十五事也其序曰伏奉宣示御書文字十三軸仰窺聖旨皆陛下上念祖宗下思政治述安危成敗忠邪善惡之事詢謀下臣使進裨補敢不竭愚竊思自古求治之主靡不欲興理道安邦國納忠正退姦邪廣聽明致功業然行此數事在明與威斷爾明則不惑威則善柄斷則能行總是三者守而勿失非聖人孰能為之臣等嘗讀唐書見憲宗英悟留心庶政宰臣陳說政要必往復詰問既盡其理則曰凡好事口說則易躬行則難卿等既為朕言之當須行之勿空陳而已李絳對曰非

知之艱行之惟艱陛下今日處分可謂至言然臣絳亦以天下之人從陛下所行不從陛下所言唯願每言之則必行之憲宗深所嘉納今臣等親承聖諭敷明治要亦願陛下日與輔臣舉此事目推而行之無使唐之君臣專美前代也丁亥帝謂輔臣曰朕每令講讀官敷經義于前未嘗令有諱避近講詩國風多刺譏亂世之事殊得以為監戒章得象對曰陛下留思六經能遠監前代興亡之迹此誠圖治之要也五月壬申幸國子監謁至

聖文宣王有司言舊儀止肅揖帝特再拜
五年二月丙申御邇英閣讀漢書元帝紀帝語及漢元
成二帝政理丁度因言頃者臣下不知大體務相攻訐
或發人陰私以圖自進賴陛下聖明覺悟比來此風漸
息帝因言攻訐之獘曰凡此皆謂小忠非大忠也戊戌
講詩起雞鳴盡南山篇先是講官不欲講衛新臺帝謂
曾公亮曰朕思爲君之道善惡皆欲得聞况詩三百皆
聖人所刪定義存勸戒豈當有避也乃命自今講讀經

史毋得輒遺三月戊午講詩匪風篇曰誰能烹魚漑之
釜鬵帝曰老子謂治大國若烹小鮮義與此同丁度對
曰烹魚煩則碎治民煩則散非聖學深遠何以見古人
求治之意乎己卯講詩六月篇帝曰此序自鹿鳴至菁
菁者莪皆當爲帝王常行之道豈止當時之事邪楊安
國對曰昔幽王失道小雅盡廢四夷交侵中國遂微先
儒所以作序爲萬世監也帝令再講之甲申講詩節南
山篇帝問楊安國周幽王所終安國對曰幽王在位十

二年爲犬戎所殺宗周遂亡平王東遷自此微弱帝雖
素所聞知而特降問以示臣下善惡廢興之事無所諱
也讀漢書韓信傳至信破齊自請爲假王張良陳平躡
高帝足遂以爲真帝歎曰漢祖之從諫善用人不疑如
此丁度對曰漢祖聰明大度故羣下得盡其誠不然何
以基漢業也四月辛卯講詩小旻篇曰如彼泉流無淪
胥以敗帝謂趙師民曰以水喻政其有指哉對曰水性
順順故通通則清逆故壅壅則敗喻用賢則王政通而

世清用邪則王澤壅而世濁幽王失道絀正用邪正不
勝邪雖有善人不能爲治亦將相牽淪于汚敗也丁未
講詩至巷伯篇曰哆兮侈兮成是南箕注有魯男子獨
處之事帝曰嫌疑之際古人之所慎也此不著魯人姓
氏豈聖人特以設教邪壬辰講詩小弁至巧言篇帝問
將來說詩畢宜講何書楊安國對曰論語者先聖精意
善言爲人倫師法於經義最大帝曰然便可與孝經同
講也丁度在經筵帝每呼學士而不名常問蓍龜占應

之事度對曰卜筮雖聖人所爲及其成乃一技耳不若以古之治亂爲著龜也十一月甲午講詩角弓篇帝曰幽王不親九族以至於亡楊安國對曰冬至日陛下親燕宗室人人撫藉豈不廣骨肉之愛也帝又曰書云九族既睦平章百姓此帝堯之盛德也朕甚慕之乙未講詩都人士篇帝曰古人冠服必稱其行今冠服或過之行未必如古人也讀三朝經武聖略至真宗朝李繼和上言國初李漢超在關南以私錢貿易以佐公用人或

繩奏之太祖反令盡除所過稅帝曰任人如此孰不盡力哉

帝學卷四

帝學卷五

宋 范祖禹 撰

仁宗體天法道極功全德神文聖武濬哲明孝皇帝中

慶曆七年三月丙申御邇英閣講孝經面賜曾公亮三品服帝謂宋初曰此賜異於他臣僚又曰自古帝王皆有師今賜師儒之臣講筵之榮事也已亥講論語序至安昌侯張禹帝曰是朱雲乞斬者乎楊安國對曰是也

因言禹爲成帝師以論語授帝後爲丞相時大將軍王鳳專政吏民多上書譏切王氏成帝至禹第辟左右以吏民言王氏事示禹禹謂上曰新學小生亂道誤人宜無信用上雅信愛禹由此不疑王氏後王氏果簒漢帝曰禹師臣不忠讀書何為四月己巳讀賈誼傳論三公三少皆天下之端士與太子居處出入故少成若天性習慣如自然帝曰朕昔在東宮崔遵度張士遜馮元為師友此三人者皆老成人至於遵度尤良師傅也辛未

讀正觀政要唐太宗曰今所任人必以德行學識為本王珪曰人臣若無學業豈堪大任漢有詐稱衛太子者雋不疑斷以春秋蒯聵之事宣帝與霍光嘉之曰公卿大臣當用經術帝曰人臣須是知書宰相尤須有學也楊安國對曰漢儒多引經決大事宰相必通一經帝謂宋祁曰近代士人多不務通經但用一時之藝苟取富貴蓋進用高科者不十年便居顯位所以不勸也又曰孫奭馮元有子孫在朝否祁對曰奭子瑜為崇文院檢

討元子諴監內衣庫帝問其才行何如祁以實對帝曰二人名儒奭尤淳正祁曰奭在朝屢奏論事十月直史館張揆上所著太元集解召對延和殿令揲蓍得斷首且言斷首準易之夬益陽剛以決陰柔君子進小人退之象帝悅擢天章閣待制兼侍讀

皇祐元年四月戊子御邇英閣講論語在陳絕粮帝曰夫子言君子固窮明聖人亦有否泰尔楊安國對曰聖人雖坐亡遺照不與人同憂患然亦同天地否泰故用有行藏易曰天地閉賢人隱若成湯繫于夏臺文王囚于羑里周公居東孔子絕粮此同天地否泰之事也講子曰賜也女以予為多學而識之者與帝曰夫子或為帝王則無此與時君抗厲弟子抑揚之教乎安國對曰夫子雖不王然其巍巍蕩蕩與堯舜一致經籍垂於萬世君君臣臣父父子子夫子之力也講無為而治者其舜也與帝曰若後代人君任臣得人代天工而不私者人君亦可以無為也安國對曰陛下比年降手詔訪逮

羣臣欲以致無為也而當國之臣少能上副憂勤此群下之罪也講言忠信行篤敬帝曰忠信篤敬不可斯須而去也講直哉史魚帝曰蘧伯玉信君子矣而不若史魚之直不以邦有道則仕邦無道則卷而懷之也安國對曰聖意以蘧伯玉不若史魚欲戒不亮節之臣也庚寅講師冕見子告之曰某在斯某在斯帝曰夫子可謂不欺矣楊安國對曰誠如聖言五月癸巳講季氏篇帝問遠人不服則修文德以來之如何趙師民對曰文者

經緯天地之總稱居人之道撫之以仁制之以義接之以禮示之以信皆文德也帝曰然所先者無如信也師民曰至誠者天下之大本仁義禮樂皆必由之陛下以為最先此實聖道之要乙未講論語天下有道則禮樂征伐自天子出天下無道則禮樂征伐自諸侯出自諸侯出葢十世希不失矣自大夫出五世希不失矣陪臣執國命三世希不失矣帝曰諸侯十世大夫五世陪臣三世何謂也楊安國具以對又講戒之在得安國言人

老好貪帝曰令人云作子孫之計是也七月壬子帝朝拜真宗神御回幸資善堂作詩先皇教善敞東闈菲德承宗賴慶暉為感儲筵驚歲月因瞻臺像駐驂騑極書乍啟欽遺澤（堂中藏先朝賜書）庭樹重攀記舊圍疇日學文親政地仰懷慈訓倍依依九月壬寅講君子有九思帝曰夫子語人君邪臣下邪楊安國對曰君子者通天子諸侯衆公卿大夫夫子立教亦通臣下也講不學詩無以言帝曰古人賦詩以言志詩人之志有諷諫者何也安國具以對帝曰亦有覩威儀省禍福古人於賦詩見之安國以春秋左氏傳鄭大夫子展伯有等賦詩以對曰此覩威儀省禍福之明也丙午講鑽燧改火帝問其說趙師民對曰古之聖王必上奉天時四時變化各隨木性近世茍簡以為非治之具而廢之至於萬事皆不如古丁未講惡居下流而訕上者帝曰何謂訕上楊安國對曰人君若有闕失臣下當力正之若不能面諫而退有後言居下流而訕上也講孔子曰殷有三仁焉帝曰

三人迹異何同為仁楊安國對曰三人各盡其所宜俱為臣法故同稱仁辛亥講子張篇帝問子夏子張言交孰優趙師民對曰聖人之道含覆廣大與天地參善者進德惡者改行子張之言實為優也帝然之癸丑講宗廟之美百官之富帝因問古之公卿大夫士皆有寢廟與今同異丁度宋祁對曰古者公卿大夫世及所以子孫守其宗廟近世公相或子孫衰弱墜失門戸雖有明詔立家廟然恐不得如古帝因言近歲公相家有子孫

微弱門戶之主者軫惜久之十一月庚寅朔御崇政殿召近臣三館臺諫官及宗室觀三朝訓鑑圖十二月辛酉詔六日延和殿再坐召尚書虞部員外郎盧士宗講周易令舊講筵學士上殿聽乙丑再御延和殿侍讀侍講並赴命盧士宗講泰卦面除天章閣侍講賜紫章服士宗楊安國所薦也是日詔右僕射賈昌朝赴講筵備顧問不講書帝以昌朝前宰相又舊講臣特命之

二年三月己丑御邇英閣講周易帝曰易歷三古資九

聖無有代號令豈沿近題云周也楊安國對曰伏羲氏始畫八卦歷三古九聖無文以言惟周官三易云一曰連山二曰歸藏三曰周易蓋文王加周字以別于餘代尔講乾卦帝曰聖人作易以通神明之德類萬物之情而設卦何取倚象也安國具以對帝又曰大哉乾元萬物資始乃統天此人君所行之道爾安國對曰陛下乘天地之正合日月之明先天而天弗違舜曰天之歷數在爾躬然則帝王與天地同德乃乾元統天之事豈非

陛下所行之道乎甲辰講易坤卦帝曰上六龍戰於野何也楊安國對曰譬之權臣擅命作威作福蔽君耳目不得聰明可移人心可覆國家苟辨之不早必有龍戰之患也帝曰用六何謂利永正安國對曰乾之德大故能以美利利天下坤之德劣故惟能以利永正久而能正則無一朝一夕之患故曰以大終也壬子講易需卦帝曰乾天也而在下坎水也而在上何也楊安國具以對又講位乎天位以正中也帝曰以正中謂皇極之道

乎安國對曰九五乃天子之位以陽居尊而履中正為一卦之主總陛下建皇極以御天下也甲寅講易師卦字有與御名同音者帝謂王洙曰此字何訓對曰訓正帝曰聖人文字不須回避恐妨義理洙曰不敢臣子於君父之名臨文暫覩不無悚懼須至回避帝曰但正言之四月己卯讀前漢書東方朔傳至武帝微行數出帝曰帝王每出須中嚴外辨何容易如此丁度對曰武帝以承平日久藉文景之資所以窮志極欲帝曰若安寧

之時常思危亡之戒安有後悔又讀至籍提封為上林苑帝曰山澤之利當與民共之度對曰臣事陛下二十年每春德音未嘗不憂勤天下此陛下祖宗以來家法爾乙酉讀後漢書安帝紀史臣論推咎台衡謂災癘策免三公帝曰莫若罷已以答天青宋祁曰陛下之言人君之至德也十一月丁酉講易无妄卦帝曰无妄之疾何云勿藥有喜楊安國對曰凡疾之所起由有妄而來九五居尊得位為无妄之主天下皆无妄而偶有疾非

已所致疾當自損可勿藥而喜也若人主剛正自修身無虛妄而偶有災若堯湯水旱非已所招但順時修德勿須治理必欲除去不煩勞天下是有喜也然堯遭洪水使鯀禹治之雖知災未可息且順民心鯀功不成者災未息也禹能治水者災欲盡也是亦勿藥有喜之義也今河水汜決歷五十年役天下兵民耗天下財用未嘗息大河之患亦未嘗復故道也而兵民頓弊何啻百千萬計地財妄盡何啻億萬萬計恐民不堪命國力不繼臣以為大河大戎自古為患當如堯舜務順民心順時修德其災自息亦勿藥有喜也壬寅張揆讀後漢明德馬皇后紀至服大練抑止外家因言今妃族太盛不可不裁損使保其家帝嘉納之

三年三月戊辰御邇英閣講易至山下有澤損君子以懲忿窒欲帝曰人之情欲皆生於陰陽而節之在人楊安國對曰臣以為人有六情喜怒哀樂好惡天有六氣陰陽風雨晦明故人之生也天命之謂性而命人之所

稟以生也性人之所賦以分也言情則性之移也語欲則性之肆也故六情相濫則喜生於風怒生於雨哀生於晦樂生於明好生於陽惡生於陰故聖人取損象以懲忿窒欲也帝然之四月辛丑講易鼎卦帝問九四之象施之人事如何楊安國對曰鼎為烹飪成新之器上承至尊下又應初上承下施任重非據故折足而覆餗矣其猶任得其人雖重而可勝非其人必有顛覆之患帝曰任人不可不慎也乙巳講歸妹卦帝問楊安國陰

陽爻位所處安國具以對帝顧謂安國等曰朕長於深宮易旨微奥每須詳問卿等敷對時久得無煩乎曾公亮對曰安國以所學備承聖問豈敢言煩安國進曰臣寡學淺陋無以上副聖問因降拜謝帝曰賴卿等宿儒博學多所發明朕甚悦之雖盛暑亦未嘗倦但恐卿等勞耳丁度復進曰自古帝王臨御日久非内惑聲色則外窮兵黷武陛下即位三十年孜孜聖學雖堯舜之聰明不是過也戊申講巽卦隨風巽君子以申命行事楊

安國言巽為風兩風相隨者申命命之謂也故先庚三日後庚三日帝曰然風教君德也安國對曰乾卦六爻孔子備陳君德遂命安國講乾之九五安國既講乃言曰此帝王同天地之德也五月辛亥楊安國講兑卦既畢帝又命講謙卦壬子安國講渙卦既畢帝又命講泰卦癸丑趙師民講節卦既畢帝又命講師卦九月辛酉講既濟卦九五東鄰殺牛不如西鄰之禴祭實受其福王洙曰禮説東鄰謂紂西鄰謂文王鄭以離為牛坎為豕故東鄰殺牛紂無德不如西鄰之禴祭文王有德實受其福也楊安國進曰王孔不取此義王弼云牛祭之盛者禴祭之薄者九五以既濟之時物皆濟矣將何為焉祭祀之盛莫盛修德故黍稷非馨明德惟馨孔穎達云九五履正居尊動不為妄修德者也假有東鄰不能修德雖殺牛至盛不為鬼神所饗不如西鄰祭薄神明降福也帝曰爻義既正洙以禮説亦可安國對曰周禮二鄭有異同之論石渠有父子分爭之説庚午講極數

知來之謂占帝曰蓍策之數亦大衍之數也大衍有揲蓍之體有乾坤之策遂命王洙揲蓍得坎之艮令寫大衍一章經注具疏翌日進帝又問龜筮之事令進洪範稽疑經注具疏辛未講讀以翠芳亭橙實賜講筵官各一枚丙子講古之葬者厚衣之以薪葬之中野不封不樹帝曰葬固宜儉楊安國對曰五代周高祖其葬最儉帝曰周高祖遺命止用紙衣瓦棺誠欲矯前代厚葬之失講讀退傳宣卿等侍對時久頗倦可於邇英後亭少

輟止丁度等翌日稱謝丁丑講讀官叅問聖躬畢面詔當講讀臣僚立侍數對餘皆賜坐侍於閣中天聖以前講讀官皆坐侍自景祐以來皆立侍至是帝屢面諭以經史義旨須詳悉詢訪卿等無乃煩倦否安國等進曰不敢至是有詔遂為永制翌日丁度等奏謝十月癸未詔丁度等前後漢書節義令撰序及名甲申丁度等請名曰兩漢簡微前史精要詔以前史精要為名又詔撰邇英閣後殿名乙酉丁度等請名曰詢猷隆儒清宴詔

以隆儒為名丙申詔楊安國等五經正義節解令先撰序及名丁酉安國等請名曰五經義宗精義樞要詔以五經精義為名丁丑帝飛白書肇法二字賜講讀官各一軸時趙師民謁告歸青州命就賜之皇祐以後每歲重午節必賜飛白書扇十二月己亥御延和殿楊安國等上五經精義序進讀畢賜茶而退入内都知王守忠傳旨五經精義序俟覽畢降出辛丑降付邇英閣

帝學卷五

欽定四庫全書

帝學卷六

宋 范祖禹 撰

仁宗體天法道極功全德神文聖武濬哲明孝皇帝下

皇祐四年三月丙辰講尚書嘉言罔攸伏野無遺賢萬邦咸寧帝曰此君所以戒臣下也楊安國對曰臣聞古者君臣相接面稱不為諂廷諫不為謗臣能以嘉言進君君能舍己從人故帝曰俞允若兹又復敕臣下也講

益曰吁戒哉儆戒無虞罔失法度帝曰是臣獻謨于君也安國對曰益以戒舜亦獻謨也講水火金木土穀惟修帝曰惟修者明順其性也安國對曰臣謹按洪範五行傳一曰水其性智二曰火其性禮三曰木其性仁四曰金其性義五曰土其性信此五者在天則其氣流行在地則人所行用也中庸曰天命之謂性率性之謂道修道之謂教王者常循其性行其道而修之所謂修也講正德利用厚生惟和帝曰惟和者不失其事也安國

對曰人君常正身修德以御下利節用儉以阜財厚生敦本以養民此三者和則不失其事也戊辰御邇英閣内出欹器一陳於御坐前諭丁度等曰朕思古欹器之法試令工人制之以示御等帝命以水注之中則正滿則覆虚則欹率如家語荀御淮南之説其法度精妙度等列侍觀之帝曰日中則昃月盈則虧聖人有持滿戒慎之守朕欲以中正臨天下當與列辟共守此道度等拜曰臣等亦願以中正事陛下因言太宗時嘗作此器

真宗製欹器論演先儒之義以垂戒帝曰然四月戊寅御邇英閣帝作欹器論後述一篇以申存亡虧成之鑑示講讀官丁度等請宣布中外使知聖心所存帝曰但欲使御等見之不須宣布度曰臣等欲各傳本以章榮遇帝曰可便以此本賜御等皆拜而受之六月壬寅御延和殿侍講學士上五經精義周易節解二十卷因言尚書顧命禮記喪禮春秋家陪亂政舊所不講今纂集精義所當去留上繫宸旨帝曰先王吉凶之制百代所遵不可以俗忌而簡去至於春秋喪亂之事皆有善惡鑑戒人主宜聞之亦須存録先儒于經籍有一字之誤者朕常不敢改易但注以辨之况正經之義可輒芟去邪九月甲寅丁度等上張揆修寫太元經乙卯詔召山南東道節度使檢校太師同中書門下平章事賈昌朝赴講筵丙辰詔賈昌朝未有差遣且令赴經筵侯有差遣即不赴己未御邇英閣命賈昌朝講乾卦帝謂侍臣曰昌朝位將相執經侍講朝廷美事也翌日昌朝又手

疏乾卦大吉在上一爻夫爻在亢極必有凶災不即言凶而言亢龍有悔者以悔中有可凶可吉之象若修德以濟世則免悔而獲吉也帝面賜手詔嘉獎以所陳卦義付史館庚申講尚書微子篇帝曰微子箕子比干三人孰優楊安國以論語孔子之言對是日詔賈昌朝已差判許州令且在講筵候朝辭訖不赴乙丑賈昌朝奏臣已治行李非晩朝辭乞更不赴講帝令且在講筵候朝辭不赴丙寅講尚書大賚於四海而萬姓悦服帝曰

王者為政必順民心楊安國對曰臣嘗聞往者大河潰決民室流亡過半存者三四陛下聖心震悼出内帑千百萬以賙救之民悦仁服德至今頌聲作焉已已講尚書洪範五事帝曰王者之用五事皆本於五行乎王洙對曰王者治五行得其性則五事皆善故五事得則有休徵五事失則有咎徵是以聖人克謹天戒以修其身帝曰人君奉天在於修德夙夜兢兢戒慎於未形尚恐不至必俟天有譴告然後修德此豈畏天之道也十月

戊寅詔俟講尚書畢講周禮令侍講以下與賈昌朝先修節解以備講說十一月甲辰講尚書無逸帝曰朕深知享國之君宜戒逸豫楊安國曰舊有無逸圖疏於屏間帝曰朕不欲坐席背聖人之言當書置之左右又命丁度取孝經之天子孝治聖治廣要道四章對為右圖因令王洙書無逸蔡襄書孝經又命翰林學士承旨王拱辰為二圖序而襄書之甲寅御邇英閣侍講學士上五經精義尚書節解三十卷

五年四月丁酉御邇英閣講冏命侍御僕從罔匪正人帝曰君臣之際必誠意相通而後治道成楊安國對曰陛下聰明文思從諫弗咈如水之走下視羣臣若僚友自古盛王未之有也帝曰臣下能進忠言朕何惜夏禹之拜癸卯御邇英閣侍講學士上五經精義禮記節解九十卷九月戊寅鑄鼎十有二圜丘用五宗廟用七又作鸞刀郊廟各一先是賈昌朝侍經筵帝問鼎卦聖人亨以享上帝今郊何以無鼎昌朝不能對曰容臣退而

講求於是詔禮官議以為郊有亨牲進熟遂命阮逸胡瑗鑄銅鼎制鸞刀帝親書鼎名曰牛鼎羊鼎豕鼎皆署而刻之牛鼎其容一斛羊鼎五斗豕鼎三斗鸞刀亦親書刀名而署之有司皆篆刻其下至神宗元豐元年詳定郊廟奉祀禮文所議圜丘用犢不設羊豕俎及鼎奏罷之壬辰再御延和殿侍讀學士上前史精要後漢書三十卷十月甲寅再御延和殿侍講學士上五經精義春秋節解八十卷

至和元年八月壬子名觀文殿大學士晏殊赴經筵賜坐禮如宰相儀戊午知制誥賈黯言陛下日御邇英閣名侍臣講讀經史其咨訪之際動關政體而史臣不得預聞臣竊惜之欲乞令修起居注官入侍閣中事有可書隨即記錄從之賜坐于御座之西南其後修起居注石揚休言陛下有所宣諭咨訪而臣坐遠不盡聞慮記錄或有所遺乃命侍立於講讀官之末九月丙寅王洙上周禮禮器圖先是洙講周禮帝命畫車服冠冕籩豆

簠簋之制及圖成上之已巳講周禮大荒大札則薄征緩刑楊安國曰所謂緩刑者乃為過誤之民當歲歉則貫之閔其窮也今衆持兵仗劫糧廩一切寬之恐不足以禁姦帝曰不然天下皆吾赤子也一遇饑饉州縣不能存恤餓殍所迫遂至為盗又捕而殺之不亦甚乎

臣祖禹曰書曰大哉王言又曰一哉王心仁宗皇帝之言可謂大矣視天下皆吾赤子仁宗皇帝之心可謂一矣造次不違於仁

壬申王洙講周禮至三年大比則大攷州里以贊鄉大夫廢興帝曰古者選士三歲最為酌中今四五歲始一詔下得無重抑多士乎不若裁減取人之數稍進古制精於考擇則天下無遺滯之才矣

二年二月詔龍圖閣直學士兼侍讀張昇年高免進讀止令侍經筵以備顧問三月乙丑御邇英閣盧士宗講周禮眡祲帝曰妖祥之興皆由人事名之君人者必在修德以承天意已卯講周禮大罍王洙曰祠天地之器

以質信為本帝曰曹操不事質信而多詐忌何以事上帝乎洙曰天地之德非至誠之道至質之器何以動之張揆讀後漢書應劭議刑揆曰當漢獻帝亂世有司猶能守法令天下奏獄或違法出罪負冤不伸水旱之災未必不由此也帝曰祖宗以來多用中典奏讞者往往貸之豈欲刑罰之濫乎丙戌王洙講周官典瑞共含玉帝曰若使人用此而骨不朽豈如功名之不朽哉十月丁未孫抃讀史記龜筴傳帝曰古人謀議動作必由此

乎抃曰古人凡有大疑既決之於已又詢之於衆猶謂不有天命乎於是命龜以斷其吉凶所謂謀及乃心謀及卿士謀及庶人謀及卜筮蓋聖人貴誠不專人謀默與神契然後為得也帝然之壬子講周禮祭祀割羊牲登其首王洙曰祭陽以其首首主陽也祭陰以其血血主陰也神明不測故但以類而求之帝曰然天地簡易非至誠其能應乎又講左氏傳鄭人鑄刑書洙曰子產以鄭國之法鑄之於鼎欲使民知犯某罪有某罰也帝

曰使民知法而亂可止不若不知而自化也十一月丙寅李淑讀大史公傳帝謂淑曰太史公欲行其道而不果身不免於禍深可悲也顧其是非不謬於聖人眞良史之才矣

六年三月乙酉御崇政殿召輔臣觀御書兗州至聖文宣王廟榜龍圖閣直學士兼侍講錢象先善講說語約而義明帝間有顧問必依經以對因諷諭政事遂及時務有啓迪獻納之益前後留侍十五年特被恩禮每乞外官輒不許既去必見思而復召故事講官分日迭進象先已得講知蔡州帝以象先行有日令獨徹所講秩於是同列罷進者十日帝嘗詔講官凡經傳所載逆亂之事皆直言毋諱侍講呂公著講春秋因言弑逆之事皆臣子之所不忍言而仲尼書之春秋者所以深戒後世人君欲其防微杜漸居安慮危使君臣父子之道素明長幼嫡庶之分早定則亂臣賊子無所萌其姦心故易曰履霜堅冰至由辨之不早辨也

臣祖禹曰古之人君好學者有之矣未有終身好之而不厭者也仁宗皇帝在位四十二年以堯舜為師法待儒臣以賓友邇英講學遊心聖道終身未嘗少倦是以一言一動仁及四海如天運於上而萬物各遂其生於下其本由於學故也詩曰上天之載無聲無臭儀刑文王萬邦作孚言天德不可得而至也欲法天者惟法文王而已法文王則可以至天德矣臣願陛下欲法堯舜惟法仁宗而已法仁宗則可以至

天德矣

帝學卷六

帝學卷七

宋 范祖禹 撰

英宗體乾膺歷隆功盛德憲文肅武睿神宣孝皇帝

神宗英文烈武聖孝皇帝上

英宗體乾膺歷隆功盛德憲文肅武睿神宣孝皇帝初在睦親宅閉門讀書終日未嘗燕遊慢戲服御儉素如儒者吳王宮教授吳充進宗室六箴一曰視二曰聽三曰好四曰學五曰進德六曰崇儉仁宗以付大宗正司

帝書之屏風常視以自戒及為皇子名本宮教授周孟陽為辭奏孟陽有所勸諭即謝孟陽而拜嘉祐七年遷入内行李蕭然無異寒士有書數厨而已中外聞之相賀八年四月即位十月輔臣請如乾興故事雙日召侍臣講讀帝曰當俟祔廟畢擇日開經筵十二月己巳始御邇英閣召侍讀侍講講讀經史講論語學而時習之侍講吕公著曰說命曰王人求多聞時惟建事學於古訓乃有獲然則人君之學當觀自古聖賢之君如堯舜

禹湯文武之所用心以求治天下國家之要道非若博士諸生治章句解訓詁而已又講有朋自遠方來不亦樂乎公著言自天子至於庶人皆須朋友講習然士之學者以得朋為難故有朋自遠方來則以為樂至於王人之學則力可以致當世之賢者使之日夕燕見講勸於左右又以左右之賢為未足於是乎訪諸巖穴求諸滯淹則懷道抱德之士皆不遠千里而至此天子之有朋自遠方來者也其樂亦大矣又講人不知而不慍不

亦君子乎公著言在下而不見知於上者多矣然在上者亦有未見知於下者也故古之人君政令有未孚人心有未服則反身修德而不以慍怒加之如舜之誕敷文德文王之皇自敬德是也

治平元年四月甲申御邇英閣前此帝諭内侍任守忠曰方日永講讀官久侍對未食必勞倦自令視事畢不俟進食即御經筵故事講讀畢拜而退帝命毋拜後遂以為常講論語宰予晝寢呂公著曰舊說宰予晝寢寐也侍讀學士臣敞以為禮君子晝不居於内夜不居於外宰予晝居於寢故孔子非之帝自即位感疾至是猶未全安多不喜進藥呂公著講論語子之所慎齊戰疾因言有天下者為天地宗廟社稷之主其於齋戒祭祀必致誠盡恭不可不慎古之人君一怒則伏尸流血則於興師動衆不可不慎至於人之疾病常在乎飲食起居之間衆人所忽聖人所慎況於人君任大守重固當節嗜欲遠聲色近醫藥為宗社自愛不可不慎帝納其

言為之俛首而動容自是每因講進戒帝必肅然講論語九人而已呂公著曰舊說其一人謂文母侍讀學士臣敞以為子無臣母之理有婦人焉蓋邑姜也自古有道之君必求賢妃貞女以為内助朝夕警戒然後可以成德故詩美后妃能輔佐君子易稱家道正而天下定矣講畢宫室公著曰昔周宣王初即位更為儉宫室小宗廟而致中興之功後世人君多務盛宫闕之制窮土木之工欲以夸四方而示後人輔弼之臣雖蕭何謝安

猶不免此惑殊不知夏禹周宣恭儉之德可以垂美於萬世也帝因輔臣奏事語及呂公著歐陽修曰公著為人恬靜而有文帝曰此於經筵講解甚善六月己亥詔曰雖王子之親其必由學惟聖人之道故能立身若昔大猷自家刑國今一祖之後諸宗之支亦嘗著令於前命官以訓或兼職他邸或備位終年誘導之宜滅裂無狀蓋命不持固事遂因循特詔近臣並薦能者使成童而上講誦經書小學之居通達名數朝夕勸善日月計

能固當漸漬簡編敦修志業與其趨異端而無守豈若就有道而自修居常謹思戒在中止其子弟不率教約俾教授官本位尊長具名申大宗正司量行戒責教授官不職不能勉勵大宗正司察訪以聞初帝以宗室自率府副率以上八百餘人其奉朝請者四百餘人而教學之官六員而已因命增置凡皇族年三十以上者百十三人置講書四員年十五以上者三百九人增置教授五員年十四以下者別置小學教授十二員并舊六員為二十七員以分教之帝謂韓琦等曰凡事之行患於漸久而怠廢況為學之道尤戒中止諸宗室之幼者仍須本位尊長常加率勵庶不懈惰可召舍人諭此意作詔戒勉之故有是詔丙午詔曰朕嗣守丕業率循舊章惟皇屬之敦和命宗臣而董正累聖承繼百年盛隆宗社慶靈本支蕃衍念其性本於仁厚宜廣學以勤修顧其日益於衆多必增員而統理外已詔於儒學各選經師內仍擇於親賢共司屬籍庶乎協贊其職並修厥

官糾乃非違以正為率勉夫怠墮惟善是從帝既命增置宗室學官以謂宗室數倍於前而宗正司事亦滋多乃增置同知大宗正事一員以宗惠為之而降是詔九月詔以五日開邇英閣至重陽節當罷侍講呂公著司馬光言陛下始初清明宜親近儒雅講求治術願不惜頃刻之間日御經筵從之

帝御邇英閣未嘗發言有所詢問二年十月侍講司馬光上言臣聞易曰君子學以聚之問以辨之論語曰疑

思問中庸曰有弗問問之弗知弗措也有弗辨辨之弗明弗措也以此言之學非問辨無由發明令陛下若皆默而識之不加詢訪雖為臣等疏淺之幸竊恐無以宣暢經旨裨助聖性望陛下自今講筵或有臣等講解未盡之處乞賜詰問或慮一時記憶不能詳備者許令退歸討論次日別具劄子敷奏庶幾可以輔稽古之志成日新之益帝嘉納之壬子龍圖閣直學士兼侍講盧士宗知青州士宗在侍從逾十五年因對乞補外入辭帝

謂曰學士忠純之操朕固素知豈當久處外邪且命再對

三年四月辛丑命龍圖閣直學士兼侍講司馬光編集歷代君臣事迹於是光奏曰臣自少以來略涉羣史竊見紀傳之體文字煩多雖以衡門專學之士往往讀之不能周浹況於帝王日有萬幾必欲徧知前世得失誠為未易竊不自揆常欲上自戰國下訖五代正史之外旁采它書凡關國家之興衰繫生民之休戚善可為法

惡可為戒王者所宜知者略依左氏春秋傳體為編年一書名曰通志其餘浮冗之文悉刪去不載庶幾聽覽不勞而聞見甚博私家區區力不能辦徒有其志久而無成鄉曾以戰國時八卷上進幸蒙賜覽今所奉詔旨未審令臣續成此書或別有編集其續此書欲乞亦以通志為名其書上下貫穿千有餘歲固非愚臣所能獨修伏見韶州翁源縣令劉恕將作監主簿趙君錫皆有史學為衆所推欲望差此二人與臣同修庶早成書詔

從之而令接所進書八卷編集俟書成取旨賜名其後君錫父喪不赴命太常博士國子監直講劉攽代之六月壬子改清居殿曰欽明名直龍圖閣王廣淵書洪範於屏帝謂廣淵曰先帝臨御四十年天下承平得以無為朕方屬多事豈敢自逸故改此殿名因訪廣淵先儒論洪範得失廣淵對以張景所得最深以景為七篇進明日復名對延和殿帝曰景所說過先儒遠矣以三德為馭臣之柄尤為善論朕遇臣下常務謙柔聽納之間

則自以剛斷此屏置之坐右豈特無逸之戒也
臣祖禹曰英宗皇帝潛德藩邸修身好學故仁宗以
知子之明付畀大業及即位首勸宗室以學益帝以
身先之知學之益不學之損也又諭輔臣凡學之道
戒在中止聖訓豈不大哉
神宗英文烈武聖孝皇帝嘉祐八年五月始聽講讀於
東宮天資好學尋繹讀問有至日昃内侍言恐饑當食
上曰聽讀方樂豈覺饑耶英宗以上讀書太多當遣内

侍止之當講讀正衣冠拱手雖大暑未嘗使人揮扇侍
宮僚有禮伴讀王陶入侍上率弟顥拜之陶讀舜本紀
言舜孝友事大愛慕之又讀商書紀仲虺作誥因取尚
書讀之至志自滿九族乃離上曰微子去之是也
治平四年正月上即位九月壬寅以御史中丞司馬光
為翰林學士兼侍讀學士先是光言張方平不當叅知
政事臣是人言臣言果是則方平當罷若其非是則臣
當遠貶今兩無所問而臣復還翰林仍加美職未曉所
謂乞察臣所言是非知通進銀臺司呂公著亦言不當
遽罷光中丞封還制書上手詔光得卿奏及謂因前日
論方平不當故有易命此乃卿思之誤非朕本意也朕
以卿經術行義為世所推今將開延英之席比得卿朝
夕討論敷陳治道以箴遺闕故命進讀資治通鑑此朕
之意皎然易見也況命卿之旨在二十六日登對前苟
朕以言事罪卿豈復遷卿美職必諒朕誠更勿横慮可
即授告敕呂公著所以封還者蓋不知此意耳俟對日

朕亦當諭旨十月己酉初御邇英閣召侍臣講讀經史
退上獨留呂公著謂曰朕以司馬光道德學問欲常勸
講左右非謂其言事也公著復奏遂解銀臺司甲寅司
馬光初進資治通鑑上親製序面賜光令候書成日寫
入又賜潁邸舊書二千四百二卷壬戌上出知鳳州梁
泉縣令范亦顏所上書及濮廟議命邇英閣講讀官定
奪仍宣諭立濮王廟非先帝本意先是七月亦顏以前
嘉州夾江縣令投檢上書曰中庸曰非天子不議禮是

禮惟天子可得而議也仁宗皇帝無子子英宗而付以天地之大業盛德也英宗皇帝即大位服三年日夜惴慄恐墜休緒大孝也詔議變禮以尊所生不忘本也濮安懿王之於英宗伯父也原所生之德而尊其號冠之以所封之濮明止一國非所以兼天下也於是右司諫劉庠侍御史張紀殿中侍御史張唐英監察御史裏行唐淑問等言亦頗小臣敢為欺罔以白為黑惑亂天聽詿誤聖朝挾邪亂政漸不可長乃降亦頗下縣主簿尉

熙寧元年四月庚申翰林學士兼侍講呂公著等言竊尋故事侍講者皆賜坐自乾興以後講者始立而侍者皆坐聽臣竊以謂侍者可使立而講者當賜坐乞付禮官考議詔太常禮院詳定以聞後判太常寺韓維刁約同知太常禮院胡宗愈言臣等竊謂臣侍君側古今之常或賜之坐蓋出優禮祖宗以來講說之臣多賜坐者以其敷暢經藝所以明先王之道道之所存禮則加異太祖開寶中李穆薦王昭素於朝召對便殿賜坐令講易乾卦太宗端拱中幸國子監升輦將出顧見講坐因召學官李覺講說覺曰陛下六飛在御臣何敢輙升高坐太宗為之降輦令有司張帟幕設別坐詔覺講易之泰卦令列侍之臣尚得環坐執經而講者顧使獨立於前則事體輕重誠為未安臣等以為宜如天禧舊制以彰陛下稽古重道之意判太常寺龔鼎臣蘇頌周孟陽同知太常禮院王汾劉攽韓忠彥言臣等竊謂侍從之官見於天子若賜之坐有所顧問猶當避席立語況執

經人主之前本欲便於指陳則立講為宜若謂傳道近於為師則今侍講解說舊儒章句之學耳非有為師之實豈可專席安坐以自取重也又朝廷班制以侍講居侍讀之下祖宗建官之本意重輕可知矣今若使侍講輙坐其侍讀當從何禮若亦許之坐則侍從之臣每有進說皆當坐矣且乾興以來侍臣立講歷仁宗英宗兩朝行之且五十年豈可一旦以為有司之失而輕議變更乎今人主之侍侍臣由始見以及畢講皆賜之坐其

尊德重道固已厚於三公矣尚何加焉其講官侍立伏請仍舊初孫奭坐講仁宗尚幼跂案以聽之奭因請立講論者不以為是王安石兼侍講請復乾興以前故事使預聽者立亦坐之日少而立侍之日多於是公著等遂同建明已而衆議不同上以問曾公亮公亮但稱臣侍仁宗書筵亦立後安石因講賜留上面諭曰卿當講日可坐安石不敢坐遂已十月壬寅詔講筵權罷講禮記自今講尚書先是王安石次未當講上命安石講至

曾參易簀安石曰聖人以義制禮其詳至于牀笫之間君子以仁行禮其勤見於將死之際上稱善未幾安石言禮記所載多駁雜乞今講尚書故有是旨講甘誓予則孥戮汝呂公著曰古之仕者世祿若身以罪戮則子降為皁隸人失位死不入兆域如此之類皆恥累其世父子兄弟罪不相及賞善及子孫罪惡止其身非并殺其子也講天乃錫王勇智上曰何以獨言勇智呂公著對仲虺方稱成湯能伐夏救民故以勇智言之然聖人之德當如易所謂聰明睿智神武而不殺者然後可為盡善矣

帝學卷七

帝學卷八

宋　范祖禹　撰

神宗英文烈武聖孝皇帝下

熙寧三年九月戊辰初御邇英閣講讀己巳召御史中丞呂公著來旦赴經筵公著以臺丞侍講又兼經筵職遇講讀即赴十一月庚辰司馬光講資治通鑑漢紀至曹參代蕭何為相國一遵何故規因言參以無事鎮撫海内得守成之道故孝惠高后時天下晏然衣食滋殖

上曰使漢常守蕭何之法久而不變可乎光曰何獨漢也夫道者萬世無弊夏商周之子孫茍能常守禹湯文武之法雖至今存可也武王克商曰乃反商政政由舊雖周亦用商政也書曰毋作聰明亂舊章然則祖宗舊法何可變也漢武帝用張湯之言取高帝法紛更之盜賊半天下宣帝用高帝舊法但擇良二千石使治民而天下大治元帝初立頗改宣帝之政丞相衡上疏言臣竊恨國家釋樂成之業虛為此紛紛也陛下視宣帝元帝之為政誰則為優荀卿曰有治人無治法故為治在得人不在變法也上曰人與法亦相表裏耳光曰茍得其人則無患法之不善不得其人雖有善法失先後之施矣故當急於求人而緩於立法也壬午呂惠卿講咸有一德因言法不可不變先王之法有一歲一變者正月始和置於象魏是也有五歲一變者五載一巡守考制度於諸侯是也有一世一變者刑罰世輕世重是也有百世不變者父慈子孝兄友弟恭是也前日司馬光

言漢守蕭何之法則治變之則亂臣竊以為不然惠帝除三族罪妖言令挾書律文帝除收孥令安得謂之不變哉武帝以窮兵黷武奢淫厚斂而盜賊起宣帝以綜覈名實而天下治元帝以任用恭顯殺蕭望之而漢道衰皆非由變法與不變法也夫法弊則必變安得坐視其弊而不變邪書所謂無作聰明亂舊章者謂實非聰明而强作之非謂舊章不可變也光之措意蓋不徒然必以國家近日多更張舊政因此規諷必以臣制置三

司條例及看詳中書條例故發此論也臣願陛下深察光言苟光言為是則當從之若光言為非陛下亦當播告之修不匿厥指名光詰問使議論歸一上名光前謂曰卿聞吕惠卿之言乎惠卿之言如何光對曰惠卿之言有是有非惠卿言漢惠文武宣元治亂之體是也其言先王之法有一歲一變五歲一變一世一變則非也正月始和置於象魏者乃舊章也非一歲一變也亦猶州長黨正族師於四孟月朔屬民而讀邦法也豈得為

時變月變邪天子恐諸侯變禮易樂故五載一巡守有變亂舊章者則削黜之非五歲一變法也刑罰世輕世重者蓋新國亂國平國隨時而用非一世一變也且治天下譬如居室弊則修之非大壞不更造也大壞而更造必得良匠又得美材今二者皆無有臣恐風雨之不庇也講筵之官皆在此乞陛下問之三司使掌天下財不才而黜可也不可使兩府侵其事今為制置三司條例司何也宰相以道佐人主安用例苟用例而已則胥

史足矣今為看詳中書條例司何也惠卿曰司馬光備位侍從見朝廷事有未便即當論列有官守者不得其守則去有言責者不得其言則去豈可但已光曰前者詔書責侍從之臣言事臣嘗上疏指陳得失如制置條例司之類盡在其中未審得達聖聽否上曰見之光曰然則臣不為不言也至於言不用而不去此則臣之罪也惠卿責臣實當其罪臣不敢逃上曰相與共講是非耳何至乃爾王珪進曰司馬光所言蓋以朝廷所更之

事或為利甚少為害甚多者亦不必更耳因目光令退王珪進讀史記光進讀資治通鑑畢降階將退上命還坐幣於閣內御榻之前皆命就坐王珪禮辭不許乃皆再拜而坐左右皆避去上曰朝廷每更一事舉朝士大夫訩訩皆以為不可又不能指名其不便者果何事也珪對曰臣疏賤在闕門之外朝廷之事不能盡知借使聞之道路又不能知其虛實也上曰據所聞言之光曰朝廷散青苗錢茲事非便今閭里富民乘貧者乏無之

際出息錢以貸之俟其收穫責以穀麥貧者寒耕熱耘
僅得斗斛之收未離場圃已盡爲富室奪去彼皆編戶
齊民非有上下之勢刑罰之威徒以富有之故尚能蠶
食細民使之困瘁況縣官督責之嚴乎臣恐細民將不
聊生矣呂惠卿曰司馬光不知此事彼富室爲之則害
民今縣官爲之乃所以利民也昨者青苗錢令民願取
者則與之不願者不强也光曰愚民知取債之利不知
還債之害非獨縣官不彊富民亦不彊也臣聞作法於

涼其弊猶貪作法於貪弊將若何昔太宗平河東立和
糴法時米斗十餘草束八錢民樂與官爲市其後物貴
而和糴不解遂爲河東世世患臣恐異日之青苗亦如
河東之和糴也上曰陝西行之久矣民不以爲病也光
曰臣陝西人也見其病不見其利朝廷初不許也而有
司尚能以病民況今立法許之乎上曰坐倉糴米何如
王珪等皆起對曰坐倉甚不便朝廷近罷之甚善上曰
未嘗罷也光曰今京師有七年之儲而錢常乏若坐倉
錢益乏米益陳奈何惠卿曰坐倉得米百萬石則歲減
東南百萬之漕以其錢供京師何患無錢光曰東南錢
荒而米狼戾今不糴米而漕錢棄其有餘取其所無農
末皆病矣侍講吳申起曰光言至論也光曰此皆細事
不足煩聖慮陛下但當擇人而任之有功則賞有罪則
罰此則陛下職也上曰然文王罔攸兼於庶言庶獄庶
慎惟有司之牧夫正謂此也上復與衆人講論治道至
晡後王珪等請起上命賜湯復謂光曰卿勿以嚮者呂
惠卿之言遂不慰意光對曰不敢遂退

三年四月癸未司馬光讀資治通鑑漢賈山上疏言秦
皇帝居滅絕之中不自知因言從諫之美拒諫之禍晏
子曰和與同異水火醯醢鹽梅皆相反之物宰夫濟其
不及以泄其過若羹已鹹復濟以鹽已酸復濟以梅何
可食也伊尹戒太甲有言逆於汝心必求諸道人之情
誰不欲人順己而惡其逆惟聖賢知順之損知逆之益
譬如酒醴雖適口而醉人藥物雖苦口而除病是以臣

之於君剛則和之柔則掖之明則晦之晦則明之非故相反欲裁其有餘補其不足以就皇極耳若逆已者即黜降順已者即不次拔擢則諂諛日進忠正日疎非廟社之福也上曰舜堲讒說殄行若臺諌欺罔為讒妄得不黜光曰臣因進讀及之耳時事臣不敢妄論也丁亥司馬光讀資治通鑑漢張釋之論嗇夫利口光曰孔子稱惡利口之覆邦家夫利口何至覆邦家蓋其人能以是為非以非為是以賢為不肖以不肖為賢人主苟以

是為非以非為是以賢為不肖以不肖為賢則邦家之覆誠不難矣

十年八月丙午御邇英閣講詩上問侍講沈季長曰豐年言秋冬報良耜何以止言秋報季長對畢上又問豐年不言報上帝良耜何以疊言報社稷季長對畢上曰此終始之詩也十月庚辰侍讀鄧潤甫陳襄讀史記因言司馬遷史載秦漢以來君臣事迹有不足以陳於陛下之前者如吕不韋傳之類是也上曰若此之類皆闕之勿讀沈季長黃履奏講詩畢不知進講何經上曰先王禮樂法度莫詳於周宜講周禮

元豐元年三月辛巳御邇英閣沈季長講周禮八法上曰或言邦治或言官治何也季長對畢上曰然壬午侍讀學士吕公著讀後漢書畢上留公著極論治體至三皇無為之道釋老虛寂之理公著問上曰此道高遠堯舜能知之乎上曰堯舜豈不知公著曰堯舜雖知之然常以知人安民為難此所以為堯舜也上又論前世帝

王曰漢高祖武帝有雄材大略高祖稱吾不如蕭何吾不如韓信至張良獨曰吾不如子房蓋以子房道高尊之故不名也公著曰誠如聖諭上又曰武帝雖以汲黯為戇然不冠則不見後雖得罪猶以二千石禄終其身公著曰武帝之於汲黯僅能不殺耳上又論唐太宗公著曰太宗所以能成王業者以其能屈已從諌耳上臨御日久羣臣畏上威嚴莫敢進規至是聞公著言竦然敬納之丁亥黃履講八柄上曰坐而論道謂之三公而

八柄非太宰所得與何也履對畢上曰然辛卯沈季長講九賦上曰或言關市之賦或言關市之征何也季長對畢上曰然癸巳黄履講九式上曰賓客之式次於祭祀而八政七曰賓何謂也履對畢上曰然四月丙寅沈季長講小宰掌建邦之宫刑以治王宫之政令凡宫之糾禁上曰政令糾禁詳略如何季長對畢上曰言凡宫之糾禁則是不止於王宫又及於諸侯也八月戊辰黄履講宰夫之職正歲書其能者與其良者而以告於上

上曰或言詔王廢置或言以官刑詔冢宰而誅之或言以告而誅之或言以告於上何也履對曰詔冢宰者詔冢宰而已以告而誅之以告於上者或詔王或告王及官長皆不得專也上曰或三年或歲終則書能否告之以為廢置此獨於正歲何也豈非舊歲之所考書以告乎履曰然

二年六月辛酉左諫議大夫安燾等上諸司式上閲講筵式開講罷講申中書上曰此非政事何豫中書可刊去之

六年四月壬申御邇英閣蔡卞講周禮司市上曰先王建官治市獨如此其詳何也卞對曰先王建國面朝而後市朝以治君子市以治小人不可略也上曰市衆之所聚詳於治衆故也後世治市之法闕略今可求而復乎卞對曰先王之時有鄉有遂有朝有市其事相須也

七年十二月戊辰端明殿學士司馬光上資治通鑑五代紀三十卷資治通鑑自治平三年置局每修一代史

畢上之至是書成總二百九十四卷目錄考異各三十卷上諭輔臣曰前代未嘗有此書過荀悦漢紀遠矣輔臣請觀之遂命付三省仍令速進入以光為資政殿學士降詔奬諭

臣祖禹曰神宗皇帝即位之初多與講讀之臣論政事於邇英君臣傾盡無有所隱而帝天資好學自强不息禁中觀書或至夜分其勵精勤政前世帝王未有也自熙寧至元豐之末間日御經筵風雨不易蓋

一遵祖宗成憲以為後世子孫法也可不念哉
臣祖禹拜手稽首曰三皇之時至質略矣伏羲始開
人文神農以下皆有師聖人之德莫大於學在易乾
之六爻龍德變化皆聖人也九二曰見龍在田孔子
曰龍德而正中也由學以聚之問以辨之故天下文
明九三曰君子終日乾乾孔子曰進德脩業欲及時
也至於九五飛龍在天則與天地合其德與日月合
其明與四時合其序與鬼神合其吉凶先天而天不

違後天而奉天時聖人之德莫盛於此由學以致之
也九二九五皆曰利見大人蓋非學則不能為大人
故堯舜稽古垂衣裳而天下治聖學之要也揚雄曰
學之為王者事其已久矣堯舜禹湯文武汲汲仲尼
皇皇其已久矣學始於伏羲至於成王易詩書所稱
聖人所述為萬世法由漢以下其道不純故可稱者
鮮自古以來治日常少亂日常多推原其本由人君
不學也恭惟本朝累聖相承百三十有二年四方無

虞中外底寧動植之類蒙被涵養德澤深厚遠過前
世皆由以道德仁義文治天下人主無不好學故也
陛下廣覽載籍歷觀前世創業之主守文之君有如
祖宗之皆好學者乎由三王至於五代治安長久有
如本朝之百年太平者乎今人有寶器且猶愛惜之
恐其傷缺况祖宗百三十餘年全盛之天下可不務
學以守之乎臣又聞學則必問問然後為學中庸曰
君子尊德性而道問學致廣大而盡精微極高明而

道中庸皆所以為天下法也堯有衢室之問舜有總
章之訪動必咨於四岳孔子稱舜之大智曰好問仲
虺戒湯曰好問則裕學者聖之先務也問者學之大
方也文王詢於八虞而諮於二虢度於閎夭而謀於
南宮諏於蔡原而訪於辛尹重之以周召畢榮所以
能成其聖也武王訪於箕子成王問於尹佚四聖維
之衆賢翼之是以為太平之天子能持盈守成夫豈
由他哉唯彊於學問而已今臣所録八篇上起伏羲

下訖神宗伏惟陛下憲道於三皇稽德於五帝軌儀於三代法象於祖宗集羣聖之所行體乾健之不息則四海格於泰和萬年其有永觀矣臣拜手稽首謹

上

帝學卷八

經幄管見

（宋）曹彦約　撰

解題

周延良

《經幄管見》四卷，宋曹彥約撰。

本編據文淵閣《四庫全書》本影印。此編無題跋。

曹彥約，字簡甫，都昌人（今江西都昌一帶），南宋淳熙八年（一一八一）進士。歷官經筵侍讀、禮部侍郎加寶謨閣直學士，授兵部尚書，不拜，改寶章閣學士，以華文閣學士轉通議大夫致仕，贈宣奉大夫，嘉熙初，賜謚『文簡』。曹彥約少孤，天資穎异，才稟素高，未仕前嘗從朱熹講學，與朱熹曾在師友之間。曹彥約『以孝友著于家，以忠信得乎朋友』，性豪爽，行修正，爲時人所稱。南宋魏了翁曾爲曹氏作《墓志銘》，其文曰：

公諱彥約，字簡甫，南康軍都昌人。嘉定九年（一二一六），了翁與公分乘使傳于蜀道，爲忘年交。

上踐阼逾月，召公及真公德秀、鄒公應龍，公以明年二月入見，又得同侍上左右。公嘗經帷，進讀《三朝寶訓》至《太宗取士》《章聖選官》皆以德行爲先。……公以孝友著于家，以忠信得乎朋友，以豈（與『愷』音義同）弟行諸郡國，以忠忱格于君父。……公少邁爽，六歲而孤，知哀戚。年十八，再與賓貢，擢淳熙八年進士第。……公才稟素高，輔以講學朱文公，守南康兄弟親炙之，爲白鹿洞書院諸生。後十四年見文公于長沙，人述所知行，而請益焉。其師友淵源，蓋如此。是以，理明行修，出入中外，垂三十年。人以其進退，爲時重輕。考諸近世名卿，而觀公之所成就，信乎，公之所謂才者矣！平生所著：《輿地綱目》十五卷，《昌谷類藁》六十卷，《經幄管見》七卷藏于家。……（《鶴山集》卷八十七《寶章閣學士、通議大夫致仕、贈宣奉大夫曹公墓志銘》）

魏了翁，南宋慶元五年進士，歷官資政殿大學士、參知政事，僉書樞密院事，也是南宋初年的大學問家，所作《九經要義》，有四種傳世，今猶可見。魏氏評價曹彦約之説，殊可信從。

魏了翁與曹彦約是同時代的晚輩，故魏了翁稱二人爲忘年交。從魏氏的《墓志銘》中可知，無論是爲人處世，還是任職作官，魏了翁都給予曹氏很高的評價。曹氏爲官，體恤民瘼，《墓志銘》説：『公篤實仁愛，出于天禀。其爲政精密，務盡理道。』爲人忠慤，其爲人臣，直言敢諫，《墓志銘》説：『（寶慶三年）四月，除寶章閣學士，知常德府，陛辭勸上，以修身講學爲要。獻唐張藴古、趙師民二《箴》，請圖之坐右，且奏，求言雖切，而下情猶未通；愛民雖勤，而横斂猶未革。上曰：「其病安在？」公曰：「臺諫專論人主，不及時政，下情安得通？」』就當時『權相專忌，人以公言爲難』做了率直地抨擊。從魏氏《墓志銘》中可以獲知，曹彦約做地方官，關心民人生計灾利，《墓志銘》説：『所至，救荒恤灾，蠲逋已責。寬酒榷，裁商徵，察廪庾，謹儲糴。苟利于民，如已渴飢。至議役法，尤切切注意。』不僅如此，曹彦約就對民寬政也卓有見地，《墓志銘》載：『嘉泰，都城灾，公上書時相，乞寬黨禁，人所難言，公之行師，專以勝殘去殺爲本。封章奏篇，必以殺平民，戮降附，張虚捷，爲拂天理，絶民望，失祖宗仁愛之德。非痛革此弊，不可以祈天永命。』此言，在嘉泰年間都城成灾，當時的官員專以殺戮平民及歸附之民爲勝而據此邀功賞，曹氏認爲是『拂天理，絶民望』，是『失祖宗仁愛之德』，大抵可以肯定，曹彦約爲官從善，牧民慮生，是民本思想的延伸與光大。明李賢等編《明一統志·南康府·人物·曹彦約》評曹彦約説：『平生以建立事功爲務，在朝，多所建明』[二]并非虚美。

南宋，從『開禧』至『嘉定』間，曹彦約在抵禦金兵南犯的軍事活動中，不僅表現了他的軍事才能，而且也顯示了他的民族氣節，魏了翁所作的《墓志銘》和《宋史》本傳都有具體記載，此從略。曹彦約兄弟三人：其兄曹彦純，其弟曹彦繼。有三子：長子曹士況，次子曹士衮，三子曹士冕，皆有名于當時。

按照魏了翁的《墓志銘》所載，曹彦約平生著述有：《輿地綱目》十五卷，《昌谷類藁》六十卷，《經幄管見》七卷。《四庫全書》輯曹彦約《昌谷集》二十二卷，稱『今惟《永樂大典》尚頗載彦約詩文』，《永樂大典》所載，其前身當是《昌谷類藁》，黄虞稷《千頃堂書目補》：『曹彦約《昌谷小集》二十卷，又《續集》一卷。』（卷二十九）與明代焦竑《國史經籍志》所著録的《昌谷小集》二十卷同。

《經幄管見》，明代尚且流傳，明楊士奇等編《文淵閣書目》著録：『曹彦約《經帷管見》一部一册。』（卷一）《四庫全書》所輯《經幄管見》也是從明代《永樂大典》中釐出，唯四卷，魏了翁《墓志銘》述及曹彦約《經幄管見》是『七卷』，其中不同之由，亦無從考知。

魏了翁在曹彦約《墓志銘》中言曰：『上踐阼逾月，召公及真公德秀、鄒公應龍，公以明年二月入

[二] 據文淵閣《四庫全書》本卷五十二。

見，又得同侍上左右。』這裏涉及一個歷史狀况即南宋理宗登基，所謂『上踐阼逾月』是指宋理宗于嘉定十七年（一二二四）登基，所謂『公以明年二月入見』實即理宗寶慶元年（一二二五），與《經幄管見》卷一所説在時間上完全一致。『公嘗經帷，進讀《三朝寶訓》至《太宗取士》《章聖選官》皆以德行爲先』，可知，曹氏在『經幄』所講讀的底本是《三朝寶訓》，此説與《經幄管見》中之述是一致的。《經幄管見》，蓋曹彦約依據侍講經筵之際所講讀的《三朝寶訓》等材料整理成書，曹彦約在是書卷一開篇所云：『寶慶元年九月十七日，初供職，同侍講范楷候對。是日，讀《寶訓・謹外戚篇》……』又曰：『二十二日同侍講范楷候對。是日，讀《寶訓・受符瑞篇》……』又曰：『十月初三日，便殿聚講，同侍講陳貴誼候對。是日，讀《寶訓・崇祀禮篇》……』又曰：『十二日，同侍講范楷待對。是日，仍讀《崇祀禮篇》……』又曰：『二十六日入講筵，同侍講陳貴誼待對。是日，讀《寶訓・崇文儒篇》……』又曰：『十一月初三日，便殿聚講，同侍講王塈候對。是日，讀《獎詞學篇》……』（據本編卷一）等等，終《經幄管見》四卷，曹彦約同『候對』『待對』者都是在講讀《三朝寶訓》。

寶慶元年（一二二五）是南宋理宗的年號，理宗于嘉慶十七年（一二二四）登基，翌年改元『寶慶』。按照曹彦約自己的記載，寶慶元年九月爲侍講，所講的主要内容是《寶訓》，所謂《寶訓》實即《三朝寶訓》，《三朝寶訓》是曹彦約《經幄管見》形成的内容本源，换言之，《經幄管見》是以《三朝寶訓》爲價值基準所做的講釋和引申、發明。這裏就有必要對《三朝寶訓》的形成、内容等相關問題做基本了解。《四庫全書總目・經幄管見》提要説：

……是書蓋彦約侍講筵時所輯，皆取《三朝寳訓》反覆闡明，以示效法，蓋即范祖禹《帝學》多陳祖宗舊事之義。考仁宗天聖五年，允監修王曾之請，采太祖、太宗、真宗事迹不入正史者，命李敬等别爲《三朝寳訓》三十卷。寳元二年十二月，詔以進讀，嗣是講幄，相沿遂爲故事。彦約是書，于進讀《符瑞》諸篇，雖不免有所回護，要亦當時臣子之詞，不得不爾。其餘諸篇，則皆能旁證經史，而歸之于法誡，亦可謂不失啓沃之職者矣。舊刻散佚，久無傳本。惟《永樂大典》尚載其全文，今詳爲校讎，釐成四卷，間有辨證，各依文附著焉。……（據文淵閣《四庫全書》本）

《提要》稱，曹彦約的《經幄管見》即是曹氏在經筵講讀過程中使用的講義，而且這個講義是以整理《三朝寳訓》等文獻爲基礎完成的。《提要》所謂『考仁宗天聖五年，允監修王曾之請，采太祖、太宗、真宗事迹不入正史者，命李敬等别爲《三朝寳訓》三十卷。』云云，最早的記載是北宋范祖禹《帝學》，《帝學》載曰：

（天聖五）十月乙酉，監修國史王曾言，唐史官吴兢于正史實録外，録太宗與群臣對問之語爲《貞觀政要》，今欲采太祖、太宗、真宗實録、日曆歷時政記、起居注，其間事迹不入正史者，别爲一書。從之。……明道元年二月癸卯，監修國史吕夷簡上《三朝寳訓》三十卷，即王曾所請也。（見是書卷四）

范祖禹于此所載即是《三朝寳訓》撰修的緣起。當時任宰輔的王曾同爲監修國史，仁宗皇帝准其所請，敕史官開館編修，至仁宗明道元年（一〇三二）書成，由監修國史吕夷簡上呈仁宗皇帝。爲什麽是由吕夷簡上呈呢？因爲總負責編修的官員是吕夷簡，故宋元時代諸多文獻都記載著《三朝寶訓》編成之後是由吕夷簡上呈的[二]。宋羅從彦《豫章文集·集録遵堯録四·仁宗》載：

天聖初，監修國史王曾言，唐史官吴兢于正史實録外，采太宗與群臣問對之語爲《貞觀政要》，今欲采太祖、太宗、真宗實録、日曆，時政記、起居注，擇簡易事迹不入正史者，命史官别爲一書，與正史并行。帝從之。詔吕夷簡專其事，書成，今所謂《三朝寶訓》是也。（據文淵閣《四庫全書》本卷五）

羅從彦生于北宋，仕于南宋初年[三]，所記當可信從。按照羅從彦的説法，修纂《三朝寶訓》的總負責人是吕夷簡（類似于今天的『總編』），未必參加實質性的編纂工作。吕夷簡時爲宰輔，且兼爲監修國史官員，故仁宗皇帝詔命吕氏專其事。直接參與編撰的官員是李淑和王舉正，宋王應麟《玉海·藝文·天聖

[二] 宋陳均《九朝編年備要》：『明道元年春二月，《三朝寶訓》成。初王曾爲相，言唐有《貞觀政要》，今欲求祖宗事不入正史者，别爲一書，從之。至是成，號《三朝寶訓》。』（卷九）又，宋章如愚撰《群書考索·正史門·國史類》：『太祖、太宗、真宗《寶訓》，天聖五年十月乙酉，監修國史王曾言，唐史官吴兢于正史實録外，録太宗與群臣對問之語，爲《貞觀政要》，與正史并行。今欲采太祖、太宗、真宗實録、日曆、時政記、起居注，事迹不入正史者，别爲一書，從之。明年三月癸卯，監修國史吕夷簡上《三朝寶訓》三十卷。』（卷十七）又，宋江少虞《事實類苑·祖宗聖訓·仁宗》：『仁宗十月乙酉，監修國史王曾言，唐史官吴兢于正史太宗群臣問對之語爲《貞觀政要》。今欲采太祖、太宗、真宗實録、日歷、時政記、起居注，其間事迹不入正史者，别爲一書，從之。……明道元年二月癸卯，監修國史吕夷簡上《三朝寶訓》三十卷，即王曾所請也。』（卷四）又，宋佚名氏《群書會元截江網·國史·事實源流·寶訓》：『……本朝仁宗時，王曾監修國史，請采太祖、太宗、真宗事迹别爲一書，如唐《貞觀政要》，凡三十卷，號爲《三廟寶訓類苑》明道元年，監修國史吕夷簡上《三朝寶訓》，……』（據文淵閣《四庫全書本卷三十）元托克托等編修《宋史·仁宗本紀》二：『明道元年春二月癸卯，吕夷簡上《三朝寶訓》。（卷十）又，元佚名氏《宋史全文·宋仁宗一》：明道元年春二月，監修國史吕夷簡上《三朝寶訓》。』（卷七上）

[三] 羅從彦生于宋神宗熙寧五年（一〇七二），卒于紹興五年（一一三五年。據《豫章文集·年譜》）。

〈三朝寶訓〉》載曰：

天聖五年十月乙酉，監修史王曾言唐史官吴兢于正史實録外，録太宗與群臣問對之語，爲《貞觀政要》。今欲采太祖、太宗、真宗實録、日歷、時政記、起居注，其間事迹不入正史者，别爲一書，與正史并行，從之。六年五月，曾奏委李淑修纂，宋綬、馮元看詳（樣），九年二月，淑又奏直集賢院王舉正同修，十年正月（即明道元年），敕以《三朝寶訓》爲名，明道元年二月癸卯，書成，凡三十卷，監修國史吕夷簡詣承明殿上。……（據文淵閣《四庫全書》本卷四十九）

《三朝寶訓》從天聖五年（一〇二七）到明道元年（一〇三二）歷五年修成。據王應麟的記載，李淑與王舉正是主要的纂修官，『宋綬、馮元看樣』——此説『看樣』者，即今所謂的審稿和校對『小樣』或『清樣』，看來，負責審稿和校對工作是由宋綬、馮元承擔。《三朝寶訓》成于宋仁宗明道元年，凡三十卷，由監修國史官吕夷簡上呈皇帝。

此録《經幄管見》曹彦約講讀《三朝寶訓》子目如次：

卷一：《寶訓·謹外戚篇》《寶訓·受符瑞篇》《寶訓·崇祀禮篇》《崇祀禮篇》《寶訓·崇文儒篇》

卷二：《論國體篇》《抑奔競篇》《論文史篇》《議修書篇》（寶慶二年正月二十六日）、《任宰執篇》。

《獎詞學篇》《謹詔辭篇》。

卷三：（寶慶二年二月初二日）《任宰職篇》（寶慶二年二月初六日）、《禮大臣篇》、（寶慶二年二月十二日）《禮大臣篇》《優近臣篇》《優近臣篇》《議典故篇》《議禮制篇》《謹刑罰篇》《論貢舉篇》。

卷四：《論貢舉篇》《論科試篇》《論選集篇》《擇官篇》《論薦舉篇》《論甄叙篇》《獎幹臣篇》《戒官吏篇》《論道教篇》《論釋教篇》《重牧宰篇》《議將帥篇》。

以上所列《經幄管見》涉及《三朝寶訓》中的子目，必非《三朝寶訓》之全者，宋佚名氏《群書會元截江網·國史·事實源流·寶訓》説：『……明道元年，監修國史吕夷簡上《三朝寶訓》，自《論政體》至《撫夷狄》凡三十卷。』其中有『《論政體》《撫夷狄》』是《經幄管見》所未及。又，魏了翁的《墓志銘》尚及《三朝寶訓》中的『《太宗取士》《章聖選官》』等目，據此大致可以推知《經幄管見》成書的前提是《三朝寶訓》，亦可知，北宋皇室，庶成『家法』[一]。

根據以上所考文獻，大致可以肯定，所謂『三朝』是指宋太祖、宋太宗和宋真宗這三個朝代；所謂『寶訓』即此三朝皇帝『實録』『起居注』等文獻中記載故事可以作爲後代皇帝治理國家學習、參考的寶貴經驗和成法。《三朝寶訓》雖不得見，但《經幄管見》爲今天了解《三朝寶訓》以至于宋代治國的基本思路與方略——忠君愛民成爲《三朝寶訓》的主綫，也是《經幄管見》的内容主體。

[一]　相關的文獻甚多，此不贅引。

欽定四庫全書　史部十五

經幄管見　史評類

提要

臣等謹案經幄管見四卷宋曹彦約撰彦約字簡甫都昌人淳熙八年進士薛叔似宣撫京湖辟為主管機宜文字累官寶謨閣待制知成都府寶慶元年擢兵部侍郎遷禮部旋授兵部尚書力辭不拜以華文閣學士致仕

卒謚文簡事迹具宋史本傳是書蓋彦約侍講筵時所輯皆取三朝寶訓反覆闡明以示效法蓋即范祖禹帝學多陳祖宗舊事之義考仁宗天聖五年允監修王曾之請釆太祖太宗真宗事迹不入正史者命李敬等别為三朝寶訓三十卷寶元二年十二月詔以進讀嗣是講幄相沿遂為故事彦約是書於進讀符瑞諸篇雖不免有所迴護要亦當時臣子之詞不得不爾其餘諸篇則皆能旁證經史而歸之於法誡亦可謂不失啟沃之職者矣舊刻散佚久無傳本惟永樂大典尚載其全文今詳為校讐釐成四卷間有辨證各依文附著焉乾隆四十六年三月恭校上

總纂官臣紀昀臣陸錫熊臣孫士毅

總校官臣陸費墀

欽定四庫全書

經幄管見卷一

宋 曹彥約 撰

寶慶元年九月十七日初供職同侍講范楷侯對是日讀寶訓謹外戚篇 景德四年上謂近臣曰每歲承天節皇諸親為姻族求恩多過有希覬朕常念羣臣戮力盡瘁或遠在邊防久歷歲時非功狀顯著未嘗進一資一級此若盡遂所請甚紊公道自後奏封有越例者即令内省勿復降出陳堯叟曰臣等比來多見妄有陳乞

如秦國公主為子求刺史諸子歲歲改轉又圖舟車悉免稅算去年程繼宗掌致遠務坐事致鞫晉國公主亟為求赦如此之事陛下皆寢其奏中外之人知陛下推公御人不以親疎為異上曰諸親多引先朝為比朕諭以太祖開創之始太宗英睿特斷朕安敢上擬令庶事動立制度朕遵守之何敢失墜若從越例之請外人必有竊議邇來漸似知非各安本分矣臣讀畢口奏人主遵奉家法吝惜名器未有不身致太平者真宗皇帝有太祖太宗家法可守更於家法上倍加吝惜推此心以往事事節省謹之於外戚必將謹之於宦官謹之於宦官又將謹之於宮女上而服御下而賜予無所不謹則無所不省財用安得不裕民力安得不寬此咸平景德間所以為本朝極盛也

二十二日同侍講范楷侯對是日讀寶訓受符瑞篇

壽州獻綠毛龜 按事在太宗至道三年 上謂宰相曰朕觀之介蟲而毛得非天意有所警戒耶呂端曰臣等寡聞天意冥

邈胡能究知然嘗聞師曰聖人之意與天合符茍睿思徘徊屬於一物必神靈肸蠁有所啓焉今神龜所得之處地名壽春陛下頃陞皇儲實自壽邸由是言之則是龜也特為陛下而言將使陛下後天而老既壽且昌乎又龜在水族義主乎陰介者剛物也毛者柔物也夫夷狄之類皆稟陰氣天戒若曰將有強梗不賓之虜柔伏來庭且陛下自即大位首念西北之人困於飛輓雖繼遷兇羯亦降使推恩不問前罪且繼遷亡命日久亦厭

兵矣脅從之黨亦厭亂矣悛心革面匪朝而夕北戎倔强為患滋深部族攜離亦荐饑歉必恐相率懷柔願伸款附望陛下欽若天意彌闡皇猷雖休勿休日謹一日則靈物之出豈徒然哉臣讀畢口奏用兵之害不但兩軍相加肝腦塗地而已飛輓之勞不減鋒鏑暴露之久甚於臨敵以至邊民避難永業漸廢强壯應募耕夫漸少流離轉徙使老弱疾病之人少有全者怨氣所感多致旱蝗饑餓疾疫而死者又不可勝計簡冊所載未必

詳盡惟身歷而後知之此寢兵所以為帝王極功也

景德四年上謂宰相曰前詔諸路無得獻祥瑞近日頗逾舊制當令禮部申禁之宰相曰福應之至以顯盛猷雖睿德謙冲務於自損若史臣不紀來世何觀望止令報禮部闕送史官上勉從之臣讀畢口奏祥瑞之與災變相為有無有祥瑞則無災變有災變則無祥瑞古人以晏安爲酖毒以譴告爲仁愛蓋覩祥瑞則易至自滿遇災變則易生恐懼昔魏相相漢宣帝凡四方逆賊災變之事無不奏言之正得此意真宗皇帝禁諸路無獻祥瑞聖意深遠惜乎當時大臣尚欲闕送史官也　大中祥符元年正月天書降左承天門上召近臣對崇政殿西序諭其事王旦曰陛下以至誠事天地以仁孝事祖宗恭己愛人夙夜求治以至殊方修睦獷俗請吏干戈偃戢年穀屢豐皆陛下兢兢業業日謹一日之所致臣等嘗謂天道不遠必有昭報今者神授祕文實彰祐德之應然兹事非常簡策所無又未審所諭之事啟封

之際當屏左右上曰既有天命須當祇受適恐皇城司遽便收進已使止之朕當詣門望拜焚香跪受所云屏人以啟雖云勿洩天機朕以為上天所貺當與衆共之旦曰兹未測書意不欲顯示於衆上曰天若譴視闕政當與卿等祇畏改悔若告戒朕躬亦當責己自修豈宜隱之使人不知乎當便與卿等啟讀但慮文莫能辨宜訪明習篆籀之人以從旦曰陛下肅奉天命非臣等所能測度臣讀畢口奏天人相與之際無有間斷人主與

天為一得知闕政所在必將修德用賢以補治之此周
宣遇災而懼所以王化復行也若掩覆不已如愚人之
諱病其初唯恐人知其後遂至於不可措手當大中祥
符時寧有闕政真宗皇帝恐懼修省如此天下安得不
治　上曰朕自即位每祠祀祝詞但以人民為心未嘗
別有祈請令內殿道場亦致密詞惟求年穀豐穰人民
康樂因出示旦等旦曰自古秘祝之詞皆有所請陛下
以億兆為心有以見子育之意超絕前古臣讀畢口奏

得人心而為天子則社稷自然鞏固若福萃於人主而
災偏於天下為人主者亦何安於此也　天書扶侍使
丁謂言崇政殿閣新製法物雙鶴度天書輦飛舞良久
翌日上顧左右曰昨所觀鶴止於輦上飛度若云飛舞
良久文則文矣恐不為實當易此奏也王旦曰陛下以
至誠奉天以不欺臨物正此數字所繫尤深帝皇徽猷
莫大於此望付中書載於時政記上俛然從之臣讀畢
口奏人主奉天臨民以不欺為主若以鶴度為鶴舞欺

天罔民不特天鑒昭昭民心不服濫觴不止必將有如
漢臣指鶡雀為神雀者矣
十月初三日便殿聚講同侍講陳貴誼侯對是日讀寶
訓崇祀禮篇　淳化三年秘書監李至上言國初舉藏
冰之禮修司寒之祭常以四月行之按詩豳七月四之
日獻羔祭韭周以十一月為正四月即今之二月春秋
傳曰日在北陸而藏冰謂夏十二月日在虛危也獻羔
而啟之謂二月春分獻羔祭韭始開冰室也火出而畢

賦火星昏見謂三月四月中也又月令仲春天子獻羔
開冰先薦寢廟詳其開冰之祭當在春分乃有司之失
也上曰今四月韭長可苫屋矣何謂薦新耶即命正其
禮臣讀畢口奏夏正建寅人道之所便周正建子天道
之所始自古未有兼用之者惟豳七月之詩作於成周
之時乃上述后稷先公事一篇之中既有夏正又有周
正如七月流火九月授衣七月食瓜八月斷壺之類凡
以月言者皆夏正也一之日觱發二之日栗烈二之日

鑿冰冲冲三之日納于凌陰之類凡以日言者皆周正
也按經文凡陽生以後之月言日凡陰生以後之月言月四月言月者陽極陰生當夏至進退之期也第謂
雜周正夏正雖本朱子義似未盡李至所言引用獻羔祭韭一事已合
經意臣恐後人疑其詩雜周正夏正故爲别白言之
至道二年禮儀使宋白上言按儀注朝享太廟皇帝先
詣罍洗奠瓚郊祀未詣罍洗先奠玉幣於禮未叶欲請
先詣罍洗上覽奏遽召白洎宰相問之曰前代祀上帝
未罍洗而先奠玉幣於禮可乎按杜佑通典開元禮祀圜丘儀於進熟之先太

常卿引詣罍洗在奠玉幣後宋初尚沿其舊吕端等曰王者親執玉帛以見
上帝且玉帛者接神明之贄尤宜蠲潔若未盥沃而奠
獻殊失恭虔之意宋白曰儻允臣所陳止一次登壇上
憮然改容曰朕親奉大祭竭誠盡物蓋為蒼生祈福倘
變禮為允固當依卿所奏如合遵舊典朕雖百次登亦
不爲勞端等皆言禮官所陳得中遂從白議臣讀畢口
奏宋白請郊祀先盥沃而後奠獻從禮之厚也以兩次
登壇爲勞而以一次爲便禮之殺也太宗皇帝竭誠盡

物以事上帝豈以再登壇為勞而變其禮哉其意則是
其言則非吕端等取其意而不取其言始足以釋太宗
之惑人臣獻策意是而言非足以害事不可以不謹
十二日同侍講范楷待對是日仍讀崇祀禮篇　初禮
官草封禪儀上覽之謂王旦曰封禪久廢非禮典備具
豈爲盡美朕遍覽所定儀注有二十餘事慮未合宜已
手詔改定如未備者當復議之雖有司已經講肄其如
未嘗躬習王旦曰大凡祀事未閑帝王自爲儀陛降之

節止在有司上曰王者事天如子之事父臣之事君寅
恭之志豈憚於勞及親習畢又以御劄記三事付有司
曰行事官避朕褥位而不顧昊天上帝之位但昭報天
地嚴配祖宗豈於朕躬過為崇奉當諭行事官無得更
有迴避朕以封禪之事不比常祀自十一月朔即御蔬
膳原注大中祥符元年十月二十四日辛亥有事於泰山其月以戊子為朔初四日辛卯車駕發京師恐御
蔬膳當在十月朔諸本皆作十一月朔者誤也旦曰陛下躬行大禮曲盡嚴恭
然日月尚遥道途涉寒慮非保衛之道況南郊亦祀天

地不闕預屏葷茹望侯致齋或散齋方進素膳旦等累
表陳前上曰朕志已定不煩固請及陞泰山每道經險
峻必降輦徒步所司議增扶衛皆卻之導從者或至疲
頓上詞氣益壯及行禮侍從導衛悉令減去拂翟止於
壝門燭籠前導亦撤之及禪祭自山下步出大次侍臣
言山路峻滑靴袍而行躋升匪易請乘步輦上曰接神
在近敢不徒行五使等復固請上終不許臣讀畢口奏
封禪之說始見於管夷吾之書以無懷氏伏羲氏為首

莫知其有無也設或有之是時禮文簡畧固無傷財動
衆之事至三代之季齊威公偶欲行之迫於世變非昔
者洪荒之比雖泰山在其近境管氏已知其不可所謂
一茅三脊魚比目而鳥比翼者皆飾辭以為難耳後世
乃指為實迹更求祥瑞然秦皇漢帝因行幸而為之猶
是簡徑至光武溺於讖緯更作密詞於是玉牒玉檢之
文金鏤金泥之制纖悉備具為其臣梁松等所鄙至唐
高宗則又從以宮女飾以錦繡尤更可笑今真宗皇帝

親製儀注又躬自肄習御蔬膳於兩旬之前却步輦於
峻滑之地凡所以事神者無不恭恪凡所以自奉者無
不謙退可謂萬世封禪之標準也但近世封禪之禮事
大體重必須傷財必須動衆不可以無懷伏羲氏為口
實必如真宗之時家給人足上恬下熙而又以孝敬行
之始為無玷舍是不足以格神祇足以害民也
二十六日入講筵同侍講陳貴誼待對是日讀寶訓崇
文儒篇　咸平元年學究劉可名上經書疑誤上因訪

通經義者李至曰國學講書崔頤正博通諸經尤善誦
說上曰朕宮中無事甚樂聽書嘗求其人尤未易得翌
日召頤正於後園說尚書大禹謨賜五品服謂宰相曰
頤正講誦有功卿等更於班行中擇性行淳朴通經義
知損益者一兩人具名進來臣讀畢口奏通經義知損
益者易得性行淳朴者難求夫講讀於人主之前必其
人先能正己而後可以正君若使口道先王語而行若
市人則於講讀之際希望官職萋斐忠賢或迎合上意

或傅會經旨如先朝諸臣呂惠卿邢恕之徒非不稍通經義而性行不淳樸甘爲小人渠魁雖生於聖明之世亦足以惑亂天下以此知真宗皇帝擇性行淳樸以爲講讀有深意也　上嘗謂近臣曰朕聽政之日未嘗虛度時日探賾編簡素所耽玩但古聖奥旨有未曉處不免廢忘昨置侍講侍讀學士自今令秘閣官每夕具名奏來朕欲名見得以訪問是後每當直或召對多至二三鼓而退臣讀畢口奏講學之道不必拘於誦說之時

惟於藏焉修焉息焉游焉之際最爲親切漢光武講論經理夜分乃寐所以致中興之治卜年卜世與前漢相似本朝祖宗時近臣内直多近燕閑偃息之所故太宗時呂文仲真宗朝楊徽之夏侯嶠邢昺之徒往往召對詢訪或至中夕從容閑暇使古人事業與今日施行相爲表裏使古人制行與今日聖德互相發明較之講殿講筵所得又爭深淺何況燕閑之時親儒生之時常多則宦官宫女進見之時差少此又聖人執德信道之微權有深意也　咸平五年召近臣觀書龍圖閣上曰朕自幼至今讀經典其間有聽過數四者臣讀畢口奏真宗皇帝讀經典聽過數四不以爲厭最得爲學之要大凡讀書不在貪多必使口中成誦心中默識其初所見容有未盡其後益更增長與泛然過目者不同最爲有益時敏既務厥修自來有不可過者　景德二年幸國子監歷覽書庫觀羣書鏤版問其數邢昺曰國初印板止四千今已十萬經史義疏悉備臣始業儒儕輩間能

具書疏百無一二蓋難得正本或力不能繕寫今士庶之家多藏典籍信逢時之至幸上曰國家崇尚儒術然非四方無事亦何以臻此臣讀畢口奏真宗皇帝謂國家崇尚儒術非四方無事何以臻此蓋兵革一用豈但征戰餽餉之勞流離轉徙之苦臣前讀符瑞篇固已畧舉用兵之害矣上而爲君不免宵衣旰食下而爲臣不免罷於奔命此古之聖賢所以偃武而後修文息馬而後論道也真宗皇帝四方無事之語發於景德二年是

時澶淵之盟契丹纔一年耳而聖訓已及此則知兵革不用乃聖人本心自是絶口不談兵矣　大中祥符元年幸曲阜謁文宣王廟有司定儀止肅揖上特展拜以表嚴師崇儒之意又幸孔林以林木擁道降輿乘馬詣墳拜奠臣讀畢口奏堯舜之道載於五篇之書寂寂簡端非聖哲不能盡究孔子之道廣大悉備立標準於天下後世靡所不周取之不盡用之不竭故當時弟子以為賢於堯舜遠矣非卓然高識好善而忘勢孰肯舉特拜之禮也

十一月初三日便殿聚講同侍講王堅候對是日讀奨詞學篇　張洎為翰林學士上顧左右曰洎富有詞藻于今力學江東士人中首出也搢紳之士當念德行居先苟空持文學亦所不取仲尼四教止言文行呂蒙正曰唐裴行儉嘗言王楊盧駱四子雖有文學爲人輕浮匪惟不享重祿兼慮弗克令終後果如其言則德行為先誠如聖旨臣讀畢口奏有文士之文有賢者之文賢者之文得於學問本於踐履義理深熟自然成文如先朝歐陽修蘇軾之倫爲一代端人正士文既浩博而德望可稱此賢者之文也文人之文不可謂之不工然不敢保其為人如丁謂夏竦之徒凡所著述亦足以膾炙人口然不可為法於後世太宗皇帝論文學之士必以德行居先則知太宗之好文不在於絺章繪句之間矣

上閲殿中丞李虛巳課績賜御書印紙虛巳獻詩稱述且言祖母八十餘覩此榮耀益爲殊美上覽而嘉之

御筆批其詩尾云李虛巳學古為官榮親事主知恩奉上欲布新規朕已得良二千石矣宜賜緋魚賚錢五十萬惠及祖母時巳命知榮州即日改遂州又語宰相曰朕不遺片善想虛巳承朕褒諭固不為惡事矣乃召兩制三館偏示之又聞虛巳父寅亦御前及第休官侍養上曰積善之家必有餘慶非虛語也臣讀畢口奏人才有三等上馬者天資律已有心愛民勸戒之所不必用刑罰之所不必施次馬者可與為善可與為惡觀人主

意嚮所在利而行之亦足以助治下焉若知有利而不知有仁義知有巳而不知有君民必須小懲大戒然後知畏太宗皇帝閱李虛巳課績既親書印紙以寵之又謂虛巳承此褒諭不為惡事君臣之懿亘古無比舉直錯諸枉可使枉者直矣然至於貪酷之吏畧不少貸輕者配隸居作重者置之極典本朝以仁厚開國何至於此而加重蓋貪酷不已則民生不能遂民生不能遂則邦本不能固嚴於貪酷之吏乃所以仁愛天下之極也

上嘗覽詞臣所獻聖製琴阮頌謂宰相曰邇來朝廷文學之盛近代無及朕徧閱頌贊第其工拙惟楊億趙安仁李宗諤詞理愜當有老成之風吳淑安德裕胡旦或詞采古雅或學問優博抑其次也即詔宗諤安仁各遷一官賜億緋魚及召淑等褒諭之億對又戒之曰朕素知汝文學更當遵守儒行韜晦其能茍謙虛守道可保令名因問年幾何曰始年十一釋褐授官今二十二矣上笑曰少年聰明信是天賦李宗諤者司空致仕昉之子翌日昉亦入謝上命坐昉曰男宗諤所獻文巳聞陛下過賜賞歎不謂復與進秩父子感恩何以為報上曰此新題也尤難為工楊億最可稱獎自幼在館俄忽二十二文學大進朕聞唐王勃十五作滕王閣記時輩歎服覩億亦勃之比也楊億嘗上表上曰億天與文性好學不倦每覽制作不易多得温仲舒曰陛下好文故才俊間出億若不遇聖鑒乃京華一旅人爾臣讀畢口奏天下未嘗無才視人主意嚮何如耳好儒雅則儒雅

進好忠直則忠直進好廉勤則廉勤進好篤行則篤行進無所不好則無所不進自古無所不好未有若漢武之甚者好征戰則有衛青霍去病好財利則有孔僅桑宏羊甚至好滑稽則有東方朔枚皐好神仙則有公孫卿欒大彼蓋誤用其心者猶能以得人之盛稱於後世何況人主一意儒雅一意忠直一意廉勤一意篤行安有上作而下不應之理温仲舒謂太宗好文故英俊間出特為好文一事而發因得以推廣之

初九日入講筵同侍講范楷待對是日仍進講奨詞學篇 上覽集賢校理晏殊所獻賦謂宰相曰殊年少孤立力學自奮加以沉密造次不踰矩京城賜酺但掩關與弟觀書著文亦可稱也臣讀畢口奏此賜酺當是景德四年也此禮久廢太宗皇帝始行於雍熙元年至真宗皇帝復行之殊以景德初試文賜出身當是此時酺字或從酉或從月或從食或音步或音蒲或音逋按說文酺王德布大歙酒也从酉甫聲薄乎切脯乾肉也从月甫聲方武切餔日加申時食也从食甫聲博孤切三字音義迥別司馬光類篇酺脯餔竝蒲逋切義同未知何據在三代時載於周禮者有春秋祭酺之事族師之官因祭酺而與民以酒食相獻酬遂以爲會聚酒食之名趙武靈王滅中山始賜酺五日漢文帝自代來即帝位亦賜酺五日漢禁羣飲故賜酺則許民會聚唐無飲禁故賜酺則聚作伎樂賜高年酒麪本朝則分日燕享下及父老法雖不同其爲聚會酒食一也近代多讀作奔模切以孟子餔啜字從食與此同音也

是日又讀謹詔辭篇 大中祥符四年皇親赴安陵襄事者賜詔撫問有言歸洛汭之語上指示近臣曰永安在洛水之南言洛汭非也學士屬文用事尤宜愜當即無譏嫌矣臣讀畢口奏尚書三言洛汭在禹貢則導河積石東過洛汭在五子之歌則厥弟五人徯於洛之汭在召誥則太保攻位於洛汭其地不同皆在大河之南洛水之北故孔安國謂水北曰汭鄭康成謂汭者内也按水北曰汭見禹貢涇屬渭汭孔安國傳名詁孔穎達正義謂水内曰汭鄭康成箋詩芮鞫之即從之而於周禮雍州其川涇汭其浸渭洛則以汭爲水名在幽地賈公彥嘗辯之杜預注左傳館於雒汭謂水曲流爲汭不泥南北之說又爾雅厓内爲隩外爲隈邢昺疏云内曲裏也外曲表也取以證五子之歌畋於有洛之表之文義似較勝今本朝諸陵在永安縣乃在洛水之南真宗皇帝考論及此不特博通諸家注疏又且深識山川面勢書生之所不到當時學士可謂失職

欽定四庫全書

經幄管見卷二

宋 曹彥約 撰

二十二日入講筵同侍講陳貴誼待對是日讀論國體篇 三司言陝西入粟多高其價直以取官錢且意邊臣有盜取入市者詔直史館盛元按其事名元謂曰守邊郡皆朝廷信臣職田俸禄皆有穀粟道途既遠不可輦致或平價輸官即議加罪亦所未便汝當審思此事但詰問民吏可也臣讀畢口奏用人必須加詳立法不

須太察且如食廪出納以人情參之官兵俸禄豈無請多而用少者用之不盡豈無願糶者若出納頻數則支出者必有耗折交納者或有濫惡食廪之弊未易盡革所以坐倉收糶近世以為良法若使實有是物實有是價在公在私可為兩便但作弊者不可不革耳真宗皇帝聞陝西入粟有高價盜取之弊雖遣使按之然猶知守邊官吏職田俸禄皆有穀粟道路既遠不可輦致平價輸官難議加罪可謂盡見人情矣必曰守邊者皆朝廷信臣則知用人之初固已加詳於此然後稍寬其法孰不勉勵自克以報際遇 兩淛鑄錢少銅有獻議請於銅鉛中參用瓦末十之二有司言若同鼓鑄與常錢無異上曰國家禁民為偽若是乃教人為偽不可許也臣讀畢口奏鑄錢本以便民非以謀利也生民之初種粟而後食織布而後衣以有餘補不足然後有貿易之道粟布固可以易械器械器固可以易粟布然而升斗與丈尺不相合巨屨與小屨不同價於是鑄銅為錢以

權物價之輕重謂之圜法賤者一錢可得貴者貫陌可售此所以為便民也若欲其費省則半兩五銖不得如鵝眼水浮若欲其易成則冶銅冶鐵不得如鹿皮楮幣然而貴此而不貴彼其不為謀利明矣又況古人作事無非所以寓教民之意教民以實猶恐其偽教民以偽何以能繼真宗皇帝務實去偽以教民為重也 景德元年上謂侍臣曰詔令之出尤宜慎重每一令行輿人不免横議或稍抑之又塞言路李沆曰搢紳之間易出

謗議人之多言亦可畏也臣讀畢口奏禦寒莫如重裘止謗莫如自修真宗皇帝慮詔令之行不免横議或稍抑之又塞言路不以止横議為急而以謹重詔令為急可謂得其道矣李沆當時名相尚以為搢紳之間易生謗議人之多言亦可畏也謂之易生謗議謂之多言可畏不歸咎於詔令之不謹而歸咎於謗議之可畏恐不足以發明真宗皇帝之本意　景德元年冬契丹犯邊澶州張秉上言已集兵夫治城上曰戎寇在境内地亟

完城壘無乃摇動人心以畏戎而謀城守耶亟詔罷其役臣讀畢口奏春秋魯威公之時齊人侵魯疆疆吏來告公曰疆埸之事謹守其一而備其不虞姑盡所備焉事至而戰又何謁焉自古疆吏有常職備戰於無事之時而應敵於有警之際勝不告捷敗不失守然後狃詐不能窺其際多方不能誤其定今契丹犯邊乃始集兵夫治城可謂不整暇矣何况是時真宗皇帝方欲幸澶却敵而守臣措置乖方如此宜詔罷其役也

二十六日入講筵同侍講陳貴誼待對是日仍讀論國體篇　三司言民犯茶有違法者望許家人論告上曰是犯教義非朝廷所當言不許臣讀畢口奏教義者萬世之公道榷禁者一時之利孔茶鹽酒三者人間之所必用籠其利而奪之一作此偭更聖哲不能弛其禁非得已也所謂家人者上而父子兄弟下至僮僕凡聚廬而處者皆家人也若使因茶禁而許家人論告以此而徼微利此齊景公所謂父不父子不子雖有粟吾得而

食諸者也大哉真宗皇帝之訓乎以為是犯教義非朝廷所當言十字而已該括備盡急於謀利者可媿矣竊聞紹興之末有建議禁銅器亦欲許家人論告者此説一行即有以僕告主之事時名臣張燾留守建康不欲行法具奏弛其禁人心乃安以此見言利犯教義之人何世不有通達國體之臣主盟公道之主未嘗不以教義為本也　商賈自京便錢付外州多不即給付上聞之謂近臣曰州郡稽滯何嘗無之然失信於人非國家

大體當論三司速給遣之臣讀畢口奏商賈便錢非商自爲之也朝廷許其入納乃敢爲之且如今日朝廷欲支見錢十萬貫和糴於平江必須顧船搬運必須差官部送還延一兩月所費水脚等錢不貲然後可以事濟若未及支降卻商賈有見錢十萬貫願於平江入納續次赴行在請領無顧船差官之擾無日月遷延之患又無水脚不貲之費豈不公私俱便但是給付一時執不願與官司交易若已納而稽滯不與不特失國家大體

自是有合兊便處為商賈者亦不願入納矣　知雜御史王隨上言所鞫殺人賊獄成望許凌持區斷上以語宰相曰朕觀其款占初止規財物恐本無害人之意及家人叫呼巡捕者至揮刃而逭國家自有常法若行兵之際事不得已乃加此刑王旦曰風憲之任凡所抨彈自有典法此非宜言況事情可見一死亦已極矣臣讀畢口奏五刑中有笞杖徒流死載在令中毫釐必計甚而至於凌持必其罪極兇惡乃入是典豈廷臣一時奏

請所得增損也大抵進言之臣少有習熟法令者一時建議往往衝動條例知法令者又常切苦之而況凌持之罪可以任意擬之乎宜真宗皇帝所不與也凌持自與法令中陵遲字不同其義則一　舊例皇城司日遣親事卒若干輩京城伺察上嘗訪於內侍且曰此輩察事必恐喝擾人自今非姦盜及民俗異事所由司不即捕者勿得以聞其言主典受賂須明得贓物方許言上右正言魯宗道上言皇城司遣人偵事民間細務一例

以聞頗亦非便上曰叢脞之事多寢而不行攸司之職不可廢也臣讀畢口奏刺探外事本非朝廷令典若使朝廷之上用得其人則大臣可以開陳臺諫侍從可以獻納下情得以上達矣里巷細務雖不知亦可也祖宗時皇城司刺探外事往往承襲前朝之制所幸叢脞之事寢而不行主典受賂須明得贓證乃許言上始為得體不然將有如真宗皇帝聖訓所云此輩察事必有恐喝擾人者矣

十二月初三日聚講同侍講王堅待對是日讀抑奔競篇　右補闕胡旦獻河平頌太宗覽之謂宰相曰旦兇險躁憤文詞率謬今朝廷清肅安可置之臺閣又聞操履乖濫今須竄之遠地所獻頌當示三館使衆知其過遂黜為商州刺史臣讀畢口奏奔競者古今聖賢之所共惡然而不能革則以奔競者不恥於求也恬退者古今之所共喜然而不能用則以恬退者無意於進也惟其無意於進故愈不用則愈靜而不恥於求者巧意窺

測隨時所尚或以勇辯或以姦詐或以諂諛或以嗜慾如唐太宗所云者世常有之若使隨取隨與遞相倣傚奔競之風何從而革惟聖明在上察其情實躁憤者不用而恬退者選擢則奔競者不期息而自息矣

十三日入講筵同侍講范楷待對是日讀論文史篇　太平興國九年太宗謂侍臣曰朕讀書必究微旨尚書云伊尹放太甲於桐宫三年以冕服奉嗣王歸於亳作書三篇以訓太甲此伊尹忠於太甲其理明矣杜預春秋後序云伊尹放太甲於桐宫乃自立也七年太甲潛出自桐殺伊尹立其子陟又左氏傳云伊尹放太甲而相之卒無怨色然則太甲雖見放還殺伊尹猶以其子為相此與尚書序說太甲事不同不知伏生昏忘將此古書乃當時雜記未足審也豈有殺其父而復相其子者乎且伊尹著書訓君具在方冊必無自立之意杜預通博不當憑汲冢雜說特立疑義使伊尹忠節疑於後人臣讀畢口奏萬物紛錯則懸諸天衆言淆亂則折諸

聖自古傳記之說當天下混一之時已不免時有差誤至周衰之後國異政家殊俗舊典禮經不傳於諸國乘檮杌不合於春秋欲其不淆亂不可得也何況汲冢之書作於戰國魏哀王之時其言魯隱公晉獻公等尚是追書則其言太甲伊尹相去遼邈傳聞之事常多失實宜其不合也今考之伊訓太甲諸篇辭旨溫厚其言皇天眷佑商俾嗣王克終厥德則必無伊尹自立之事其言尚賴匡救之德圖惟厥終必無潛出殺伊尹之事則

知叙書者與孟子所言復歸於亳皆孔門定書之正論也杜預晚見汲冢書明知其雜碎怪妄特以數事符同於左氏欲盡信其說以闢公羊穀梁二傳遂并與書序而疑之不思左氏所謂伊尹放太甲而相之卒無怨色與汲冢所載自不同也非太宗皇帝深究微旨不足以證杜氏之誤　上嘗問左右曰今何人修史蘇易簡曰楊徽之張佖梁周翰皆為修撰上曰史才甚難在乎善惡必書務摭實而去愛憎乃為良史大凡帝王舉動貴

其自然朕覽唐史見太宗所為蓋好虛名者也每為一事必預張聲勢然後行之貴傳簡冊此豈為自然乎臣讀畢口奏孟子曰仁之實事親是也義之實從兄是也致治始於齊家自家刑國故不事虛名而實效自著唐太宗家道最不正內行不修飾徒欲以英武之資慕魏徵（按原本作魏證避仁宗嫌名今改正）仁義之論雖欲久假不歸傳諸簡冊而其虛名著見終不可掩一傳之後唐室遂亂虛名之害終無益於政治如此不可不鑒也　上又對宰相

言及文章曰大凡為文須稟自天然是為俊秀茍襲他人蹤跡與自己出者遠矣向來名賢取士必采於詩賦出人胷臆可觀智識所以為難蘇易簡曰頃前亦有請令禮部廢詩賦止以策論取士且百家子書皆致理之本旨趣典雅若附之策論辯別亦難比來貢舉有廉獻三五十軸而無賦者就試之日含毫邈然多是失律乃知賦詠為難臣讀畢口奏聲律起於風雅頌散文起於典謨訓誥風雅頌一變而為離騷又變而為詩賦典謨

訓誥一變而為詔令書檄又變而為策論經義以此取士皆足以得人特在上之人所以鼓舞天下者如何耳祖宗朝初以詩賦取士中其選者如王曾范仲淹輩皆渾厚君子則詩賦安得不重熙寧崇觀間以策論經義取士主其事者如章惇蔡京輩則論策經義安得不輕非科舉之有敝也人實敝之也自中興以後高宗孝宗兼用詩賦論策經義無所偏廢得人之盛項背相望在朝廷之上獎進士氣以器識求人則詩賦論策經義皆

可以得士也
十八日入講筵同侍講范楷待對是日仍讀論文史篇
上嘗謂近臣曰凡人多言禱神可以延福未必如此能行好事神必福之如禮記世子篇注云文王以憂勤損壽武王以快樂延壽且聖經之旨必不如此蓋注者不思之甚也文王焦思勞神以憂天下豈得減壽耶夏禹焦勞有錫圭之瑞而享國永年大約帝王能憂人之憂不自暇逸豈無感應鄭康成注此頗不近理安足為

之鑒戒朕嘗與邢昺論之昺不能對臣讀畢口奏憂勤逸樂二者常相倚伏憂勤之效必有逸樂孔子曰如知為君之難也不幾乎一言而興邦乎逸樂之過常至於憂勤詩曰汝雖湛樂從弗念厥紹如彼泉流無淪胥以亡此之謂也本朝名臣蘇轍論此事最為有理其言曰古之聖人無事則深憂有事則不慮矣夫無事而深憂者所以為有事之不慮也合於詩序始於憂勤終於逸樂之意若謂文王以憂勤損壽武王以逸樂延年既非

事實亦非所以示訓也　景德四年上問王旦仲尼作春秋因言五經大義朕在藩邸時邢昺繼日講說但經籍立言各有旨趣不能無同異每詢於昺但引義疏以對推之聖人應機設教所說同異終不能談其微旨至若孔子言管仲如其仁復云與召忽事公子糾召忽死之管仲乃歸齊相桓公九合諸侯豈非召忽以忠死管仲不能固其節耶為臣之道當若是乎昺不能對似此常別舉故事明之臣讀畢口奏管氏之學不粹於聖人

之道出處之際容有可議者故其成功止於霸者之事而已聖人於其人或褒或貶隨其事而言之不舉一而廢一既以小器目之又於其有三歸而譏其焉得儉於其樹塞門而責其不知禮愛而知其惡也然至於糾合諸侯不以兵車一匡天下民到於今受其賜憎而知其善也出處雖有可議而功過不相掩矣
二十六日入講筵同侍講陳貴誼待對是日仍讀論文史篇　上嘗謂王旦等曰經史垂文有國之龜鑑保邦

治民之要盡在是矣然三代之後典章制度聲名文物參古今而適時用莫若漢史學者不可不盡心焉旦曰孔子生於周衰歷聘諸國退而删詩書定禮樂以五常之道垂萬世法後之王者雖上聖必師範之古人云生民以來未有如夫子者蓋以此也如云志在春秋者欲以褒貶極筆為終古誅賞之法使亂臣賊子覩而知懼茲立教之深旨為國之大要司馬遷自謂一家之書蓋知春秋凡例不可繼作故曰紀曰書曰世家曰列傳懲

勸之微旨在焉班固而下不出其意但增辭采而已上曰夫子之道不可斯須而捨迂儒或言堯舜之時無夫子亦治此淺識之甚殊不知夫子之道堯舜之道也故曰祖述堯舜憲章文武又曰惟天為大惟堯則之其為尊堯而宗舜至矣非謂夫子之道與堯舜異者也臣讀畢口奏上古之時民淳事簡故堯舜躬行而天下大治三代之後人僞日滋故周公孔子立言垂訓以惠天下後世然而堯舜之時猶且都俞吁咈講明義理非冥行而偶合者也若謂堯舜之時無夫子亦治教天下亦任智自私不由講學此仲由所謂有民人焉有社稷焉何必讀書然後為學之論其口才足以動人要之實非正理宜孔子以為佞而惡之也

是日又讀議修書篇　景德三年真宗臨幸崇文院訪編修君臣事蹟次序有未允者親改正之上曰朕編此書蓋欲著明歷代君臣德美之事為將來法至於開卷覽古亦有資於學者自後日以草藁二卷進御上覽之

翌日必條其舛誤而諭之上曰昨見編錄亦有不盡本末之處前代詔令皆事出於一時必有所為而作今悉除之即不見本意尤當區别善惡務在審正苟前史褒貶不當即詔敕釐革時事當時因權臣專恣挾愛惡而為者亦辯析于後庶覽之即明邪正修書若貴速成必難精要大業末撰著尤多而罕傳者豈非蕪雜之甚耶上又曰此書本欲存君臣鑒戒所以經史之外異端小說咸所不取每篇撰序冠于其首深可為之典法今所

著序皆引經史頗盡體要然於戒勸或有未盡如直諫門但旌讜直若帝王飾非拒諫茍不極言即為邦國之患褒之可也茍國家常務偶有闕失又非帝王率情違法或以言比諷致其感悟即為美矣茍極加暴揚使惡歸於君顯闕政而責已直亦非所取如文學門謂帝王當學際天人豈在歌詩賦頌若是則帝王無所用心皆不學矣何不但序文德光被緝熙帝載之事至於吟咏情性存乎歌詩若大風横汾之比但戒其流蕩侈靡可

　　

也又務農門序帝王藉田事迹如漢之文武藉田年號並可注於其下云事自此始所貴便於檢閱大抵疑義闕闕之事慎勿以意更之但於下注臣等所疑所闕及未詳之意王欽若曰陛下出於睿思纘集此書精選名儒共議編綴今則漸成篇次至於垂憲立例類事分門經史去留事迹枉正皆陛下立其綱要示其條目其間違疑未安者動咨宸謨用成楷事適當宣諭義取勸戒為先實垂世立教之急務也上曰襃貶古人行事根究

聖人用心亦甚難事茍書成外人無所攻斥則為善矣臣讀畢口奏今日所讀數段皆真宗朝命王欽若楊億輩所編君臣事跡立例之初詳於議論而此一段最為精詳此書纂修於景德之初成於大中祥符之末八年而成凡一千卷詔題曰冊府元龜其間布置綱目斟酌去取皆出於真宗聖意無不深切最是論直諫一門於治道尤為有益既言帝王飾非拒諫又言人臣顯闕政而責已直可謂兩盡君臣之道蓋飾非拒諫者自是人

　　

君之過為人臣者當積誠懇惻委曲言之可也顯闕政而責已直自是人臣之罪為人君者含忍而優容之可也為君盡君道為臣盡臣道豈不甚美若使人君聽言之際常疑其臣賣直人臣進言之際常疑其君飾非不憂已之職而憂他人之職為害甚大宜乎真宗皇帝有所不取也

寶慶二年正月二十六日入讀同侍講王塈侍對是日讀任宰執篇　開寶八年太祖謂宰相曰年穀方登庶

物豈盛若非上天垂祐何以及斯所宜共思濟物或有闕政當即振舉以成開泰之基太宗命趙普為相諭之曰朕以卿先帝舊臣功參佐命所宜勵心以副朕意勿以位高自縱勿以權重自驕但能慎賞罰舉賢能彌愛憎何慮軍國不治朕若有過卿勿面從古人恥致君不及堯舜汝其念之太平興國八年宋琪李昉平章事李穆呂蒙正李至參知政事張齊賢王沔僉書樞密院對於玉華殿上謂之曰朕為官擇人惟恐不當今兩制之

臣十餘人皆文學適用操履方潔李穆頃莅京府甚闕嚴肅今此獎擢蓋推公也因思閭里間每旦焚香祝天子萬歲次則大臣眉壽朕與卿等焉得不日思善事以副億兆之禱琪曰臣等蒙陛下非次擢用又承戒諭豈敢為不善之事以負宸恩惟思公勤庶補萬一咸再拜謝臣讀畢口奏今日所讀皆太祖太宗任宰相事節目不同其要在委任責成而已臣聞人主無職事惟在於任相宰相無職事惟在於任賢觀祖宗任相之言思慮

周密過年穀順成上天垂祐則益思振舉以隆開泰之基知閭里間祝天子萬年大臣眉壽則日思善事以副億兆之禱委任責成如此為宰相者安得不遵守聖訓舉賢能彌愛憎以底治功也漢武帝怒宰相除吏乃言卿除吏盡未吾亦欲除吏可謂失任相之道唐太宗任房元齡杜如晦曰公為僕射當廣求賢人比聞聽受詞訴日不暇給安能助朕求賢乎可謂得任相之道武帝上嘉唐虞下樂商周而乃海內虛耗戶口減半太宗委

政於人不親細務而乃外戶不閉行旅不齎糧任相不任相其明效大驗如此　太宗又顧宰相曰中書職在進賢退不肖但一郡一邑得一良吏即民受其賜卿在中書何由盡知中外官吏之賢愚他人舉薦各以類進卿更審詳可否善惡漸分亦致理之道也臣讀畢口奏人主所以任相大臣所以任賢皆所以為民也立於朝者有愛民之論任於外者有愛民之政則恩澤可以流於民慶歷大臣以為欲知百姓利病須得好縣官欲得

好縣官須得好知州欲得好知州須先擇轉運使副令
日朝廷獎廉吏懲貪吏雖州縣稍稍變革而所謂真贓
大慝未見按劾則亦監司觀望之過也太宗皇帝論宰
相進賢退不肖而以一郡一邑為首此致治之要務也

欽定四庫全書

經幄管見卷三

宋 曹彥約 撰

寶慶二年二月初二日入講筵同侍講王塈待對是日
仍讀任宰職篇景德初北道用兵每邊奏至凡軍旅之
事多先送中書上謂畢士安寇準曰此皆欲卿等先知
中書總文武大政樞密院雖專軍機然大事須本中書
頃來李沆往往別具機宜上奏卿等當詳閱之但干討
論者悉言利害勿以事干樞密而有隱也因言樞要之

地尤須慎密漏禁中語古人深戒若與同列及樞密彰
不協之跡則中外得以肆其間隙實非所便卿等志之
臣讀畢口奏古者論道經邦燮理陰陽上欲合於天心
下欲合於吏治則兵民之事無所不統唐代宗始置樞
密使止以宦官為之至五代時唐莊宗用郭崇韜輩始
與宰相分事而治本朝富弼張方平范鎮皆議之以其
脉絡不相貫循習既久未能頓革中興以後時或以宰
相兼樞密使分兩府以贊其長為近古矣　宰相嘗議

以學士晁迥領銀臺司代王曾以曾領三班院上曰朕聞外議謂曾嘗封駁詔敕自是中書多沮曾奏事今若罷去是符外議旦曰臣等本無忌曾之義今聖慈宣諭為宰司避謗請以迥代盛度曾如舊職上可之旦因言今封駁之任與古不同大抵除改差遣大小皆先奉進止繼入熟狀俟其可奏然後降敕此外或差誤有害勘會失實臣等省視不至實恐有之頒下四方誠為不當封駁官司苟能詳覽改正乃助臣等不逮必無怨責之

理上然之臣讀畢口奏先朝之銀臺封駁司今給事中職也祖宗設給舍臺諫所以助政令之所不及最為公道若使政令差誤給舍臺諫不敢言則淫朋比德人主孤立矣真宗皇帝以王曾封駁詔敕欲久其任王旦謂封駁司苟能詳覽改正乃助臣等不逮可謂君臣同德前古未之聞也

初六日入講筵同侍講王塈待對是日讀禮大臣篇

李昉授司空致仕詣崇政殿見上具述遭值聖朝踐歷崇顯無功報效恩寵過厚因屑涕稱感上憮然動容召陛殿謂之曰卿美事備矣朕比慮卿以年及請老故遣宰相諭旨而卿言堅確不欲奪卿雅志況不離京闕要見朕時固不妨也昉又作詩謝恩即日和賜仍別賜一首以申褒遇又嘗語近臣曰昉可謂善人君子事朕兩在相位未嘗有傷人害物之事亦常人所難能也臣讀畢口奏禮大臣諸篇無非尊禮大臣之意其於同心同德之事語未及也獨此一段論李昉善人君子未嘗有

傷人害物之事敢推廣而言之夫傷人害物者愛人利物之對也愛人利物謂之仁傷人害物謂之不仁人主以仁而守寶位大臣以仁而在高位設以不仁存心則天下受其害矣唐德宗即位之初擢崔祐甫為相祐甫以道德寬大推廣上意建中之政庶幾貞觀（按原本作正觀避仁宗嫌名今改正）及盧杞為相諷上以刑名整齊天下循至播遷用相之仁與不仁其利害立見如此本朝以仁立國君相同心而李昉又稱善人君子無傷人害物之事真宗

皇帝守位本心可以想見於此矣

十二日入講筵同侍講章拱待對是日仍讀禮大臣篇

大中祥符九年四月上謂王旦曰日官言今夜太陰當虧朕已別建道場恭祈靈應卿當往行禮益加虔禱旦曰臣以虛薄謬當大任陛下眷待近列休戚是均愚臣何以為報臣讀畢口奏真宗皇帝以太陰當虧別建道場令王旦行禮旦遂有眷待近列休戚是均之語何也蓋日者人君之象月者大臣之象日食所以警戒人

君月食所以警戒大臣真宗皇帝慮太陰當虧大臣受其害設道場虔禱又令王旦自往行禮所以屬意大臣者甚厚王旦謂愚臣何以為報固其宜矣詩言彼月而食則維其常此日而食于何不臧大意以日食為重耳若月食雖輕於日食猶能災及大臣不可謂全無事也是日又讀優近臣篇　太平興國八年以王顯為樞密使上謂之曰卿世非儒家少罹兵亂必寡學問今在朕左右典掌樞機固無暇博覽群書顧左右取軍戒三篇授之曰讀此可免面墻矣臣讀畢口奏宰執大臣當代天理物之任非止一官一職而已不本諸簡冊豈可以佐王治邦國也自唐末五代之際日尋干戈當時大臣以權謀為上聖賢之教掃地盡矣大亂極弊一轉而為本朝累聖相承復還舊觀太祖謂宰相須用讀書人太宗用樞密使而慮其寡於學問至以軍戒示之故本朝文治之盛前朝所不能及也　中書舍人王祐以疾告假滿百日上謂宰相曰祐文章器業復有清節不中理

之事斷不為也當優獎之宰相言中書舍人止遷後行侍郎特命以兵部授之臣讀畢口奏祖宗朝官制遷轉雖有定格然人才有高下事任有劇易猶與大臣議之加輕重於其間此所以為造命也吝惜名器則當遷者稍殺其級如通事舍人焦守節當得閤門副使止與尚衣庫副使是也獎拔勳賢則平遷者當異其數如中書舍人王祐當遷後行侍郎却與先行是也自改官制後一切付之有司止以日月為限則造命之意鮮矣

十七日入講筵同侍講章𢹲侍對是日仍讀優近臣篇
呂蒙正王沔罷中書會中書省吏舊罪發事頗連及因有奏毀者上曰蒙正有大臣體沔甚明敏言者慙而止臣讀畢口奏體貌大臣要當始終如一蓋小人傾險無所不至當大臣用事之時極其諛諂動輒附和及一旦罷政則揣摩觀望便生詆訐惟聖明而後可以察見且如小吏犯法何關道揆輕重呂蒙正王沔一罷中書便有奏毀之者真宗皇帝灼見情偽謂二臣明敏有體

使奏毀者不得行可謂盡體貌之道矣　真宗命李至為武勝軍節度至固辭上曰唐朝故事廢之已久今特振舉以為寵渥無煩懇讓臣讀畢口奏唐官制雖重內輕外然節度觀察有闕則近臣為之往往多著顯效如裴度李德裕之徒治軍治民皆有實政蓋唐世不妄辟客必須有物望之人其辟客又皆參軍事耳目習熟識其施設及至選用出鎮易以辦集非如後世書生平日不習兵法州縣僚屬未嘗與聞軍事間或有志事功冐昧討論終非身所經歷出於勉彊真宗皇帝倣唐朝故事用李至儒臣為武勝節度有意乎復唐制矣　翰林學士朱昂求致仕居江陵上曰昂在內署未嘗以私意干朕清素自守年踰七十始終無玷可從其請給以鄖傳仍令本府歲時存問如有章表附驛以聞舊制致仕官止門謝特召對命坐賜金帛五十萬首途日命近臣宴餞王津園搢紳榮之其後上聞其病瘧遣使持手劄存問昂獻所著資理論論時政賞罰得失且言天下至

廣宜急於擇材以張治具倘限以常牒即英俊無由陞舉上曰昂以退居復貢直言亦可嘉也命以其書付史館臣讀畢口奏從臣之職不但職有所分在屬車豹尾間簪筆持槖以備顧問所謂朝夕論思日月獻納凡君德有所當修朝政有所當講皆得以進言無隱斯無負古者設官之意若帶職出外雖在田里亦當因事獻言以答際遇待之也重則亦責之也深若其言千慮而有一得上之人聽而行之使居是職者莫不激昂觀感期

有補於聖明豈不甚善真宗皇帝奬朱昂直言而以其書付史館雖所以奬近臣亦所以正國論也

二十三日入講筵同侍講章拱待對是日仍讀優近臣篇　景德四年上謂馮拯曰太原地控北門亦要大臣鎮撫如張齊賢温仲舒皆可此任但嘗在要重慮其固辭卿可先諭此意拯召齊賢語之齊賢曰并州重鎮朝廷腹心之寄但前守荊青州皆是内地尚為近臣交構欲置有過之地今付之邊鎮兼以武事豈敢自保他日

煩使敢不盡瘁次詢仲舒仲舒曰若改端揆挈族而往賜以部署添給敢不承命拯具以上聞上曰是皆不欲往勿強之臣讀畢口奏真宗皇帝欲以張齊賢温仲舒守太原慮其憚行而使馮拯諭意竟以二臣有辭而止如仲舒之說必欲進秩增禄然後挈族以往其說陋矣齊賢謂前守荊青皆為人所讒譖付之重鎮不能自保雖其意雅不欲往然其說為有理也守邊備塞患不得其人耳苟得其人則財必使之自專將校必使之自擇進退必使之自決持之以久不從中御然後可以望效然而事權如此則讒譖易生理之必然無足怪者昔魏文侯使樂羊伐中山三年克之歸而論功則謗書盈篋秦武王使甘茂伐韓宜陽五月不拔樗里子之徒爭之幾至罷兵惟魏文秦武熟於用兵故二臣得盡其技以至集事不然則敗國喪師之不暇何暇成功真宗皇帝鑒太祖成憲任李允則於河北終始不改委任責成之意無所不至凡齊賢之所慮者固不足慮矣因齊賢憚

行之說不為無理深中事機因得而推廣之　知樞密院王欽若以疾請告上顧王旦等曰欽若久疾如何旦曰臣等昨往視之形容甚瘦灼艾三百餘九馮拯曰欽若不食羊食物多動風氣故常有疾上曰四方之人所食皆異雖繫嗜好不當令至生疾京城百物列於市肆南人所食咸備拯曰欽若自言遇方外士教以不食人或勉其將理則對以不能久坐上曰隱居之士在山林中專務養性乃可絕粒若來城市猶言不能辟穀欽若

為大臣總領事務日奏朝請衝涉寒暑反事辟穀之術不亦踈乎當日令醫官診視之臣讀畢口奏儒者之道以飲食為日用之常后稷教民稼穡種藝五穀五穀植而民人育堯舜之治所以冠絕百王未嘗外飲食以為治也自方士以恠誕相勝倡為辟穀之說以眩惑世俗然自秦皇漢武以來未有行此而能長生久視者儒者不道也王欽若身為大臣不以堯舜之道佐君而以方士恠誕之說欺人其心術不正不但此一端而已聖朝

之罪人也　楊億以疾求觧内署之職仍免修書上曰億昨雖朝參頗甚虛劣未宜以文字勞心第詔優給假告竊其朝直又作七言詩賜之及以母疾請告不俟報歸陽翟又遣中使齎御封藥金帛賜之上曰或言億侍從官安得如此自便王旦曰億本寒士先帝賞其詞學寘在舘閣陛下拔擢冠文史之選倘以公議責之誠為罪人然望察衆言而矜容之上曰億性峭直無所附會文學固無及者或言譏議朝政何也旦曰此蓋與億不足誣搆之辭億受國深恩非土木類譏議之說保其必無上深悟之及疾愈命知汝州御史姜遵言億當屏迹衡茅請罷郡寄上曰億本省母疾無終焉侍養之請昨以疾愈求歸朝故授以一郡遵未諭此意爾臣讀畢口奏人臣峭直無所附會則流俗嫉之讒譖易至不可不察蓋峭直之人好自脩飭持身廉謹不可誣以貪墨過事公平不可誣以任私其人必風度高爽議論磊落惟有譏議朝政一說可以動人主之聽自古小人之害君

子多用此策非啓沃如王旦有以保其不然聖明如真宗有以悟其文致則不測之禍未可知也

四月十三日入講筵同侍講陳貴誼待對是日讀議典故篇　王欽若嘗言比見石普奏章用新州觀察使印上顧宰相問其事王旦曰普為河西節度知許州此必許州觀察印耳欽若之言謬也大凡節鎮有節度使印隨本使使闕州長吏用本州觀察使印又有州印文曰某州之印書則錄事參軍掌用暮即納長吏所節度使

在本鎮兵刑甲仗事即節度判官掌書記推官連署用節度印民田租賦事即觀察判官支使推官連署用觀察印州司下符刺用本州印皆節度使署故命將必曰某軍節度得專制其軍旅也曰某州觀察使得廉問其風俗也曰某州刺史得刺舉其州事也上然之按石普獨書奏章當用河西節度使印見宋史輿服志 臣讀畢口奏唐節度使置於高宗永徽年中觀察使置於肅宗乾元年中其時不同亦各鑄印節度使所以御軍觀察使所以問俗刺史者本漢

按部察州之職舉天下不過十二至隋唐改州為郡改郡為州州分為數百則刺史領漢太守之職其後節度使必兼觀察處置使又兼刺史故有藩鎮權重之敝本朝損其兵權改刺史為知州然謂之知某州軍州事者則猶兼掌軍民有節度觀察之職也至於建節猶必曰使持節某州軍州某州刺史某鎮節度某州管內觀察處置等使政和降制乃始不帶持節故今大郡有節度判官推官又有觀察判官有節度掌書記又有觀察支

使雖不復軍民分職而創置之意猶在王旦因石普用印而推究本末非王欽若輩畜莽比也

是日又讀議禮制篇 乾德三年判大理寺尹拙上言案禮令婦為舅姑服朞近代時俗多為舅姑制三年服少卿薛允中言書儀為舅姑服三年事下都省集議太祖謂左右曰昨昭憲皇后之喪孝明用三年之制然當審議之按當時議者右僕射魏仁浦等二十一人謂婦宜為舅姑服三年詔從之 咸平五年南郊禮畢有司請以十一月十六日或二十日大宴時

許國長公主在殯上曰主以十五日啓殯用此二日皆靈柩在道未葬之前朕情所不安咸曰王者禮絕朞周上曰禮能行之即為例矣因詔止用十四日就未啓殯之前也景德元年禮官上言鄭國長公主薨皇王等親並居萬安太后喪以重掩輕更不成服上曰朕比詣一奠又以卑幼壓降於禮為難然情所未忍即命皇后臨奠親王以下至第成服按是年冬十月戊子明德皇后祔廟後癸巳仍幸故鄭國長公主第明德太后用葬禮權殯沙臺有司言已經祔廟請吉

服還內上甚難其事宰相固以典禮為請上曰朕慮皇族謂已除服不全哀慕之禮可降詔諭雖焚杖經猶執心喪三年莊穆皇后喪期年上謂近臣曰宮中几筵於禮可撤乎王旦曰當遵孝明故事上曰孝明再期而撤旦曰若以虞練事神免喪祔廟則几筵之設非古也然孝明上仙已用家人之禮莊穆母儀天下十年于兹酌於人情宜守故事王欽若曰几筵之設典禮所無況及朞年撤之可矣上曰但情所不忍豈不傷外家意乎馮

知節曰今士大夫未及周歲已再娶矣尚肯設几筵乎馮拯曰此等自傷禮俗何足為言上曰禮沿人情朕守祖宗故事若除之豈禮乎欽若曰雖祖宗故事如詔勅有未便事亦須改況禮典所無亦慮書之簡冊上曰不過云用家人禮且孝明舊制今復行之庸何傷乎卒用再朞而撤臣讀畢口奏几今日所讀已上數段多是喪服事前朝人臣經筵遇此往往不復講讀惟人主高明洞徹無所諱忌然後敢言之也先王制禮自天子達於

庶人本無差別後世尊君卑臣故有禮絕朞周之說親親之義於是稍薄歷代因仍行之不以為嫌惟本朝創業之初增重舅姑三年之制下至朞親功親不得不從敝俗又從而加重以至孝宗皇帝掃除漢文以日易月之陋服三年喪為萬世法躬行實行卓冠千古聖性高明累朝一律此歷代之所不能及也

二十二日入講筵同侍講王塈待對是日讀謹刑罰篇

建隆二年太祖謂宰相曰五代以來諸侯跋扈至有

枉法殺人者朝廷置而不問刑部之職竟廢且人命至重姑息藩鎮當若是耶自今諸州決大辟訖錄案奏聞委刑部覆視之臣讀畢口奏秦漢太守用古諸侯之例皆得專殺以至漢刺史司隸校尉唐御史大理官亦得專殺遂有鷹擊毛鷙之吏鐵冐熾炭之獄連坐或至千家流血或至十里至本朝愛惜人命不許專殺每有大辟必錄案聞奏然後人樂其生權歸人主矣　太祖嘗讀尚書歎曰堯舜之世四凶之罪止從流竄何近代網

法過為靡密乃知先王用刑蓋不獲已臣讀畢口奏四凶之罪曰流曰放曰竄皆非死也惟殛鯀則殛者誅也故洪範篇中有鯀則殛死之說即見誅死者惟鯀而已然亦止及其身又用其子以禪天下非如後世夷及三族也讀書泛然不究其本但見四罪而天下服便疑四凶皆是極刑雖如孔安國研精覃思亦不深究流竄之旨遂謂四凶皆誅亦沿習之誤惟太祖皇帝洞見經旨始别白言之仁心發見遂能破千古之惑此經生學士

之所不能到也 端拱元年靈州河外寨主李瓊以城降賊有司將坐其家屬上曰窮邊孤壘又無援兵緣坐之法朕不忍行也二年北兵侵邊邊將言文安大城二縣監軍棄城遁走請以軍法論上遣中使斬之既行謂之曰此奏尚有可疑得無所部召之耶當訊而後決使至訊之果乾寧軍令部送居民入城非擅離所部遽釋之臣讀畢口奏守寨而以城降賊法當緣坐監軍而棄城遁走當論軍法然亦有情輕可閔者不可立為定制

也有司以法罪之人主以情赦之斯兩得之矣

五月二十二日入講筵同侍講王曾待對是日仍讀謹刑罰篇 大中祥符九年大理寺舉官以諳練法律請令檢法上曰朕閲其由歷此人嘗為郡掾以失入贖金若復置法寺豈無間言耶罷之天禧二年起居舍人呂夷簡鞫妖獄請以御史臺主簿張智周推劾上曰智周雖強幹然其深刻非獄官也天禧三年審刑院言諸州並無奏案寇凖曰漢文帝唐明皇時皆然幾乎刑措蓋

當時諸侯專殺有聞于朝廷者有便宜而行者今幅員萬里徒流以上應稟命者皆上奏牘以此較之聖朝刑訟清淨與古不侔蓋陛下以德臨御致此犯法者鮮矣臣讀畢口奏兵寢刑措而後可以言太平其餘皆虛文也此事實難不可以驟致唐明皇兵敗於外而不知骨肉戕於內而不覺不可以言兵寢刑措也漢文帝則近之矣躬行節儉以德化民則民務本者衆平獄緩刑令行禁止則民犯法者少寇至則屈帝尊以勞軍寇退則

慎固封守而不事遠討宜其著效如此也真宗皇帝兼愛南北之民自澶淵和敵之後留意政治最重民生選法官則失入者不用選推劾官則深刻者不取如此而寢兵措刑非偶得之者後之人欲兵寢刑措不必遠求漢文陳迹當考祖宗成憲以真宗皇帝為法　景德二年汾州靈石縣監砦邉守信坐赴邑令飲席贖金為私罪上曰若此情輕例為私罪亦可念也當改為公罪自今奏案情輕法重者取裁上覽審刑奏案因顧近臣曰

教駿卒與同舍以私忿挾刄刺之又傷其母妻又刺所屬軍校剖心啖之復呼其妻索酒抑飲雖不能自殺亦無能敢擒捕所爭小事兇惡如此獄具當斷腕斬之陜州夏縣尉安起捕平民為盜而令胥吏拷掠破其膝骨縣令撿視不知偽詐手狀稱皆父兄毆損審刑議從公罪仍以胥吏為首上謂知院劉國忠曰而行訊掠豈專由胥吏耶乃詔刑部詳覆改從私坐大中祥符七年命官有自西川代還部綱京師私挾元封納絲其中遣郵置卒齎擔規免商算審刑請以違制失論上顧知院孫僅曰此得謂之失耶律之欺詐百端皆是大都言失者須思慮所不至此人公為欺詐非失也臣讀畢口奏今日所讀數段皆真宗皇帝景德祥符間決獄議法之事也人臣以守法為職法有時而拘泥亦有局於偏見撓於私情不能謹於守法惟人主以論道為職變而通之大明一照幽枉畢達且如監砦官赴邑令飲席可以言私亦可以言公綱官規免商算可以言失亦可以言詐

故殺人而剖其心豈可以常法理斷捕平民為盜而破其骨豈可以胥吏為首惟人主親決獄議法故得以變通之道處之真宗皇帝享太平之治燕閒之際留意獄事如此聖子神孫所當遵守也

八月十一日入講筵同侍講范楷待對是日讀論貢舉篇　景德二年將試進士上問天下貢舉人數王旦曰一萬二千餘人約常例奏名十一而已上曰若此則當黜者不啻萬人矣典領之臣必須慎擇晁迥乾慎當以

委之周起王青陳彭年皆可參預馮拯曰封印卷首若
朝廷遣官主之於理亦順尤須擇素有操守之人旦曰滕元晏於士大夫間少交遊上曰當以朱巽知舉代周起令起與元晏同主封印又召迥等諭之曰取士之意惟務至公使孤寒有藝皆得陞擢今別命官封印卷首俟考定合格者當遣官覆考巽請更命戚綸上曰差官已多則難於商議卿等入院後苟有請求幷其封進來朕當命學士撰詔榜貢院門諭貢士以今之條約獎擢寒畯之意臣讀畢曰奏科舉取士前代猶兼采譽望至本朝糊名考校彌封謄錄又立別院百計關防乃始嚴密按糊名始於蘇易簡知貢舉時至景德中益詳定考校程式蓋鄉舉里選既不可專行於後世則場屋嚴密極為良法近世人偽日滋姦弊百出省試有全身代筆者御試有全寫套類者如此詐冒皆得前列其源在於士大夫不能平心國事挾以私意發覺有輕重推究其出入名為不恕其實有力者猶有幸免小人有所窺測轉相倣傚遂至於此若此弊

不革則科舉取士遂為虛設矣

經幄管見卷四

宋 曹彥約 撰

九月初一日入講筵同侍講范楷待對是日仍讀論貢舉篇　大中祥符八年上覽禮部所奏進士名顧近臣曰今歲舉塲似少謗議適趙安仁等對亦以此語之矣王旦曰條制該備可守而行至公無私盡在于此上曰舉人久留京師速當廷試旦曰今歲人數雖多未知幾何能中精選上曰為國求人無出此道然程試之際亦

不可料有大手筆偶不得意者有素無才稱卓然特異者信知一名一第固非偶然臣讀畢口奏進士大手筆却塲屋間有偶不得意者有素無才稱却卓然特異者誠如真宗皇帝聖諭大凡科舉取士全在主司得人蓋詩賦之與經義在塲屋之士何人不作得一篇但須觀其器識異時可以遠到乃為得人若詩賦只論聲病經義只看破頭則拘拘譾譾者常得志而魁偉磊落之士常不中選惟主司得人氣類相感然後拔茅連茹可以

致君澤民選擇之初不可不察也　大中祥符九年上與宰相議貢舉因曰舉子大不易寒畯之士非主司盡公則何由得進至于經學望進塲第尤更艱難陳恕知舉咸言至公朕熟察之頗得文學之士然不與五科進塲第大招怨謗王旦曰恕本洪州人是歲江南舉子以鄉里避嫌多不為解甚招萋斐大約持心平允無所不可何必于父母之邦故為不足耶臣讀畢口奏當大中祥符九年時已有糊名封卷首之法矣陳恕知舉何為

不解江南人若不許收試則是已取者猶折卷而黜之也古人舉子舉讎皆所以為國若乃避嫌不解鄉人將以示公乃所以為私也欲避一己之謗而使江南之士皆不與選上以孤人主愛賢之意下以阻寒畯致君之路豈不謂之以私害公耶

是日又讀論科試篇　咸平二年殿中丞皇甫選請復制科真宗曰今之詩賦俊秀事業若取時才政事當在策論俟商榷行之臣讀畢口奏祖宗以制科取士最為

得人如富弼吴育張方平蘇軾兄弟皆由此選近來少有應者遂不復降詔外間不知妄謂朝廷無意於此不知乃主司之過也制科取士固欲其博洽然經史明文有所不知乃可責其膚淺若主司撰造題目多方以誤之則愛賢之意果安在哉聞往歲試過閣六論有以堯舜湯禹如何為題者取西漢魏相傳内所載趙堯李舜兒湯貢禹之序以亂堯舜禹湯之名欲其不通報罷是以古聖人之名為戲其為失體莫甚于此今若修祖宗

故事復舉制科必須出當道正大題目取其四通俟其對策疏謬報罷可也若雖對策可取異時履行不稱則擢用不擢用却在君相造命矣

十七日便殿聚講同侍講范楷待對是日讀論選集篇

景德二年有司以常選人奏御上謂王旦曰比年審官流内銓引對官吏皆積留多日方一引對且旅寓輦轂淹久可念又于所司頗有所費用若主判者不能振舉即選士愈為不易朝廷既責其廉豈得更容邀滞自今當為定制不得復然臣讀畢口奏國初銓選之法承襲五代之弊未能盡革祖宗隨時制宜多所是正今銓選法密雖未能有所甄别然守之而行亦可以示公若真宗皇帝論審官流内銓之弊一則慮積留多日有旅寓之費二則慮主判者不能振職有所司之費且謂朝廷既責其廉豈可更容邀滞大哉聖訓此所謂明照四海而不遺微小者也不邮之于其初使之浪有所費賢而廉者固不應改節中人以下之性未有不責償于此

者豈不為大可慮昔之審官院乃今之尚左昔之流内銓乃今之侍左果能體真宗皇帝之訓關會急速不使之有所積留檢柅吏姦又不使之有所覬望然後可以責其廉矣

二十日入講筵同侍講陳貴誼待對是日讀擇官篇

至道元年廣南官年滿未代者有司請先次差官上曰嶺南服從王化夷俗丕變尤須擇平允識事體者任之則遠人受賜若慮淺常材闇于理道徒益生事耳益州

張詠上言所部知縣三人欲以他官對易之上曰任官之道各有所宜蜀民輕浮好為遊樂官吏政寬能與之浮沉民即便安若稍執綱紀動即怨懟朕每命一官無非慎選詠之所奏未可許也臣讀畢口奏祖宗時廣南川蜀向化未久擇平允識事體及政寬與之浮沉者治之乃其宜也今日之患又不在此但慮官吏貪求擾及遠民耳蓋廣南與蠻猺黎洞接境川蜀除北邊之外又與吐蕃六詔接境仕于其間者不問中外之事體朝廷之委任以其地產金珠又多物貨享厚祿者更欲商販恃威力者遂至白攫邊釁之起常必由此未有推究病端削平禍本者今下州小縣時取一小吏按發之不足以變貪俗著治效其要切不在此也若朝廷遴選監司帥守以剌舉切責之不過數人而六路治矣此今日最急之務也　至道二年上謂近臣曰國家取士必歷級而陞下位之人韜晦才行誠亦有之當勿以此為限成朕急賢之意因言為臣之道治平之代難見功效亂世止用其才如陳平韓信頃刻可立功業治平之世即此輩無以施其謀略故孔子四科以德行為首咸平二年真宗令宰相選官堪三司職事者數人因謂之曰庶官中求才幹則不乏詢德行則罕見其人夫德為百行之先德行之門必有忠臣孝子豈無德者能全其忠孝乎臣讀畢口奏太宗皇帝取士以德行為首真宗皇帝選官亦以德行為先此萬世不易之論也古人以德行為才故高陽氏高辛氏之才子齊聖廣淵明允篤誠忠肅

恭懿宣慈惠和此十六字者無非德行之所發見後世以欺詐暴虐為才如狄之酆舒晉之知伯齊之盆成括皆以才稱至于敗事故有德勝才為君子才勝德為小人之論其實本非才也韓信彭越之徒以術數事高祖高祖亦以術數待之君臣之間以勢利相持至菹醢而後止人徒見小人之術數粗若可喜引而用之謂且使之集事不知人無忠信不保其往如王安石之用呂惠卿韓忠彥之用蔡京不獨誤國又從而擠之然後知取

士選官非德行不可易曰大君有命開國承家小人勿用又曰小人勿用必亂邦也聖人之示戒其嚴如此可不深鑒

二十四日入講筵同侍講章拯待對是日仍讀擇官篇

景德元年内出京朝官二十四人名付閤門名對崇政殿（宋真宗朝察羣臣有聞望者得刑部郎中邊肅等二十四人令閤門引對觀其辭氣文義並得優升見宋史選舉）在外者乘傳代歸上采于朝論皆以廉幹稱者及對或試其辭業或觀其言論多寘于臺省館殿遷秩

任之是冬契丹請和上以河朔諸州易置牧守名近臣對資政殿御筆題李允則等十二人示之曰朕酌庶官能否以邊城遠近要害分命治之庶保寧靜卿等當更詳議畢士安曰陛下所擇皆才適于用望付外施行從之臣讀畢口奏真宗皇帝欲選臺省官則内出京朝官二十四人欲選邊城官則内出李允則等十二人自常情論之人才天下公器何必以内出姓名為重蓋真宗皇帝勵志求賢或取之薦舉或考之奏對既聽其言又觀其行既信其人又觀其所主非如自古人主得之于宦官宮妾創為内降以害朝政也公莫甚焉所謂二十四人與夫十二人者雖不盡見姓名只以李允則推之則真宗在潛邸時固已識其名矣時允則行事未有功業者至此題其姓名而用之明效大驗昭不可掩論本朝守邊之臣未有出于允則之右者人主留意人才如此安得而不致治

二十七日入講筵同侍講范楷待對是日仍讀擇官篇

大中祥符八年上嘗閲兩省班簿謂王旦等曰近侍之列各有所長然求文武適用可委方面者亦鮮每念唐賢比肩而出何當時得人之多也旦曰方今下位豈無才俊或恐振擢未至然觀前古進賢樂善者甚衆故人不求備不以小疵累大德是以人得足用今立朝之士誰則無過陛下無不保庇然流言稍多終亦梗于任使大都迭相推轂近乎黨糾訐乖謬近乎公鑒其愛憎惟託聖明則庶無棄人矣臣讀畢口奏唐賢比肩而出

得人最多實如真宗皇帝聖諭王旦之對雖合事情然亦似有為而發臣嘗論唐朝取士與今日事體不同名為科舉實采譽望其不由科舉進者又有藩鎮辟召或以白丁命官或自下僚選擢考其平素取其行實故為士者知自愛重其始也莫不學為有用之才其出也莫不重于所事士類歆豔以為美談及其久于幕府習熟事機一旦朝廷用之便為顯官在内則論思獻納在外則仗鉞守邊惟其所用無施不可今日諸大帥雖皆有

辟召之權然或壓于勢要惑于親舊凡所汲引未必皆是當才不得如唐藩鎮遴選之公至使緩急差除無以應手今欲慕唐朝得人之多必須畧加警策取其得人多者有以旌異之得人少者小小戒勅之則自今以往每有所薦必深加思慮不敢泛然應故事矣

十月初四日入講筵同侍講范楷待對是日讀論薦舉篇 淳化五年上嘗語宰相曰君子與小人趣向不同君子畏慎矜莊不欺闇室執持名節造次靡踰小人内

荏外剛見人亦能卑謙有禮但發言則似忠信履行則多頗僻此所以難辨然亦不能常久其始仕宦也惟利是視狥私黷貨罔畏憲章茍暫時獲免終亦彰露當未敗之際日懷憂懼故不自安薛智周為侍御史知婺州政以賄成土俗多以羅帛為獻州民謂之羅端公則其治可知卿等居廟堂之上以審官求賢為職令來擇人舉官以是逐末若更不擇舉主則何由得人臣讀畢口奏太宗皇帝論君子小人趣向情狀可謂詳且明矣今

欲遵而行之則黜陟之際尤當有所執守任賢在于勿貳去邪在于勿疑祖宗時小人狥私黷貨雖曰罔畏憲章然猶日懷憂懼故不自安今州縣間小人恣為貪墨捆載席卷殊無忌憚推求其故或者施行之際任賢猶有貳而去邪猶有疑也任賢而貳則監司帥守無舉刺之權去邪而疑則贓吏無警懼之意不可忽也竊怪今日士大夫敢于害物至所以待贓吏酷吏者何其恕也且如監司帥守按發一知縣不法歷數其罪至于永不

得與親民差遣其為人可想見矣頗乃厚賂胥吏極意結託不過一二年間行下保明便與無過人一等士大夫明知其不可不敢任怨放行參部便受一縣此等習慣成風視貪虐為當然揚揚得志少有變其舊習者則斯民受苦何時而已耶今欲任賢去邪必須明降指揮令後監司帥守按發贓吏酷吏已降指揮永不得與親民差遣者如遇改正必須得兩省侍從臺諫三人以上列銜保舉見得前奏委是冤濫方與放行若前奏裝飾

太甚別無事迹亦可以證監司帥守欺罔之過如或不然何恐使無辜赤子受禍于此輩之手也

初九日入講筵同侍講范楷待對是日讀論甄叙篇

真宗皇帝即位詔侯易月公除始行恩命呂端曰今亡官失爵之人翹望甄録不可稽也上勉從之臣讀畢口奏國初喪禮行前代以日易月之制故以二十七日為公除自孝宗皇帝以來行古道三年之喪故以二十七月為公除今陛下行三年之喪禮無違者既御正殿觀瞻一新行慶施惠乃其時也前者登極之初雖已赦過宥罪然二年以來犯法者衆士大夫自蹈憲網官職且不必問惟是遷謫遐方使父子不相見兄弟妻子離散甚者不服水土有性命之憂聖明之世不宜有此不于此時行一次寬典恐未有可生之路也本朝自元祐以前愛惜士大夫賞重罰輕以為家法唐介論事失當仁宗震怒責授春州別駕越明日即改英州不數月又改郴州酒稅復以潭州通判用之願陛下于正殿未御之前體仁宗所以閔唐介之意與大臣熟議行之不勝幸

甚

十四日入講筵同侍講范楷待對是日讀奬幹臣篇

景德元年引進使何承矩再任雄州上曰承矩將家子知書好名練習軍旅邊防之事令命領郡當擇美名授之即命為英州團練使三年上覽太常博士李及奏議顧宰相曰及昨日對來為人詳審臣僚居下位懷才守道固亦有之王旦曰及與父準並登進士第在官有治

迹群臣之中晦能韜光誡亦有之惟陛下精擇上又謂王旦等曰藩城長吏尤賴循良之士永興孫全照馭下峻整當擇其代如邊宿孫僅皆可此授馮拯曰僅嘗佐京府熟于民政上然之大中祥符元年亳州李迪上言州卒亡命聚衆近境為盗鄉邑憚其凶悍已遣使臣有武幹者分領戍兵各處要路捕逐至宿州就擒上曰迪有才力謙下和衆若非臨時有斷豈能如此集事甚可嘉也臣讀畢口奏今日所讀皆真宗皇帝奬幹臣聖語

仰惟真宗皇帝好善而忘勢恭儉而禮下詢學問于蒭蕘受誹謗于民庶故能知民疾苦使士大夫心術瞭然無隱于黼座之前則賢且能者莫不勉力自慰愚不肖者亦能恐懼修省如此而天下不治未之有也今陛下守祖宗成憲日對羣臣自宰執奏事之外臺諫則有論疏講筵則有誦說職事官皆有輪對監司郡守到罷則有奏事博采而廣求之則士大夫心術無不盡知矣古人明見萬里之外不過如此

二十二日入講筵同侍講范楷待對是日讀戒官吏篇

淳化四年上嘗語宰相曰今天下至廣勿謂好人少蓋設官分職在外者衆儻若聚之則多矣朕每逢一盡公有操檢者恨不能分而用之苟盡心于國不惟爵賞併至神明亦當擁護臣僚每授使外州卿以此言諭之以表朕意臣讀畢口奏自古天下有君子有小人世治則好人常多世亂則好人常少其故何也蓋人才有三等上焉者所謂上智不移不能為不善下焉者所謂下

愚不移亦不能為善惟中人之性可以語上亦可以語下時乎清明必能勉强振作求為君子之歸故世治則好人常多時乎混淆亦能狐媚苟合淪入于小人之黨故世亂則好人常少然則好人之多少係乎中人可上可下者之所為在人主作成之耳本朝太宗盛時人才輩出趙普李昉吕蒙正張齊賢吕端為宰相李穆李至寇準向敏中為執政田錫王旦畢士安王禹偁之徒為兩制在上位者如此則在下者可知矣方以類聚物以

羣分同聲相應同氣相求舉直錯諸枉則枉者自直在
人主加意焉
十一月初三日入講筵同侍講范楷待對是日仍讀戒
官吏篇　大中祥符元年上嘗語近臣曰有司臨事惟
在執守不當曲徇物情以沽時譽若使怨讟歸于上美
聲萃其身非良吏也臣讀畢口奏人臣善則稱君過則
稱已若使怨讟歸于上美聲萃其身可謂非良吏也然
而徇物情以沽時譽與咈物情以徇已私者每相反對

故堯舜之時以違道以干百姓之譽與咈百姓以從已
之欲者明為儆戒謂其皆足以害治也本朝盛時卹民
者有賞而虐民者有罰咈百姓以從已之欲者固所不
敢而違道以干譽者容或有之故真宗皇帝以徇物情
沽時譽為戒然二者常相倚伏習尚變遷時移事異所
當深察近時掊克聚斂咈百姓以從已欲者常多違道
以干譽者常少則二者皆當示戒也　二年謂近臣曰
臣僚赴外任有陛辭者朕皆喻以所行之事期于振舉

若不陛辭者令當各以其事為戒勵詞摹印賜之先帝
嘗以儒行篇賜臣下今當復印分賜文臣仍于戒勵敕
中申諭先帝之旨且漢制刺史以六條問事齊有五條
晉有六條但漢世令長未睹訓勉之詞令長亦親人之
官今當喻以舉政經急民病為本乃御製文臣武臣七
條文臣一曰清心謂平心待物不為喜怒愛憎之所遷
二曰奉公謂公直潔已則民自畏服三曰修德謂以德
化人不必專尚威猛四曰責實謂專求實效勿競虛譽

五曰明察謂明察民情勿使職役不均刑罰不中六曰
勸課謂勸諭下民勤于孝悌之行農桑之務七曰革弊
謂求民疾苦而釐革之武臣一曰修身謂修飭其身使
士卒有所法則二曰守職謂不越其職侵擾州縣民政
三曰公平謂均撫士卒無有偏黨四曰訓習謂教訓士
卒勤習武藝五曰簡閱謂閱視士卒識其勤惰勇怯六
曰存卹謂安撫士卒甘苦皆同常使齊心無令失所七
曰威嚴謂制馭士卒無使犯禁分賜文武授外任者仍

許刋石圖辟奉以為法臣讀畢口奏真宗作文武七條
傳之後世與宋無極但當時所分賜與所刋石圖辟今
少有存者人情積久易以弛玩願陛下清閒之燕親灑
宸翰勒之金石摹賜内外文武臣僚庶幾一新觀瞻知
所自警也
初九日入講筵同侍講范楷待對是日讀論道教篇
開寳二年車駕幸華州召道士蘇澄隱對行宫使掖陛
殿謂之曰朕于京師起建隆觀思得有道之士居之聞

師自前朝不應聘名豈尚戀鄉土耶澄隱曰梁園帝里
天下繁會林泉之士非可寄迹又幸所居問之曰師年
餘八十容貌甚少是能養生也宜以其術教朕澄隱曰
臣所養生不過精思鍊氣若帝王養生則異于是老子
曰我無為而民自化我無欲而民自正無為無欲凝神
太和軒轅黄帝享國永年者得此道也上大悦太平興
國九年華山道士陳摶至京師上謂宰相曰摶獨善其
身不干名利信乎方外之士常言三教之理其歸一揆

釋氏以慈悲老子以清淨宣尼序五常俱化民之要道
若安民治世舍五常之教固亦不可嘗問修養之術自
云不知燒煉亦無吐納之理但存神養氣意行則行意
卧則卧直如白日上昇亦何益人間事昌若聖賢治世
天下安樂如此功德豈不大哉宋琪曰摶服氣修身肥
遁不仕周世宗以厚禮聘名暫到闕廷今兹不召而至
蓋帝德光被故異人自出臣讀畢口奏釋老二教本皆
所以獨善其身依聖世而後能立人以其寡欲無求特

禮待之又以其潔身無穢可以奉行齋醮其中有出羣
拔萃者亦能通知義理粗識時務非實有保國祚延壽
之術也後世張大其說乃欲下視堯舜鄙薄孔孟背理
傷道不可以為訓時君世主有輕用其說者大興土木
以為功捨身踐法以為敬反與其教大相背戾惟聖明
之君乃不如此彼稍知道者亦不如此今蘇澄隱能精
思鍊氣又能以無為無欲為享國永年之道陳摶能存
神養氣又能以天下安樂為治世功德可謂知道之言

不欺于君上矣非太祖太宗之聖無以致其言也
十四日入講筵同侍講范楷待對是日讀論釋教篇
太平興國八年譯經院上新譯經太宗出示宰相曰此胡僧新獻貝葉令以華言譯之無所增減朕于此教深悟宗旨凡為君治人卻是修行之地行一好事天下獲利即釋氏所謂利他者也凡庶之人無權無位縱或修行自苦不過獨善一身如梁武捨身為寺家奴此真大惑書之史冊為後代笑為君撫育萬類皆如赤子無黨

無偏各得其所豈非修行之道乎方外之說亦有可觀者蓋行其教非溺于釋氏也趙普曰陛下以堯舜之道治世以如來之行修心聖智高遠洞悟真理固非臣下所及雍熙二年上聞京城外有僧積薪將自焚謂左右曰此輩幻惑衆庶不可長也當配隸遠州仍毀所住院因思比來奏請建寺甚衆屋無數間便乞名額多是不逞之輩誑惑閭閻藏隱姦弊不惟干撓國法抑亦玷辱梵教自今非大寺院無得奏請賜額臣讀畢口奏太宗

皇帝論及佛教以為人君撫育萬類皆如赤子無黨無偏各得其所即是修行之道可謂深察浮屠氏之要旨至庸僧欲積薪自焚慮其幻惑衆庶即配隸遠州毀所住院不為異端所誑如此惟公于道者乃能行之
十二月初三日入講筵同侍講范楷待對是日讀重牧宰篇　咸平初直史館樂黃目請自今差擬知州縣令俟及三十人引對御前試時務策取其材識明于吏理達于政教者真宗曰黃目詞理頗精然歷代沿革有異

難遽行也令之求人莫若擇人使其外舉閒州縣官闕員甚多當選清望官勿限員數各令舉其所知庶得良吏以親吾民知雜御史范正辭上言牧宰之官最為急務令舉屯田員外郎吳蒨等五人堪知大郡望令蒨等于京官選人內各舉縣令三人上曰縣令于民最親尤當慎選臣讀畢口奏人主以論相為職必須委任大臣大臣以掄材為職必須擇監司郡守郡守之不職者監司得以按察之知縣縣令之有闕額者郡守得以舉辟

之則天下自治矣令三邊郡守黜陟付之制帥縣令有闕亦得舉辟雖未必一一皆公然而要害去處亦不敢輕于用人但內地知縣縣令注闕銓曹惟意所向能與不能初無分別為郡守者常恨知縣縣令之不相佐助為知縣縣令者常恨郡守之不相體察令若使知縣縣令有闕許郡守于待闕任滿或參部人中選而用之但不可改差在任人又不可衝他人窠闕既州縣事體相關必不至冒昧妄有舉辟若其不恤事體妄舉非才則

給舍得以繳駁臺諫得以論列監司得以按劾然須先擇監司郡守乃可行此真宗皇帝所謂求人莫若擇人范正辭先舉知大郡五人令各舉京官選人縣令三人即此意也

十四日入講筵同侍講范楷待對是日讀議將帥篇

國初諸僭國未下西北未賓服太祖留心將帥命李漢超屯關南馬仁瑀守瀛州韓令坤守常山賀惟忠守易州何繼筠領棣州以拒虜郭進控西山武守琪戍晉州李謙溥守隰州李繼勳鎮昭義以禦太原趙贊屯延州姚內斌守慶州董遵誨屯環州王彥升守原州馮繼業鎮靈武以備西戎其家族在京師者撫之甚厚州縣管榷之利悉以與之恣其回塗貿易免所過征稅許令召募驍勇以為爪牙凡軍中事許便宜每來朝覲必召對命坐賜以飲食錫賚殊異以遣之由是邊臣富于財得以養敢死士使為間諜洞知蕃夷情狀每敵兵入寇必能先知預為之備設伏掩擊多致克捷二十年間無西

北之憂盡平諸國蓋推赤心善御將之所致也臣讀畢口奏任將之道不過有三說考其素以觀其能久其任以責其效寬其財以重其權是三者不可廢一也古人任將常必由此後世擇之不審固已不得其人得其人而用之又不能久其任不能寬其財縱有能者亦不肯盡其技也近日朝廷用人固已重于選擇使其未有過失亦不致輕于改易惟是財賦一節尚合區處蓋自十年防邊以來諸軍出戍少有在寨者平時回易酒課等

利源盡皆廢弛至軍用錢每每不給無以旌别驍勇收名豪傑廣布間探甚至軍中器械不復修葺緩急赴敵惟見敗事今縱未能盡如太祖之制筦榷之利悉以與之亦必與之區處使之不至窮陋亦太祖御將之本意也

二十五日聚講同侍講范楷待對是日仍讀議將帥篇

淳化二年上嘗謂近臣曰古之烈士誓以死節許人未逢知己或隱屠肆或匿抱關朱亥侯嬴之輩是也侯

逢知己一言道合必死節報之今見凶豪之輩逢人必許以死但恐臨事之時心口難副近臣曰古之烈士如藺相如樊噲者雖志雄毅而相如能引車避廉頗樊噲說高祖不取秦中寶貨而軍灞上此所謂屈伸有禮者也任氣之士固不足取臣讀畢口奏勇者出于天資義必出于學力勇而不知義則盜跖之徒耳固不足道知義而不知講學則朱亥侯嬴之徒耳遇知己道合則以死節報之亦所以為義惜乎其不大也義之大者必尊君親上必愛人利物可以安國家可以惠後世見義而為則其勇為達德藺相如勇于秦而引車避怨非畏廉頗也知國事大于私爭而欲協力以强趙也樊噲勇于戰而說高祖退軍灞上非不愛寶貨也知天下大于寶貨而欲胚渾漢業也非素有講明何以知此但古人為學得于胷臆非如後世詞章之富故不可以相如樊噲之徒為知學耳太宗皇帝論烈士之勇而近臣之論有取于相如樊噲蓋以義為主者故得以推廣之

寶慶三年正月十一日入講筵同侍講章掖待對是日仍讀議將帥篇

大中祥符二年上語近臣曰嘗聞臣僚中有以醜言詈軍士者苟有罪杖之可也何須面辱李繼和在邊郡虐使軍士無事具介冑分部伍坐公宇中稍或不整則撾擊之不下三十數且安靜之時虛使勞苦豈能樂用朕屢申戒之然其稟性未革鎮戎僻在一隅屯兵不少軍中皆有流言每代還者畏其復去觀此固非馭衆之材王旦曰傷于嚴急則亦生患或者自

恃清潔故也上因論將帥材難令文武中固亦有人蓋不經戰陣無由而知雖邊鄙無事然兵不可去戰不可忘古之道也或有請用儒將者王旦曰朝廷文武中賢才俊彦固亦不乏望歷試之以觀能否臣讀畢口奏擇將之道難得全才事姑息者易玩狎好嚴急者難親附恃廉潔者多陵忽甘穢濁者尚交結有一于此皆足以敗事惟人主明見至隱必試而後用之然後可以得人若冒昧用將非國家之利上又曰邊城常整葺積穀聚

人不可弛也選練將帥固須用心馬知節曰將帥之才非坐而知之顧臨事機變如何耳如咸平中將帥方略無聞措置未便不能擒翦敵冦蓋未得其人今朝廷士馬雄盛覺越前古器甲犀利邊城堅固苟契丹渝盟邊防有警陛下得人授之成筭可無噍類臣今未老五七年間尚堪驅策但得一副部署及名馬五七匹輕甲一聯足矣上曰誠知卿可屬此任但四方無事耳因命製銅鐵鎖子甲賜之上又曰知節久在邊防以為禦敵之

策何者為善知節曰邊防之地橫亘雖長然據要以扼其來路惟順安軍至西山不過二百里若列陣于此多設應兵使其久莫得進衆將疲弊時以奇兵輕騎逼而擾之如敢來犯即深入力戰彼必顛覆不暇今之將帥喜用騎兵以多為勝且騎兵之多者布滿川谷用之有限苟墻進而前小有不利則莫之能止非所謂節制之師也臣嘗謂善用騎兵者不以多為貴但能設伏觀敵兵之多少度地形之險易敵少則邀而擊之衆則聚而

攻之多依城邑為旋師之所無不捷矣臣讀畢口奏中國夷狄皆有長技人所共知少有能兼收之者夷狄之長技惟弓與馬棄馬而行不能進一步持一弱矢必命中一人人以此畏之不知一馬之地可以容十卒十馬之地可以容百卒弓以近取中弩以遠得力馬無常性人有定嚮如此則步勝于馬弩勝于弓中國之長技勝于彼長技者多矣又中國多水鄉江淮荆鄂之間多有湖泊尤非騎兵之便我之舟師非彼所敢望也今人但

見彼以馬來亦欲以多馬敵之非善計也馬知節謂騎兵布滿川谷用之有限小有不利莫之能止但欲以騎兵設伏邀擊非深于知兵者不能語此

乾隆御覽之寶

世緯

（明）袁袠　撰

解題

周延良

《世緯》上下兩卷，明袁袠撰。

本編據文淵閣《四庫全書》本影印，清錢大昕《序》、明文徵明《廣西提學僉事袁君墓志銘》、袁袠從子袁夢鯉《跋》文、袁袠十世從孫袁廷檮《跋》文皆據清鮑廷博刻《知不足齋叢書》本影印。鮑廷博刻《知不足齋叢書》之《世緯》蓋據五硯樓傳抄閣本。是書版本上佳，無漫漶缺損者。

清鮑廷博刻《知不足齋叢書》本，卷首輯《欽定四庫全書〈世緯〉提要》，次爲清錢大昕《〈世緯〉序》，次爲袁袠自撰《〈世緯〉序》，次爲《〈世緯〉目録》，次爲正文。卷末輯明文徵明《廣西提學僉事袁君墓志銘》、袁袠從子袁夢鯉《跋》文、袁袠十世從孫袁廷檮《跋》文。《四庫》本無錢大昕《序》、文徵明《廣西提學僉事袁君墓志銘》、袁夢鯉《跋》文、袁廷檮《跋》文。本編影印蓋據《知不足齋叢書》本補綴。

《四庫全書》釐《世緯》于《子部·儒家類》，但無録文徵明《墓志銘》、袁夢鯉《跋》文，至若錢大昕《〈世緯〉序》、袁廷檮《跋》尾均在編輯《四庫全書》之後作，錢大昕《序》文作于清乾隆壬子即乾隆五十七年（一七九二），袁廷檮《跋》尾亦在乾隆五十七年，是時，《四庫全書》選書、編輯已竣事，不待録之。

《知不足齋叢書》本録《四庫全書總目提要》以及錢大昕《序》文、目録與跋尾欄格悉同，均爲上下單欄，左右雙欄，行格烏絲欄。半葉九行，行二十一字。白口，版心槧書名、篇目、卷次。書口陽葉底端槧葉數、『知不足齋叢書』字樣。

《世緯》成于何時，未見詳載。據袁袠從子袁夢鯉《跋》尾説，是書當在袁袠提學廣西之際撰寫完稿，其文曰：『督學廣西，弦琴之暇，爰構兹編，題曰《世緯》。』[二] 可爲定説。

按照錢大昕説，是書雖經其從子謄録，但未得流播，編修《四庫全書》始顯，錢大昕《〈世緯〉序》文所説：『是書流傳甚少，《明史》志藝文，亦未著于録，今，天子右文稽古，命儒臣編次《四庫全書》，是書復顯于世，而吴中藏書家猶以未得見爲憾。于是先生之族裔孫又愷貽書京都，預館局者假抄其副藏篋中以爲家寶。』[三] 然清黄虞稷《千頃堂書目·編年類》著録曰：『袁袠《世緯》一卷。』（卷四）黄虞稷乃康熙時人，其書著録，似已顯于世，唯未曾廣流傳也。

袁袠，字永之，别號『胥臺山人』，世居吴地（今蘇州一帶）。高祖袁以寧，曾祖袁琮，祖袁敬先，均無仕進。父袁鼒，母葛氏。父鼒仕承德郎刑部主事。袁氏自高祖而下，世代以仗義、氣節博聞鄉里，但未有以仕進顯者。袁袠五歲知書，七歲能賦詩。十五歲，予應天府鄉試不利。嘉靖四年（一五二五），舉鄉試第一，明年，舉禮部廷試二甲第一人，改翰林庶吉士。時，新貴張孚敬爲大學士，欲招袁袠于門下，袁袠不答不謝，而忤張氏。張氏則誣其少年浮薄，非爲大器，授袁袠刑部主事，改兵部，爲武選。未幾，

[二] 據本編二十七頁。
[三] 據本編第一頁。

兵部火災，袁袠當值，應巡視，以失職逮下獄，幾于不測，後特赦謫戍湖州，此皆張孚敬構陷故也。張孚敬死，任南京武選主事，歷職方員外郎，擢廣西提學僉事，致仕。歸，卒，年僅四十五。袁袠生于明孝宗弘治十五年（一五〇二），卒于明世宗嘉靖二十六年（一五四七）。配馬氏封安人，繼室文氏，生子男一人，名尊尼，明世宗嘉靖二十二年（一五四三）貢士；生女三人，適生員王子恭、殷邦柱、徐欽。袁袠善詩賦、古文，其學精深宏博，凡群經子史，無所不窺。所著《胥臺集》二十卷、《世緯》二卷傳世。《皇明獻實》二十卷（未見），《吴中先賢傳》十卷（未見），《歲時記》《〈周禮〉直解》等若干卷（未見）。清趙宏恩等監修、黄之雋、尹繼善等重修《（乾隆）江南通志·人物志·文苑一·蘇州府》載曰：

袁袠，字永之，吴縣人。嘉靖丙戌進士，選庶吉士。忤張孚敬，改兵部主事，兵部火，謫戍湖州，會赦，歸，薦歷廣西提學僉事。帙七歲能詩，博習典故，著《皇明獻實》等書。與兄表、絅、褒、從兄弟衮、裘，皆以文行知名吴中，稱『袁氏六俊』。（卷一百六十五）

袁袠爲人清正剛直，不阿附權貴。仕途不暢，垂二十餘年，屢起屢廢，沉浮中外，乃闊達高朗于終始。明文徵明《廣西提學僉事袁君墓志銘》[一]高評其人品學問，非無由矣！袁氏學識博雅，亦工草書，明朱謀垔《續書史會要·明》載曰：

袁袠，字永之，號胥臺，吴郡人。嘉靖進士，官至學憲。五歲知書，七歲賦詩有奇語，善行草。

[一] 參見本編或清黄宗羲編《明文海》第四百三十五卷。

（無卷次）

袁袠在『書學史』上嘗有一席之地。清以後『書畫史』没有載籍。袁氏曠達清朗，不爲名利累，清嵇曾筠等監修、李衛、沈翼機等纂修《（乾隆）浙江通志·寓賢上》：

袁袠（《兩浙名賢録》），字永之，長洲人。五齡知書，七歲賦詩有奇語。嘉靖乙酉，應天鄉試第一，舉進士，授武選主事，觸忤時貴，編戍湖州，寓居城南之峴山寺，搜奇吊古，悠然自適。後人以其所寓處稱爲『胥臺讀書樓』，『胥臺』，其號也。（卷一百九十四）

人生蹭蹬，仕途黜隲。雖處江湖之遠，且不以優樂爲耿耿也。

《世緯》乃袁氏作于廣西提學僉事任所，已見前説。是書爲作之旨，概見于《自序》。時，袁袠雖提學廣西，仍處江湖之遠。情繫廟堂，心懷黎庶，匡扶明主，建立功業是終極理想。志不得遂，便著于空言，流惠後世。其《自序》説：

昔，孔子謂：『我欲載之空言，不如見諸行事之深切著明也。』[一] 悲夫，古之人苟懷抱材德者，曷嘗不欲匡依明聖，興立事業者哉？而卒托之空言，命也。是以，君子進則勒洪伐于鐘彝，退則修遺文于方册。身雖不得躬行其道，文之所垂，亦足以自見而爲法于將來。……（引見本編《自序》）

[一] 案，此語見于司馬遷《史記·太史公自序》：「……昔，孔子何爲而作《春秋》哉？太史公曰，余聞董生曰：「周道衰廢，孔子爲司寇，諸侯害之，大夫壅之，孔子知言之不用，道之不行也，是非二百四十二年之中，以爲天下儀表。貶天子，退諸侯，討大夫，以達王事而已矣。」子曰：「我欲載之空言，不如見之于行事之深切著明也。」……」（據《二十五史》本《史記》卷一百三十）

開宗明義，是以孔子思想定法式，爲後世治國利民之君立言。古之懷抱材德之人，無不希望匡輔明主、建功立業。今之材德之士，亦望明主，建立功業。終于托之『空言』，是命運使然。即使不能匡扶明主治國利民，『修遺文于方册……文之所垂，亦足以自見而爲法于將來』——這正是袁氏《世緯》所作本旨。通覽全書，袁氏都是建立在匡扶明主，治國利民的思想基點上著意。質言之，是書在于爲帝王治國立範，故可以歸之于『帝範』。當然這僅僅是説者的社會理想，面對著複雜而頽廢的明代政治，説者不免感慨係之：

……《世緯》凡二十篇，語多刺譏，且闊于事情。亦知其枘鑿异用，竽瑟殊好，空言無益，祇增多口。有志于應世者，亦矜其狂愚，采其可用者云爾。（引見本編《自序》）

細審之，《世緯》二十篇均就當時社會之弊指陳激切，面臨著當時社會的腐朽頽敗，説者深知『枘鑿异用，竽瑟殊好』不僅難于實施，甚至『祇增多口』，然而『采其可用者』恰恰顯示了作者的無奈與祈願。此書是袁袠從子袁夢鯉整理原稿謄寫成帙，袁夢鯉在《跋》尾中説：『丁未歲，公即辭世。幸得茂陵猶存此稿也，躬自校閲，謄寫成帙。』[一] 據此，《世緯》在袁袠離世同年，便由其從子袁夢鯉整理成書。

《世緯》兩卷，釐二十目：卷上《官宗》《遴傳》《簡輔》《降交》《誘諫》《廣薦》《崇儒》《貴士》《裁閹》。卷下《汰异》《距僞》《抑躁》《久任》《惜爵》《懲墨》《節浮》《革奢》《正典》《實塞》《均

[一] 引見本編第二十七頁。

賦》——卷上九篇，卷下十一篇，合二十篇。

上卷要在闡發論證朝廷用人的政治方略，下卷偏重文化與思想建設領域的政治方略以及廉潔節用、減輕百姓税負等等，無論哪一項，都需要最高權力人頒行或實施，若果不具備帝王的權力，那一項都是『空言』無益，難于實施。在封建帝王專制走向没落的明代社會，如果能從制度頒行實施、拯救時弊、匡扶即倒著手，或可有益。《世緯》二十目，雖以正面發義，但每一個問題在針砭時弊的同時，則提出規避或糾正時弊的方略。下略例析之。

第一篇《官宗》，起爲當時明朝之弊，所謂『夫宗室日蕃，而禄不給，何也？封建之法壞，而仕宦之途絶也。』其實這正是皇明朝廷所面臨的經濟難題。袁氏最後提出的解決之法：

……是故，固本者，莫若親親；親親者，莫若崇賢；崇賢之術，在責之保傅，而升其俊秀者于鄉學。三歲而簡之，升之于國學，而試之于鄉，試之于大宗伯，登之于天子。隨材以官之，詔德以禄之。賢者進，不肖者絀，而考課之法，黜陟之典，與疏遠者等，則忠勤之心生，而奸逆之節泯。且仕者有禄，則歲禄足；不仕者有教，則刑法省。施親親之名，而享賢賢之利，則何弗爲也？（引見本編第五頁）

此中説者提出了幾個重要的社會觀點：第一，建立血緣體統——親親；第二，以親親爲前提達到建立穩定的親親關係，最好的措置就是尊崇有才德的人——『崇賢』；第三，如何産生而得以尊崇賢人？最重要的『術』則是建立從地方到朝廷培養賢人的體制；第四，建立嚴密的任官制度。有了合理的培養賢人體制，還要有嚴格、嚴密的任官之制即『考課之法，黜陟之典』，如此則『賢者進，不肖者絀』，最終達到『享賢賢之利』。『享賢賢之利』是終極目的。

作此簡要分析就不難看出，説者根深蒂固的思想是賢人政治，與西周至于孔子時代儒家的賢人政治是一脉相承的。

第二篇《遴傅》例述親王及親王子孫與京官聯姻以至于選傅在明代初年明成祖朱棣以後的流弊，指陳明成祖奪得皇位之後，以及以後的皇帝，由于爲親王或其子孫遴選傅相，用非其人，而造成了『高煦反于漢[一]，置鐇反于安化[二]，宸濠反于南昌[三]，此非傅相官京朝之患也，置傅相不得其人也』。解决宗室以及親王子孫因鬥權争位發生内亂之患，重視遴選傅相是非常必要的，所以發生幾代親王謀反，關鍵環節是『置傅相不得其人』，處理好親王及其子孫與傅相選任的關係，此種現象或可消除，其説曰：

……今諸侯王皆血氣壯强而不爲置賢師傅，此教之亂也。……欲宗室之賢，莫若遴選傅相而訓之以禮義。擇京朝官之有行誼者，則爲之；博通古今、明當世之務者，則爲之。考其殿最，均其勞逸，出爲傅相，入爲公卿，略如漢法，以不失祖宗之意。是官傅相者，有仲舒、賈生之稱，而宗室獲河間、東平之譽，維城永固，而尾大之患自銷也。（本編第五頁）

[一] 高煦，即朱高煦，朱棣次子，生性暴漫，因佐朱棣篡權有功封漢王。于明宣宗宣德元年八月，謀反未果，死。
[二] 置鐇，即朱置鐇，朱元璋第十六子慶靖王朱㮵曾孫，封安化王。于明武宗正德五年四月，謀反未果，死。
[三] 宸濠，即朱宸濠，朱元璋第十七子寧獻王朱權五世孫，襲封寧王。于明武宗正德十四年六月反，陷南康、九江，兵至安慶，王守仁帥師敗之于樵舍，擒之。

希望宗室之賢，必須把握遴選傅相中幾個環節：有行誼者、博通古今者、明當世之務者等等，説者認爲作爲傅相不能缺少的道德修養、學識修養的條件，就像漢代初年的董仲舒、賈誼一樣，只有具備這些條件，教化出來的親王及其子孫抑或宗室之輩纔會獲得像漢代河間獻王、東平王一樣的聲譽。不難看出，《遴傳》也是袁袠賢人政治思想的反映。

第三篇《簡輔》强調宰輔益簡而有素，反對置繁食禄而不理事。第四篇《降交》，歷述帝王『親賢禮下』對于治國的重要性。第五篇《誘諫》力規帝王賞賜諫臣的意義，認爲『言路之通塞，國家之安危繫焉』。第六篇《廣薦》規勸帝王不毁舉薦之風，廣開選才之路，認爲，科舉雖可取人，但人才非僅科舉，廣爲舉薦方可廣羅治才，『科貢足以得經學之士矣，而孝弟力田獨行者，非薦舉不進，薦舉，足以得行誼之士矣』。第七篇《崇儒》建議帝王重視學校的設施，人師的價值，只有尊重教育，纔有可能培養賢才俊士，纔能純化世風，『夫黌校者，俊秀之關也；師儒者，士民之表也。是風化之所自出也，賢才之所由進也』。第八篇《貴士》從辭面上理解即以『士』人爲貴之義，提高『士』的社會地位，也要提高『士』的爵禄待遇，與此同時，更應重視刑法懲治奸慝的威嚴，從而達到改變『廉恥之道喪』的目的。所謂『夫爵禄以勸功能，刑威以懲奸慝，二者馭世之大防也。然爵濫則士競進，而恬退之風微；刑縈則士苟免，而廉恥之道喪』。第九篇《裁閹》以戰國爲始，歷述閹黨亂國之禍，直指明代的宣德、正統以來，閹臣擅權，『王振、喜寧諸閹，權勢隆赫，凶焰薰灼。潜通外國，謀危社稷。遂使英皇北狩，幾致「永嘉、靖康」之禍』[二]，主張解除閹臣的權利，減少閹人的使用：『我國家雖純用寺人，而不得與政事，所以消伏禍，杜危機也。誠使政令予奪，皆天子獨運于上，而心腹耳目，寄之忠賢。樞機之務，一切弗與。』卷下《汰异》《距僞》《抑躁》《久任》《惜爵》《懲墨》《節浮》《革奢》《正典》《實塞》《均賦》。可釐爲四端：

其一，希望貶抑异教。漢代以後至于唐宋，孔子確立的儒學已經宗教化了即所謂儒教，東漢以來内外宗教學説并流于華夏，東漢發展起來的道教，東漢引入的釋教，先秦墨學與楊朱之學，雖未及宗教化，而且西漢以來式微而不振，但作爲歷史上具有相當影響的學説，始終未曾消亡，《世緯》作者以爲，除了儒家學説，它皆爲雜説甚至于僞學。

第一篇《汰异》力倡排斥佛老异教，其説：『世儒支離，溺口耳之學，昧教化之原，知佛老之害而甘心沉溺其中。以清净爲宗，以虚無爲本，以慈悲爲教，以寂滅爲歸。弃綱常，蔑禮法，隳政事；敗五等之倫，廢四民之業；不蠶而衣，不耕而食，不誦讀而仕，不婚姻而配。傷教化，亂彝典，生人之蠹，未有虐于佛老者也。世之言者，皆以佛老與吾道并立爲三，以釋迦、老聃與周孔并，噫！是何言歟？』

第二篇《距僞》抨擊『楊、墨、佛、老』之學爲僞學故立題爲『距僞』，《距僞》有曰：『夫楊、墨、佛、老與吾周孔之道，判若黑白。可以惑蠢愚，而不可以欺賢智，故排之也。』

[二] 明英宗北征蒙古瓦剌部全軍覆没，英宗被俘，是聽信閹官王振等人之意。又，王振等閹臣内惑君主，外結倭寇，一時權傾朝野。

其二，提出設官、用官的主張。認爲『先行誼而後辭華，獎純實而鄙浮薄』是官道之大義，達到這一境界，必須任官爲久，故專論《久任》，任官不久，『遷轉既速，則罷黜亦易，賢愚莫分，略不愛惜，積薪之喻，良可慨嘆。上下苟且，日冀月望于禄秩之崇庳豐薄。』官員在任，專心于『禄秩之崇庳豐薄』，就不可能成爲『循吏』甚至『良吏』。

其三、倡言政府節儉，爲官廉潔。其中《懲墨》《節浮》《革奢》皆屬于此。

第五篇《懲墨》有曰：『司馬君實有言，天之生財，止有此數，不在官，則在民。今天下之倉庫，所在空虚，曾無一年之蓄，而縣官所入，恒苦于不足用。箕斂日急，而田野日窮。農夫作苦，終歲焦勞，不得一飽；禾稼甫納，而場圃已空。破釜無糜，敗突不烟。妻孥枵腹，相對而泣。催科隸下，突如豺虎，鞭撻不已。今日之財，下不在民，上不在官，盈箱累橐，一歸貪墨。』這是對明代統治以來社會現狀的真實揭示。民人掙扎于饑困生死之際，貪官污吏却競相斂財，作爲在任官員（時爲廣西提學僉事）的袁袠，敢于正面揭露社會的陰暗，需要人格力量的支撑。

其四，固邊守疆與減輕賦税的主張。《正典》《實塞》從固邊守疆的制度建設引入到實際『實塞』的意義論定。《均賦》是專就賦税均而民給足的生存需求基點上提出問題。《正典》對明代邊備守將做了針鋒相對，鞭辟入裏地批評：『今之迤北，曾不足當中國之一大郡，而兵至則上下震恐。惟其所欲，無不如志。深入内地，殺略殆盡，而沿邊諸將，曾不敢發一鏃以禦寇。土崩瓦解之勢已成，而當事者弗寤，建言者皆謂天下已安已治矣。……今天下財竭于東南，兵熸于西北。邊備日壞，而敵勢日强。濟農侵擾，士無息肩。』實在説，這就是明正統以來的真實寫照，因此，説者提出了明確的警示：『誅賞之典不正，而求將士用命，疆埸晏寧，吾懼其日以陵遲，而噬臍無及也。』這也正是《正典》作意所在。《均賦》要就明代賦税亂而無制論之，特别是『蘇松』『兩浙』賦税混亂無定法，提出『修萬世之利者，有三術焉：均賦也，減額也，限田也』，此三術得以實行，『使豪右并吞之家有所畏憚，而貧者有恒産以爲之資。擇循吏以爲民牧，而使之加意于農桑。凡徭役、科派、歲料、織造、郵驛、磚廠諸所徵納，皆以次議減，則蘇民小康而天下亦永賴矣』。

《世緯》是一部爲帝王立範的歷史文獻，其歷史價值不言而喻，比如倡導官員廉潔奉公，規勸政府節用愛民等等，都有不可低估的現實主義。

欽定四庫全書

世緯　子部一

提要　儒家類

臣等謹案世緯二卷明袁袠撰袠字永之號胥臺吳縣人嘉靖丙戌進士官至廣西提學僉事是書凡二十篇曰官宗曰遴傅曰簡輔曰降交曰誘諫曰廣薦曰崇儒曰貴士曰裁閹曰汰異曰距偽曰抑躁曰久任曰惜爵曰懲墨曰節浮曰革奢曰正典曰實塞曰均賦其言皆指陳無隱切中時弊雖立說不免過激而憂時感事發憤著書亦賈誼痛哭之流亞也當時狃于晏安文恬武嬉朝廷方以無事為福故袠自序有鑿枘異用竽瑟殊好空言無益只增多口之語而距偽一篇講學者尤深嫉之然袠之言曰今之偽者其所誦讀者周孔之詩書也其所講習者程朱之傳疏也而其所談者則佛老之糟粕也黨同而伐異尊陸而毀朱云云蓋指姚江末流之極弊有激言之實非排斥正學也乾隆四十六年二月恭校上

總纂官臣紀昀臣陸錫熊臣孫士毅

總校官臣陸費墀

欽定四庫全書　世緯　提要

世緯原序

昔孔子謂我欲載之空言不如見諸行事之深切著明也悲夫古之人苟懷抱材徳者曷嘗不欲匡依明聖興立事業者哉而卒託之空言命也是以君子進則勒洪伐於鐘彞退則修遺文於方冊身雖不得躬行其道文之所垂亦足以自見而為法於將來周秦而下善言治理者莫如賈誼其次則王通陸贄又其次則蘇軾王通太平十二策亡逸莫考我欲觀唐宋之事舍陸蘇何適

矣夫欲考往而知來者惡可無空言哉是世緯之所由作也客曰古之立辭者不得志則為之故屈平放而賦騷虞卿窮而著書今聖人在位材傑進趨言行計從世緯之作何也袁子曰否非是之謂也夫髙居而遴聽者天子之職也叙官而詔禄者大臣之業也程功而累勞者百司之分也博稽而廣議者衆士之慮也古者庶人工商有謗有諫而況於士乎袁也嘗從大夫之後矣官守有恒言責無與未嘗得排閶闔之門趨文石之陛一攄其愚徒以強壯之年嬰狗馬之疾一旦恐溘先朝露非託筆劄何以自見世緯凡二十篇語多刺譏且濶於事情亦知其枘鑿異用竽瑟殊好空言無益秖增多口有志於應世者亦矜其狂愚采其可用者云爾吳縣袁袠序

欽定四庫全書

世緯卷上

官宗

明 袁袠 撰

夫宗室日蕃而祿不給何也封建之法壞而仕宦之途絕也昔在周室並建諸侯同姓封者什七異姓封者什三各治其國以蕃王室入為公孤出為牧伯親疎相制外內聯絡卒賴其力享祚長久秦壞周法疎忌骨肉闕翦枝葉二世陵遲蕩然亡衛漢興鑒秦覆轍損益周制雖有七國之變而莽操之際猶賴宗室衆强南頓中山之後奮起徒步光復大業此則親親之明驗也唐宋封建之法廢而仕宦之途猶足以救其末流侯王將相布列中外是以本根不蹷而枝葉扶疎卒受其蔭我明草創高皇帝鑒周漢之所以得懲孤秦之所以失宗子分王裂地而封犬牙磐石崇其位號安享祿給不任以事內銷七國之變而外聳維城之固歲朝京師宴賞有度

十王有舍宗人有府詩書禮樂炳焉可述仕進之途禁防未設逮及文皇帝稍稍攝以文法朝覲之典不行仕宦之途以塞生者日衆而歲祿有限分析微弱下同甿隸賢愚壅閼莫能自効分地則不足益祿則無給干法麗禁者紛紛是也而議者乃謂宗室不仕高皇之法此特未之深考耳古之哲王莫不以親親為先務故詩曰宗子維城又曰無俾城壞曹魏竊命忽棄遠謀忌嫉陳思親賢弗用大權下授祚移司馬詩曰本實先撥此之謂也譬之縣黎結綠之珍連城夜光之寶委之他人固弗若遺之子姓之愈也是故固本者莫若親親親親者莫若崇賢崇賢之術在責之保傅而升其俊秀者于鄉學三歲而簡之升之于國學而試之于鄉試之于大宗伯登之于天子隨材以官之詔德以祿之賢者進不肖者絀而考課之法黜陟之典與踈遠者等則忠勤之心生而奸逆之節泯且仕者有祿則歲祿足不仕者有教則刑法省施親親之名而享賢賢之利則何弗為也

遴傅

考之皇明祖訓凡親王子孫才堪出仕者宗人令具以名聞授任後俱如常選法此高皇帝意也夫宗室之才者得仕于朝矣而儀賓長史等官乃不得為京朝官此豈祖宗法哉宣德間有旨漢府親戚不許選官葢止為漢府設也弘治初布政雍泰連姻秦府得為宣府都御史國初楊士奇以審理副入為翰林編修周忱以長史累官尚書弘治間雷霖以德府長史陞提學副使此其

証也夫連姻宗室者不得為京朝官故衣冠之族與宗室婚者鮮矣官王府者不得為京朝官故傅相率不肖矣此非細故也今之傅王者率老死王國終其身弗齒于有司銓衡者必闒茸則授之耄昏則置之而其人亦且絕望于通顯苟利其祿耳矣是棄之也欲宗室之循法軌遵理道而乃以闒茸耄昏者傅之甚亡謂也漢法官王府者必慎簡其人如董仲舒之於江都賈誼之於長沙田叔之於梁申公之於楚王吉之於昌邑諫諍論議斐然可述雖有邪心逆節而猶存畏憚之意今諸侯王皆血氣壯彊而不為置賢師傅此教之亂也是故高煦反於漢寘鐇反於安化宸濠反於南昌此非傅相官京朝之患也置傅相不得其人也欲宗室之賢莫若遴選傅相而訓之以禮義擇京朝官之有行誼者則為之博通古今明當世之務者則為之考其殿最均其勞逸出為傅相入為公卿畧如漢法以不失祖宗之意是官傅相者有仲舒賈生之稱而宗室獲河間東平之譽維

城永固而尾大之患自銷也

簡輔

夫內閣者即今之宰相也是天子之所與承天地理陰陽和萬民撫四夷者也而徒取充位之人甚亡謂也書曰官不必備惟其人葢言有其人則官之無其人則虛焉三代以前率用此道秦始置丞相專任李斯漢以下置相多非其人蕭曹丙魏房杜姚宋隨時立業固未有熙載代工弘格心之道者也高皇帝深慮遠筭因胡李

之敗鑒元季之失博稽往籍略倣周制革丞相而置六部公孤之官不輕畀人忠勲如劉基親敬如宋濂終其身弗以授也文皇嗣統妙簡英哲于時解縉楊士奇等七人入直内閣備顧問代王言而已洪熙以來爵子稍輕然當時兼保傅者三楊蹇夏黄福錢山之外無聞焉景順之後保傅滿朝而師尹多辟矣何則祖宗朝凡才望者皆得入參機務如黄子澄則以太常少卿入薛瑄則以大理少卿入李賢則以吏部侍郎入而今則非翰

林不入内閣矣祖宗朝凡才望者皆得入翰林如宋訥則以助教入胡儼則以知縣入楊士奇則以審理副入周是修則以紀善入劉球則以儀制主事入而今則非及第庶吉士不入翰林矣夫及第者徼一日之長其所對策多浮泛掇拾務詭時好稍觸忌諱即抑寘下甲間有以直言及第如羅倫舒芬之徒復流落不偶壹鬱以死而庶吉士之選尤多狥私不協輿望其選也必權貴之私人乃得與焉其留也亦必權貴之私人乃得與焉凡材識修潔之士悉擯弗用啟僥倖之門開奔走之路莫此為甚文皇帝儲材論相之意蕩無遺矣方其未得志也則惟權貴之門是趨擠排同列不顧廉恥其既得志也則養驕安祿積日累月坐致高顯爵位已極則患得患失無所不至六曹之務進退可否必咨而後行益有天子不知而内閣先聞者矣上蒙下蔽作威作福可不畏哉故議者以為今之内閣無丞相之名而有丞相之實殊非高皇帝不立丞相之本意也必革之而後可

以為理噫是因噎以廢食懲覆而棄舟也權之所寄不在此則在彼苟得其人何患弗理如其材也則置之翰林不必其及第庶吉士也如其材也則登之内閣不必其翰林也凡及第者必直言是取務采輿望焉庶吉士之選必端良者是留務采輿望焉破拘攣之陋格塞請託之私穴官内閣者必極天下之選而公孤之尊弗以輕授兼收並用以復祖宗之故事庶乎其得人也

降交

秦制尊君卑臣百官非奉詔不得上殿視其君如天神然漢興稍變秦制百官得召見論事面折庭爭止輦以受言臨軒以策士前席之問拊髀之歎雖疎遠小臣得與天子相唯諾葢猶有先王之風焉唐之貞觀開元宋之慶歷莫不親賢禮下大臣有賜坐之儀造膝之請諫官有入閤議事對仗讀彈文之典君臣之交藹如也明興金華數子贊襄獻替分雖君臣而情猶父子乃後復簡楊士奇等七人以備顧問下至牧守咸賜召見不獨

察其器能且得問民疾苦周知情偽觀其君臣同遊之歌亦曩時卷阿宴鎬之盛也文皇仁宣待下有禮三楊蹇夏日侍帷幄射皂西苑飲酒極歡賞花賦詩雍容可想天順間李賢王翱親信寵任事關機務面决可否孝廟厲精寤寐英哲尊禮元老數開文華講求政理平臺煖閣不時燕見大學士劉健謝遷李東陽等呼以先生弗名也六曹之長皆民譽也華容劉公晝日三接訏謨密議左右莫聞君臣一心虞廷之都俞何以過此今天子神聖削資格而弗拘拔材奇於不次一言當意立躋華要士有起家六七年而秉鈞軸斯亦巖渭非常之遭也亦嘗數御便殿延見二三大臣矣亦嘗改容禮貌宴賚賡歌矣然延見有時不數語而退天威咫尺分嚴堂陛六曹之長臺諫之司文學侍從之官咸不得與敬大之禮已渥而下交之情未通流俗之見未能深識不曰天子過勞則曰大臣畏譏已者噫為斯言者非愚即諂也人之恒情逸則思欲欲則驕縱之心生勞則思艱艱

則兢業之懷切安危理亂鮮不由斯故書曰無教逸欲有邦程頤有言接賢士大夫之時多親宦官宮妾之時少則可以涵養氣質而薰陶德性甚矣古人之愛其君也今不思逸欲之喪邦而徒慮憂勤之勞其君是非真能好君者也夫大臣者天子所與燮調者也臺諫者獻替者也文學侍從之官論思啟沃者也皆天子所親信者也大臣論道于前則臺諫拾遺於後而文學侍從之臣得以引經而對據禮而議面相詰難不出一堂雖有

讒說弗行也且以大臣而畏人之議已將焉用彼相哉故曰為斯言者非愚即諂也誠使國有大事天子召大臣者面計之而大臣亦得以其事請見文學之臣論對以備顧問而官臺諫者許入閤以議從容賜坐務盡所言謀無遺慮動無過舉政體之得失以盡而羣臣之心術見矣其經筵日講必妙選端良忠讜明於經術者為之講章之進要在剖析經旨切劘政理削浮泛之勦說黜諂諛之故習有疑焉必辨問折衷歸諸至當而後已

而外之方岳守令於其來朝也特召數人焉賜之清問以觀其材識凡閭閻之情偽利病悉周知之上自親信以逮踈賤若元氣之周流于一身疏通聯屬無復間隔嘉猷入告而讜言上聞壅蔽之患銷而太和之休應易曰上下交而其志同此之謂也

誘諫

書曰臣下不匡其刑墨傳曰興王賞諫臣夫言路之通塞國家之安危繫焉言者賞不言者罰則言路何患乎弗通古之哲王矇瞍有誦工瞽有規立進善之旌設誹謗之木患危言之弗我聞弗惡言者之過訐也古之忠臣批龍鱗嘗虎口剖心而不悔烹鼎而不慴患吾言之弗直弗患聽言者之不我從也三代以降納諫者莫如唐太宗敢諫者莫如魏徵善乎太宗之作帝範也有曰大臣懷祿而莫諫小臣畏罪而不言夫有國家者使人懷祿畏罪而忠言不聞亡無日矣我明稽古建官而特重臺諫之選給事主封駁御史專糾彈士有材望者乃

得與選而且許風聞言事言雖不實弗罪也是以士希折檻之風人慕引裾之節竄逐甫去而章疏繼陳如英皇之北狩武廟之南巡伏闕死諫者踵接于朝是以王曹濁亂于前錢江簸弄于後咸包藏禍心謀為不軌卒賴敢言之士發覺其奸得以亡敗此則諫諍之明效也夫人主莫不願治而惡亂然順心則喜逆耳則怒人臣莫不慕忠而羞佞然嘉奬則言震怒則默人情然也是故上有容言之主則下有敢言之臣上有危亡之辭則

下多依違之辭故世不患無魏徵之敢諫而患無太宗之容言誠使言者賞不言者罰言之善者則施行之不善者亦優容之温顔以來之霽威以下之弛諱忌之禁寛指斥之誅不以順逆為喜怒不以喜怒為刑賞聽言者有文皇之明則進言者多魏徵之直矣

廣薦

夫鄉舉里選所以敦行誼也安車束帛所以搜遺逸也漢興去古未遠興廉舉孝數詔有司而四皓之招申公

之迎嚴光周黨之聘猶足以勵士風而端教本自科目之制興而弓旌之招廢士習之卑日以汙陋國初取士之途甚廣而刑新之典亦嚴士皆避匿不樂仕進故設科無定額而由薦舉進者頗多高皇帝初下金陵首開禮賢之館劉基宋濂葉琛王禕陶安章溢數子者皆抱王佐之器命世之材奮起風雲志存竹帛雍雍乎亦曩時稷禼之亞王魏之倫也宣德以還禁防漸弛風雅寖微請託繁滋苞苴競進薦舉者多非其人而吏員任子

咸處雜流譽髦之選一歸科目勢之所重不得不然何則糊名易書拔十得五綱羅低昂鮮有遺者法出乎畫一而事存乎至公誠不易之令軌也然而科目所得采浮華而遺行實習經義而闇時務判不知律策不通今掇拾剽竊以徼有司童之所習壯之所試不出章句陋亦甚矣是以當官莅事往往碌碌間有卓犖瑰瑋脫穎軼塵不為俗學所困者亦千伯之一二耳風頹而不可止俗因恬而不知怪此有識者之所為痛惜也夫科貢

足以得經學之士矣而孝弟力田獨行者非薦舉不進薦舉足以得行誼之士矣而宏詞博學明習政務識達治體者非制科弗庸今當事者皆因陋就簡以為經制既定安用取高皇帝約束妄紛更為曾不知薦舉之典固高皇帝法也今不思廢墜之當修而徒慮紛更之無益不恤科目之未盡出於公而徒病薦舉之多私以是而欲求異材收實用吾見士習日卑而教化益衰也故欲士敦實行莫若修薦舉欲士通世務莫若增制科制

科之法或五歲一舉焉或三歲一舉焉詔天下之士凡習知錢穀甲兵水利邊務以至天文律歷書算詩賦技藝咸得以所長自售而登進之因能以授官使專於其職而薦舉之法則責之撫按藩臬或一郡一人焉或一省一人焉其謬舉弗勝任者則臺諫得以糾正公卿得以論駁甚者則罷職弗敘其蔽而弗舉者亦如之如是則薦舉足以搜遺逸制科足以羅異材而科貢所得明於經術者兼而用之均其殿最甄其賢不肖如此則取

士之途廣而士無遺材責實之政成而人無飾行士習可振而政理足觀矣

崇儒

夫黌校者俊秀之關也師儒者士民之表也是風化之所自出也賢才之所由進也而俗吏忽之蓋自黨庠遂序之制壞而鄉舉里選之意微哲王之彝典既隳而人材亦浸不如古矣明興嘉尚儒術敦崇教本鄉社有學郡縣有庠即黨遂之規也成均有師國子有教即辟雍之遺也賢良有薦者逸有徵即選舉之風也官祭酒者前有宋訥胡儼之儀軌後有李時勉陳敬宗之剛嚴督學者則陳選擅其聲司訓者則魏驥颺其美身教克修師道卓立弘治以前人才可觀自青衿之刺興而疏闊之歎作內之成均循資計祿苟取充位外之鄉學官卑祿薄闒茸耄昏俗所賢者亦不過迓迎以為能升散以為職耳蒙師里社尤為無益絃誦減息教化陵遲人才士習愈趨愈下董生有言養士莫大乎太學今縱不能

得人如宋胡亦宜妙選天下之剛嚴端重可為人師者以居之不必其翰林也督學之官國初未有也正統間黃福建議始設此官賜以璽書許以言事且令御史藩臬毋有所侵越權至重也今之官此者多以他途得之進不以正心乎患失且畏御史之刺刻也惟言是聽侵撓不已事權移奪無復璽書之意然則提督之任即付之御史足矣安用此紛紛為邪今宜精簡其人專責久任申勅御史毋或侵撓有不如勅者許督學者得以上

閒庶事權不分而體統畫一矣其司鄉學者凡府之教授州之學正縣之教諭必以進士而訓導則以鄉舉歲貢者參焉增其祿秩優其禮待其卓異者有翰林臺諫之選而歲貢之例必嚴為之禁其年耄昏及闇於經術者毋得濫貢貢則督學者連坐焉而又妙選弟子員之經明行脩者以主里社如此則黨庠遂序興而茂材異等出矣

貴士

夫爵祿以勸功能刑威以懲姦慝二者馭世之大防也然爵濫則士競進而恬退之風微刑繁則士苟免而廉耻之道喪記曰刑不上大夫此言士可殺而不可辱也秦漢以來士也日賤李斯相也具五刑蕭何侯也縛縲紲勲如條絳材如遷向幽囚械繫宮腐髠鉗辱已甚矣王莽之篡羣臣咸頌功德以美新死忠狥國者遂無一人賈生之言亦略驗矣光武中興矯枉過直獎高節禮逸民東都之季黨錮益嚴而忠節愈厲士皆駢首就戮以扶漢鼎暨乎宋祖以忠厚立國以廉耻養士及其亡也文陸張謝之徒蹈東海而不悔戮燕市而不挫由此言之士何負於國哉我國家刑新甚嚴而養士有禮罹大辟者有三覆之規犯嚴科者有八議之典非法不刑酷吏有禁百七十年司刑者懷于張之平恕而耻湯周之刻深有有功之矜恤而無羅吉之苛虐慎刑貴士蔑以加矣然而畫一之律有定而多門之政頗繁士之作奸犯科者付之刑部都察院評之大理寺輕重之弗衷者刑科又得駁正之亦已足矣今乃下之錦衣衛幽之

鎮撫司緤之東廠捕之校尉夫錦衣親軍也鎮撫武弁也東廠中官也校尉則卒隷也以介冑之夫而侵刀筆之吏以閹腐奴僕之賤而司執縛討捕之權假狼虎之威以濟其谿壑之欲賂多則削重以為輕賂少則誣虛以為實中干宮禁言觸諱忌者必嚴刑以報怨絕命以滅口察意向以為低昂伺喜怒以為出入其死于搒掠者不可勝紀如劉球鍾同之徒身殘屍毀遂使懷忠者

憤激而不平畏死者怯懦而不敢銷剛直之心沮浩然之氣士風陵遲其所由來者漸矣凡獄之經廠衛者則司寇不敢詰廷尉不敢駁刑科不敢糾間有執法之吏翻異成案如薛瑄丁哲禍幾不測司刑者相引以為戒然則國家奚賴焉夫鎮撫東廠朝廷之所親信也故以大獄付焉然稽之往牒未聞其據經守法有釋之定國之賢也未聞其發奸擿伏有張敞廣漢之能也焉順門達汪直錢寧作威作福覆車踵接爲世大戮令不信士

大夫之心而寄耳目於爪牙介冑之士疑公卿之私而任腹心於閹腐奴隸之賤獄賂繁滋而威權移奪怨歸于上而利專于下以法守則侵官以典章則破律乖畫一之規而啟多門之弊其尤甚者則官校之捕人于遠方公求賄賂廠衛之杖士于闕庭立斃箠楚夫事之在遠方者詔御史捕之足矣何至紛紛差官校四出乎束縛窘辱得賂則生不賂則死京朝官之有犯者下之法司足矣律當死也據律以議辠殺之可也何至令官校杖之闕庭橫屍以出乎以聖明之朝而執縛加于衣冠搒笞施于卿士恐非所以養士大夫之廉恥而尊朝廷也是故欲士之死忠徇節莫若養其廉恥欲朝廷之尊安莫若愛養臣下其有辠也一付之法司而廠衛弗與焉如法司之破律舞文而市恩以立黨故出入人者必以法治之則士之寡廉鮮恥者皆懷死忠徇節之報矣

裁閹

周禮閽人王宮每門四人囿游亦如之寺人王之正內五人內豎倍寺人之數若此其簡也司昏晨以時啟閉守門囿御苑正內路寢給使令而已未聞授以政也故

周之盛時未聞有宦寺之禍也巷伯孟子詩書所稱暨乎伊戾禍宋寺貂亂齊趙高亡秦恭顯敗漢而刑人之禍不可說也桓靈之季王甫曹節侯覽等瀆亂國經操斷威福廢立擅權高下在心禁錮忠賢誅夷陳竇宮闈流血大盜蜂起自古刑人之禍未有若此極者也唐之中葉覆車靡監高力士魚朝恩李輔國程元振輩孽

于前仇士良王守澄田令孜崇厲階于後衣冠駢戮道路橫屍甘露之變獨柳之禍言之喪氣較之東京尤為慘烈而世主不悟寄以腹心優其寵祿童貫之徒卒以亡宋喪亂相尋靡有寧已我太祖高皇帝洞覽古事深鑒前失監局之官不得過四品掌宮禁備灑掃而已宣統以來優假稍過威福漸移王振喜寧諸閹權勢隆赫凶焰薰灼潛通外國謀危社稷遂使英皇北狩幾致永嘉靖康之禍猶賴王竑之徒危言正色借劍尚方廷捽

馬順以銷肘腋之變壯矣哉固足以遠紓陳竇之憤近雪鍾劉之寃矣然而吉祥構逆外連亨彪事發倉猝危而後濟憲孝兩朝汪直李廣表裏為奸所幸朝政清明不甚害事暨武皇帝之初年劉瑾馬永成等號為八黨蠱惑聖心斥逐元老洛陽華容鈞陽洪洞諸公相繼竄殛巖廊一空諍臣杜口直士卷舌殺戮之威遍乎縉紳誅求之慘毒及甿庶潛蓄異謀肆行逆跡向非高廟神靈武皇獨斷改玉改物伊誰禦之夫考之古事既如彼徵之今事又如此然則興替之原理亂之跡斷可識矣而議者猶謂呂彊之清忠楊復光之討賊張承業之存唐光昭史冊惡可少也嗟乎求什一於千百亦已難矣世主不悟王甫曹節仇士良田令孜等如彼其多而欲望呂彊楊復光張承業三人者如此其寡非甚惑歟何則婦寺之性陰狠賊戾嗜利亡恥朝夕左右浸漬易入甘言柔辭首鼠兩端伺察意向動中所欲苟非燭以至明斷以至剛其不惑溺者鮮矣古者刑人不在君側書

曰侍御僕從罔匪正人秦漢郎中謁者多士人為之猶有古意我國家雖純用寺人而不得與政事所以消伏禍杜危機也誠使政令予奪皆天子獨運於上而心腹耳目寄之忠賢樞機之務一切弗與其在外鎮守守備織造等官悉罷弗用老耄者汰之狠黠者黜之嚴閹割之禁正交通之誅有缺弗補有罪弗宥略如令狐綯之議以復高皇帝之故事吾見宮帷肅清而肘腋亡患也

世緯卷上

世緯卷下

明　袁袠　撰

汰異

昔孔子作春秋以攘夷狄孟氏談仁義以闢楊墨董生述周孔以黜管商韓愈著原道以排佛老而佛老之害為尤甚愈之言曰孟氏之功不在禹下然則愈之功豈孟氏下乎世儒支離溺口耳之學昧教化之原知佛老之害而甘心沉溺其中以清淨為宗以虛無為本以慈

悲為教以寂滅為歸棄綱常蔑禮法隳政事敗五等之倫廢四民之業不蠶而衣不耕而食不誦讀而仕不婚姻而配傷教化亂彝典生人之蠹未有虐於佛老者也世之言者皆以佛老與吾道並立為三以釋迦老聃與周孔並噫是何言歟是何言歟民之初生希希夷夷顓蒙渾噩無思無為聖人者出訓以彝倫式以禮法威以刑禁申以命令而後民知嚮方羲農堯舜之世惡覩所謂釋老者哉而曰並立為三誣亦甚矣老氏之學昉於周末佛氏之言興乎東漢周孔之教衰皇王之道熄而後異說售焉氓之蚩蚩不究其本而倡為三教之說噫斯言也佛老之徒倡之也仲尼之徒無道佛老之事者然則佛老之教可遂寢歟曰奚為而不可韓愈之言曰人其人火其書廬其居斯寢之之術也周秦以來惑老氏者無如秦皇漢武惑佛氏者無如蕭梁秦梁以亡漢以亂斯亦足鑒矣而或不之察甘心為之覆轍相尋亦可哀矣高皇帝既定天下欲遂滅佛老之教當時諸臣

無傳奕之深識而襲蕭瑀之庸愚因循苟簡漸以滋蔓周顛仙張三丰天眼尊者之徒妖荒迂誕怪亂不經成化以來繼曉李孜省輩恣為幻惑百無一驗伎窮智屈終膺斧鉞文成五利相繼誅戮斯亦往事之明驗也有王者作焚其廬火其書人其人習老佛之教者必殺無赦如此則異端汰而庶民興矣

距偽

記曰天下有道則行有枝葉天下無道則辭有枝葉辭之繁者行之慝也道之賊也政之蠧也周衰處士橫議楊墨塞路孟軻昌言以距之而後人知楊墨之非唐季佛老之說橫行乎中國上自天子下逮甿庶翕然信之韓愈原道以排之而後人知佛老之非夫楊墨佛老與吾周孔之道判若黑白可以惑惷愚而不可以欺賢智故排之也易為力今之僞者則不然其所誦讀者周孔之詩書也其所講習者程朱之傳疏也而其所談者則

佛老之糟粕也其所行者則桀跖之所弗為也假道學之美名以濟其饕餮窮奇之慾勦聖賢之格言以文其膚淺繆悠之說黨同而伐異尊陸以毀朱凡其所言者不出老生之常談庸人孺子皆知其非而士之好名利趨富貴者方以為孔孟復出也翕翕訿訿如沸如狂創書院以聚徒而黌校幾廢著語錄以惑世而經史不講學士薄舉業而弗習縉紳棄官守而弗務以靜坐為存養以詩歌為禮樂互相標榜私立門戶以希終南之捷利合則引援勢傾則擠軋吠聲聚臭牢不可破似是實非固不特紫奪朱鄭亂雅而已今聖人御極大道為公而邪說肆起正學湮蕪壞人心術禍慘乎楊墨災深乎佛老世無軻愈孰能距之聖天子當下明詔示禁絕矣而風俗頹敗株連蒂固勢莫能止昔孔子誅少正卯子產誅鄧析惡其亂政也然亦未有詆毀先儒蔑棄明詔亂王制蠱人心似是實非如今之僞者也距之如何火其書迸其人不與同中國舉文皇之所以罪朱季友者

以罪之庶乎正學明而異端息邪說不至於誣民矣

抑躁

今天下之最可憂者莫甚乎士習之躁競夫躁競者進則恬退者遠而賢不肖倒植教化陵夷風俗壞敗而淪胥以潰矣管子曰禮義廉恥國之四維四維不張國乃滅亡是豈可不為之寒心哉國初取士先行誼而後辭華奬純實而鄙浮薄士皆避匿不樂仕進干旌賁乎丘園束帛加乎巖穴上下久任內外均勞大臣有羔羊之

風小臣懷貂尾之耻司衡者秉公綽之廉潔而當官者甘顏駟之沉滯士風樸醇猗歟美矣自久任之法壞而速化之弊滋重内而輕外惡勞而喜逸士希清貫人競要津牧宰蕫臺諫之司郎署儗翰林之選視廨宇為傳舍剝膏血為鈎餌苞苴公行貨賄晝入謟諛成風鑽剌得志未有如今日者也惡直醜正反脣譏笑由是清脩者淹屈下僚恬退者肥遯丘壑而小人比周為鬼為蜮鴟鴞嘯乎殿廷蜩螗沸乎宫社陰凝氷堅漸不可救勢

之所趨誰能禦之夫司銓者人物之衡鑑庶僚之儀表也其進也既不以正則律已也必不嚴素望既輕則人多侮易而貨賄易入不五六年超遷美秩既富且貴士爭覬覦奔走權門以求必得先後居此者率以贓敗以若人而望其低昂賢否黜陟幽明譬之責盲者以視遠必不能矣此官方之所由汚濫士風之所由壞敗躁競日繁而廉耻道銷也昔鮑宣進而王氏斂手楊綰相而黎幹失色故表儀立則人知法式名器慎則士脩行檢采純樸則浮僞屏崇正直則回邪遠擢脩潔則貪濁畏獎恬退則躁競消風俗美而教化興四維其張而國家尊安矣

久任

漢去古未遠法制尚簡吏咸久於其任如倉氏庾氏類以官為氏故史稱吏皆老死長子孫終漢之世多循吏自久任之法壞而吏弊滋矣夫數易長吏則吏皆循資計日以蘄遷改其所施設因循苟簡曾無終歲之計而

繼之者又好為紛更令方行而遽寢政未成而中罷下之人皇皇焉無復法守而吏胥得並緣為奸送故已去而迎新未來其代署者肆為侵牟狼貪虎苛不饜不止噫弊亦甚矣國初官皆久任内而公孤六卿臺諫郎署外而方岳牧守丞簿掾史率九載三考而後敘遷其稱職者有進秩而無改任如蹇夏三楊胡濙周忱諸公皆專任責成上下相安無茍且之意列聖繼承守而勿失自正德以來閹竪擅命倖塗旁啟士希終南之捷而鄙

吏生之滯然清議頗嚴驟遷速化者羣譏衆訕不旋踵而罷久任之法猶未大壞也自夫鬻爵之例數開而士之待選於都下者日以停壅當衡者欲疏通之繇是長吏數易而遷轉無常外之牧守丞簿内之臺諫郎署率不滿一考而即敘遷不如是則人多缺少而停壅者益甚甚者三載考績則令丞以下多不察其材否而槩罷之以處待選之士下既數易則上必遽遷曾不數年内而拜京堂官外不失為方岳伯者往往是矣遷轉既速

則罷黜亦易賢愚莫分略不愛惜積薪之喻良可慨歎上下苟且日冀月望於禄秩之崇庳豐薄而久任之法壞敗極矣今天子明聖深燭此弊亦嘗一詔吏部行久任之法矣當衡者不考其本而急急焉救其末流知停壅者之當疏通而不知鬻爵之例之當禁知守令之不可數易而不知方岳之不可輕黜知臺諫郎署之當久於其職而不知公卿之不可易退故欲行久任之法者必自大臣始上不數易則下不得遽遷而鬻爵之例必閉絶勿開凡府之貳倅邑之令丞必科貢乃授如是則待選者不至於停壅而當官者莫敢為苟且庶績其凝而九載三考之法可恒矣

惜爵

記曰大臣法則小臣廉夫大臣者是民之表也吏之帥也天子之所尊信而禮敬者也秩高而禄且厚矣是奚所不足而乃屑屑於小吏之賂遺甚者視其貨賄之多寡以為高下即其有無以為否臧是教之貪也假令小

吏一再入賄却之而弗受且亟黜焉則墨者遠矣是故苞苴行則碩鼠之風滋簠簋不飭則羔羊之節斁大臣取之小吏小吏取之民禁隳而俗敗上不法而下亡耻利壅而民日貧而國之喪亂無日矣今天下之彫敝其最者莫若贓吏而吏之犯贓者多出於小官自丞簿以至雜流其不貪者葢百之一二焉是皆入錢以鬻爵者也方其國用之不足也經國者曾不與少知治體者熟計之而鬻爵之令下矣其始下令也以為是特取之富

家大室而已民不加賦而國以足用是亡傷也曾不熟計其利之微而害之博也夫入錢以鬻爵者皆非有曾史之行也皆非有游夏之藝也皆非有伯夷之潔也皆非有卓魯之政也是鄉里之所謂白丁也而一旦偃然使之臨民法令之弗習也文字之弗通也流濁而品卑監司之弗禮也胥史之弗畏也而其人亦無復敘遷之望闒茸骫骳嗜利亡厭視其初之所入于縣官者必數倍而後止國之所得者亡幾而民之所損者亡算害博

而利微政蠹而民耗未有逾此極者也國初取士之途甚廣而鬻爵之令不行吏之作姦犯科者少而丞簿以下又多以進士為之其鄉舉歲貢者參用焉慎名器也正統以後朝野多故師旅數興權宜之制興而鬻爵之令開於是乎有納粟買馬之例蓋甚不得已也而入錢拜官者不過處以雜流固未始有偃然為令得親民者也今天下泰寧非有金革之事甚不得已也而數開此例其就選也入錢多者且得為大縣令名器之濫流品之淆未有如今日者也司衡者稍加之意凡以此例進者悉視故事處以雜流而經國者雖甚不得已亦閉而勿開塞僥倖之塗絶冒濫之端懲貪墨之源防衰亂之漸一舉而四利附焉者禁鬻爵之謂也

懲墨

司馬君實有言天之生財止有此數不在官則在民今天下之倉庫所在空虛曾無一年之蓄而縣官所入恒苦於不足用箕斂日急而田野日窮農夫作苦終歲焦

勞不得一飽禾稼甫納而場圃已空破釜無糜敗突不烟妻孥枵腹相對而泣催科隸下突如豺虎鞭撻不已子女隨鬻愁苦萬狀言之痛心今日之財下不在民上不在官盈箱累橐一歸貪墨下車視篆首籍富戶剝削及膚斂括入髓脅以峻刑羅以密法百計徵攘不盡不止兩浙之民以富為戚怨口載路思食其肉而當衡者方利其賂餽苞苴一入立登清貫貪濁之風熾乎京轂腥穢之臭遍乎遐壤墨吏之得志未有如今日者也昔

桓靈之世崔烈入錢為司徒史官書之以垂明戒今之崔烈奚啻百千習以成風恬不知耻而清修之士反蒙嗤笑廉潔之吏多見擠逐官失其職民不聊生瀾倒隄潰莫知止極夫貪墨之吏幸而不敗也則捐其所有之什一已足以躐清華而據津要不幸而敗也不過奪官甚者發配極矣一經肆赦得歸田里乃復以其所有者美田宅高宮室妖冶之妾便給之僕酣歌燕舞蕩心娛意窮奢極歡遺之子孫利及數世揚揚里閈自謂得計

良由贓鉅而罰太輕利博而害甚小導之為貪奚所忌憚我高皇帝洞燭民隱深探化本崇廉潔之賞嚴貪墨之誅吏犯贓者寘之極典枉法受賕坐以死律於是當官者懷刑牧民者遠罪吏稱民安幾致刑措乃後鈔法漸壅贓貫太嚴誅殺不勝不得已而從世輕之典增雜犯之科而墨吏亦漸以肆矣正統以後贓賄繁滋益以例禁贓多者發戍甚者則遠配極邊然發配未幾而詔赦隨下司刑者及貫而止且無籍沒之典高下任情出入猶私贓者不必問而問者不必贓戍者未幾犯者相繼建言者紛然病之而莫知變通之術夫律誠不易例則可增如入官給主固有定律而贓至鉅萬者特以詔例籍沒之其以贓罪戍邊者永不得赦且著為令夫戍者不得赦則不得歸享其所入而贓多者必籍則無以遺其子孫彼將畏罪之不暇而何利之有將賞之不貪矣國朝小吏之俸甚薄而冗員日增俸薄則不足以養廉而中人之性罕克自樹陳平所謂不受金則無以為

資勢使然也是故冗員既增則吏俸不得不薄吏俸薄則犯贓者必多此相因之勢也假令天子下方尺之詔詔吏部凡冗員之無益者悉汰之而即以其祿冗員者益小吏之俸又有籍沒不赦之例以為之禁本既正而末流衰止贓吏知畏而民其汔可小康矣乎

節浮

夫承平久則禁防闊禁防闊則奸偽滋奸偽滋則浮費冗食莫知紀極而財力詘今六邊之士朝廷之所賴以

扞封守者也而日不得一飽冠至則京師震恐人無固志兩浙之農朝廷之所賴以供軍國者也而日不得一飽歲饑則父鬻子夫鬻妻而道殣相望夫人無固志而道殣相望則囂然變其樂生之心而有思亂之志不逃而之敵則挺而為盜此非細故也而當事者莫之省憂宴然以為無虞病伏於膏肓而飲食如故此扁鵲之所以駭而走也夫歲入有常而悖出無經則財必詘財詘矣而土木不息師旅數興其最者則官之冗者日益增

裁革之詔未乾而添註之令尋下額外之員溢於常品如工部太常寺光祿寺中書科太醫院皆亡賴之淵藪而耗財之螟螣也正德間官方濫極聖天子嗣統下詔清稽凡傳陞乞陞者悉汰無遺薄海內外鼓舞稱快今幾復舊矣武官襲替比試之法特故事耳降革之例曾不一行其帶俸者又數倍於正額錦衣衛之緝獲妖言强盜者陞俸署級莫敢詰問而邊將之上首級論功者歲不知幾何也軍士失伍而支糧如故上下相欺公私

並竭建言者方急急於理財之術而不知節費之説夫浮費不節雖積如丘山來如江河日朘月削終致陵遲朝滲夕洩立見枯涸雖使管商執籌桑孔司計亡益也古者冢宰制國用量入以為出必使有九年之蓄而後可以為國漢之文景躬行節儉海内富庶宋神宗鋭於富國而闇於知人新法紛紛卒基喪亂由此觀之則生財之不如節用富國之不如足民亦已明矣今宜特詔吏部凡額外之官如傳陞乞陞添註填註自工部以下

如前所云者一切革罷復詔兵部集議以聞新官之襲替一如舊官比試而比試之法必嚴其不如式者不得襲例應降革者必如例而功賞之濫者必痛裁之其軍之無丁有糧者以法清之使不得冒支再詔户部通計歲之所入與所出者而消息之必入浮於出而後可凡營繕賜予尚方監局歲造物料悖出不經者悉罷之行之數年其鹽課之所贏與太倉之所積貯者悉以籌邊而復下令時賜民田租之半則六邊之士皆樂戰而兩

浙之農悉力田矣其視不知節費而皇皇於財利者功相萬萬也

革奢

痛乎風俗之移人而奢靡之蠧財也夫一人耕之十人食之則饑者必多一人蠶之十人衣之則寒者必衆此必至之理也今匹夫耕之匹婦蠶之而衣食者千百其人又不特衣食之而已也窮水陸之珍竒極綵縞之纎華而欲民之亡饑寒胡可得也曾子曰國奢則示之以

儉國儉則示之以禮禮者制用之節禁奢之防也今士大夫之家鮮克由禮而況於齊民乎其大者則喪葬昏娶動踰古制古者哭則不歌今乃雜以優伶導以髡緇笙管鐃鼓當哀反樂會葬者攜妓以相娱主喪者沉湎以忘返古者婚姻六禮而已今乃傾貲以相夸假貸以求勝履以珠緣髻以金飾寶玉翠綠竒麗駭觀長衫大袖旬日異制京師則世禄之家兩浙則富商大賈越禮踰制僭儗王者是故巨室之昏喪者一而中人之破産者幾矣農夫號于野紅女歎于室而貴遊之子方厭粱肉而弗嘗棄紈縠而弗御靡也極矣我高皇帝躬服節儉首重農桑服舍有等昏喪有制賤不偪貴下不干上弘治以前純朴未彫禁防猶在自逆瑾黷貨繼以寧彬奸贓百萬籍没無算曁乎今日人有鄧通之銅山家有郭況之金穴無和戎之策而備魏絳之女樂茂造唐之勲而侈令公之聲伎臨食者笑何曽之萬錢執籌者嗤元載之八百而牧宰之吏方竭民之膏血以奉之上倡

下應翕然同風此賈生所以流涕馬廖所以咨嗟也夫俗奢而不知禁財靡而不知節當官者皆黷貨而力田者多逐末此亦民窮財盡之秋也及今不理後必無措即不幸國家有方千里之水旱胡以恤之是故欲富國者莫如足民欲足民者莫如節用重農桑而抑末作賞廉潔而誅貪墨禮教以示之刑禁以威之天子公卿躬行於上以為之先宗漢文之儉朴以修高皇之法軌則財何以不若水火俗何以不若淳古哉

正典

今之迤北曾不足當中國之一大郡而兵至則上下震恐惟其所欲無不如志深入內地殺略殆盡而沿邊諸將曾不敢發一鏃以禦寇土崩瓦解之勢已成而當事者弗寤建言者皆謂天下已安已治矣彼嘗歲一再入水土弗調士馬多物故者且所志不過金繒子女頭畜而止是何能為噫為斯言者可斬也天下之勢如腹心既顛而四肢痿躄筋骸脈絡無不受病外邪一觸斃可

立待而猶謂宴安無事此昔人所謂燕雀處堂厝火積薪之下者也今天下財竭于東南兵燼于西北邊備日壞而敵勢日强濟農侵擾士無息肩諳達阿布該又為婚姻矣衛拉特朶顏烏梁海土魯番諸部相繼扇動禍且不測甘肅延夏宣大無歲不兵山西又殘破矣梁鎮馬永劉文王效相繼老死驍將欲盡而債帥得志驕卒跋扈公謀叛逆許銘張文錦李瑾橫遭慘酷置之弗問大同一軍內殺主將而外通敵國唐之藩鎮曾不若此是以敵敢深入無復顧忌長驅晉冀遂窺井陘所過殘破殺掠士民四十餘萬長平之坑何以過此此則大同為之也夫有功弗賞有罪弗誅雖堯舜不能以為理高皇帝之祖訓有曰凡賞罰要當不當則人心不服久則禍必生焉斯言也真百王之彝訓也況乎軍旅之事呼吸之間存亡立異賞弗當功則士弗勸也誅弗當罪則士弗懲也勸懲廢則紀律隳紀律隳則上下解體雖有霍衛之勇李郭之忠無能為也是故孫武斬宮嬪穰苴

戮莊賈世宗誅愛能狄青殺陳曙知此道也今六邊諸將覆軍失律衄蔽匿弗以上聞其聞也不過差官往勘輕者罰俸重者降級而已夫進有必死之危而退無失機之戮人情孰不樂生而惡死此士之所以聞鼓而奔望烽而靡也敵退則拾其遺落甚者俘邊氓以為首級上功幕府邀求爵賞遷秩任子濫及本兵夫功誠宜賞罪亦宜罰今捨丘山之罪弗誅而惟毫毛之功是賞其誰不效尤以相蒙也山西之事尤可痛憤丁璋以五千

饑疲之卒而迎十萬方張之敵揮空拳赴白刃剗剥支解無一人得脱者山西士民無不流涕昔李陵以壯士五千獨當匈奴卒為降虜馬遷猶以為有國士之風以丁璋之忠壯而國家無殊異之典死事之家不蒙優恤此忠臣烈士之所以喪氣也夫失機逗留者斬律至重也今山西殘破奚止失機哭聲震乎原野鋒鏑逮乎嬰豎髑髏山委流血川湧而總兵以下爭先逃匿巡撫大臣束手坐視大同既壞禍延山西伊誰之咎而誅殛未

行爵位如故刑賞若此殆非所以鼓舞士氣而變移宿習也假令北兵再入又何以責人之盡死力乎是故誅賞之典不正而求將士用命疆場晏寧吾懼其日以陵遲而噬臍無及也

實塞

邊境之困于敵者恒苦於兵之不足兵不足而地遼遠則戍守者少而敵之出没無常彼聚而我分彼衆而我寡此敵之所以數得志也兵可以多而食恒不足故不

經事者數議益兵而曾不虞夫乏食也食足矣或調或募何患乎無兵今秦晉燕趙山之東河之南北歲所賦者曾不足以餉軍而誅求供億宗藩官吏驛傳諸費又於是乎取給烽火有警恒仰給於太倉銀至而敵去矣士不得一飽而主者輒盈槖邊日益空虛士馬日益彫耗而淺謀者急急於增戍益兵吾懼夫兵之不能枵腹以嘗寇也夫秦隴河渭古稱富饒沃野數千里秦嘗以一隅而北攘匈奴南吞六國矣今舉天下之全力而畏

濟農如虎首反居下足反居上此賈生所以痛哭流涕也國初元裔遠遁猶歲一命將肅清沙漠文皇帝三征迤北數千里外曾不見敵守在四夷屯田達乎河湟牧馬窮乎瀚海鹽賈獲利而飛輓無壅紅粟腐倉牛羊被野士飽而弗試馬肥而弗乘邊陲之樂永宣極矣正統以來閹豎竊柄于內而債帥惰偷于外邊防漸懈敵勢浸强暨乎土木之禍喪師蹙地受降之城河套之藪悉為彼有士不得耕馬不得牧而屯田壞矣屯田壞則鹽

貴失利鹽貴失利則飛輓不行而延夏甘肅米價翔貴率一鍾而銀二兩矣食之不足此其繇也古今言實塞者莫善於鼂賈雖一時權宜之術而實萬世經久之利今其言具在消息損益師其意而不泥其故隨時以立制因土以便俗募民以屯田因田以儲穀因穀以益兵因兵以制敵時其衣糧增其戍守謹其烽燧遠其斥堠而又特詔戶部講求鹽法博稽其興廢之源而熟計其利害之故寬其歲課減其引額秤掣以時守支無壅痼

革其買窩賣窩之弊而略嚴夫餘鹽私鹽之禁使灶丁不失所而富商大賈樂於報中且無令老耄貪墨者以主之凡鹽課所入悉以餉邊而營繕不急之務一切停罷籌之數年則飛輓之法通而屯田之利舉富强之形成而祖宗之典復矣

均賦

天下之賦莫重於兩浙而尤莫重於蘇松松兩縣耳歲賦一百二十萬蘇之歲賦三百五十萬有奇其始因偽吳張士誠之舊額已過重後以漕運之費凡正糧一石復加耗五斗故其重至此其他徭役科派歲料織造郵驛磚廠諸所徵納者又歲不知幾何也贓吏之侵漁巨室之并兼肆行而莫禁蘇之困極矣長民者思以救之而未得其術公田變而為丈量丈量變而為挨號挨號變而為牽攤咨詢未廣計慮不周甲可而乙否朝令而夕改利未獲而害先滋法未成而謗遄起此則更張無漸任用非人之故也夫丈量之法可行於秦渭燕趙山

之東河之南北而不可行於兩浙何則北方沃野千里地皆方幅易於積弄高皇帝嘗命徐達等丈量田畝事竟不成至若兩浙之田環以溝澮錯以墳衍尖斜曲折勢難整齊世無章亥誰能步之統泰間周文襄公亦嘗行丈量之法昉于崑山匹馬獨行躬自履畝尋復中止今崑山有今量同田是也夫以中山之謀略文襄之心計猶且難之而况於今日乎其勢必守責之令令責之丞簿丞簿責之耆長耆長責之里甲得賂則減多為寡

不賂則加寡為多私截步弓偽增畝角以希上指邀功賞者什而九也挨號之法尤為舛謬夫自洪武以至今日百七十餘年矣田數易主額則屢更其魚鱗圖冊變亂淈爛郡縣所攢造後湖所藏者且漫漶不可據而乃欲以民間之圖籍為定乎此令一下耆長之狡猾者皆偽造圖籍塗以埃塵刷以黝墨以欺長上至乃移易坵段改換字圩得賂則減官為民不賂則加升為斗紛紛變亂雖絲棼叢棘無以喻也不得已而行牽攤之法夫

牽攤誠是也裒多以益寡法既畫一而民不至大病然地有高下田有肥瘠山田則病旱水田則病澇而坍江坍湖坍海及積荒拋荒者又不可槩均也有田則有租而城中之田其無糧者如故甚亡謂也其法必通計一縣之田為頃為畝者幾歲賦者幾而審均之凡田之高下肥瘠不大相遠者通為一則其最高下者與夫坍江坍湖坍海及積荒拋荒者又通為一則而城中之無糧者必槩科之庶乎利多而害少也抑此治其末耳減額者既以為恩則加賦者必以為怨朝三暮四無異乎狙公之術而欲以蘇兩浙之民未也故欲修萬世之利者有三術焉均賦也減額也限田也夫偽吳以一隅而抗天下日事金革其勢不得不重賦以足用高皇帝定都金陵資吳會之穀粟因江東之財賦蓋欲減而未能非能之而不欲也且今之天下皆王土也何獨天下之賦皆輕而蘇松獨重乎議者必以變亂成法為言夫謂變亂者階奸臣之專權亂法罔上行私也今朝野之人皆

知蘇松之重賦法當變通而莫有言者畏變亂之律重也誠使聖天子下明詔集羣議以行之又何變亂之有無已則減額乎議者必謂軍國之需一日不可缺加賦且不足而乃欲減額乎昔漢文節儉三十稅一且時賜民田租之半高皇帝亦嘗數賜民田租矣詔令具在可考也統泰間周忱況鍾奏減蘇賦七十二萬何獨可行於統泰而不可行於今日乎殆未有周況其人耳誠使三冗既去鹽法既修屯田既復則國課充盈而蘇松之

賦額可漸減矣限田之法雖若濶迂而尤為要切夫富者連阡陌而貧者無立錐無制故也今宜稍為之限使豪右并吞之家有所畏憚而貧者有恒産以為之資擇循吏以為民牧而使之加意於農桑凡傜役科派歲料織造郵驛磚廠諸所徵納皆以次議減則蘇民小康而天下亦永賴矣

世緯卷下

世緯序

袁胥臺先生以明嘉靖初登第入詞林翩翩權貴浮沈中外不得大用文待詔志其墓謂以高明踔越之才精深宏博之學輔以穀藝奮迅之氣殆先生生平誠有不媿斯言者又稱其所著世緯鑿鑿乎經世之言惜不得少見於事而徒託之空言蓋深有慨乎言之然是書流傳甚少明史志藝文亦未著於錄今

天子右文稽古特命儒臣編次四庫全書是書始復顯於世而吳中藏書家猶以未得見為憾於是先生之族裔孫又愷貽書京都預館局者假鈔其副藏篋中以為家寶雖然此非一家之書而天下後世之書也夫儒者之學在乎明體以致用詩書執禮皆經世之言也論語二十篇孟子七篇論政者居其半當時師弟子所講求者無非持身處世辭受取與之節而性與天道雖大賢猶不得而聞儒者之務實用而不尚空談如此今世緯廿篇指陳利病洞達古今其言要而不煩其道簡而易行蓋賈誼新書崔寔政論仲長昌言之亞也若夫勦聖賢之格言脩陸以毀朱著語錄以惑世而經史不講先

生於距僞篇中業火醫疾呼之矣恭讀
欽定四庫全書目錄列是書於儒家益信先生眞有體
有用之儒非貌儒以欺世者身雖蹭蹬而立言自堪不
朽蘇松減賦之議不用於當日而卒行於我
朝儒者之言其利亦溥矣哉
乾隆壬子閏月既望嘉定錢大昕序

廣西提學僉事袁君墓志銘

吾友袁君永之以高明卓越之才精深宏博之學而輔
以輘轢奮迅之氣自其少時已不肯碌碌後人既起高
科登膴仕視天下事無不可爲而砥節厲方不欲附麗
匪人首忤權臣幾蹈不測賴天子仁聖得不擯棄浮湛
中外垂二十年再起再廢迄就罪以死嗚呼傷哉其命
也夫君諱袠字永之別號胥臺山人世吳人高祖以寧
曾祖琮祖敬考封承德郎刑部主事諱鼎母安人葛氏
袁氏自高曾而下世以氣義長雄其鄉而未有顯者至
君昆弟數人藻發競秀奕起閭閻聲生勢長隱然爲文
獻之族君於羣從中最少而奇穎異常五齡知書七歲
賦詩有奇語十五試應天再試再不利憤曰吾所志何
如顧爲場屋所困耶益淬厲精進剥經貫義務究底極
嘉靖乙酉遂以第一人薦試禮部亦在高等一時聲名
傾動京邑入對大廷摛衍揚推上下數千言出入經史
詞旨宏達時權臣方爲學士得君卷奇之執欲冠多士
在廷諸公惡其攬權故抑置二甲第一人及啟封見君
名乃悔不用其言而權臣則喜於得君他日詣君欲致

本末自謂君知己而君不對亦不謝權臣大慰銜之然無以發也未幾入内閣親幸用事遂上言請庶吉士跅弛靡薄不安在禁近悉罷爲庶僚怨猶未已乃起兵部之獄初兵部失火君爲武選主事適當徼巡在法徼巡失警當調官獄吏承風旨掠立文致劾君縱火爲姦利錄錄久之獄解同官皆謫遣君獨編戍湖州千戶所會赦免歸權臣死稍起爲南京武選主事歷職方員外郎擢廣西提學僉事致仕歸卒年僅四十有六始君自翰林出爲刑部主事即思明法以達於政謹推讞審法比所當必允爲尚書胡端敏公所知筒莅本科君析律詳明剖覈敏利而將以勤誠案無留牘有詔以京朝官考各省鄉試君被命主試河南校閱精審去取恢當時稱得士尋奉使決獄淮揚還朝改司武選武選所職有銓選有黜陟有貼黃及諸委預攷覈劇司而貼黃尤多敝事君督併嚴密臘決明審吏不得拉緣爲姦展采錯事方將有爲會獄事起而君去國矣在南部適當考選軍政尚書熊公特委重君君杜請託察賢否騁精從事考核績正一於至公人服其明廣西在嶺徼之外夷獠雜處文教久弛君不鄙夷其人敎詔諄切示之矩範而率之以身程以科條崇雅黜浮矜其不逮薄懲廣錄以誘進百粵之士士方安其化而君勸遊矣君性樂閒曠謝居吳興日與高人逸士探奇選勝登陟遊衍悠然自適及歸築室横塘之上據湖山之勝縱瀆其所有終焉之志雖蹔起守官而寤寐林壑未始少忘篤志問學盡經子史無所不窺爲文必先秦兩漢爲法樂府師漢魏賦宗屈賈古律詩出入唐宋見諸論撰莫不合作所著文集二十卷皇明獻實若干卷吳中先賢傳十卷世緯及歲時記及周禮直解總若干卷始君雅志用世及事與心違時移身遣乃肆意於此以濵其所蘊爾觀世緯所著皆鑿鑿乎經世之論其官宗遊傳與夫距偽諸篇實維時慨惜不得少見於事而徒託之空言可慨也已君闊達高明議論英發能以辨博勝人人莫能屈然實無他腸志同氣合卿傾倒無閒故知君者莫不賢愛之而不勝夫嫉之者之衆也君生弘治壬戌十月二十六日卒嘉靖丁未六月十有三日配馬氏封安人繼文氏子男一人尊尼癸卯貢士女三人適生員王子恭殷邦柱

徐欽葬以卒之後四年辛亥十月十日葬在南横山全
家塢之原銘曰
侃侃袁君維時之碩履道含宏抱貞翼德爰起高科式
揚用聲載綏用明奕其邦楨維邦之楨弗為道屈剡茲
匪人胡彼之卹豈無榮逆有命在天寧玉之毁匪瓦斯
全陷則有狎守則為正孰其生之天王明聖侃侃袁君
守貞用佰弗利攸征身否道亨亨之如何有言則立言
立名存有永無泐
前翰林院待詔將仕佐郎兼修國史長洲文徵明著并
書

我
胥臺先從父生明盛之時邁天人之學弱冠登朝
慨然以董賈自負惜位不勝才弗克大展未幾而
有客曹之謫矣繼蒙帝簡督學廣西紱冕之服爰
搆茲編題曰世緯經綸之藴亦略可見丁未歲公
既辭世幸茂陵猶存此稾也躬自校閲謄寫成帙
嗚賢不必壽文未喪天有同公志者能無感也丁
未年九月諸姪夢鯉百拜謹識於涵碧軒

廷壽先世當明季文章名節照耀一時故流傳藝
文極盛其版本刊布者家藏略備即先人手稟墨
蹟近年搜羅亦不下數十種惟胥臺公所著世緯
一書文待詔謂緊要乎經世之論惜未梓行并失
舊本嘗以無從購求爲恨事迨恭讀
欽定四庫全書簡明目錄子部儒家類中載有此書仰
惟
聖朝稽古右文開獻書之路雖卮言蕘論咸登
祕閣實千古罕有之遇潛德幽光胥不終泯沒矣於
是致書館局錄副寄吳楚弓重得如獲瑰寶展卷
敬讀待詔之言洵非溢美不敢祕爲私有謀之鮑
丈以文刻入叢書以廣其傳爲識錄
四庫全書內提要冠首并以文待詔所撰墓志銘附
後俾讀是書者可以考見公之節概云
乾隆五十有七年壬子秋七月朔十世從孫吳縣
袁廷壽拜跋

古書流通處

皇明政要

（明）婁性　編輯

解題

周延良

《皇明政要》二十卷，明婁性編輯。

本編據明正德二年即丁卯年（一五〇二），『慎獨齋』[一]刻本影印，有牌記曰：

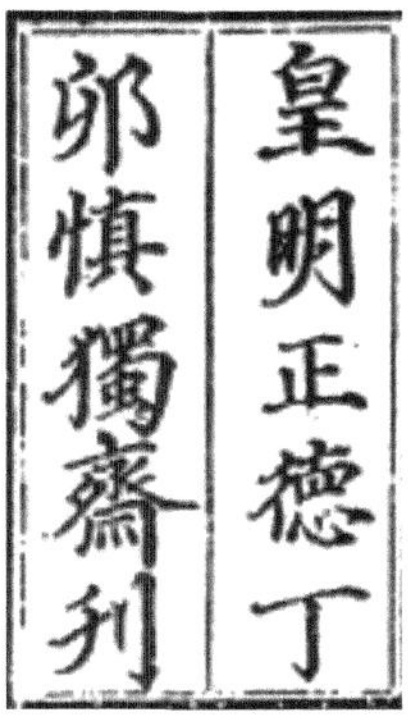
皇明正德丁卯慎獨齋刊

本編刻字典雅，葉面疏雋，文字秀朗。唯其卷六、卷十、卷十一有脱葉，此據明嘉靖五年戴金刻本配補[二]，雖有殘缺，其版本差爲可佳者。

卷首爲《〈皇明政要〉綱目》，次爲正文，卷末有編者婁性奏進《表文》與《後序》。四邊雙欄，黑口，雙魚尾。書口槧書名、卷次，版心槧篇名。半葉八行，行十八字。全文皆有句讀。

案，《藏園訂補郘亭知見傳本書目·史部·雜史類》傅增湘訂補著録曰：

《皇明政要》二十卷　明婁性撰。○明正德二年慎獨齋刊本，八行十八字，黑口，四邊雙闌。有

[一]『慎獨齋』明代書坊名號，以刻書精美爲世所稱，其仿刻宋版書可以亂真。明高濂《遵生八箋》卷十四《燕閑清賞箋》云：『國初，慎獨齋刻書似亦精美。近日，作假宋板書者，神妙莫測，……』（據文淵閣《四庫全書》本）

[二]配補書葉見本編四十八、七十八、七十九、八十一至八十三葉。

怡府明善堂印。六册。……（據中華書局，二〇〇九年校點本，第二八六頁）

傅增湘此録者與本編影印本爲同版書。

婁性，江西上饒人，明憲宗成化十三年中鄉試，辛丑（即成化十七年，一四八一年）進士[一]，官至南京兵部武庫司郎中，因與守備太監蔣琮相訐，坐，除名[二]。婁性在兵部武庫司郎中任所，曾得户部侍郎白昂薦，協助治河，《明史·河渠志》二載：

弘治二年五月，河决開封及金龍口，……九月，命白昂爲户部侍郎修治河道，賜以特敕，令會山東、河南、北直隸三巡撫，自上源决口至運河，相機修築。三年正月，……昂舉郎中婁性協治，乃役夫二十五萬，築陽武長堤以防張秋。引中牟决河出滎澤楊橋，以達淮。濬宿州古汴河以入泗。……

（據《二十五史》本卷八十三）

知婁性深于治水之道。又，《（乾隆）河南通志·職官志·總河》亦載：『婁性，兵部郎中，協治河道。』[三]

《皇明政要》是婁性遵乃父遺命編纂完成，婁性于是書《後序》中曰：

……臣蚤承庭訓，知我列聖，明良胥會。都俞之言，寬大之政，所以植國體，而裕民生者，一本

[一] 參《（乾隆）江西通志·選舉志》卷五十三。

[二] 參《明史·馬中錫傳》。又，明孫緒《沙溪集》載馬中錫行狀亦述此事（卷六）。

[三] 據文淵閣《四庫全書》本卷三十一。

于帝王之心法，聖賢之道學。其視貞觀之治，奚翅霄壤而已哉？聖子神孫，恪遵前軌，一無所違，則可久之業益彰，可大之功益著。臣父所定四十篇目，博采群書，依類編録四百五十二條，亦分爲四十篇。……（據本編一百五十八頁）

按照編者此《後序》所説，是遵從乃父確定體例、規制編纂而成，此言『臣父所定四十篇目，博采群書，依類編録四百五十二條，亦分爲四十篇』，與今所見此書相合。《後序》之言『一本于帝王之心法，聖賢之道學』亦合于婁諒在明代理學基礎上發義爲『心學』之旨。婁諒是明代早期『心學』理論的代表人物，明夏尚樸、王守仁等著名的『心學』理論家都曾師承婁諒。清乾隆朝《欽定大清一統志・廣信府》載：

婁諒，字克貞，上饒人。少從吴與弼游，景泰中（明代宗朱祁鈺年號——引者），舉于鄉，除成都訓導，尋告歸，著書成《日録》四十卷、《三禮訂訛》四十卷、《春秋本意》十二篇。其學以收放心爲居敬之門，以何思何慮、勿忘勿助爲居敬要旨。王守仁少時，常受業于諒。子，忱，字誠善，傳父學，從者甚衆。（據文淵閣《四庫全書》本卷二百四十二）

王守仁是明代『心學』的代表人物，而婁諒却是『心學』的宗主。依《大清一統志》此載，婁諒著述有：《日録》四十卷，《三禮訂訛》四十卷，《春秋本意》十二篇，在婁性的『進書表』中尚及《心學要語》，但婁氏所著，多不傳于世，一個很重要的緣由是朱宸濠謀反而受到牽連，《明儒學案・廣文婁一齋先生諒》載：

婁諒，字克貞，別號一齋，廣信上饒人。少有志于聖學，……先生子兵部郎中性，其女嫁爲寧庶人妃，庶人反，先生子姓皆逮繫，遺文散失。……（據文淵閣《四庫全書》本卷五）

婁諒在世，爲官不高，但學問聲望頗隆。他不僅是『心學』的宗師，且著述學説影響也很大。只是其女嫁給寧王朱宸濠爲妃，朱宸濠謀反，敗，婁諒及其家族受累，所著亦皆散失。此文所及『先生子兵部郎中性』即是『婁性』。《明史·婁諒傳》載曰：

……（婁諒）女爲寧王宸濠妃，有賢聲。嘗勸王毋反，王不聽，卒反，諒子姓皆捕繫，遺文遂散軼矣。』（據《二十五史》本卷二百八十三）

《明史》就此事件記載地更具體明確。《皇明政要》屬婁諒未竟而由其子婁性結撰之書，據婁性《進書表文》所言，《皇明政要》是以吳兢的《貞觀政要》爲基準架構的體式，其主導思想當然是建立在書聖賢之學，善帝王之心——這一儒家惠民興國認識基點之上，卷末婁性《進書表文》中説：

奏爲進書籍事。臣父諒，自幼志在學，遂博通經史并諸儲性理等書……後授四川成都府儒學署訓導，歷□三月，爲因多病，母老，即告致仕，讀書養母以居敬窮理爲心、躬行實踐爲事，而于經史等書多有著釋，編集聖賢經傳之有裨于心學者，名曰《心學要語》，自爲之序。令臣將平昔所聞爲之集釋，以圖報稱。及至成化年間，伏睹憲宗皇帝《御製〈貞觀政要〉序》，不勝欣躍，以爲朝廷學古圖治，宗社生靈之褒也。乃謂臣曰：『嘗觀祖宗御製書并先正宋濂等文集，所載洪武初年至天順末年，一祖四宗政治及接賢臣問答之言，實與堯、舜、禹、湯、文、武之道先後一揆，誠千古世治天下之大法也。』乃照《貞觀政要》格式，立定四十篇目……令臣將各書依類編集，思圖裨補，以罄餘忠。臣編集一十餘年，方得成帙。又免先任南京吏部考功司郎中今陞太僕寺少卿儲巏，校正字畫差訛。不意，臣父物故，其以《尊德性》《道問學》，爲祖宗《政要》之篇首者，非無意也。蓋謂『尊德性』，所以存心；『道問學』，所以致知。二者，乃聖學之梯航，修德凝道之大端也。……』（據本編一百五十六—一百五十七頁）

婁諒囑其子婁性按自己確定的體式編纂《皇明政要》，其目的在于『朝廷學古圖治，宗社生靈之褒』，普惠人民，褒福生靈是終所望也。

此《進書表文》中述及『儲巏』之『校正字畫差訛』一事，與本書卷首署『臣儲巏謹校』相合。《明史·藝文志》著録：『儲巏《皇明政要》二十卷。』（卷九十七）抑亦因此致故也。

此書蓋有三人完成：婁諒發凡起例，婁性纂輯采録，儲巏校正差訛。儲巏以孝著稱，在明代亦有刻書、藏書之譽，且爲知名文士，《明史·文苑·儲巏傳》載曰：

儲巏，字静夫，泰州人。九歲能屬文。母疾，刲股療之，卒不起。家貧，力營墓域，旦哭冢，夜讀書不輟。成化十九年鄉試，明年會試，皆第一，授南京考功主事。……（據《二十五史》本卷二百八十六）

儲巏家貧潛學，不廢孝道。清修不群，自守人格。工于屬文，兼擅詩章，有《柴墟齋集》十五卷傳世。清《（乾隆）江南通志·人物志》所説的：『……巏，淳行清修，介然自守，工詩文，所著有《柴墟集》……』是也（據文淵閣《四庫全書》本卷一百四十四）。

是書，今世傳二本，是書其一，戴金刻本其二。清黄虞稷《千頃堂書目》著録：『婁性《明政要》二十卷，弘治十六年十月，前南京兵部武庫司郎中婁性編輯，令義男婁俊才賫捧進呈。仿唐《貞觀政要》，凡四十一類，儲巏校，嘉靖五年，巡按兩淮監察御史漢陽戴金序。』（據文淵閣《四庫全書》本卷五）黄氏此録亦及于『儲巏校』。案，《千頃堂書目》之著録者，蓋明嘉靖五年戴金〔一〕刻本。

此書《四庫全書》不載，《四庫全書總目提要·雜史類存目》有一提要，其中有曰：

……是書仿《貞觀政要》之體，編載明太祖、太宗、仁宗、宣宗、英宗五朝之事，凡四百五十二條，分類四十，……（據文淵閣《四庫全書》卷五十三）

此書仿擬《貞觀政要》已見前引《進書表文》，所載，大抵『洪武初年至天順末年，一祖四宗政治及接賢臣問答之言』，以記事爲由而引入皇帝的詔諭、批示或與臣下的對話，基本上可以界定爲語録體。所謂『一祖四宗』即《存目提要》之説爲『明太祖、太宗、仁宗、宣宗、英宗五朝之事』。編者把四百五十二條語録分類歸屬，即爲四十類，與《貞觀政要》類目之數等，每目采録，始于明太祖朱元璋，中及明成祖朱棣（文中稱爲『太宗』）、明仁宗朱高熾、明宣宗朱瞻基、明英宗朱祁鎮。書録君臣對話之語，并非以時代順序采録，如《尊德性》第一，起始爲『洪武五年冬十二月』，其下爲語録：

〔一〕明王世貞《弇山堂别集·兵部尚書表》載：『戴金，湖廣漢陽人，正德甲戌進士，嘉靖二十三年任，二十四年致仕。』（據文淵閣《四庫全書》本卷五十）

太祖謂禮部侍郎曾魯曰：『朕求古帝王之治，莫盛于堯舜，觀其授受，其要在「允執厥中」，後之儒者講之，非不精，及見諸行事，往往背馳。』魯對曰：『堯舜以此道宰制萬事，如執權、衡物之輕重、長短，自不能違而得其當，所以致雍熙之治。後世鮮能此道處事之際，欲求一一至當，難矣。』

祖述堯、舜，憲章文、武，始于孔子，漢代以後便成爲儒家思想綱領。儒家思想成爲施政的文化背景，祖述堯、舜，憲章又成爲整體統治集團的法則，無論是皇帝還是官員都不能忽視在施政中以祖述堯舜，憲章文武爲合理。這裏，明太祖朱元璋所祖述的堯、舜，成爲《皇明政要》編者列在『尊德性』第一的位置，在編者看來，皇帝『尊德性』最重要的前提條件就是祖述堯舜，『三皇五帝』是治國的楷模。『允執厥中』出典于《尚書·虞書·大禹謨》，是舜對大禹治水成功的嘉獎之詞，其意，執政者施政必須專一精誠，持中公允，後世被儒生們演繹成執政的準則，也成爲皇帝説教的法寶。這一對話的語録中，朱元璋强調，講説『允執厥中』不難，但要做到并不容易，所謂『後之儒者講之，非不精，及見諸行事，往往背馳』。同樣，曾魯的對答也在説明此意。從君臣此論中，可以認識到，所謂『尊德性』的核心在于人君備具『堯、舜之心』，『執中成憲』——清明公正是『堯、舜之心』的外化。因此曾魯對答之後朱元璋則曰：『人君一心，治化之本，存于中者，無堯、舜之心欲施于政者，有堯、舜之治，决不可得也。』具有『堯、舜之心』的内在，纔能達到『堯、舜之治』的社會結果。其實，這是儒家思想表現在朱元璋統治時期的重要方略，『學問』就成爲實現這一方略的法寶。

《道學問》第二曰：『丙午年五月。』太祖命有司訪求古今書籍，藏之秘府以資覽閲，因謂侍臣詹同等曰：『三皇五帝之書，不盡傳于世，故後世鮮知其行事。漢武帝購求遺書而六經始出，唐虞三代之治，始得而見。武帝雄才大略，後世罕及，至表章六經，開闢聖賢之學，有功于後世。』又曰：『吾每于宫中無事，輒取孔子之言觀之。如「節用而愛人」「使人以時」，真治國之良規，萬世之師法也。』

祖述堯、舜，尊奉『三皇五帝』是『尊德性』的前提，要達到『尊德性』的目的，就必須以『道學問』爲條件，據此可知，只有『道學問』，纔能『尊德性』。作爲最高統治者『尊德性』『道學問』的具體内容則是『「節用而愛人」「使人以時」』——『「節用而愛人」「使人以時」』是孔子『仁政』思想的核心，皇帝治國，必須實施仁政，在朱元璋看來，『仁政』是『治國之良規、萬世之師法』。

據以上的分析可以看到，婁諒確定的《政要》之目把『尊德性』與『道學問』作爲綱領性的條款從而統領以下三十八目，是建立在儒家思想認知基點上的。换言之，以下三十八目的形成，都是以『仁政』爲準則采録朱元璋并以後四代皇帝的詔諭、批示及與其臣屬的對話之詞。當然從具體内容釐分，不免有主次之别，但其『仁政』核心是不變的。

婁性依令尊婁諒所設定之目采録文獻，作爲當朝的臣屬，尊崇、恭維與正面肯定是必須的，但是，我們也可以認爲是父子二人的政治理想。

雖然朱元璋以及以後的四代皇帝并非雄才大略、仁慈賢明的君主，甚至歷史上記載著他們很多惡劣行迹，但儒家的『仁政』思想畢竟是他們執政的約束。

以下三十八目，無一例外地都是在表述皇帝和臣屬的修養，也可以説，皇帝和官員必須具備類目内容所體現的自身修養。

我們把它分界爲道德修養、生活修養、宗教修養、管理修養、傳統文化修養等等。

一、道德修養，其類目爲《悲人窮》第六、《立孝敬》第十一、《溥仁惠》第十二、《敬耆宿》第十四、《樂改過》第十六、《辨賢邪》第十八。前所列六類均屬于皇帝的道德修養。質言之，皇帝如果不具備悲憫窮人的道德修養，就很難行施富民政策；如果不崇尚正確的人生觀念，就很難推行正確的治國方略；如果不確立孝尊養親的心性，天下則不倫；他如敬重前輩，改過自新，辨别賢明邪惡，就必須具有基本的道德修養。

二、生活修養，其類目爲《端好尚》第三、《戒嗜欲》第四、《節財用》第三十、《却貢獻》第三十一。《端好尚》是對生活中的愛好、崇尚的警惕；《戒嗜欲》是對生活中的嗜好、欲望的戒示；《節財用》是對生活中財物、用度節儉的告誡；《却貢獻》是對官員貪腐受賄的惕防。

三、宗教修養，其類目爲《畏天戒》第五、《崇正道》第七、《闢异端》第八、《謹祭祀》第三十八等等。『畏天戒』即是敬畏天地的警戒，天象人事是中國古代文化中一個重要的命題，從上古時期的《夏小正》《逸周書》《周禮》等可信的歷史文獻記載中可以肯定，華夏先民很早就形成并建立了天人觀念。作爲認識『天』的人類，『天』是自然本體，人的存在是以天的存在爲前提。西漢以後，『天』被神聖化了，尊崇膜拜神聖的『天』是人類生存過程中不能缺少的心理、外在行爲規範。在這一認識的基礎上，形成了具有系統的文化格局即宗教格局——祭祀制度格局成爲這一文化範疇中唯一的程式，皇帝是承載這一祭祀程式的第一人。皇帝是『天之子』，承載著天的命意治理天下，因此，天子即皇帝必須具有最基本的宗教修養。『畏天戒』就必須『崇正道』，『崇正道』就必須『闢异端』，是祭祀的基本綱領，也是古代宗教活動的嚴格要求。

以上屬于修身、齊家。

四、管理修養，其目爲《遵成憲》第九：遵守開創立基皇帝的法規、《重儲貳》第十：重視被立之儲學習治國才能的意義、《親儒臣》第十三：表明儒家聖學與治國管理的意義、《開言路》第十五：倡導廣聽民意，至于《公薦舉》《慎銓衡》《明賞罰》《嚴考課》《正法令》《恤刑獄》《勤政事》《修武備》《定禮樂》……在于記載五朝皇帝與臣下治國的管理修養。

五、傳統文化修養，其目爲《興學校》第二十三、《育人才》第二十四、《厚風教》第二十六等等，記載五朝皇帝與臣下論説興學育才以及民風教化的重要性。

以上屬于治國、平天下。

制度文化、精神文化和物質文化對于古代君臣政治修養的建構是以儒家的『修身、齊家、治國、平天下』爲準則。

皇明政要綱目

臣 儲巏 謹校

皇明政要綱目

皇明政要卷之一

尊德性第一

洪武五年冬十二月

太祖謂禮部侍郎曾魯曰朕求古帝王之治莫盛於堯舜觀其授受其要在允執厥中後之儒者論之非不精及見諸行事往往背馳胥對曰堯舜以此道宰制萬事如執權衡物之輕重長短自不能違而皆得其當所以致雍

熙之治後世鮮能此道處事之際欲求一一至當難矣

太祖曰人君一心治化之本存於中者無堯舜之心欲施於政者有堯舜之治決不可得也

洪武十年冬十月

太祖造觀心亭于宮城上親筆其中召學士宋濂謂曰人心虛靈乘氣機出入操而存之寡難朕罔敢自暇自逸譬魚之在井雖未免乎跳躑終不能踰越範圍況有事於天地社稷用祗惕致齋之日必端居亭中返視卻聽上契沖漠體道迎神誠一弗二庶幾將享之際對越在天洋洋乎如臨其上卿為朕記之俾示來裔咸知朕志俾弗懈愈虔濂拜手稽首颺言曰惟天無親克敬為親民罔常懷懷于有仁鬼神無常享享于克誠曰誠曰敬曰仁皆中心所具非由外鑠我也此心若存則

動靜合道建中保極之源清而弗撓庶績咸熙否則天飛淵淪唯欲之從而罔克攸濟治忽之幾其始甚微不可不慎也

陛下法天啓運乾乾終日不遑暇食十有五年大統斯集政平人和休祥屢應斯皆觀心之明驗古先哲王相傳心法所謂精一執中之訓亦不過此

聖子神孫必來取法當有不言而諭者矣雖然

靡不有初鮮克有終顏存神內居常如亭中
時則心與天為一祥刑敷政一出自天衍億
萬年無疆之休亦永無隳之聞
○桂彥良被薦至京師
太祖見而偉之授太子正字切磨治道言必稱
孔孟不下千餘言無一不當
帝心者其要以明聖學格君心為務在春坊久
每侍講必以二帝三王心法為本至於歷代

治忽諄諄啓迪不倦誠意懇至
東宮每動容稱敬
太祖嘗顧問曰汝何官彥良對曰正字
太祖曰否汝帝者師也彥良辭謝不敢當
太祖嘗祀方丘患心不寧宋濂進曰孟軻有言
養心莫善於寡欲寡能行之心清而身泰矣
庶吉士解縉應制上疏曰
陛下拳拳於畏天畏思神治民治強暴然畏民

恭敬天之本治心者治民之本
太祖嘉納其言擢監察御史
洪武十年十二月宋濂致仕回獻書於
皇太子云古聖人有言曰為君難其所謂難者
何也蓋以四海之廣生民之衆受寄於一人
敬則治怠則否勤則治荒則否親君子則治
近小人則否其機甚微其發至於不可遏不
可不謹也所以二帝三王相傳心法曰德曰

仁曰敬曰誠無非用功於此也治忽之間由
心之存不存何如耳恭惟
皇太子殿下仁孝溫恭出言制行動合至道中
外無不仰望而臣猶以二帝三王相傳心法
為言者誠以為君之難也臣退居田里而忠
愛之心彌切旦夕不忘於是敢貢芻蕘之言
伏望
殿下察臣所言而篤行之則天下幸甚

太祖覽書喜甚召
皇太子語以書意且賜書答之併以文綺
永樂二年八月翰林學士解縉等進呈大學
正心章講義
太宗覽之至再諭縉等曰人君誠不可有所好
樂一有好樂泥而不返則慾必勝理若心能
靜遇事來則應事去如明鏡止水自然純是
天理朕每退朝默坐未嘗不思管束此心為

切要又思為人君但於宮室車馬服食玩好
無所增加則天下自然無事矣
太宗謂皇太孫曰讀書當求大義不可效書生
循行數墨徒費精神出閣未幾問帝王心法
太孫以精一執中對大稱賞
撫州處士吳與弼潛心六經淹貫子史動遵
古禮不求仕進授徒千數惟從事乎居敬窮
理之學

上聞之遣行人禮聘
敕曰渴望來儀以資啓沃與弼赴聘延至
文華殿從容顧問諄復乎誠意正心之說極
蒙
寵賚授左春坊左諭德以衰病不能供職固辭
既而獻十策其一曰隆
聖德臣聞湯武於盤盂几杖刀劍戶牖莫不刻
銘以致戒是以聖德日躋孔子贊易之辭曰

日新之謂盛德書曰德惟一動罔不吉又曰
惟德動天無遠弗屆孔子曰為政以德譬如
北辰居其所而衆星共之又曰德之流行速
於置郵而傳命子思曰君子篤恭而天下平
伏願
陛下法成湯不自滿假之心體大易終日乾乾
之意將見
聲名洋溢乎中國施及蠻貊舟車所至人力所

道天之所覆地之所載日月所照霜露所墜
凡有血氣者莫不尊親惟
聖明留意焉天下幸甚
上深嘉納諭之曰嘉猷協朕足見忠愛後遣行
人送歸

道問學第二
丙午年五月
太祖命有司訪求古今書籍藏之秘府以資覽

閱因謂侍臣詹同等曰三皇五帝之書不盡
傳於世故後世鮮知其行事漢武帝購求遺
書而六經始出唐虞三代之治始得而見武
帝雄才大畧後世罕及至表章六經闡明聖
賢之學有功於後世又曰吾每於宮中無事
輒取孔子之言觀之如節用而愛人使民以
時真治國之良規萬世之師法也
洪武二年三月戊申謂翰林侍讀學士詹同
曰古人為文章或以明德或以通當世之務
如典謨之言皆明白易知無深怪險僻之語
至如諸葛孔明出師表亦何嘗雕刻為文而
誠意溢出至今使人誦之自然忠義感激近
世文士不究道德之本不達當世之務詞雖
艱深意實淺近即使過於相如楊雄何裨實用
自今翰林為文但取通道理明世務無事浮
藻

洪武三年二月
太祖御東閣翰林學士宋濂待制王禕等進講
大學傳之十章至有土有人濂等反覆言之
太祖曰人者國之本德者身之本德厚則人懷
人安則國固故人主有仁厚之德則人歸之
如就父母人心既歸則有土有財自然之理
也若德不足以懷衆雖有財亦何用哉
太祖問帝王之學何書最要宋濂請讀真德秀

大學衍義
太祖覽而悅之命左右大書揭之兩廡之壁時
勝觀之二日
太祖御西廡大臣皆侍坐指衍義中司馬遷論
黃老事命濂講析俾在坐者聽之濂說如
詔復言曰漢武嗜神仙之學好四夷之功民力
既竭重刑罰以殺服之臣以為人主能以義
理養性則邪說不能侵興學校敎民則禍亂

無從而作矣刑罰非所先也
太祖謂濂曰朕之為君上畏天地下畏兆民兢
兢業業不敢自逸濂對曰
陛下此心古先哲王之心也書曰予臨兆民凜
乎若朽索之馭六馬為人上者奈何不敬正
謂此爾頼
陛下慎終如始天下幸甚
洪武四年九月

[illegible]大學衍義至罪[illegible]
王生之而不傷真德秀釋之曰人[illegible]
黷武則能生之而不傷顧謂侍臣曰[illegible]
言其所該者廣真氏之言其所見者[illegible]
云兵者凶器聖人不得已而用之朕每臨[illegible]
陣觀兩軍交戰出沒於鋒鏑之下呼吸之間
創殘死亡心甚不忍嘗思為君恤民所重者
兵與刑爾濫刑者陷人於無辜黷兵者驅人

於死地有國者所當深戒也
洪武十八年秋九月
太祖御華蓋殿命文淵閣大學士朱善講周易
至家人
太祖曰齊家治國其理無二使一家之間長幼
內外各盡其分事事循理則一家治矣一家
既治達之一國以至天下亦舉而措之耳朕
觀其要只在誠實而有威嚴誠則篤親愛之

忠嚴則無閨門之失。善對曰：誠如
聖諭。
洪武二十年二月甲辰，御註尚書洪範成。先
是，命儒臣書洪範，揭於御座之右，朝夕觀覽，
乃自為註，至是成。召贊善劉三吾曰：朕觀洪
範一篇，帝王為治之要道也。所以敘彝倫，立
皇極，保萬民，敘四時，成百穀，本於天道而驗
於人事。箕子為武王陳之，武王猶自謙曰：五
帝之道，我未能焉。朕每為惕然，遂疏其旨為
註，朝夕省覽。三吾對曰：
陛下留心是書，上明聖道，下福生民，為萬世開
太平者也。
洪武二十四年正月，
太祖御左閣讀宋史，至趙普說太祖收諸將兵
權，謂起居注詹同曰：普誠賢相，使諸將不早
解兵權，則宋之天下未必不五代若也。史稱

普多忌刻，只此一事，功施社稷，澤及生民，豈
可以忌刻名之。
大學士李賢曰：
高廟看書，議論英發。每儒臣進講，必有辯論。因
講夷狄之有君，不如諸夏之亡也，辯曰：夷狄
禽獸也，無仁義禮智之道。孔子之意，蓋謂中
國雖無君長，人亦知禮義，勝似夷狄之有君
長者。宋儒乃謂中國之人不如夷狄，豈不謬
哉。又講攻乎異端斯害也已，辯曰：攻是攻城
之攻，已，止也。孔子之意，蓋謂攻去異端，則邪
說之害止，而正道可行也。宋儒乃以攻為專
治，而欲精之，為害已甚，豈不謬哉。如此辯者
甚多。漢唐以來，人君能事詩書，如此留意者
亦不多見。由其天資高邁，所以不襲故常，能
將許多見識來說。
永樂二年六月，楊士奇進呈文華殿講義

[illegible]覽畢稱善因曰先儒謂堯典克明峻德
章一部大學皆具士奇對曰誠如
聖諭堯舜禹湯文武數聖人凡脩諸身施於[illegible]
國天下者皆大學之理
太宗曰孟子道性善必舉堯舜爾等於講說道
理處必舉前古為證庶幾明白易入又曰帝
王之學貴切己實用講說之際一切浮泛無
益之語勿用

永樂四年正月
太宗謂侍臣曰朕於間暇作書愛制筆精妙甚
稱人意因嘆匠藝如此豈是生能之亦由積
學所致今之學者不及古人正由自怠之過
前代大儒君子皆是積勤以造其極今人鹵
莽厭煩用力未至便謂求道之難譬之耕而
不勤可望有獲乎
永樂四年四月命禮部遣使購求遺書

太宗視朝之暇輒御便殿閱書史或召翰林儒
臣講論嘗問文淵閣經史子籍皆備否學士
解縉對曰經史粗備子籍尚多闕
太宗曰士人家稍有餘資皆欲積書況於朝廷
可闕乎遂召禮部尚書鄭賜令擇通知典籍
者四出購求遺書且曰書籍不可較價直惟
其所欲與之庶奇書可得又顧縉等曰置書
不難須常覽閱乃有益凡人積金玉亦欲遺

子孫金玉之利有限書籍之利豈有窮也
永樂二年七月
仁宗在東宮翰林侍讀學士王達講乾之九四
舉儲貳為說講畢召問楊士奇曰於此恐無
儲貳之說達不含譏否士奇對曰講臣非正
道不陳豈敢含譏此出宋儒胡瑗之說
仁宗曰對我言此常人得此爻亦舉此說乎士
奇因舉程子云凡卦中六爻人人有用聖賢

有聖賢用衆人有衆人用君有君用國有臣
用無所不通又舉王昭素對宋太祖之言對
仁宗悅又對曰今翰林春坊諸臣分撰諸經講
義內閣之臣閱過有未當處悉與改正解縉
專閱書胡廣閱詩金幼孜閱春秋士奇閱易
永樂二年七月
仁宗在東駕監國視朝之暇專意文事因覽文
章正宗一日諭楊士奇曰真德秀學識甚正

選輯此書有益學者士奇對曰德秀是道學
之儒所以志識端正其所著大學衍義一書
大有益學者及朝廷為君不可不知為臣不
可不知君臣不觀大學衍義則其為治皆苟
而已
仁宗即召翰林典籍取閱大喜曰此為治之條
例監戒不可無因留一部朝夕自閱
永樂十五年

仁宗在東宮卜筮專用揲蓍而斷以周易凡後
世俗占法皆不用嘗命楊士奇纂六十四卦
三百八十四爻朱氏本義發揮為一編既進
仁宗悅名曰周易直指士奇進曰周易固為卜
筮作然文王周孔彖象十翼之辭凡修齊治
平為君為臣之道悉具請編輯以進用備覽
閱從之踰年輯成以進
仁宗覽之大喜名曰周易大義賜士奇綉衣銀

帶先是徐好古作尚書直指金幼孜作春秋
直指皆以進
仁宗諭士奇曰凡此皆書數本於齋閣便殿寢
室各置一本得備觀覽
宣德四年二月
宣宗覽歐陽脩文至夢卜求賢之說顧侍臣歎
曰君臣相遇豈偶然哉高宗恭默思道渴想
賢輔未得說築傅巖雖有致君澤民之志不

能自達一且得於夢寐間遂相與講學論道而功被當時澤垂後世誠千載奇逢由此觀之人君誠心求賢固無不得之理文王因田獵遇太公亦豈非誠心相感蓋天佑國家必生賢哲為之輔翊高宗思道之心蓋有格於天矣又曰有高宗之心然後可以夢賢有傅說之賢然後可以為相若漢文以夢得鄧通光武以讖用王梁豈不謬哉

宣德六年三月

宣宗視朝退御便殿命翰林儒臣進講大學平天下章竟

宣宗曰治天下國家不可無財用即如生之者衆四語行之不必暴征橫斂而國用有餘矣又曰秦誓曲盡君子小人情狀人君審乎此則好惡用舍當矣後世若漢唐中葉小人倖位妨賢病國卒為所倘民此聖賢之言豈非萬世龜鑑哉

宣德七年七月

宣宗燕閒閱內庫書畫得元趙孟頫所繪豳風圖因賦長詩一章召翰林詞臣示之曰豳詩周公陳后稷公劉致王業之由與民事早晚之宜以告成王使知稼穡艱難萬世人君皆當鑑此朕愛斯圖為賦詩欲揭於便殿之壁朝夕在目有所儆勵爾其書于圖之右

宣德九年十二月

宣宗退朝御文華殿召少傅楊士奇等出御書洪範篇及御製序文示之且諭之曰所論或未當卿等當直言勿隱士奇等對曰

聖論皆當其得古人精蘊

宣宗曰朕在宮中雖寒暑不廢書冊士奇等對曰帝王勤學問則宗社生民有賴矣惟願

陛下始終此心

宣宗笑曰卿等亦常須直言朕不爲忤
正統元年二月大學士楊榮與英國公張輔
等二三大臣建議開經筵以緝熙
聖學詔可其奏且命精選儒臣以充講官降
敕勉諭曰朕祗奉
天命嗣承
祖宗大寶統御天下用主神人而即位以來弗
遑夙夜永惟厥道必學乃明今以初九日御

經筵命爾翰林春坊儒臣分直侍講夫道原
於天堯舜禹湯文武以隆政教而周公孔子
闡明之我
祖宗世所師法以安天下卿等宜安心竭誠相
與討論務歸至當毋隱而弗彰毋曲以徇好
惡明之於心誠之於行以興治化以福蒼生
用不忝
天與
祖宗之命欽哉
天順五年正月
英宗召學士李賢謂曰朕一日閒則看書或觀
射賢曰前聖經書惟書經是帝王治天下大
經大法最宜熟看
英宗曰書經四書朕皆讀遍賢曰此時好玩味
聖資聰悟一見便曉最有益也
英宗曰二典三謨真是嘉言賢曰誠如聖諭帝

王脩身齊家敬天勤民用人爲政之事皆在
其中貴乎體而行之
英宗曰然朕在正統年間留心讀書惟不好寫
字賢曰帝王之學不在寫字講明經書義理
最是緊要因說景泰全然不理政務或用人
陞官明日謝恩不知所以文武大臣未嘗接
言上下之情如何得通賢曰自古明君未嘗
一日不與大臣相接商確治天下之道所謂

接賢士大夫之時多親宦官宮妾之時少故

上曰如此天下豈不治安。

皇明政要卷之一

皇明政要卷之二

端好尚第三

甲辰二月

太祖諭中書省臣曰先王之世不拖賞而民勸於善不施罰而民不為非若是何也有仁義以為之本也夫聖人統馭四海而宰制萬物者仁以居之義以行之故賢者樂有仁義而不肖者有所視儆焉故商變乎夏周變乎商

而仁義未嘗改也天之生民治亂相繼亙萬世而不易者其惟此乎故湯武用是而興桀紂忽是而亡今天下紛紛靡有底定彼恃夫智力之私而戕賊於民者豈復知有仁義哉卿等職居樞要所以輔吾者舍是則無以為治國之本也卿等勉之。

吳元年夏四月。

太祖至白虎殿見有孟子書顧問許存仁曰孟

子何說為要對曰勸國君行王道施仁政省
刑薄賦乃其要也
太祖曰孟子專言仁義使當時有一賢君能用
其言天下豈不定於一乎
洪武元年五月
太祖謂侍臣宋濂等曰自古聖哲之君知天下
之難保也故遠聲色去奢靡以圖天下之安
是以天命眷顧久而不厭後世中才之主當

天下無事侈心縱欲鮮克有終至如秦始皇
漢武帝好尚神仙以求長生疲精勞神卒無
所得使移此心以圖治天下安有不理以朕
觀之人君能清心寡欲勤於政事不作無益
以害有益使民安田里足衣食熙熙皞皞而
不自知此即神仙也功業垂於簡冊聲名流
於後世此即長生不死也夫怳惚之事難憑
幽怪之說易惑在謹其所好尚耳朕常夙夜

兢業以圖天下之安其敢游心於此宋濂對曰
陛下斯言足以祛千古之惑也
洪武元年六月
太祖與諸儒臣論學術學士陶安對曰道之不
明邪說害之也
太祖曰邪說之害道猶美味之悅口美色之眩
目人鮮不為所惑自非有豪傑之見不能決
去之也戰國之時縱橫之徒肆其邪說游說

諸侯當時諸侯急於功利者多從其說往往
事未就而國隨以亡此誠何益夫邪說不去
則正道不興正道不興天下烏得而治安對
曰
陛下所言深探其本
太祖曰仁義治天下之本也賈生論秦之亡不
行仁義之過夫秦襲戰國之餘弊又安得知
此也

洪武四年秋七月。

上謂右丞相汪廣洋曰朕觀前代人君多喜佞諛以飾虛名甚至臣下詐為瑞應以恣矯誣至於天災譴戒厭聞于耳如宋真宗亦號賢君初相李沆日聞災異其心猶有警惕厥後澶淵既盟大臣首啓天書以侈其心群下曲意迎合苟圖媚悅致使言祥瑞者相繼於途獻芝草者三萬餘本朕思凡事惟在於誠況為天下國家而可以偽乎爾中書自今凡祥瑞不必奏如災異及蝗旱之事即時報聞廣洋叩首曰。

陛下敬天勤民孰大於此非惟四海蒼生蒙福誠為聖子神孫萬世之謨訓也。

永樂七年。

仁宗在東宮贊善王汝玉每日於文華後殿道說賦詩之法一日顧楊士奇曰古人主為詩者其高下優劣何如士奇對曰詩以言志明良喜起之歌南薰之詩是唐虞之君之志最為尚矣後來如漢高大風歌唐太宗雪恥酬百王除兇報千古之作則所尚者霸力皆非王道漢武帝秋風辭志氣已衰如隋煬帝陳後主所為則萬世之鑑戒也

殿下於明道玩經之餘欲娛意文事則兩漢詔令亦可觀非獨文詞高簡近古其間亦有可裨益治道如詩人無益之詩不足為也。

仁宗曰

太祖高皇帝有詩集甚多何謂詩不足為士奇對曰帝王之學所重者不在作詩

太祖皇帝聖學之大者在尚書及諸書註作詩特其餘事今

殿下之學當致力於重且大者其餘事可姑緩

仁宗曰世之儒者亦作詩否士奇對曰儒者鮮

不作詩然儒之品有高下高者道德之儒若記誦詞章前輩君子謂之俗儒爲人主尤當致辨於此

仁宗重學校嚴薦舉每諭所司用人必求實材授官必責實效樂聞直言所言切理多見褒答雅志儒術務學問諸經皆通於書尤熟嘗曰爲治不本此書雖獲小康苟焉而已於春秋歎曰先王之禮壞此書所由作也學問所

得必見諸行事爲文章不事雕飾達意而止

賛善王汝玉嘗言作詩有法

上曰三百篇何所法哉無他嗜好惟畜經籍法書甚富閑暇手不釋卷被服寬博類儒者

宣德八年正月

上燕閒問侍臣王政所先侍臣對曰教養爲先

上曰然先王法制卒難復後世惟重農抑末輕徭薄稅足以致富庶興舉學校惇崇孝弟足以立教化故不必盡合古制

戒嗜欲第四

甲辰三月江西行省以陳友諒鏤金牀進

太祖觀之謂侍臣曰此與孟昶七寶溺器何異以一牀工巧若此其餘可知陳氏父子窮奢極靡焉得不亡即命毁之侍臣曰未富而驕未貴而侈此所以取敗

太祖曰既富豈可驕乎既貴豈可侈乎人有驕

侈之心富貴豈能保乎處富貴者正當抑奢侈弘儉約戒嗜欲以厭衆心況窮天下之技巧以爲一己之奉乎其致亡也宜矣然此亦足以示戒覆車之轍不可蹈也

洪武元年十月司天監進元主所製水精宮刻漏備極機巧中設二木偶人能按時自擊鉦鼓

太祖覽之謂侍臣曰廢萬幾之務而用心於此

所謂作無益害有益也使移此心以治天下
豈至滅亡命左右碎之
洪武五年冬十二月内使奏增飼虎肉
太祖曰養牛以供耕作養馬以資騎乘養虎欲
以何用而費肉以飼之乎命以虎送光祿他
禽獸悉縱之
洪武六年春正月
太祖謂儒臣詹同曰朕嘗思聲色乃伐性之斧

斤易以溺人一有溺焉則禍敗隨之故其為
害甚於鴆毒朕觀前代人君以此敗亡者不
少蓋為君居天下之尊享四海之富靡曼之
色窈窕之聲何求而不得苟不知遠之則小
人乘間納其淫邪不為迷惑者幾人焉況創
業垂統之君為子孫之所承式尤不可不謹
同對曰不邇聲色成湯所以能垂裕後昆
陛下此言乃端本澄源之道誠萬世子孫之法

也
洪武十二年六月
上謂侍臣曰人主能清心寡欲常不忘博施濟
衆之意庶幾民被其澤侍臣對曰
陛下此心即天地之心也惟人主之心無欲故
能明斷萬幾萬事理則天下生民受其福
上曰人之不能明斷者誠以欲害之也然明斷
亦不以急遽苛察為能苟見其未至反損人

君之明求之太過則虧君人之量
永樂二年十一月戶部尚書郁新等言御馬
監索白象食穀
上曰白象何補實用乃欲奪民食以飼之此古
人所謂率獸食人者勿聽復召御馬監官責
曰爾輩坐食膏粱衣輕暖豈知百姓艱難計
象一日所飼穀當農夫數口之家一日之食
朕為君職在養民爾輩不令朕知而為此事

是欲朕失天下心如傻敢爾必誅不宥
永樂二年十一月通政使趙鄴奏山西民言
介休縣出五色石可為器用
上曰此倖覬小人不可聽數年兵革災荒百姓
困苦未得寧息今又可以此重困之乎官府
求一物即百姓受一害况此石飢不可食寒
不可衣累民何為擇出之
天順五年十一月二十日早
英宗諭學士李賢曰朕一日之間飲食隨分未
嘗揀擇去取衣服亦隨宜雖着布衣人不以
為非天子也賢曰如此節儉益見盛德若朝
廷節儉天下百姓自然富庶前代如漢文帝
唐太宗宋仁宗皆能節儉當時海内富庶惟
耳目玩好不必留意自然節儉
上曰然如鍾鼓司承應無事亦不觀聽惟時節
奉

毋后方用此輩承應

皇明政要卷之二

皇明政要卷之三

畏天戒第五

丙午八月壬子

太祖命博士許存仁進講經史存仁講尚書洪範篇至休徵咎徵之應因語之曰天道微妙難知人事感通易見天人一理必以類應稽之往昔君能脩德則七政順度雨暘應期災害不生不能脩德則三辰失行旱潦不時災

異迭見其應如響箕子以是告武王以為君人者之儆戒今宜體此下脩人事上合天道然豈特為人上者當勉為人臣者亦當脩省以輔其君上下交脩斯為格天之本

吳元年五月

太祖以久不雨日減膳素食謂近臣吳去疾曰予以天旱故率諸宮中皆素食使知民力艱難往時宮中所需蔬茹醯醬皆出大官供給今皆以內官為之懼其煩擾於民也去疾頓首曰

主上一心愛民如此今雖遇旱上天眷愛必有甘澍之應

吳元年六月久旱

太祖日減膳素食宮中皆然既而大雨群臣請復膳曰亢旱為災實吾不德所致今雖得雨然苗稼焦損必多縱食奚能甘味得乎民心

則得乎天心今欲弭天災但當謹於脩己誠以愛民庶可答天之眷乃詔免民今年田租

吳元年十月

太祖謂侍臣曰吾自起兵以來凡有所為意向始萌天必垂象示之其兆先見故常加修省不敢逸豫侍臣曰天高在上其監在下故能脩省者蒙福不能者受禍

太祖曰天垂象所以警乎下人君能體天之道

證而無失亦有變災而為祥者故宋公一言熒惑移次齊侯暴露甘雨應期災祥之來雖曰在天實由人致也

洪武元年八月

太祖謂中書省臣曰近京師火四方水旱相仍朕夙夜不遑寧處豈刑罰失中武事未息徭役屢興賦斂不時以致陰陽乖殄而然耶卿等同國休戚宜輔朕脩省以消天譴參政傅

瓛等對曰古人有言天心仁愛人君則災出災異以譴告之使知變自省人君遇災而能自警懼則天變可弭今

陛下脩德省愆憂形于色居高聽卑天實鑒之顧臣等待罪宰輔有乖調燮貽憂

聖衷咎在臣等

太祖曰君臣一體苟知謹懼天心方回卿等其盡心力以匡不逮

洪武三年夏久不雨

太祖謂中書省臣曰今仲夏不雨實為農憂禱祠之事禮所不廢朕已擇明日詣山川壇躬為禱之爾中書各官其代告諸祠且命

皇后與諸妃執爨為昔日農家之食令皇太子

諸王供饋于齋所至是日四鼓

太祖素服草屨徒步出詣山川壇設槀席露坐晝曝于日頃刻不移夜卧於地衣不解帶皇

太子捧榼進蔬食雜麻麥菽粟凡三日既而

大雨四郊霑足

洪武四年十月

太祖謂中書省臣曰祥瑞災異皆上天垂象然人之常情聞禎祥則有驕心聞災異則有懼心朕嘗命天下勿奏祥瑞若災異即時報聞尚慮臣庶罔體朕心遇災異或匿而不舉或舉而不實使朕失致謹天戒之意中書其行

天下遇有災變即以實上聞
洪武七年十一月甘露降于南郊群臣咸稱
賀獻歌詩以頌德
上曰人之常情好祥惡妖然天道幽微莫測若
恃祥而不戒祥未必皆吉覩妖而能懲妖未
必皆凶蓋聞災而懼或能致休見瑞而喜或
以致咎何則凡人懼則戒心常存喜則侈心
易縱朕德不逮惟圖脩省之不暇豈敢以此

為己所致哉
永樂元年閏十一月
上御奉天門顧謂侍臣曰今北京山西寧夏皆
言地震天變垂戒朕用惕然爾等試言其故
侍臣對曰地震應兵戈土木之事
上曰比年兵旅饑饉民困甚矣朕方夙夜圖蘇
息之豈肯適一己之情興土木之工重困民
力始樓居可以避暑則午門端門皆可居也

何必復建高臺廣榭今後宮卑隘不足容尚
不敢增脩慮勞民力土木之事在今不為若
云兵戈但當勑邊將嚴守備戒不虞而已
永樂十年十二月二十八日鴻臚寺奏習正
旦賀儀
太宗召禮部翰林院官問曰正旦日食百官賀
禮可行乎尚書呂震對曰日食與朝賀之時
先後不相妨侍郎儀智曰終是同日免賀為

當
太宗顧問翰林諸臣古有日食行賀禮否黃淮
楊榮金幼孜皆未有對楊士奇對曰日食天
變之大者前代元旦日食多不受朝宋仁宗
時元旦日食富弼請罷宴徹樂宰相呂夷簡
不從弼曰萬一契丹行之為中國羞後有自
契丹回者言虜是日罷宴仁宗深悔今免賀
誠當

宗曰君子愛人以德不以姑息其免賀

永樂十一年春正月朔日有食之先是禮部

以正旦朝賀宴會上請

太宗曰古者日食天子素服脩政用謹天戒朕

既乖於治理上累三光而衆陽之宗薄食於

元旦咎孰甚焉爾文武群臣尚思勉輔朕躬

調燮陰陽消弭災變新正朝賀宴會之禮悉

罷

宣德五年八月朔日當食陰雨不見禮部尚

書胡濙等以為即同不食請率群臣上表賀

上不許勑群臣曰古者人君所謹莫大於天戒

日食又天戒之大者惟能脩德行政用賢去

邪而後當食不食朕以非德嗣承

祖宗大統政理未洽民生未遂上累三光祇懼

惟甚可比於是歟傳不云乎君子之過也如

日月之食焉過也人皆見之更也人皆仰之

今以陰雨不見得非朕昧於省過而然歟

上明照四方陰雲所蔽有限京師不見四方

必見者比之不食天可欺歟朕尚圖脩省

以仰答天意尚賴爾群臣匡其不逮其止勿

賀

天順四年冬閏十一月十六日早見月食欽

天監失於推算不行救護

英宗召學士李賢曰月食人所共見欽天失於

推算如此因言湯序以禮部侍郎掌監事凡

有災異必隱蔽不言或見天文有變必曲為

解說甚至書中有載不祥字語多自改削而

進惟遇天文喜事却詳書以進且

朝廷正欲知災異以見上天垂戒庶知脩省而

序乃隱蔽如此豈臣下盡忠之道賢曰自古

聖帝明王皆畏天變實同

聖意序若如此罪可誅也

上曰今有此失法不可容於是收下獄降爲太常少卿

悲人窮第六

吳元年正月

太祖謂中書省臣曰予嘗親歷田野見人民凋弊土地荒蕪失業者多蓋因久困兵革生息未遂譬之觸熱者思得清涼冒寒者思就溫煖爲人上者固當念之且如太平應天宣城

諸郡乃吾渡江開創之地供應先勞之民其有租賦宜與量免少甦民力省臣傅瓛對曰

主上念之及此眞發政施仁之本也民之受賜

恤民王者善政

如大旱之得霖雨其喜當何如

太祖因歎曰吾昔在軍中嘗乏糧空腹出戰歸得一食雖甚粗糲食之甚甘今尊居民上欲食豈羨心未嘗忘之況吾民居於田野所業有限而又供需百出豈不重困於是免太平府租賦二年應天宣城等處租賦一年

洪武元年春正月天下來朝府州縣官陛辭

太祖諭之曰天下初定百姓財力俱困譬猶初飛之鳥不可拔其羽新植之木不可搖其根要在安養生息之惟廉者能約己而利人貪者必朘人而厚己況人有才敏者或尼於私善柔者必昧於欲此皆不廉害之也爾等深

戒之

洪武元年七月謂中書省臣曰中原兵難之後老稚孤貧者多有失所宜遣使賑恤之省臣以國用不足爲對

太祖曰得天下者得民心也夫老者民之父母幼者民之子弟恤其老則天下之爲子弟者悅恤其幼則天下之爲父母者悅天下之老幼咸悅其心有不歸者寡矣苟視其困窮而

不之恤。民將撫然曰。患在其為我上也。故周
窮乏者不患無餘財。惟患無是心。能推是心。
何憂不足。今日之務。此最為先。宜速行之。
洪武八年正月。命中書省令天下郡縣訪窮
民無告者。月給以衣食。無所依者。給以屋舍。
仍諭之曰。天下一家。民猶一體。有不獲其所
者。當思所以安養之。昔吾在民閒。目擊其苦
鰥寡孤獨。饑寒困踣之徒。常自厭生。恨不即

死。如此者。宛轉於溝壑。可坐而待也。吾亂離
遇此。心常惻然。故躬提師旅。誓清四海。以同
吾一家之安。今代天理物。已十餘年。若天下
之民。有流離失所者。非惟昧朕之初志。於代
天之工。亦不能盡也。爾等為輔相。當體朕懷
不可使天下有一夫之不獲。
太宗初即位。諭戶部兵部臣曰。數年用兵。軍民
皆困。今方與之休息。數有令擅役一軍一民
者處重法。比聞衛所府縣。都不遵承。仍襲故
弊。私擅差役。如驅犬羊。無分毫矜卹之意。是
上不敬君命。下不恤人窮。人之蘇息何時可
遂。爾等其申明前令。自今有犯者誅不宥。
太宗初即位。命監察御史。分詣各布政司巡視
民瘼。陛辭。諭之曰。父母於赤子。先寒而備之
衣。先飢而備之食。適其溫飽之宜。避濕就燥
以處之。無所不盡心。人主為民父母。理亦當

然。朕居深宮。一飲一食。未嘗不念及軍民。然
在下之情。不能周知。爾等為朝廷耳目。其用
心咨訪。但水旱災傷之處。有司不言者。悉具
來奏。軍民之閒。何利當興。何弊當革者。亦悉
以聞。
永樂元年五月。戶部尚書郁新言。河南郡縣
蝗。有司不以聞。
太宗曰。朝廷置守令。資其惠民。凡民疾苦。皆當

郡之令蝗入境不能撲捕又蔽不以聞何望其能惠民也此而不罪何以懲後宜遣監察御史按治之

永樂元年閏十一月河南南陽縣言本縣民多逃徙他縣賦役無所出乞下令捕之

太宗顧謂戶部尚書郁新等曰人情懷土誰肯樂去其鄉河南諸郡連歲水旱蝗蝻饑饉相仍守令又鮮能盡撫綏之道不得已挈家逃

徙自圖存活之計耳今歸其鄉田廬生業必已廢棄歸且何依捕之益困之耳所言不可聽

仁宗即位之初山東布政司言登萊諸郡今歲雨水傷麥其累歲所逋稅宜令民以他物代輸命戶部議所以寬貸之者戶部以國用不足為言

仁宗曰君民一體民貧不可不恤宜從所言自永樂二十年以前所逋稅悉蠲之二十一年稅令以鈔代輸

永樂七年夏五月解州儒學教諭白威言安邑民饑流徙吏不知恤旱傷田稼而科徵不已其稅糧乞折收鈔帛庶少蘇息之

上曰守令民之父母艱難困苦而不知恤又重以徵斂豈為民父母之道命戶部停徵稅糧命御史治縣官罪命吏部以威為安邑知縣

永樂二十二年

仁宗諭禮部臣曰

皇考臨御數詔有司存恤鰥寡郡邑皆有養濟院比聞率是文具居室弊壞肉帛布絮不以時給栖栖饑寒而守令漠不留意爾禮部即戒約之令謹視遇毋致失所

宣德元年十一月

宣宗諭順天府尹王驥等曰古之仁政必先鰥

寡孤獨朝廷設養濟院恵正如此近聞京師頗有殘疾饑寒無依之人行乞衢爲親民之官何得漫不加省其悉取入養濟院毋令失所

皇明政要卷之三

皇明政要卷之四

崇正道第七

洪武元年二月詔以大牢祀先師孔子于國學仍遣使詣曲阜致祭使行

上謂之曰仲尼之道廣大悠久與天地相並故後世有天下者莫不致敬盡禮修其祀事朕今爲天下主期在明教化以行先聖之道今既釋奠國學仍遣爾脩祀事于闕里爾其敬之

洪武十八年冬十月

上諭工部臣曰孟子傳道有功名教歷年既久子孫甚微近有以罪輸作者朕聞即命釋之假令朕不知之或致死亡則賢者之後瀕以微滅是豈禮先賢之意哉爾等宜加詢問凡有聖賢之後在輸作者依例釋之

永樂四年三月

太宗皇帝視學先是勅禮部臣曰朕惟孔子帝
王之師帝王為生民之主孔子立生民之道
三綱五常之理治天下之大經大法也孔子
明之以教萬世朕
皇考太祖高皇帝膺君師億兆之任正中夏文
明之統復衣冠禮樂之舊渡江之初首建學
校親祀孔子御筵講書守帝王之心法繼聖
賢之道學集其大成以臻至治朕承鴻業惟
成憲是遵今當躬詣大學釋奠先師以稱崇
儒重道之意其合行禮儀禮部詳議以聞禮
部尚書鄭賜言宋制謁孔子服靴袍再拜
太宗曰見先師禮不可簡必服皮弁行四拜禮
永樂十二年五月
上諭行在翰林學士胡廣侍講楊榮金幼孜曰
五經四書皆聖賢精義妙道其傳註之外諸
儒議論有發明餘蘊者爾等采其切當之言
增附于下其周程張朱諸君子性理之言如
太極通書西銘正蒙之類皆六經之羽翼然
各自為書未有統會爾等亦別類聚成編二
書務極精備朕將以垂後世命廣等總其事
仍命舉朝臣及在外教官有文學者同纂脩
開館東華門外命光祿寺給朝夕饌
永樂十五年三月頒五經四書性理大全書
於六部并兩京國子監及天下郡縣學
太宗謂禮部臣曰此書學者之根本而聖賢精
義悉具矣自書成朕旦夕宮中披閱不倦所
益多矣古人有志於學者皆難得書籍如今
之學者得此書而不勉力是自棄也爾禮部
其以朕意曉諭天下學者令盡心講明無徒
視為虛文也
永樂二十二年冬十月賜衍聖公孔彥縉宅
於京師彥縉歲來朝皆館於民

上[illegible]
公館矣[illegible]子孫乃寓宿於民家何以稱崇儒
之意遂命工部賜宅
永樂二十二年十二月禮部尚書呂震奏衍
有賜衍聖公孔彥縉一品金織衣衍聖公是
二品如有賜之過矣
上曰朝廷用孔子之道治國家天下今孔子之
後雖官有一品服者孔子之後襲封承先師

之祀服之何過且
先帝特五品儒臣有賜二品服者亦何過哉其
賜之予用稱朕崇儒之意
宣德元年正月孔顏孟三氏子孫十人來朝
辭歸
上謂禮部尚書呂震曰朝廷待賢當厚彼皆聖
賢子孫其給道里費又謂震曰孔顏孟三氏
為設教官訓其子孫必選端重有學行者爾

以朕言諭吏部知之
闢異端第八
吳元年春正月有省局匠告省臣云見一老
人語之曰
吳王即位三年當平一天下問老人為誰曰我
太白神也言訖遂不見省臣以聞
上曰此誕妄不可信也今後凡事涉怪誕者勿
以聞

洪武二十八年六月有道士以道書獻
上却之左右請留觀之或有可取
上曰彼所獻書非存神固氣之道即煉丹燒藥
之說朕為用此朕所用者聖賢之道所需者
治人之術將躋天下生民於壽域豈獨一已
之長生久視哉苟一受其獻迂誕怪妄之士
必爭來矣故斥之毋為所惑
永樂二年正月有道士獻道經者

太宗曰朕所用治天下者五經耳道經何用
去之既而諭侍臣曰上好正道則下不為邪
人主好尚稍不謹儉人懷僥倖之心者恣肆
妄誕以投所好苟墮其計將來流毒無窮矣
永樂五年正月直隸及浙江諸郡軍民子弟
私披剃為僧赴京請度牒者千八百餘人禮
部以聞
太宗怒甚曰

皇考之制民年四十以上始聽出家今犯者若
此是不知有朝廷矣命悉付兵部編軍發
戍遼東甘肅又　朕欽承舊制一不敢忽下
人尚縱恣如此況後來此不可宥且此輩
皆民螟蠹不可赦矣
永樂五年五月湖廣武昌府僧言欲增修觀
音閣以祝
上壽

太宗不從曰人修短有定數禍福由所行所行
誠善福不祝當自至不善禍非祝所能去人
但務為善何假求哉
太宗問侍臣曰閩俗之弊嚴於事佛簡於事
其先果有之乎對曰閩有之
太宗歎曰此蓋教化不明之過朕於
奉先殿旦夕祇謁未嘗敢慢或有織悉亦力疾
行禮世人於佛老竭力崇奉而於奉先之禮

簡略者蓋溺於禍福之說而昧其本也率而
正之當自朕始耳
永樂十五年七月行在通政司言甌寧縣人
進金丹及方書
太宗曰此妖人也秦皇漢武一生為方士所欺
求長生不死之藥此又欲欺朕朕無所用金
丹令自食之方書亦毀之毋令別欺人也
宣德四年五月行在工部尚書吳中言昨山

西代州圓果寺奏本寺是古蹟道場為國祝

釐之所舊塔損壞乞役民為之

上曰卿欲藉此求福乎朕以安民為福其止之

勿勞吾民

宣德六年九月行在户部言宛平縣民以果

園地施崇國寺請蠲其稅

上曰民地衣食之資乃以施僧又求免稅甚無

謂令亟以還民

宣德九年十二月有僧自陳欲化緣修寺祝

延

聖壽者

上斥之既罷朝顧謂侍臣曰人情莫不欲壽古

之人君若商中宗高宗祖甲周文王皆享國

綿遠其時豈有僧道豈有神仙之說秦皇漢

武求神仙梁武事佛宋徽崇道殺驗可見於

世之人終不悟甚可歎也

景泰年間太監興安崇信釋教每三年度僧

數萬洎天順二年又如期天下僧徒俟求京

師聚集數萬

上召李賢諭曰僧徒豈可如此泛濫賢對曰

陛下明見誠是宜禁止之遂出榜曉諭今後每

十年一度擅自披剃二十以上者俱令還俗

遠者發邊衛充軍度者俱照定額考選於是

僧徒知懼皆散去

皇明政要卷之五

遵成憲第九

洪武六年五月祖訓録成

太祖謂侍臣曰朕著祖訓録所以垂訓子孫朕
更歷世故創業艱難常慮子孫不知所守故
為此書日夜以思具悉周至紬繹六年始克
成編後世子孫守之則永保天禄苟作聰明
亂舊章是違祖訓矣又曰日月之能久照萬
世不改其明堯舜之道不息萬世不改其行
三代因時損益者其小過不及耳若一代定
法不可輕改故荒墜厥緒幾於亡夏顛覆典
刑幾於亡商後世子孫當思敬守祖法

永樂元年七月

太宗諭侍臣曰凡開創之主其經歷多謀慮深
每作一事必籌度數日乃行亦欲子孫世守
之故詩書所載後王之善必曰不愆不忘率
由舊章於戒警後王必曰率乃祖攸行曰監
于先生成憲此皆老成之言後世嗣君改易
祖法至於國弊民叛而喪其社稷者有之矣
可不以為戒

永樂元年十二月

上宴閒顧問侍臣曰今一歲又終外間軍民安
否如何對曰
陛下臨御以來所施無非仁政今軍民皆安正
太平無事之時
上曰太平豈易言朕惟遵
皇考成憲以為治始得雨暘時若年穀豐登兵
革不興兆民安樂朝無奸邪然後可為太平
無事

永樂二年四月文華寶鑑成

上御奉天門召皇太子授之曰脩己治人之要
具於此書昔堯舜相傳惟曰允執厥中帝王

之道貴乎知要便足為治爾其勉之皇太子
拜受而退
上顧翰林學士解縉等曰朕
皇考訓戒太子嘗采經傳格言為書名曰儲君
昭鑑錄今朕此書稍充廣之益以
皇考聖謨大訓以為子孫帝王萬世之法誠能
守此足為賢君昔秦始皇教皇太子以法律
晉元帝授太子以韓非書帝王之道廢而不

講此所以亂亡朕此書皆大經大法卿等燕
輔東宮從容閒暇亦當以此為說庶幾成其
德業他日不失為守成令主
永樂三年十月
太宗賜諸王皇明祖訓且諭之曰
皇考所以垂訓子孫至要之道具在此書朝廷
常守之可以求安
宗社藩王常守之可以長保富貴朝廷與藩王

亦同
祖宗所出但能皆以
祖宗之心為心則自然各盡其道前代有帝王
不能保全宗室者如宋太宗亦有宗室不能
自保全者如周三監漢七國此皆是不能以
祖宗之心為心朕與諸弟各勉之
永樂十二年正月百官奏事畢
上退坐右順門所服裏衣袖弊垢紉而復出侍

臣有贊
聖德者
上歎曰朕雖日十易新衣未嘗無但念昔
皇妣躬補緝故衣
皇考見而喜曰皇后居富貴勤儉如此正可以
為子孫法故朕常守先訓不敢忘言已愴然
侍臣頓首曰
陛下恭儉如此誠萬世之法

永樂二十二年十一月
仁宗諭侍臣曰守成之主動法祖宗斯鮮過舉
書曰監于先王成憲其永無愆後世嗣位者
往往作聰明亂舊章而卒致喪敗不救可為
鑒戒朕十有餘歲侍
太祖側親見作祖訓屢更改易而後成書是時
秦晉周世子皆在
太祖間暇即召太孫及諸世子于前分條逐事

委曲開諭之皆持身正家以至治天下之要
道為天子為藩王能每事遵守豈有不福祿
永遠者朕藩邸不忘今已命司禮監刊印將
賜諸子及弟姪侍臣對曰
陛下此心即
太祖之心也
宣德元年五月
上聽政罷御左順門語侍臣曰朕祇奉

祖宗成憲所以諸司事有疑礙而奏請者必命
考舊典蓋
皇曾祖肇建國家
皇祖
皇考相承法制詳備況歷涉世務練達人情謀
慮深遠子孫遵而行之猶恐未至世之作聰
明亂舊章馴致敗亡往事多有可鑑古人云
商周子孫能守先王之法至今猶存此誠確
論

重儲貳第十
洪武元年正月戊寅劉基陶安言於
太祖曰適聞中書及都督府議倣元舊制設中
書令欲奏以太子為之
太祖曰取法於古必擇其善者而從之苟惟不
善而一槩是從將欲望治譬猶登高門而却
步渡長江而回楫豈能達哉元氏事不師古

設官不任賢，惟其類是與，名不足以副實，行不足以服衆，豈可取法。且吾子年未長，學未充，更事未多，所宜尊禮師傅，講習經傳，博通古今，識達機宜，他日軍國重務，皆令啓聞，何必效彼作中書令乎。乃命詹同取東宮官制觀之，謂同等曰：朕今立東宮官，取廷臣勳德老成兼其職。老成舊人，動有典則，若新進之賢者，亦選擇參用。夫舉賢任才，立國之本，崇德尚齒，尊賢之道，輔導得賢，人各盡職，故連抱之木，必以授良匠，萬金之璧，不以付拙工。

同對曰：

陛下立法垂憲之意，實深遠矣。於是以李善長等皆兼東宮官，乃諭善長等曰：朕於東宮官不別設府僚，而以卿等兼之者，蓋軍旅未息，朕若有事于外，必留太子監國，若設府僚，卿等在內，事當啓聞太子，或有聽斷不明，而與卿等意見不合，卿等必謂府僚導之，嫌疑由是而生。朕所以特置賓客諭德等官以輔成太子德性，且選名儒為之賓友。昔周公教成王，告以克詰戎兵；召公教康王，告以張皇六師。此居安慮危，不忘武備。蓋繼世之君，生長富貴，泥於安逸，軍旅之事，多忽而不務，一有緩急，罔知所措，二公所言，不可忘也。

洪武元年七月

太祖諭皇太子曰：天子之子，與公卿士庶人之子不同。公卿士庶人之子，係一家之盛衰；天子之子，係天下之安危。爾承主器之重，將有天下之責也。公卿士庶人不能脩身齊家，取敗止於一身一家；若天子不能正身脩德，其敗豈但一身一家之比，將宗廟社稷有所不保，天下生靈皆受其殃，可不懼哉，可不戒哉。

洪武三年十二月禮部尚書陶凱請選人專任東宮官罷兼領之職庶於輔導有所責成

太祖曰古者不備其官惟賢能是用朕以廷臣有才望勳德者兼東宮官非其謂也嘗慮廷臣與東宮官屬有不相能遂成嫌隙或生奸謀離間骨肉其禍非細若江充之事可為明鑑朕今立法令省臺都督府官兼東宮賛輔之職父子一體君臣一心庶幾無相構之患也

洪武元年十一月宴東宮官及儒士各賜冠服先是

上建大本堂取古今圖書充其中延四方名儒教太子諸王分番夜直選才俊之士充伴讀

上時時賜宴賦詩商確古今評論文字無虛日

洪武七年春正月

曰豈非商彝周鼎乎

太祖曰汝所謂商彝周鼎者此非重器也太子者天下之重器人有彝鼎當知寶愛之者必擇端人正士以為輔翼朝夕與居使其熟聞善言不邇詖行自然漸漬以成其德若惟委之於便嬖近習是委重器於途而不知寶愛之矣汝等舊輔太子講論誦說之時必導之以正使其道明德立才器充廣庶幾他日克勝重任可以副朕所望

洪武十二年春三月

太祖御華蓋殿皇太子侍

太祖問曰比日講習何書對曰昨看書至商周之際

太祖曰看書亦知古人為君之道否因諭之曰君道以事天愛民為重其本在敬身人君一

言一行皆上通于天下繫乎民必敬以將之
而後所行無不善也蓋善天監之不善天必
鑒之一言而善四海蒙福一行不謹四海罹
殃言行如此可不敬乎汝其識之

永樂元年九月

太宗御奉天門命侍臣輯自古以來嘉言善行
有益於太子者爲書以授長子且曰昔堯試
舜自愼徽五典至納于大麓歷試諸難乃命
以位舜生長民間躬親稼穡堯尚試之如此
朕今令長子守北京親庶務雖吏案奏牘皆
躬閱之以知爲臣之難他日庶可爲人君也
朕少時嘗居鳳陽民間細事無不究知後受
命鎮北方經綸戎務霜雪與士卒同甘苦其
他所未經歷者則博考於載籍每覽昔人言
行可自警省者讀之不能釋手讀書所以有
益於人然人資禀有強弱泛而不切亦未有

益故欲令儒等輯此教之先定其尺度權衡
使中有所主也

永樂五年七月

太宗命大學士楊榮等輔導
皇長孫敕曰朕惟令德所成本乎天賦養正
之學實弘聖功故有聰明純一之資必有詩
書禮樂之教所以充其德性而廣其器識也
朕嫡長孫天章日表玉質龍姿孝友英明寬
仁大度年未一紀體具志寧動必中規言必
合道好學之篤夙夜孜孜日誦萬言必領要
議朕嘗試之以事輒能裁決得中斯實
宗社之靈
上天錫羨篤生異質以福佑天下而基命於無
窮然宏材之建必由匠石之功圭瓚之成必
假琢磨之力卿等皆慎簡德藝職輔東宮東
宮之子必資燕弼宜協心同志輔導于成推

資仁義道德之源開陳二帝三王之治與
太祖高皇帝之大經大法凡創業守成之難莫
民稼穡之事朝夕講論以涵養本源惟私欲
量充其盛大之器以為
宗社生民之福國家有無窮之休卿等亦有無
窮之聞欽哉

永樂七年二月

太宗出一書示翰林學士胡廣等曰古人治天
下皆有其道雖生知之聖亦資學問由唐虞
至宋其間聖賢明訓具著經傳然簡帙浩繁
未易遽領其要帝王之學但得其要篤信而
力行之足以為治皇太子天下之本於今當
進學之時朕欲使知其要庶幾將來太平之
望秦漢以下教皇子者多以黄老申韓刑名
術數皆非正道朕間因閒暇采聖賢之言若
執中建極之類切於脩身治國平天下者今
已成書卿等試觀之有未盡更為朕言廣等
編覽畢奏曰帝王道德之要備載此書宜與
典謨訓誥並傳萬世請刊印以賜

太宗曰然遂名曰聖學心法命司禮監刊印

永樂十一年三月遣征瓦剌時
皇太孫侍行

太宗謂學士楊榮曰朕長孫聰明英銳勇智過
人今令從行俾知用兵之法且使躬歷行陣
知將士勞苦然文事武備不可偏廢營中稍
閒爾等即以經史講說庶知古今成敗得失
之迹可以鑒戒也榮每遇駐營伺閒進講
皇太孫甚嘉重之

永樂十二年五月駐蹕楊林

太宗閱武之暇皇太孫侍語及創業守成之難
且曰前代帝王多有生長深宫狃於富貴安
逸不通古今不識民艱於經國之務懵然無

兢而至於亡者朕嘗以之爲戒汝將來有繼
統之責須勉力學問於凡天下之事不可不
周知人之艱難不可不涉歷聞見廣而涉歷
多自然心胸開豁於萬幾之來皆有以處之
而不差矣如此庶惟不忝
祖宗之付托亦有福澤被及下人矣勉之勉之
永樂十四年十一月
文廟召吏部翰林院官令舉老成正大儒者侍
皇太孫講讀明日東宮殿下特召尚書蹇義
皇明政要卷十八 輩儲貳篇 十五
學士楊士奇問已得人否義對曰臣兩人共
舉禮部侍郎儀智然狠鮮知之議尚未決殿
下曰往者吾舉李繼鼎大誤後悔無及智甚
端正但覺老矣士奇對曰雖頗老然起家學
官道理明執守正精神不衰目前廷臣中老
成正大未見其比是日午
上顧問東宮曰太孫處侍講已得人否對曰已

擬禮部侍郎儀智然議尚
上喜曰此得人矣雖老識朝之大體能直言不
阿向之元正日食呂震等日欲行賀禮惟此
老與楊士奇言宜免賀朕從之遂召禮部諭翰
林諸臣諭曰儀智甚好朕知之令侍太孫講
讀
永樂十四年十二月歷代名臣奏議書成先
是
皇明政要卷十八 輩儲貳篇 十六
太宗以璽書諭與太子令翰林儒臣黃淮楊士
奇等採古名臣直言如張良對漢高鄧禹對
光武諸葛武侯對昭烈及董賈劉向谷永陸
贄奏疏之類彙類以便觀覽至是書成以進
太宗覽而嘉之賜名歷代名臣奏議因謂侍臣
曰致治之道千古一揆君能納善言臣能盡
忠不隱天下未有不治觀是書足以見當時
人君之量人臣之直爲君者以前賢所言便

作今日耳聞為臣者以前賢事君之心為心天下國家之福也遂命刊印以賜皇太子皇太孫及大臣

永樂十七年八月教皇太孫曰爾年已長正宜讀書明理以成大器自古帝王莫不以讀書明理為本未有不讀書明理而能齊家治國平天下者爾克勤學問他日用之不竭宗社得以永安天下皆蒙福澤爾勉之哉

洪熙元年二月

上諭大學士楊士奇等曰東宮開講筵蓋欲皇太子日開正道養成德性講官當以六經進說其前史所載非聖賢之道無益於治者勿言

英廟初即位學士楊士奇上章謂去年十月宣宗皇帝諭臣士奇曰明年春撰東宮出文華殿讀書凡內外侍從俱用慎擇賢良廉謹之

人臣謂此第一事也皇上留心不卒大行上賓臣未敢瀆言然此事至重伏望山陵畢日早開經筵以進聖學太皇太后嘉納遂諭士奇等選講臣尋陞為少師同知經筵事

皇明政要卷之五

皇明政要卷之六

立孝敬第十一

吴元年四月

仁祖忌日

太祖詣廟祭畢退御便殿泣下不止已而謂起

居注詹同曰往者吾父以是月六日亡兄以

九日亡母以二十二日亡一月之間三喪相

繼人生值此其何以堪終天之痛念之罔極

愈嗚咽不勝左右皆泣不能仰視命懿文太

子及諸王往鳳陽祭

皇陵臨遣惻然命之曰吾

祖宗去世既遠吾父母又相繼早亡每念劬勞

鞠育之恩惟有感痛而已今日雖尊為天子

富有四海欲致敬盡孝為一日之奉不可得

矣哀慕之情昊天罔極今鳳陽陵寢所在特

命爾等躬詣致祭以代朕行孔子曰事死如

事生事亡如事存爾等敬之因悲咽不自勝

太子諸王皆感泣

洪武二年夏四月

上聖誕日朝罷退御便殿謂侍臣曰朕昔遭親

適值艱難之際今富有天下不能為一朝之

養此終身之痛也朕昨夢見吾親衆處之歡

一如平生蓋父母子孫本同一氣精神所格

有感必應孰謂幽明異途耶侍臣曰此

陛下孝誠感通形諸夢寐非偶然也

洪武四年二月

上行後苑見巢鵲卵翼之勞喟然嘆曰禽鳥劬

勞若是況人子母之恩乎乃令群臣有親老

者許歸養時元鎮撫陳興被俘來京恩待甚

厚興言有母在嵩州年八十餘歲欲求歸養

即賜白金衣帽遣之興辭

上顧謂侍臣曰孝弟之性天下皆同陳興雖武

矣。聞朕言即愴然思歸。朕始不知其有母，若
知之，肯令違遠耶。人壽不過百歲，今其母年
已八十餘，萬一不得相見，與有無窮之痛。興
歸母子相見，其樂宜何如。侍臣對曰：
陛下以孝治天下，推測人情，無微不燭，非惟一
家之老者得所，天下之惸獨鰥寡皆蒙其惠
矣。
上曰：人情莫不愛其親，必使之得盡其孝，一人

孝而衆人皆趨於孝，此風化之本也。故聖人
之於天下，必本人情而為治。
永樂元年五月，禮部尚書李至剛等奏：宋制
凡忌日，於佛殿誦經，設帝后位，百官行香。今
後宜依宋制，於天禧寺、朝天宮命僧道誦經。
太宗曰：子於父母，固當無所不用其心。但人君
之孝，與庶人不同，為人君者，奉天命為天下
主，社稷所寄，生靈所依，但當謹身脩德，深體
天心，恪遵成憲，為經國遠謨，使內無奸邪，外
無盜賊，
宗社奠安，萬民樂業，斯孝矣。如不能此，而惟務
脩齋誦經，抑末矣。
永樂元年六月，
上以盛暑賜書在京諸王曰：吾與諸弟皆
先帝子，往者各在一方，有一歲得一見者，數歲
得一見者，手足之情，不能自已。今吾承繼大

統，諸弟皆聚於京，豈不甚慊于心。顧炎暑方
盛，舉動煩勞，可三日一朝，用稱友于之意。
永樂二年五月，
太宗將詣
孝陵，有司請具法駕。
太宗曰：不用，但以騎士數人前導，已而顧侍臣
曰：明日
皇考升遐之日，正當感慕之時，何用法駕，非為

碎除道路則前導騎士亦可不用

永樂二年六月

太宗御右順門永春侯王寧侍側論及

太祖時事戚然動容寧曰世人竭誠誦經飯僧

奉佛可以福利先親　上默然既而諭之曰

爲庶人能繼承家業不失墜或又能擴充增

益於前可以爲孝士居官食祿能持身循理

建立功業榮親於當時顯名於後日可以爲

孝天子以四海爲家能思天位者親之所傳

大業者親之所建天下生民親之所保而敬

以奉天勤以守業仁以臨民使萬物得所四

夷咸賓光昭祖宗傳之子孫可以爲孝何必

事佛乃爲孝乎既而復曰元季天下鼎沸生

民塗炭父母妻子不相保我

皇考奉

天命戡定禍亂立綱陳紀使強不敢凌弱衆不

敢暴寡天下晏然有莫大之功德則必享莫

大之福矣豈他福之所能及也寧慚而退

永樂十一年

仁宗皇帝爲太子監國南京七月千秋節禮部

請行慶賀禮諭之曰車駕在北京予不得

君父前躬致禮乃可受群臣禮耶其止之自是

千秋節遇　駕巡狩並免禮

永樂二十二年九月癸未禮部尚書呂震言

於

仁宗曰今喪服已踰二十七日請如

太祖倣漢制易吉服

上時未有答震退徧告群臣明旦釋衰從吉學

士楊士奇謂震曰今未可比此例蓋洪武中

有遺詔且

仁孝皇后崩

太宗皇帝衰服後仍服素衣冠絰帶者數月今

上於
皇考可還即占乎震厲聲曰朝廷事爾毋執異
尚書蹇義無取二說以聞
上亦未答明旦君臣皆素衣冠黑角帶
上素冠麻衣麻絰以視朝文臣惟學士武臣惟
英國公如
上所服罷朝
上諭左右大臣曰呂震昨奏當易服朕聽臣下

易之梓宮在殯吾豈忍易士奇所執是也
宣德五年四月重脩玉牒成少傅楊士奇太
子少傅楊榮以進
上覽之曰古人重世譜蓋欲正倫理篤恩義我
國家宗族之盛皆由
祖宗積德所致又曰今於朕雖有親疏然沂所
自實本於一人朕何敢忽士奇等對曰周自
后稷以來世積忠厚是以子孫衆多維持王
業所歷年世最遠國家世德隆厚故本支繁
衍
陛下又遠宗帝堯明峻德以親九族將來盛福
當過周家
上頷之曰然
英宗復位之後因思建庶人輩無辜淹禁將五
六十年意欲寬之一日謂學士李賢曰親親
之義實所不忍賢對曰

陛下此一念天地鬼神實臨之
太祖在天之靈實臨之堯舜存心不過如此
上遂決即日白
太后許之乃遣中官於鳳陽造房屋畀日
上召賢曰今可送去令軍衛有司供給柴米凡
一應器用悉令完具聽其婚娶自在出入給
與閽者二十人婢妾十數人遣太監牛玉入
禁諭其意庶人入禁時方二歲時年五十六

七聞之悲喜不自勝賢謂此非細事宜諭文
武百官
上曰然次日宣畢人人感嘆以為真
帝王美事既而又有淺見者以利害之言沮之
上曰有天命者任自為之不聽
溥仁惠第十二
甲午七月
太祖總守和陽初諸將破城暴橫多殺人城中

人民夫婦不相保
上為之惻然即召諸將謂曰諸軍自滁來多虜
人妻女使民夫婦離散軍無紀律何以安衆
凡軍中所得婦女當悉還之於是夫婦皆相
携而往室家得完人民大悅
丙午三月
上進兵集慶路元帥康茂才以城降
上悉召吏民父老諭之曰元失其政所在紛擾

兵戈並起生民塗炭汝等處危城之中朝夕
惴惴不能自保吾率衆至此為民除亂耳汝
宜各安職業毋懷疑懼賢人君子有能相從
立功業者吾禮用之居官者慎毋暴横以殃
民舊政有不便者吾為汝除之於是城中軍
民皆喜悅更相慶慰乃改集慶路為應天府
上既定金陵欲發兵取鎮江慮諸將不能禁戢
士卒為民患明日召諸將戒之曰吾自起兵

未嘗妄殺今汝等將兵當體吾心戒戢士卒
城下之日毋焚掠毋殺戮有犯令者處以軍
法縱之者罰無赦諸將皆頓首曰謹受命徐
達進兵攻鎮江克之號令嚴肅城中晏然民
不知有兵
乙巳夏四月
上發建康往濠州省陵墓濠州父老經濟等來
見

上與之宴謂濟等曰吾與諸父老不相見久矣今還故鄉念父老鄉人遭罹兵難以來未遂生息吾甚閔焉濟等對曰久苦兵爭莫獲寧居今賴

主上威德各得安息勞

主上憂念

上曰濠吾故鄉父母墳墓所在豈得忘之諸父老宴飲極歡

上又謂之曰諸父老皆吾故人豈不欲朝夕相見然吾不得久留此父老歸宜教導子弟為善孝弟勤儉鄉有善人由家有賢父兄也濟等頓首謝

上又曰鄉人耕作交易且令無遠出濱淮諸郡尚有寇兵恐為所抄掠父老等亦宜厚自愛以樂高年於是濟等皆歡醉而去

洪武四年春正月

上謂中書省臣曰今日天寒有甚於冬京師尚爾況北邊荒漠之地冰雪深吾守邊將士甚艱苦爾中書其以府庫所儲布帛製綿襖運赴蔚朔寧夏等處以給將士省臣對曰守邊將士衣襖歲有常供無庸再運

上曰將士雖有常供朕固知之特以今天寒異於常時故命加給耳古人一夫不獲引咎在躬況守邊將士乃朕所深念者其給之勿緩

洪武六年秋九月賜臨濠造作軍士衣米

上諭中書省臣曰憂人者常體其心愛人者每惜其力朕嘗親軍旅備知其疾苦凡有興造未免資軍民之力土木之功亦甚難集朕每進一膳即思天下軍民之饑服一衣即思天下軍民之寒今臨濠營造之士宜加給米五石衣一襲庶不至饑寒也

洪武十五年春正月

上諭刑官曰方春萬物發生而無知之民乃有犯法至死者雖有決不待時之律然於朕心有所不忍其犯大辟者皆減死論復諭工部臣曰曩以邊境未寧兵甲未弛故集天下工匠隸事京師其中有以疾病致死者不能歸葬深可憫也爾工部即遣人收其遺骸函送其家各以鈔七錠給其妻子瘞之著爲令

洪武二十八年閏九月

仁宗爲皇太孫

太祖命分閱中外臣民奏疏獨取其切於兵民疾苦者及關

宗社者白之

太祖覽之稱善其間有一語一字之謬者悉置之不以白

太祖指示之曰爾忽之耶對曰顧小過失不足以瀆

天聽

太祖喜曰孫有君人之度哉嘗問之曰堯九年之水湯七年之旱當時百姓奚恃對曰恃聖人有恤民之政耳自是益見重

永樂元年三月南陽鄧州官牛疫死者多有司責民償甚急民貧至有鬻男女以償者事

聞

太宗怒甚曰孔子聞廄焚問傷人否不問馬蓋

爲人貴於畜今以人易牛何其不仁哉況畜牛本以爲民今乃毒民如此令有司牛死者悉免償民所鬻男女償牛者官贖還之

永樂四年七月

太宗與侍臣語知京師之人多有疾不能得醫藥者歎曰內府貯藥材甚廣而不能濟人於闕門之外徒貯何爲令太醫院如方製藥或爲湯液或丸或膏隨病所宜用於京城內外

散施仍訪朝臣中有通醫者俾分任其事又曰朕一衣一食不忘下人之艱獨于咫尺不能濟何况遠外遂命禮部申明惠民藥局之令必有實惠勿徒為文具而已

永樂二十二年十月

仁宗御西角門視朝罷時風寒顧謂翰林臣曰朕與卿等居重城中猶覺凛凛如此守邊將士晝夜嚴警殆不可勝遂命書勑遣使以鈔

幣賜緣邊將士户部尚書夏原吉等曰朝廷待守邊者厚矣既預給禦寒之具復蒙恩加此昔楚子以寒巡撫三軍皆如挾纊彼從撫温言以有感激况今受實恩敢不報效但願陛下常推此心不忘耳

上曰人君視天下萬物為一體况將士為國家躬勤勞瘁豈敢須臾忘之朕所行或有不及須卿等翼輔古人有言為君盡君道為臣盡

[redacted]

臣道朕與卿等各盡其道

可也

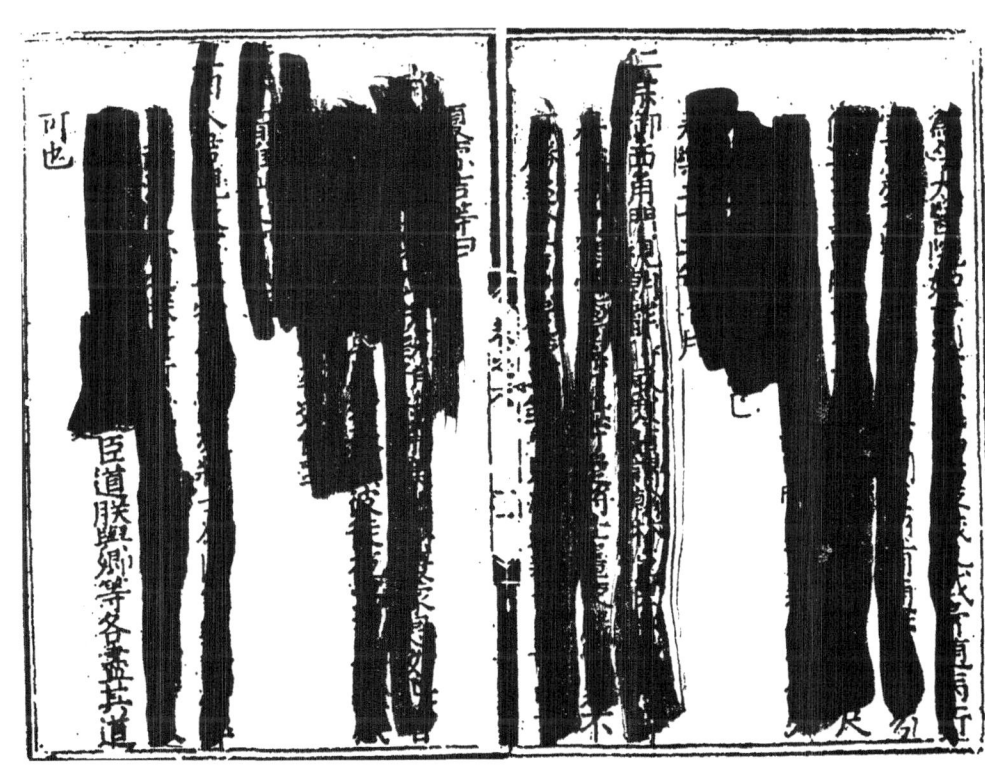

永樂二十二年十二月罷海子至西湖巡視官蓋西湖受房山之水流經城南出注海子凡三十餘里官常遣人往來巡視禁民不得取魚而並緣為奸者其旁近之草及灌田之水民皆不得取至是
仁宗命工部悉罷之謂尚書吳中曰古者山澤之利皆與民共朕之心凡有可推以利民者雖府庫之儲不吝況山澤所產哉

宣德二年七月
上御奉天門諭兵部尚書張本等曰近來民有訴妄解充

軍者此乃有司之過彼豈盡誣朝廷所重在軍不知民乃國家根本夫朝廷於軍民正如舟車任載不可偏有輕重今後爾等須令有司審實軍則為軍民則為民毋致妄冒違者必罪不恕

宣德二年七月
[redacted]間
[redacted]事

宣德二年七月
上謂行在工部尚書吳中曰前日御馬監內官言欲取民間幼丁學匠藝行移應天府選取五千人彼幼未諳事令習技藝不能則必加督責其父母之心如何且人家誰無幼子爾其體此心速止之

宣德五年閏十二月
上御奉天門諭行在戶部臣曰恤民必有實惠

若惠民無實非恤下之誠比者郡縣間有水旱稅糧多欠積歲既久未能輸官有司催徵逼迫而逾困四方奏逃亡病賦者皆以此故朕聞知惻然其宣德三年以前民欠糧稅悉令折收鈔與布絹爾戶部定議務得其中無彀於民戶部定以十分為率三分折闊布三分折闊絹四分折鈔
上曰如此雖善但布絹闊幅者亦難得只宜隨

民間所常用者，依時價收之，則民易辦，庶幾
民受實惠
宣德五年閏十二月
上諭行在兵部尚書張本曰，前者詔書，凡民年
七十之上，及篤廢殘疾者，許一丁侍養，今思
各處取軍，其中豈無獨子，而父母老疾者，若
令遠役，則父母不免失所，令有司勘實充軍
之人，而父母年七十之上，及篤廢殘疾者，許

於附近衛所充軍
宣德九年六月，行在工部尚書吳中言，湖廣
及山西蔚州產木山場，宜禁民採伐
上曰，卿為國計，慮甚厚，但山林川澤之利，古者
與民共之，不必屑屑，其已之

皇明政要卷之六

皇明政要卷之七

親儒臣第十三

戊戌十二月，辟儒士范祖幹、葉儀，既至，祖幹
持大學以進
太祖問治道何先，對曰，不出乎此書，命剖析其
義，祖幹以為帝王之道，自脩身齊家，以至治
國平天下，必上下四旁，均齊方正，使萬物得
其所，而後可以言治

太祖曰，聖人之道，所以為萬世法，吾自起兵以
來，號令賞罰，一有不平，何以服衆，夫武定禍
亂，文致太平，悉此道也，甚加禮貌，命二人為
諮議，儀以疾辭，祖幹亦以親老辭
太祖皆許之
己亥正月
太祖克婺州，置分中書省，召儒士許元、葉瓚玉、
胡翰、汪仲山、李公常、金信、徐孳、童冀、戴良、吳履、張

啓敬孫履皆會食省中。日令二人進講經史
敷陳治道。至是克處州。又有薦青田劉基、龍
泉張溢、麗水葉琛。及宋濂者。即遣使以書幣
徵之。至建康。比入見。甚喜。賜坐從容與論經
史及咨以時事。深見尊寵。既而命有司即所
居之西。創禮賢館處之。時朱文忠守金華。復
薦王禕。王天錫。至皆用之
庚子三月。徵青田劉基、龍泉張溢。麗水葉琛

金華宋濂至建康。初
上在婺州。既召見濂。及克處州。又有薦基及溢
琛者
上素聞其名。即遣使以書幣徵之。時總制孫炎
先以
上命請基至。是四人同赴建康入見
上甚喜。賜坐從容問曰。四海紛爭。何時而定。溢
起對曰。天道無常。唯德是輔。唯不嗜殺人者。

能一之
上善其言。甚禮貌之
永樂元年正月
文廟初正大統。故翰林之臣。不及十數人
詔吏部及翰林舉文學行誼才識之士授職。其
中楊士奇首膺簡擢
賜五品服。肇建内閣。簡解縉、胡廣、金幼孜、胡儼
士奇、楊榮、王淮七人專典密務。皆進官。階幾

務孔殷。每旦奏事退。内閣之臣造
扆前進呈文字。商幾密。承顧問。率漏下十數刻
始退
永樂二十二年九月。
仁廟賜少傅兼吏部尚書蹇義、少保兼華蓋殿
大學士楊士奇、太子少傅兼謹身殿大學士
楊榮、太子少保兼武英殿大學士金幼孜、銀
圖書各一。其文曰繩愆糾繆。仍諭之曰。卿等

皆國家舊臣，祗事
先帝二十餘年，又事朕於春宮，練達老成。今朕
嗣位之初，軍國之務，重須卿等協心贊輔。凡
政事有缺失，或群臣言之而朕未允，或卿等
之言朕有不從，悉用此印密疏以聞。其毋憚
於再三言之。君臣之間，盡誠相與，庶幾朝無
缺政，民不失所，而朕與卿等皆不負
祖宗付托之重。義等頓首受命。

宣廟嘗謂侍臣曰：君臣一體，猶元首之有股肱。
以為賢人君子而用之，則當信任之。古之帝
王，推赤心置人腹中，人樂為用。若既用而復
疑，上下之情不通，恐在其為一體也。故於儒
臣，每燕見必從容咨訪，使盡其意。
宣德八年四月
上問侍臣曰：唐虞何以為盛治？侍臣對曰：堯舜
聖人，以德為治，所以盛也。

上曰：[illegible]亦賴有其臣，使是時無禹稷[illegible]
陶佐之，堯舜能獨治乎？元首股肱必相[illegible]之。
當時君臣又皆互相戒謹，不敢有一毫自滿
之心。此其所以盛也。爲世之下，諭唐虞盛治，
當本諸此。
英廟躬理政務，凡天下奏章，一一親決。有難決
者，召李賢商議可否，且厭左右干預嘗於靜
中召賢嘆曰：為之柰何？賢對曰：惟在獨斷可

以革之
上曰：非不自斷，如某事某事某人某人皆不從
其說。賢對曰：若常如此可矣。
上曰：但依之，則悅；不從，便拂然見於辭色。賢曰：
於理果不可行者，宜從容諭之。
上曰：今後彼欲用人不當者，先生亦當執而沮
之。賢曰：臣若頻沮，其勢必怨。惟
陛下明見，自以為不可，庶幾漸能革之

上曰然

敬耆宿第十四

乙巳。三月。起居注宋濂乞歸省金華

太祖賜金幣而遣之濂還金華進表謝復致書

世子。勸以進脩

太祖覽書喜召世子諭之曰吾自幼極艱難今

爾曹冠服華麗飲食甘美安居深宮不思勇

於進脩。是自棄也宋起居之言有益爾其味

之復遣使至金華賜書獎諭濂賜以綺帛仍

令世子親致書以報人皆嘆

太祖待士之盛

洪武元年。三月。召劉基赴京師同盟勳冊基

至京師賚賜甚厚追贈基祖父爵皆永嘉郡

公累欲進基爵基曰

陛下乃天授臣何敢貪天之功

聖恩深厚榮顯先人足矣固辭不敢當

太祖知其至誠不強也至三年七月進封誠意

伯

太祖天威嚴重惟基抗言直議不以利害怵其

中

太祖亦甚禮基常稱老先生而不名又曰吾子

房也

洪武四年

太祖適以事責丞相李善長憲使凌悅因彈之

劉基爲

上言李公舊勳且能輯和諸將

上曰是數欲害汝汝乃爲之地耶汝之忠勳足

以任此基叩頭曰是如易柱必須得大木然

後可若束小木爲之將速顛覆以天下之廣

當求大才勝彼者如臣駑鈍尤不可爾

上怒遂解

洪武十年二月學士宋濂辭歸瀕行

太祖賜紙幣文綺及
御製文集。
皇太子贈以衣三襲。
太祖諭曰。朕最慎于賞予。嘉卿忠誠。可貫金石。
故以是贈卿。卿今年幾何。濂曰。六十有八。
太祖曰。藏此綺。俟三十二年後。作百歲衣也。濂
叩首謝。
太祖復屬曰。大江漲。不可舟。卿宜循河達家。

庶幾無虞。仍俾孫慎護行。
學士宋濂致仕。復來朝。見於端門。
太祖佇想已久。延問累矣。及見。大喜。加勞再三。
皇太子諸王。皆驩動顏色。越翌日。
太祖降敕。符遣儀曹奉醪膳諸物。抵寓館以賜。
自是日侍
太祖遊歷觀閱。盤旋禁御。詢諮備至。便殿侍宴。
日晏始退。恩禮之優。群臣莫敢望。

太祖嘗悄然嘆曰。純臣哉爾濂。純臣哉爾濂。方今
今四夷皆知卿名。卿其自愛。濂避謝不敢當。
太祖嘗與宋濂飲。濂素不勝杯。勺舉觴即辭。
太祖強之三觴。面赤如赭。行不成步。
太祖歡笑。親御翰墨。賦楚辭一章以賜。仍命侍
臣咸賦醉學士歌。且諭曰。俾後世知朕君臣
同樂若此也。甘露降。
太祖召濂賜坐。

太祖躬執金杓。煉湯於鼎。以甘露投之。手注之
卮以賜濂曰。此和氣所凝。能愈疾延年。故與
卿共之耳。
永樂初
太宗諭禮部臣曰。公侯年老者。歷事
皇考。多效勞勤。今筋力既衰。日與群臣並入朝
參覲。其步趨之艱難。朕所以不忍。自今朔望
朝見。任事者不在此例。

永樂二十二年十一月

仁宗御西角門閱廷臣誥詞顧謂大學士楊榮等曰卿三人暨蹇夏二尚書皆先帝親任舊臣朕方倚卿等自輔凡朕所行卿等共知其有未善皆當盡言朕觀前代人主一獲尊位輙惡聞直言雖素所親信亦皆畏威順旨諛說取容或有忠良時進一言一旨不納則退而杜口以圖自全致令人主因循

肆志至覆敗今朕與卿等當以此為戒君臣一體終始協心庶幾可以共圖永久因取五人者誥詞

親御宸翰增二語云勿謂崇高而難入勿以有所從違而或怠曰此朕實心卿等勉之榮對曰

皇上聖德之至臣等其敢不勉

永樂二十二年

仁廟御思善門選用東宮官命戶部尚書兼詹為太子太師仍兼尚書蹇義夏原吉力言資偏執妨事且多病請令致事

上意未可召楊士奇語以二人之意且曰

先帝初舉義兵一切軍需糧餉皆出資調度吾時居守竭誠佐輔甚得資力今出危獲安吾嗣大位乃遂棄之吾誠不忍對曰故舊無大故不棄此

皇上盛德

上問士奇資為人果如何對曰資強毅人不得干以私但性偏執甚至沮格

恩澤不流於下

上問其故對曰

詔敕數下蠲免災傷租稅資不聽開除必責有司依歲額徵納此其過之大者然耿介能守廉非衆所及

上曰吾在此又有原吉與之同事當不復偏執矣乃不從二人言無幾蹇夏又數數言資偏執妨事不容資仁政必為所格

上強從之命資以太子太師戶部尚書致事書

璽書褒諭賜銀鈔綵幣甚厚資歸逾月

上念之不置嘗諭士奇曰無使大臣怨乎不以資其謂我何吾欲遣人視之且少加賜賚士奇對曰賜賚有時而盡洪武中有尚書致事給全俸者今北方倉廩少儲得減半給之可常足用

上喜即令戶部給資半俸

宣德七年八月

宣廟在宮中覽尚書黃福贊漕運時言便民數事出其章示楊士奇且諭曰福所言皆智慮深遠可行今六卿中其誰之倫對曰福受知

太祖最先大用其為人正直明果一志於國家生民今六卿中鮮及之永樂初建北京行部

命之綏輯彫瘵及得交趾命總藩憲之政安新附之衆躬勤夙夜具有成績其才德兼備有大臣體諸卿誠不及之福今年七十矣諸後進少年尚坐公堂理政事享安佚出入輿馬騶從揚揚福

四朝舊人乃朝暮奔走道路勞瘁不已殆非

國家所以優老敬賢之道

上曰非汝不聞此言吾嘗欲得一老成忠直之人處之南京根本之地緩急可倚今以命福豈不誠當士奇對曰福必不負

陛下任使明旦

上命吏部改福南京戶部尚書中外聞者皆悅

天順五年十一月

英廟顧李賢曰今六部尚書庶皆得人但慮吏部王翱老矣時翱年七十八歲賢曰臣聞翱

命之說翶書最高尚有十年

上喜曰如此無慮矣如户部年富不易得賢曰

若繼翶為吏部非此人不可

上曰然

皇明政要卷之七

皇明政要卷之八

開言路第十五

戊戌十二月

太祖自宣至徽召故耆老儒訪以民事有儒士

唐仲實姚璉者來見

太祖問之曰喪亂以來民多失業其心望治甚

於飢渴吾深知之仲實對曰自大軍克復民

獲所歸矣又問曰鄧愈築城百姓怨否對曰

頗怨

太祖曰築城以衛民何怨之有必愈所為迫促

以失人心即命罷之又問爾能博通今古必

諳成敗之迹若漢高祖光武唐太宗宋太祖

元世祖此數君者平一天下其道何如仲實

對曰此數君皆以不嗜殺人故能定天下于

一

主公英明神武其數君之長驅除禍亂未嘗妄

殺出民膏火措之於袵席之上開創之功高
於前代然以今日觀之民雖得所歸而未遂
生息
太祖曰此言是也我積少而費多取給于民甚
非得已然皆為軍需所用未嘗以一毫奉已
民之勞苦恒思所以休息之曷嘗忘也仲實
等曰誠如是民之生息可得矣
太祖曰有不便者盡盡言之仲實等皆拜謝乃

賜諸父老布帛撫慰之而去

辛丑七月
太祖視事東閣時天熱坐久汗濕衣左右更衣
以進皆經澣濯者參軍宋思顏曰臣見
主公躬行節儉舊衣皆澣濯更進禹之惡衣服
誠無以加矣真可以示法於子孫也臣恐
主公今日如此而後或不然願始終如此
太祖喜曰思顏之言甚善他人能言或惟及目

前而不能及於久遠或能及其已然而不能
及於將然今思顏見我能行於前而慮我不
能行於後信能盡忠於我也乃賜之幣以彰
其直後謂思顏曰汝在前朝頗有善譽為主
者不能知汝及歸於我數進讜言斯固可嘉
思顏又曰近句容有虎為害
主上既遣人捕獲之今豢養民間飼之以犬無
益

太祖欣然即命取二虎并一熊皆殺之分其肉
賜百官

洪武九年某月

太祖因天變下詔求言曰朕本寒微因元多事
試與群雄並驅十有七年艱難萬狀方得偃
兵息民稱尊海內紀年洪武已九春秋矣邇
來欽天監報五星紊度日月相刑於是靜居
默省古今乾道變常殃咎在乎人君尋思至

此惶惶無措手足惟召告臣民許言朕過
戳於斯之道惟忠者仁人之心能鑑朕之不
德假公營私者文非賢人君子
洪武十五年八月山東肥城縣知縣許好問
言報國莫如薦舉獻忠莫如進諫臣既不能
薦賢以報國敢不進言以獻忠周有天下八
百年秦併周爲正統合四十餘年而漢興漢
有天下四百餘年隋平陳混一天下甫二十
九年而唐興唐有天下二百八十八年元起
沙漠入主中國混一天下八十餘年而
聖朝隆興先儒云凡能混一天下不及百年皆
爲迭興之閏位乃知秦爲漢閏隋爲唐閏於
爲國朝之閏亦明矣伏願
陛下慎刑罰昭勸懲緩差徭容直諫致中和爲
丕顯文明之治則
皇祚傳之萬世聖子神孫承繼於無窮矣上

八百年而已哉
太祖曰治亂相因盛衰有時雖出於氣運一定
之數然亦由人事之所致也其間保民致治
國祚靈長未有不由創業垂統爲子孫繼述
之基本其所以速致亂亡者必反是鑒之往
古事有可徵要之祈天永命固有其道脩德
慎罰亦一端耳好問所言頗合朕意
太宗即位初年十月甘州中衛左所軍張真上
言便民及守邊數事
太宗覽畢顧禮部侍郎宋禮曰雖堯舜禹之聖
亦樂取人言以爲治朕即位以來首下詔求
言而言無幾人此戍卒能上言雖不皆可采
然爲國之意則甚宜嘉賚之其賜衣一襲鈔
千貫又顧禮曰居其位無其言君子恥之卿
等亦毋嘿嘿而已
永樂元年十一月

太宗諭六科都給事中朱原禎等曰朕嘗慮天下之民有失所者爲爾曹未能盡知故選郡縣考滿官俾於六科辦事如吾有所欲聞即可知彼有所欲言即可達而久無一人言夫郡邑之間豈都無一事利害可言今在於左右尚猶默默況遠千里豈肯言乎爾等退以此言申諭之其所治何利當興何弊當去皆直言勿隱於今不言將有他人言之則不能

逃罪矣

永樂二年三月

太宗御奉天門召六科給事中諭曰朕君臨天下夙夜孳孳惟欲軍民老少皆安爾等職居近侍比來皆不聞一言及於軍民利病何也可退而思之條析以聞朕將審擇行之又曰天立君以養民君不恤民是不敬天君資臣以成治臣不輔治是不忠君朕與爾等皆不

可不勉

永樂三年四月

太宗御奉天門視朝罷召六科給事中諭曰朕日臨百官可否庶務或有失中者爾等宜直言無隱又顧翰林學士解縉等曰敢爲之臣易求敢言之臣難得敢爲者強於己敢言者強於君所以王魏之風世不多見若使進言者無所畏聽言者無所忤天下何患不治朕

與爾等皆勉之

永樂三年四月行在禮部奏官民建言請同六部尚書都御史六科給事中會議以聞

上曰致理之道莫先於廣言路蓋天下之大吏治得失民生休戚人不言朝廷何由悉知古人謂明王視天下猶一堂滿堂宴笑一人對隅而泣則一座爲之不樂若今天下有匹夫匹婦不得其所實爲君德之累凡有建言民

議者卿等勿諱言或激切亦其心發於忠若
以其言激切而棄之孰肯進言卿等宜悉此
意凡言之善者即以聞庶幾有補於治
永樂四年
太宗謂諸近臣曰早來在宮中偶忘一事問左
右皆不能記憶蓋沉思久而後得之朕以一
人之智處萬幾之繁豈能一一記憶不忘一
一處置不誤拾遺補過近侍之職自今事之

叢脞者爾等但悉記之以備顧問所行有未
合理亦當直諫朕自起兵以來未嘗違忤直
言爾等慎勿有所顧避
永樂十九年四月給事中柯暹監察御史何
忠等應詔言事頗訐直然其詞侵工部尚書
李慶等慶等不能平數請于
太宗罪之
太宗曰敬天故求直言今罪直言者是逆天可

乎又曰朕於今正欲聞過古之明主皆獎直
言今爾數請罪之是欲朕為何如主且彼所
言爾等過失若誠有即因而改之豈非善德
果若無之於爾何損今罪之將重其名而益
朕與爾等之過矣慶等愧而退
永樂二十二年十一月翰林學士楊溥發跡
言事
仁廟嘉納之御禮獎諭之曰覽卿所奏為國家

之計誠合朕心但望卿始終如一知無不言
相朕致治以承天休感卿忠懇將用酬報今
賜卿綵幣一雙鈔一千貫卿其領之
宣德五年四月有建言請設諫官者
宣廟曰
祖宗定制不可改但朕有過失令中外大小之
臣皆得諫而納之不為迕豈不所得者多歟
因謂侍臣曰三代以下人君唐太宗善納諫

當時之臣若魏徵王珪亦善諫故有貞觀之治宋太祖嘗曰唐太宗受人諫疏嘗自引咎不以為恥不若己不為非使人無可諫二者孰是侍臣對曰宋太祖所言為優

上曰宋太祖固是務本之論然人所行豈能皆是若禹聞善言則拜湯從諫不咈改過不吝禹湯猶取善於人況其下者乎吾以為君人者當以太宗為法

樂改過第十六

洪武初年詔許言事朝臣有上疏萬餘言者

太祖厭其迂衍怒欲罪之以問羣臣有阿意者摘其疏曰此不敬此誣謗罪當誅

上咨之而罷怒未解宋濂對曰彼應詔上疏甚心為

朝廷耳焉可深罪乎

默然已而覽疏中有足采者召阿意者罵曰吾怒時若等不能諫乃激吾誅之何異以言沃火向非宋濂之言幾不誤罪言者耶

洪武初翰林進大祀祝文有予我字

太祖怒甚桂彥良進曰臣聞湯祀天曰予小子履武祭文曰我將我享儒生泥古不通煩

上謔可衆皆得釋

永樂二十二年十一月十二日復大理卿虞謙先是奏事侍臣有言此當摒前密請

言不當於朝班對衆敷奏為責恩亂又有言其屬官揚時習先導之密陳而謙不從者遂降謙為大理少卿而陞時習為卿其後楊士奇獨進奏事畢未退

仁宗問汝有欲言者否對曰有非虞謙乎對曰然

上曰吾亦頗悔之汝試言之對曰外間皆云時習實無先導之言時習是臣江西人亦親語

臣本無此言，今冒居卿位，慙懼不安。又言應
歷事數十年，皆居通顯，頗為得大臣體者。且
今所犯小過。
上曰：吾之悔亦念此。因問特習其人若何。對曰：
雖起於吏，然明習法律，公正廉潔。
上喜曰：吾有以處之。會吏部言交阯闕按察使，
上諭尚書蹇義曰：左遷虞謙，吾過矣。復其大理
卿，改楊時習交阯憲使。

永樂二十二年十二月，
仁宗諭楊士奇曰：近日覺群臣之意，甚好事或
未嘗輒有封章進來。士奇對曰：此由
陛下聖德容納，昔嘗觸有言，頗不以同異為意，
怒不以喜怒為用舍。
上曰：朕志正如此，故每聞群臣言，退未嘗不反
復思之。或吾言有過，退亦未嘗不悔。士奇對
曰：成湯改過不吝，所以為聖人。頃

陛下常以古人為法。
洪熙元年春正月，
仁廟召大學士楊士奇、楊榮、金幼孜、黃淮諭曰：
為君以受直言為賢，為臣以能直言為忠。不
受直言，則過益增；不能直言，則忠不盡。如昨
日朝會從呂震所請，今悔何及。賴卿等同心，
遂免此悔。自今卿等遇朕行有未當，但直言
之，毋以不從為慮。各賜鈔一千貫、文幣一表

裏。
洪熙元年四月，
仁宗謂臨御以來，大理少卿弋謙數言事，
上頗厭其繁瑣。尚書呂震、吳中，都御史劉觀，侍
郎吳廷用等交奏其賣直沽名。召楊士奇等
至榻前，語以謙之愆尤。士奇對曰：謙不諳大
體，有之，然其心誠感
陛下超擢之恩，欲圖報效。古人有言：主聖則臣

直。惟
陛下容之。不然進言者將懼矣。
上雖不罪謙。然臨朝之際。數形於詞氣。又數日。
上御奉天門。士奇獨奏事。因進曰。
陛下頒詔求言。言不當者不罪。弋謙不曉事。激
聖怒。數日朝臣皆悚。又相與以言為戒。今遠近
朝覲之臣皆集闕下。目見而口傳。將謙之名
愈彰。而朝廷受不容直言之謗。

上惕然曰。此事固是朕不能容。如呂震等。迎合
以益吾過。自今吾不復言謙。遂免謙朝參。令
專坐司賍事。自是一月餘。朝臣言事者少。
上特召士奇諭曰。爾料事不差。自免弋謙。朝言
者不至。豈果無事可言。對曰。臣下孰不欲進
言納忠。惟在
上寬容以來之。
上曰。朕非怒謙言事。但其言亦有矯激過實者

爾可諭衆人以朕之實心。對曰。此非臣言所
能使之信。必得
璽書親諭之。乃見
聖德之實。遂令士奇就榻前書
敕引過。命弋謙如舊朝參。令百官言事毋以謙
為戒。因諭士奇曰。朕有過不難於改。雖一時
不能容。然終知悔。爾知朕心。毋吝於言也。未
幾。有言中官謝安。四川伐木虐民者。於是召

弋謙諭曰。爾本清鯁之臣。朕今取清鯁用爾。
遂陞謙副都御史。賜鈔千貫。馳驛詣四川罷
伐木之役。并糾察安等。
天順　年　月。鎮守遼東太監范英。乞來朝
見。即以部下親昵都指揮高飛乞統遼陽兵
然。已有參將曹廣。兵部以為不可。
上欲允之。召李賢曰。可以飛代廣。賢不能止。明
日復見。

上曰聞飛非統御才地方所係
上曰已發奈何賢曰雖發未行猶可止事未停
爰雖行亦止。
上曰然即召兵部已之。

皇明政要卷之八

皇明政要卷之九

審興替第十七。

洪武元年春正月。
上御東閣御史中丞章溢學士陶安等侍因諭
前代興亡之事。
上曰喪亂之源由於驕逸大抵居高位者易驕
處逸樂者易侈驕則善言不入而過不聞侈
則善道不立而行不顧如此者未有不亡今
日聞卿等論此深有儆於予心古者今之鑑
豈不信歟。
洪武二年春正月。
上御奉天門召元之舊臣問政事得失馬翼對
曰元有天下以寬得之亦以寬失之
上曰以寬得之則聞之矣以寬失之則未之聞
也夫步急則蹟弦急則絕民急則亂居上之
道正當用寬但云寬則得衆不云寬之失也

元季君臣耽於逸樂循至淪亡其失在於縱
弛實非寬也大抵聖王之道寬而有制不以
廢棄為寬簡而有節不以慢易為簡施之適
中則無弊矣

洪武初
太祖御齋室宋濂侍坐
上問三代歷數封疆之脩短廣狹濂歷言之且
曰三代之治天下也以仁義故歷年之多後

世莫及

洪武十八年春三月
上覽輿地圖侍臣有言今天下一統海外蠻夷
無不向化輿圖之廣誠古所未有
上曰地廣則教化難周人衆則撫摩難徧此正
當戒慎天命人心惟德是視紂以天下而亡
湯以七十里而興所繫在德豈在地之大小
哉

永樂二年八月
上御右順門與侍臣論胡元興廢皆由天命
上曰天運雖有前定之數然周家後來歷數過
之蓋周之先德積累甚厚其後嗣又不至有
桀紂之惡使夏殷之後不遇桀紂未遽亡也
元始以有德興使其子孫知脩德保民亦未
遽亡順帝不恤軍民不理國政而荒淫無度
安得不亡故國之廢興必在德不專在數也

永樂六年四月
太宗御西角門因言及元順帝父子荒淫無度
廢壞國法以致喪亡侍臣曰此是天命在我
太祖高皇帝所以致其昏惑顛倒如此
太宗曰帝王之興雖有天命亦須脩德行仁以
承之順帝父子惟倚天命不復脩省如紂亦
曰我生不有命在天所以卒至於亡

永樂九年二月

太宗御右順門覽奏牘時御案有鎮紙金獅欹
側將墜給事中耿通趨進移置案中
上顧侍臣曰一器之微置於危處則危置於安
處則安天下天下大器也獨可置之於危乎尤須
安之天下雖安不可忘危故小事必謹小不
謹而積之將至大患不過必改小不改而積
之將至大壞皆致危之道也
永樂二十年四月

車駕發隰寧次西涼亭西涼亭者元往來巡遊
之所
上望其頹垣遺址樹木欝然謂侍臣曰元氏創
此將遺子孫為不朽之圖豈計有今日書云
常厥德保厥位厥德靡常九有以亡況一亭
乎可以為殷監矣因下令禁軍士斬伐樹木
宣德四年三月
上退朝御便殿與儒臣論史因問漢唐諸君在

位享久對曰漢武帝唐玄宗皆在位久
上曰漢武好大喜功海內費耗末年能悔過
玄宗初政有貞觀之風久而恣欲疎忠任邪
遂致禍亂竄身失國武帝猶為彼善於此
曰善心生則明欲心生則闇武帝以田千秋
為賢玄宗以李林甫為賢此治亂所由異也
宣德七年七月
上登萬歲山坐廣寒殿召翰林儒臣侍命周覽

都城山川形勢既畢
上諭之曰此元之故都也世祖知人善任使信
任儒術愛養民力故能混一區宇以成帝業
再傳至武宗元政稍變更仁宗繼之恭儉
愛人即位之初興學校勵風憲請中書其致
效於治一遵世祖之法足為賢君英宗果於
殺戮奸黨畏禍遂搆大變泰定以後皆享祚
不久至順帝在位既久肆意荒淫怠於政事

紀綱法度蕩然遂至失國使順帝能恭儉長
守世祖仁宗之法天下宜為我
祖宗所有又曰兹山兹宇順帝所日宴遊者也
豈不可感侍臣叩首曰紂之跡周之監也
上曰然

辯賢邪第十八

洪武二年十一月
上諭皇太子諸王曰用人之道當知奸良人之奸良固為難識惟授之以職試之以事則情偽自見若知其良而不能用知其奸而不能去則誤國自此始矣歷代多因姑息以致奸人侮惑當未知之初一槩委用既識其奸退亦何難書曰任賢勿貳去邪勿疑爾等其慎之

洪武十四年春正月
上與吏部臣論任官
上曰樹藝非其土則不蕃授官非其才則不任任官之務當取方正之士凡邪佞者必去之
吏部臣對曰人之邪正實亦難辯
上曰衆人惡之一人悅之未必正也衆人悅之一人惡之未必邪也蓋出於衆人為公論出於一人為私意然正人所為治官事則不私其家當公法則不私其親邪人反是此亦可辯

洪武十六年夏六月
太祖諭廷臣曰讒人之能害國猶稂莠之能害苗故善治田者必去稂莠善治國者必去讒邪稂莠始生似真及其盛也則苗不能勝矣讒人始言似忠及其久也則正人不能勝矣讒邪勝正人非國家美事人君知其然當力去之不然則根柢日深為害不淺矣

洪武二十七年三月

太祖謂侍臣曰毀譽之言不可不辯也人固有
卓然自立不同於俗而得毀者亦有謟[illegible]
昵同乎汚俗而得譽者夫毀者未必眞不肖
而譽之者未必眞賢也第所遇有幸不幸爾
人主能知其毀者果然爲賢則誣謗之言可
息而人亦不至於受抑矣知其譽者果然不
肖則偏陂之言可絕而人亦不至於幸進矣
問君子於小人小人未必能知君子鮮有不

爲所毀問小人於小人其朋黨阿私則所譽
者必多矣惟君子則處心公正然後能得毀
譽之正故取人爲難而知言爲尤難也
永樂二年三月
上御武英殿與侍臣論用人
上曰人君進一人退一人皆不可苟必須厭服
衆心若進一人天下皆知其善則誰不爲善
退一人天下皆知其惡則誰敢爲惡無善而

進是出私愛無惡而退是出私惡徇私而行
將何以服天下
永樂中
太宗常與解縉論羣臣
御筆書蹇義等十人名命各疏于下十人者
皆
太宗所信任政事之臣亦多與縉善而具以實
對於義曰其資厚重而中無定見於夏原吉

曰有德有量而不遠小人於劉儁曰雖有才
幹不知顧義於鄭賜曰可爲君子頗短於才
於李至剛曰誕而附勢雖才不端於黃福曰
秉心易直確有執守於陳瑛曰刻於用法好
惡頗端於宋禮曰戇直而苛人怨不恤於陳
洽曰疏通警敏亦不失正於方賓曰簿書之
才駔儈之心既奏
太宗以授

仁宗曰李至剛朕洞燭之矣餘徐驗之問尹昌
隆王汝玉對曰昌隆君子而量不弘汝玉文
翰不易得所惜者市心耳後十餘年
仁宗出其所奏十人者示楊士奇且諭之曰人
率謂縉狂士縉非狂士向所論皆定見也
永樂二十二年十二月書各都司布政司按
察司官姓名於奉天門西序先是
仁廟諭吏部尚書蹇義兵部尚書李慶曰庶官

賢否軍民休戚之所係唐太宗書刺史之名
於屏朝夕省覽聞其有善政則各疏于下故
當時所用之人皆思奮勵致治效斗米三錢
外戶不閉
皇考亦嘗書中外官姓名於武英殿南廊閒暇
觀之今五府六部之臣朝夕親見得詢察其
賢否若都司布政司按察司官朕既不素識
其人又不悉知其姓名雖或聞其賢否邪正

既久不能不忘為臣有善而上忘之誰肯自
勉如此國家何以望治效爾吏部兵部具各
都司布政司按察司官姓名并歷揭諸西序
朕得閒暇觀之以考察其行事而黜陟焉至
是悉言之又顧義等曰卿等更須用心以副
朕圖治之意
宣德元年六月
宣廟視朝退御便殿翰林儒臣侍因進致治在

用人之說
上曰否泰二卦盡之矣君子進小人退上下之
情通斯謂泰小人進君子退上下之情不通
斯謂否泰之時人君大有為所以成參贊之
功否之時君子引退則不可以有為矣求否
泰之端則在乎君子小人進退人君之用舍
有關世道如此豈可不慎但君子小人卒未
易辨如朕所用有不當卿等亦宜直言勿隱

宣德二年八月
宣宗燕閒與少保夏原吉語及古人信讒事
宣宗曰讒慝小人真能變白為黑詆正為邪聽
其言若忠究其心則險是以舜堲讒說孔
子遠佞人唐太宗以為國之賊朕於此等每
切防閑若有其萌必杜絕之不使姦以得入
枉害忠良齊殺斛律光國遂以弱朕常非之
汲黯正直奸邪寢謀卿等所宜務也

宣德三年十月都御史劉觀有罪下獄先是
六月一日早朝罷
宣廟召楊榮楊士奇至文華門諭曰京師端本
澄源之地
宣宗特朝臣無貪者年來貪濁之風滿朝其能
守廉惟吏部侍郎師逵一人汝當知之榮曰
前時賍貪方賓最甚
上問今日之貪誰最甚者榮對曰莫甚劉觀
上曰廷臣中今誰可使掌憲兩人久未對
上曰未必都無一人士奇曰通政使顧佐燕公
有威曾任御史及按察司皆有風采榮曰佐
亦嘗為京尹能防禁下吏政清弊革
上喜曰顧佐乃能如此命賜茶而退數日有旨
令劉觀巡閱河道觀行十數日陞顧佐右都
御史賜

璽書令考黜不肖洗滌積弊佐奏黜其舊不肖
者二十餘人罪甚者發遼東於是御史連章
劾觀貪賍狼籍并奏其子輻脅制諸道擬私
滅公皆明著實跡
上大怒追觀父子皆至出御史章示之既承伏
法司坐以重法
宣德四年顧佐自陞都御史憲度嚴明宿弊
清革數月有囚告佐累累枉人重罪不聽訴
理者

上大怒召楊榮楊士奇諭曰此必有重囚教之排佐小人陷正人不可不究治遂命三法司鞫之實千戶臧清殺一家無罪三人當死代寫狀教之誣告

上曰不誅之佐何以行事立命磔清於市

天順元年正月吏部左侍郎孫弘開設

英廟召李賢謂曰孫弘豈勝吏部賢曰誠如

聖諭蓋弘以知縣考績赴京為石亨鄉里囑晉京官又假奉迎功陞工部侍郎復極力謀求得此士林鄙之

上又恐其謀奪情即令守制復召賢曰吏部侍郎乃天下人物權衡非他部比必得其人先生以為誰可賢曰以在朝觀之無如禮部二人可擇一用之

上復問其優劣賢曰鄒幹為人端謹但規模稍狹姚夔表裏相稱有大臣之量

上曰然遂用之命下士類皆悅

天順元年四月禮部郎中李和許一彝子囑權近求為侍郎士論紛然不平

英廟問李賢此人何如賢對不知

上悟其意復問吏部尚書王翺亦不甚許他日以學士李紹對

上復問賢賢對曰此公論也明日朝畢召吏部除紹為禮部右侍郎輿論大愜

耿九疇軒輗皆廉介之士操履素定天下信之

英廟復位首用九疇為都御史軒輗為刑部尚書但二人之才不異於衆特取其行之高於人洎供職未有建明九疇欲糾石亨之罪反為所排出為江西布政轉四川

上知其為人清正但為亨輩所嫉一日與李賢泛論人才念及九疇非罪賢因曰此人操行

誠不易遂有召用意未幾因禮部缺人[illegible]
京師
上憐其衰命為南京刑部尚書且曰遂其優[illegible]
可也初輗在刑部數月因疾作懇乞致仕後
每念輗之為人一日南京總督糧儲缺人埋
之論及往日能理此事者莫如輗遂召為左
都御史委任之未幾九疇卒
上嗟悼良久曰可惜此老

皇明政要卷之十

公薦舉第十九

洪武二年秋九月
太祖謂廷臣曰知人固難今朕要教百司訪求
賢才然至日往往名實不副豈非舉者之濫
乎廷臣對曰請自今令有司薦舉必具其人
已行之善庶無冒濫之矣
太祖曰觀人之法即其小可以知其大察其微
可以知其著視其所不為可以知其所為但

嚴舉者之法則冒濫自革矣
洪武八年秋九月
太祖御奉天門與侍臣語及用人之道
太祖曰金石之有聲擊之而後鳴舟航之能運
操之而後動賢者之有才用之而後見然人
之才智或有長於彼而短於此者若因其短
而併棄其長則天下之才難矣今令天下求

才其長於藝者。皆在選列。俟至而觀之。若其處議也。可以知其仁。其善謀也。可以知其智。其果斷也。可以知其勇。若惟見其人小節。未觀其大端。而輒置之。乃有天下無賢之嘆。雖有稷契之才。亦難見矣。

洪武十三年夏四月。命羣臣各舉所知。

太祖諭之曰。天下賢才。未嘗乏也。謂皋夔稷契不復生。方叔召虎不再出。是薄天下之士。但

世有升降。故才有等差耳。為人上者。能量才授職。則無施不可。蓋士之進退。係乎國之治否。吾以一人之智。豈足以盡理天下。必賴天下之賢。然後足以有為。爾等宜體此意。各舉所知以聞。

洪武十九年七月。詔舉經明行脩練達時務之士。年七十以下者。郡縣禮送京師。

太祖諭禮部郎中鄭居貞曰。古之老者雖不仕

以政。至於咨詢謀謨。則老者閱歷多而聞見廣。達於人情。周於物理。有可資者。居貞對曰。人至六十。精力衰耗。則不能勝事。請六十已上者不遣。

太祖曰。政為比來有司不體朕意。士有耆年使置不問。豈知老成古人所重。文王用呂尚而興。穆公不聽蹇叔而敗。伏生雖老。猶足傳經。豈可槩以耄而棄之也。若年六十以上。七十

以下者。當置翰林。以備顧問。四十以上。六十以下者。則於六部及布政司。按察司。用之。

洪武二十七年三月。

太祖令有司每歲舉賢才及武勇謀畧通曉天文之士。其有兼通書律。廉吏亦得薦舉。得賢者賞。濫舉及蔽賢者罰。至是復下令曰。上世帝王創業之際。用武以安天下。守成之時。講武以威天下。至於經綸撫治。則在文臣。二者

不可偏用也古者人生八歲學禮樂射御書數之文十五學修身齊家治國平天下之道是以周官選舉之制曰六德六行六藝文武兼用賢能並舉此三代治化所以盛隆也茲欲上稽古制設文武二科以廣求天下之賢其應文舉者察之言行以觀其德考之經術以觀其業試之書算以觀其能策以經史時務以觀其政事應武舉者先之以謀畧次之

以武藝俱求實效不尚虛文然此二者必三年有成有司須為勸諭民間秀士及智勇之人以時勉學俟開科之歲充貢京師其科目等第各出身有差

永樂二十二年十一月羣臣有奏舉官者

仁宗諭之曰君以求賢為務臣以薦賢為忠雖聖人用人不求備隨才大小皆有可用然天下之大其間豈無庶幾皋夔顏曾之徒誠得一人勝千百人爾等為朝臣宜體朕此意悉心訪求勿苟徇私情而不顧公義古人云舉能其官惟爾之能稱匪其人惟爾不任朕亦以此觀爾遂命吏部自今以薦舉至者必試用之

洪熙元年五月禮部引郡縣歲貢生入奏請如例翰林出題考試

上召楊士奇至奉天門諭之曰監生之不可用

皆由翰林不嚴試所致此弊已數十年非一朝夕之故今不可復循舊弊必嚴試之即其中皆下惟得一人亦可即皆無可取亦不妨但須得實才

上又言科舉之弊亦須革士奇對曰科舉須兼取南北士

上曰北人學問遠不逮南人對曰自古國家兼用南北士長才大器多出北方南人有文多

浮

上曰然將如何試之對曰試卷例緘其姓名請

今後於外書南北二字如一科取百人南取

六十北取四十則南北人才皆入用矣

上曰北士得進則北方學者亦感發興起往年

只緣北士無進用者故怠惰成風汝言良是

往與蹇義夏原吉及禮部計議各處額數以

聞

洪熙元年十月都御史劉觀王彰李素羨舉

才能之士前應天府尹于潛等十餘人

宣廟曰卿大臣所舉必當如昔孫抃言吾輔政

無功惟薦一二臺臣無愧卿等必能知此後

諭之曰古者除官則署舉主姓名負職則連

坐今亦當循此法

宣德七年二月大學士楊士奇言今軍民豈

無文學才行卓然出衆及有知謀材勇精於

武略者請令群臣詢察舉保選用

宣廟曰進賢之路宜廣此皆應行若有拘於例

者宜當開廣士奇言唐虞之世罰弗及嗣今

極刑之家有賢子弟例不許進用

上曰舜殛鯀用禹聖人至公之心也又曰劉翀

亦極刑家今不在近侍乎汝於敕諭中明書

極刑除犯謀反大逆外其餘犯者其子弟有

文學才行並聽舉用

正統初有言方面及府州正官專用保舉即

是恩出於下欲如洪武求舉故事皆令吏部

選除

上命楊士奇與楊溥議之士奇等上疏曰宣德

七年以前藩憲二司及府州正官多不得人

百姓受害是以

宣宗皇帝勅令大臣舉保自茲以後多得其人

間有一二非才蓋緣舉主審察不至亦或實

是徇私所司不行糾舉以致如此我
祖宗相承為政皆有因而損益之宜
宣宗皇帝體
祖宗之心以行仁民之政者尚多保官乃第一
事當時不間人有異言多以得人為喜唐太
宗力行仁義命在京三品以上官舉郡守縣
令後來致天下斗米三錢之[illegible]明監在前可
無疑也

聖旨所論保官則恩出於下切緣衆臣舉保吏
部審擇具名奏請
聖意允俞然後授官不允即不得除授因公實非
出於下也近年有等京官無人舉保造為謗
語專欲廢壞
先帝良法則小人皆得升用小人日進則君子
日退天下何由治平伏望
聖斷只依

先皇帝勅旨而行但所舉之人後有犯贓必須
明正舉主之罪則人知謹畏不敢濫舉官必
得人
詔如所議
英廟求可為戶部尚書者李賢薦副都御史年
富執法不撓
上以為然左右不悅富者甚衆譖賢曰
上不喜此人不可再舉一日

上召賢曰戶部之缺果誰當之恐非年富不可
賢對曰此人不悅者衆愈見其賢
上曰富之執法正宜此國計所關豈顧私情不
悅遂召富為戶部尚書士林咸以為宜

慎銓衡第二十

洪武四年五月以李守道詹同為吏部尚書
太祖諭之曰吏部者衡鑑之司鑑明則物之妍
媸無所遁衡平則物之輕重得其當盖政事

之得失在庶官任官之賢否由吏部任得其
人則政理民安任非其人則瘝官曠職御等
君持衡秉鑑之任宜在公平以辨别賢否毋
但循資秩碌碌充位而已

洪武六年夏四月命吏部訪求賢才於天下
太祖曰世有賢才國之寶也古之聖王恒汲汲
於求賢若高宗之於傅說文王之於呂望二
君者豈其智之不足也而遑遑於版築鼓刀

之徒蓋賢才不備不足以為治鴻鵠之能遠
舉者為其有羽翼也蛟龍之能騰躍者為其
有鱗鬣也人君之能致治者為其有賢人而
為之輔也今山林之士豈無德行文藝之足
稱者宜令有司採舉備禮遣至京朕將任
用之以圖至治

永樂元年四月吏部尚書蹇義奏請明日選
官

[redacted]

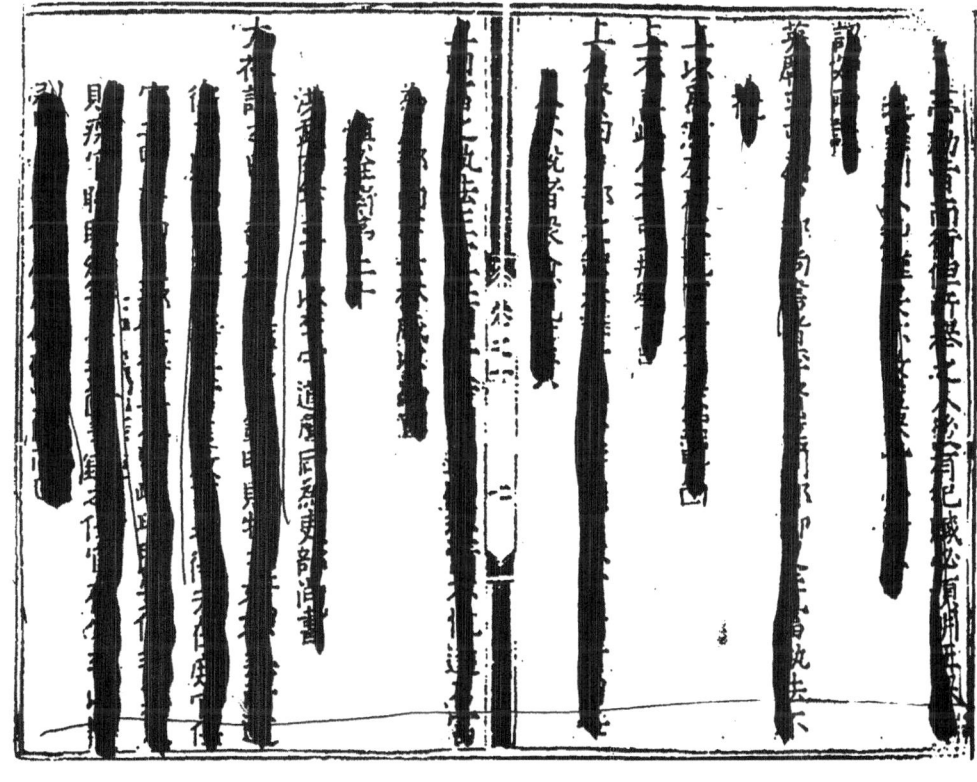

[redacted]

上諭之曰爾等職掌銓選辨別邪正必當揆理不當任情
揆理則以是非為進退任情則以從違為取舍慎之
慎之又曰用人之道各隨所長才優者使治事德厚
者令牧民蓋有才者未必皆有德有德者必不同小
人

永樂元年九月

太宗敕吏部臣曰朕以眇躬纘承大統圖維求賢以資治
理宵旰遑遑急於飢渴其令內外諸司於群臣百姓

送中各衙所知[illegible]堪重任而沉滯下僚或可劇煩而
優游散地或[illegible]德居田里並以名聞毋媢嫉
蔽賢毋徇私[illegible]能其官惟爾之能稱匪其
人惟爾不任欽哉

宣德元年四月[illegible]吏部尚書蹇義等奏請選官

上從容諭之曰庶官[illegible]國家之治亂掌銓[redacted]

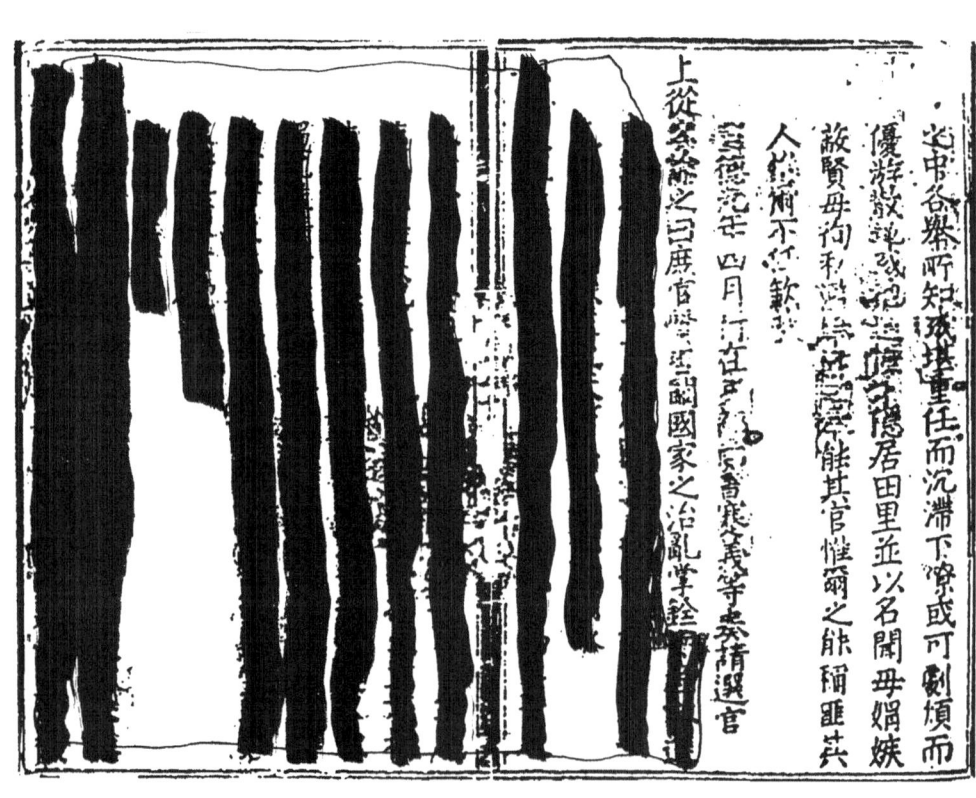

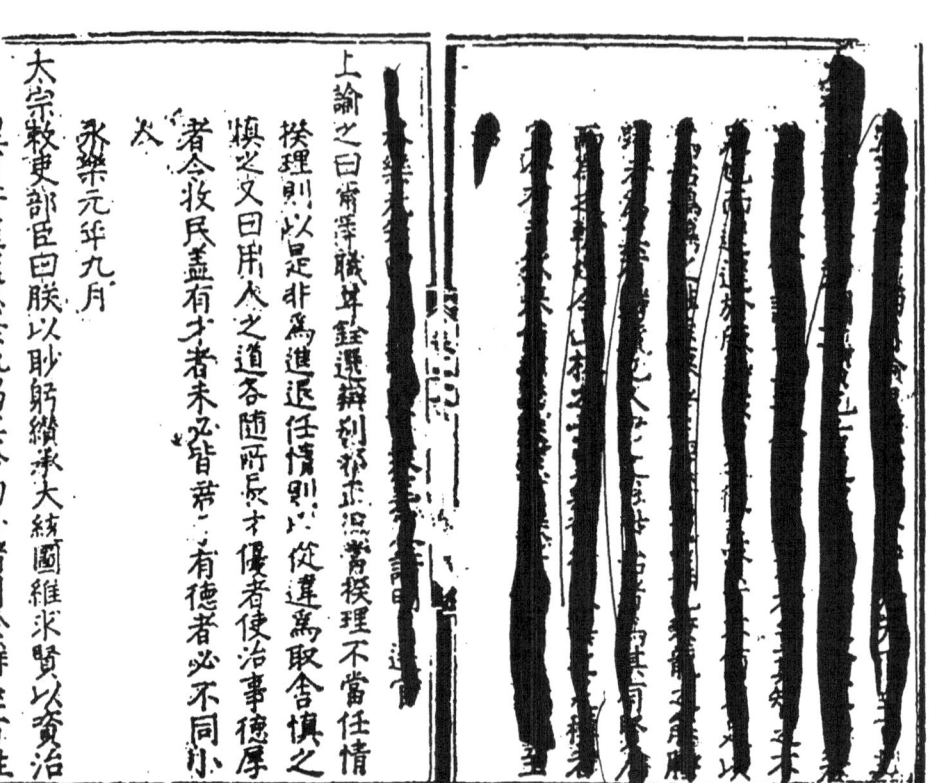

衙者以進賢退不肖為職。一事得人。則一事理。一邑得人。則一邑安。推之無致達之天下無二致也。朕嗣承
祖宗大統。維新治理。以安民生。選賢任能。尤為切要。古人取士於鄉。以其道藝著聞有素。後世以言貌求其底蘊。盖亦難矣。況篤實之士率多恬退。澆偽之才巧於進取。非至公無以勝私。非至明不能格物。嚴選舉以遏冗濫。精考覈以防矯偽。毋俾小人貽患於民。斯其善矣。古之大臣。以賢事君。國家膺福。蒼生受惠。聲名流芳於永世。卿等勉之

宣德二年七月
上諭少師吏部尚書蹇義等曰。唐太宗嘗言用人當以德行學識為本。此語甚是。今之所用。多是進士監生。彼讀書知古。必能務德行。廣知識。間有人才吏胥。終亦少在要職。大凡用人。正如工匠用木。大小長短。各當其宜。然後能成居室。若用人不當。何以成治功。卿宜更加詳察。有在高位。而德行學識未稱。則改用之。有在下位。而德行學識優長。則進用之。無合至公。

宣德五年正月。吏部奏選官退。
上因與侍臣論前代官制。
上曰。省官安民之道。有虞建官惟百。夏商官倍。秦漢以下。視夏商官益增多。何也。侍臣對曰。時世不同也。

上曰。唐虞三代。事簡民淳。不可比擬。唐太宗定內外官七百三十員。去古未遠。亦足為法。侍臣對曰。然必由君心靜。則事可簡。事簡則官可省。官省則民安矣。若國家多事。政務煩雜。小人倖進。冗食者多。欲百姓免於煩擾難矣
上曰。此誠確論。清心省事之本

宣德五年七月
上視朝罷御右順門謂侍臣曰郡縣守令所使
安民者若賢否混淆無所激勸則中才之士
皆將流而忘返吏部以進退人才為職亦未
聞有所甄別何也因降勑申諭之
宣德七年二月
宣廟謂楊士奇有司中有廉幹能興利除害者
令具名來聞用憑奬擢士奇言方面郡守皆

是要職吏部往往循資陞授不免愚良混進
請令吏部自今方面郡守有缺令京官三品
以上及布政按察薦舉務取廉公端厚識大
體能為
國為民者仍爲吏部審其所保果為可用然
後奏聞量授以官後犯贓罪併坐舉者又詔
令法司凡保舉授官有人指告其罪者必先
取問干證明白然後奏聞請

[redacted]
申諭之
[redacted]
請
旨提對廉能八不爲小人[illegible]陷
上曰然薦舉得人須保至公然亦不[illegible]小人之訐
仁宗初即位命吏部令京官七品外任五品以上文官及
知縣於五品以下見任官及軍民中訪舉德性淳篤
行止端方或材能出衆政績顯著或文學有稱識見
優遠者量材擢用若有蔽賢及濫舉者論罪如律附

舉之人後犯贓罪舉者連坐時[illegible]舉
賢而奏行者率多徇私背公或以賄賂夤緣或以親故
舉所得實用十不三四政事何由而理生民何由而
安自今必嚴舉主連坐之法庶得實材

皇明政要卷之十

皇明政要卷之十一

明賞罰第二十一

洪武三年十二月

封右丞薛顯爲永城侯賜文綺及帛六十疋俾居海
南時顯有專殺之罪

太祖召諸將臣諭之曰自古帝王有天下必爵賞以酬功
刑罰以懲惡故能上下相安以致治也朕倣古帝王
以制爵命卿等明聽朕言昔漢高祖非有功不侯所
以重封爵也而功臣不免於誅戮侯君集有功於唐
犯法當誅太宗欲宥之而執法者不可卒以見誅非
高祖太宗忘功臣之勞也由其恃功驕恣自罥于法
耳今右丞薛顯始自明州來歸朕撫之厚而待之至
推腹心以任之及其從朕征討皆著奇績自後破慶
陽追王保保戰賀宗哲其功最多氣逾此衆中可謂
奇男子也朕甚嘉之然其爲性剛忍朕屢戒飭終不
能悛至於安殺胥吏殺獸醫殺火者及殺馬軍此罪
難恕而又殺天長衛千戶吳富此尤不可恕也富自
幼從朕有功與逖顯因利其所獲擎畜殺而奪之師

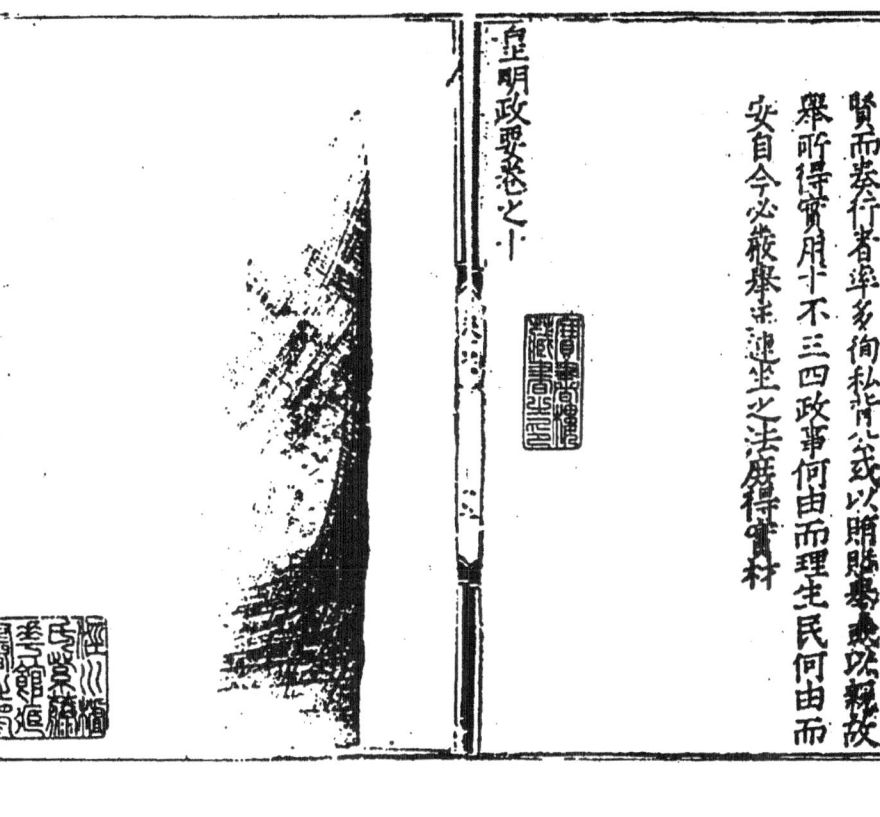

還之日富妻子服衰絰伺之於途牽衣髮亂且詬詈
於朕朕欲加以極刑恐人言天下甫定即殺將帥欲
宥之則富死何辜今仍論功封以侯爵謫居海南分
其祿為三一以贍富之家一以贍所殺馬軍之家一
以養其老母妻子庶幾功過不相掩而國法不廢也
若頤所為卿等宜以為戒諸臣將皆頓首
洪武十四年春正月
上諭禮部臣曰人君操賞罰之柄以御天下必在至公無
善而賞是謂私愛無過而罰是謂私惡此不足以勸

懲朕觀漢高帝斬丁公封雍齒唐太宗黜權萬紀李
仁發而賞魏徵之直皆至當可以服人所謂賞一君
子而人皆喜罰一小人而人皆懼朕於賞罰未嘗敢
輕若一時處分或有未當卿等宜明白執論寧使賞
厚於罰但不可濫及使小人僥倖耳
洪武二十九年九月大賚天下致仕武臣
太祖諭之曰元末兵爭中原鼎沸人不自保爾諸將臣奮
起從朕效謀宣力共平禍亂勤勞備至天下既定論
功行賞使爾等居官任事子孫世襲永享富貴朕思

起兵時與爾等皆少壯今皆老矣久不相見心恒思
之故召爾等來所賜薄物以資養老爾等還家撫教
子孫以終天年諸將叩首謝
上因歎曰同歷艱難致有今日顧朕子孫保有無窮之天
下則爾等子孫亦享有無窮之爵祿諸將臣無不感
激至有墮淚者
永樂二年十一月刑部尚書鄭賜等奏奉
天征討官有以罪繫獄者請論功定議
太宗曰朝廷大公至正之道有功則賞有過則刑刑賞者

治天下之大法不以功掩過不以私廢公此輩征討
之功既酬以爵賞矣今有犯而不罪是縱惡也縱惡
何以治天下其論如律
永樂四年正月西域貢佛舍利禮部尚書鄭賜請因
是寬釋罪囚
太宗曰帝王之治以刑賞為務有功不賞有罪不誅雖堯
舜無以治天下梁武帝元順帝皆溺於佛有罪者不
刑致法度廢弛綱紀大壞而至於敗亡此豈可效腐
儒者乃欲姑息為治耶

永樂四年四月錦衣衛校尉有訐朝臣謗毀時政之
失者
上曰此必誣之蓋朝廷未嘗行此政彼安得有此言命錦
衣衛詰之果挾私忿誣之
上曰人主聽言之際豈可不審向若不察付之法司則死
誹謗必矣小人敢誣君子此風不可長命以校尉付
法司論如律
永樂七年二月遼東義州備禦都指揮同知李信挾
私杖殺指揮馮凡都察院論當斬
上曰草木雖微當尚愛惜人命至重豈可枉害況指揮朝
廷命官而都指揮以私忿殺之則虐士卒可知命如
律斬之
永樂十一年正月
上謂禮部尚書呂震曰朕欲周知民之休戚嘗命凡布政
司按察司及府州縣官至京者陳民間利病近有以
時和歲豐民安物阜為言者及驗視之田野荒蕪人
民饑寒甚至水旱虫蝗皆不以聞朕已寘諸法如今
後所言有切民情可裨治理者宜旌賞之以明懲勸

切民情可裨治理者宜旌賞之以明懲勸
宣德元年十月漳州衛千户井斌初以外戚
推恩為錦衣衛指揮坐罪降千户至是經赦
乞復舊官
宣廟曰貴戚豪横鮮不至敗如薄昭亦所不免
井斌豪横多矣強奪民田詐傳詔旨無所不
至為御史劾奏
皇考天地之量不寘于法俾降黜之以全其生
今尚敢希恩求進邪法不可以私縱恩不可
以倖得即押赴漳州
宣德四年六月登州衛指揮戚琫以操備科
斂軍士綿布萬七千餘疋事覺山東按察司
請治其罪
上從之諭右都御史顧佐等曰近聞軍衛科斂
皆是減除月糧國家徒費糧而軍士不得食
此輩上干國法下失士心不可不懲

宣德四年七月行在兵部奏錦衣衛帶俸百户黃勝因匠藝得官今告老乞以子代

上曰武官皆由艱難積累所以傳之子孫然自開國之初從軍效勞今尚有為旗軍者此以工藝一時蒙特恩果何勞而欲世官不允

宣德五年十月

上巡邊駐蹕洗馬林晚御幄殿學士楊榮等侍

上問人君御世之權何者為重榮等對曰命德討罪二者是也

上曰二者天下之公器人君特主之耳若舜舉十六相誅四凶而天下悅服此以天下之好惡為好惡也齊威王封即墨大夫以萬家而烹阿大夫齊國大治此不以左右之好惡為好惡也故爵賞刑罰至公無私然後能服天下侍臣咸叩首曰誠如

聖諭

天順元年四月會昌侯弟孫顯宗家人私起店房專利以病商賈事聞

英廟召學士李賢曰皇親豈可如此法之不行自上犯之賢對曰若

陛下以至公斷之誰不畏服乃命毀其房家人抵法顯宗姑免其罪而戒之侯初病既出見

上為其弟乞恩終不允

上召賢謂曰為侯者不知自責反乞恩澤朕終不允又以母老為辭求之良久竟從公法賢頓首曰真可謂王者不私矣

天順二年十月太傅安遠侯柳溥以禦寇無功取還既至

上召李賢諭曰溥為主將畏縮如此若不懲治何以警衆且有罪不罰人誰畏法即命言官彈劾罷太傅閑住越數日溥以馬駝進

上怒擲其奏曰溥無狀如此莊涼之人既被覺

寇掠頭畜殆盡彼爲總兵所索不然從何而得況無功戴罪朝廷復受其所獻可乎遂却之且責其非薄懲懼而退

天順四年天下諸司官吏朝覲至京上召李賢諭曰黜陟之典亦當舉行賢對曰此祖宗舊制即敕吏部都察院退不職者數百人旌其才行超卓政績顯著者布政以下賈銓等十人賜以衣服褚幣禮部筵宴命吏部尚書王翱及賢侍宴以勵其衆與論懽然

嚴考課第二十二

永樂元年十二月上謂吏部尚書蹇義及都察院左都御史陳瑛等曰為國牧民莫切於守令守令賢則一郡一邑之民有所恃而不得其所者寡矣如其不賢當速去之蓋吏部選授之時出一時倉猝未能悉其才行必考察所行乃見其賢否其令巡按監察御史及按察司凡府州縣官到任半歲之上者悉察其能否廉貪之實以聞

永樂二年九月上謂吏部尚書蹇義等曰往者慮各處守令未必皆得人故命御史分巡考察比聞御史至郡邑但坐公館召諸生及庶人役於官者詢之輒以為信如此何由得實如入其境田野闢人民安禮讓興風俗厚境無盜賊吏無奸欺則守令賢能可知無是數者則守令無所可取矣且詢言之弊非一端人好惡不同則毀譽亦異若只憑在官數人之言以定賢否其君子中正自守小人賂遺求譽而即是及

阿之毀譽出矣故孟子論取舍必徵諸國人自今御史及按察司考察有司賢否皆令具實以聞

永樂八年閏七月

上諭行在吏部尚書蹇義等曰前命御史考察在外官正欲任賢退不肖庶幾民受其惠近聞考察之官少能著實但信偏言更不博詢其有勤於職業因理公務不免施刑小人不

喜誣為酷暴今輙罷退庸濫之官紀綱不立人所狎玩或貪贓賄低首下氣依阿度日小人貪其易與乃更保留如此不當孔子曰衆好惡必察焉宜嚴戒飭之務盡至公毋使正人受誣小人得志如或不當責有所歸

永樂十三年正月遣監察御史吳文等分行天下詢察吏治得失及民間疾苦文等陛辭

上諭之曰百姓艱難有司蔽不以聞爾等受朕耳目之寄宜悉諮訪凡朝廷所差人及郡縣官有貪刻不律者執之郡縣官有闒茸不職及老病者悉送京師惟布政按察司堂上官以狀來聞毋枉毋縱必合公道軍民利病宜一一奏來汝不恭命汝則有罪

永樂二十二年十一月遣監察御史湯榮等十四人分巡天下考察官吏

仁廟諭之曰國以民為本民安則國安比年在

外牧守之官不體朝廷恤民之意侵削擾害民不聊生故遣爾等分行考察然人材器不同有專為脂韋諂媚而政事不理殃及於民者有沉靜篤實不善逢迎而為政簡易民悅服之者有虐於用刑巧於取索而能集事者有廉潔無私謹身自守而政務不舉者爾等明白具實以聞無惑於小人無蔽於勢要無私於親故詢之於衆斷之以公可也各賜鈔

二十錠。為道里費。又諭之曰。御史。朕之耳目。
當勉副朕心。必先自治。方可治人。若棄廉恥。
違禮法。則朕亦不汝貸。汝勉之。
宣德五年五月。行在都察院請差御史巡按
福建廣東。
上命章杲陳納。因諭之曰。御史出巡。先須考察
官吏。官吏守法。然後百姓受福。凡為惡有跡
者。易於懲治。其有貪暴虐民。而強辨飾詐。及

外示善柔。心實險惡者。最要明白究實。若徇
私廢公。媕婀姑息。容惡長奸。使百姓受苦。則
爾罪均。杲等頓首受命。

皇明政要卷之十一

皇明政要卷之十二

興學校第二十三

太祖取婺州。改為寧越府。命知府王宗顯開郡
學。延儒士葉儀、宋濂為五經師。戴良為學正。
吳沉、徐原等為訓導。時喪亂之餘。學校久廢。
至是始聞絃誦之聲。無不忻說。
洪武二年冬十月
太祖諭中書省臣曰。學校之教。至元其弊極矣。

使先王衣冠禮義之教。混為夷狄。上下之間
波頹風靡。故學校之設。名存實亡。況兵變以
來。人習於戰鬭。惟知干戈。莫識俎豆。恒謂治
國之要。教化為先。教化之道。學校為本。今京
師雖有太學。而天下學校未興。宜令郡縣皆
立學。禮延師儒。教授生徒。以講論聖道。使人
日漸月化。以復先王之舊。以革污染之習。此
最為急務。當速行之。

洪武六年春二月禮部奏增國子生
上曰須先擇國子學官師得其人則教養有效
非其人增廣徒多何益蓋瞽者不能辨色聾
者不能辨聲學者而無師授亦如聾瞽之於
聲色朕觀前代學者出為世用雖由其質美
實亦得師以造就之後來師不知所以教弟
子不知所以學一以記誦為能故卒無實用
今民間俊秀子弟可以充選者雖衆苟無端

人正士為之模範求其成材難矣故曰務學
不如務求師今祭酒乏人卿等宜為朕詢采
天下名士通今博古才德兼備宜為人師者
以名聞
洪武八年
太祖以為天下既已安輯而化民善俗之道猶
有未備乃下
詔郡縣凡閭里皆啓立師守令以時程督之

於是雖窮鄉陋壤莫不有學
洪武八年三月命御史臺官選國子生分教
北方
太祖諭之曰致治在於善俗善俗本乎教化教
化行雖閭閻可使為君子教化廢雖中材或
墜於小人近北方喪亂之餘人鮮知學欲求
四方多聞之士甚不易得今大學諸生中年
長學優者卿宜選取俾往北方各郡分教庶

使人知務學人材可興於是選國子生林伯
雲等三百六十六人給廩食賜衣服而遣之
洪武十四年三月頒五經四書北方學校
太祖謂廷臣曰道之不明由教之不行也夫五
經載聖人之道者也譬之菽粟布帛家不可
無人非菽粟布帛則無以為衣食非五經四
書則無由知道理北方自喪亂以來經籍殘
缺學者雖有美質而無講明何由知道今以

五經四書頒賜之。使其講習。夫君子知學則道興。小人知學則俗美。他日收效。亦必本於此也。

洪武二十一年。冬十一月。賜國子監前造別室一區。凡百餘間。具竈釜床榻。以處諸生之有疾者。令膳夫二十人給役。侍臣進曰。

陛下作興學校。推心惻下。無所不至。從古未有。

太祖曰。諸生去鄉土。離親戚。遠來務學。日久衣

必弊。或有疾無人具湯藥。朝廷作養之。必使之得所。然後可必其成材。蓋天之生材。皆為世用。人君育材。當有其實。惟能有以作養之。則未有不成材者也。

永樂三年。正月。國子監祭酒胡儼。請申明洪武中所定學規。從之。

上諭儼曰。此其條約耳。為師範者。當務正己以先之。講學漸磨。以養其心。淑其身。此為切要。汝宜勉之哉。

永樂二十二年。十二月。

仁宗諭吏部臣曰。師儒之職。不可濫授。此欲其成就人才。德古以模範稱之。模範不正。其所造器何由得正。比來國子生。務實學者甚少。大率於諸司歷事。苟延歲月。以圖出身。固是學者志趣卑下。亦由師範失職所致。每引選國子監官。皆循資格陞之。不聞舉一道德老

成之士。如何望太學之師皆得人。自今宜慎重其選。

永樂三年。六月。

上諭禮部臣曰。學校育才。以資任用。

太祖高皇帝。內設國子監。外設府州縣。選用師範。教育俊秀。嚴立教法。豐其廩餼。期待甚至。比來學校廢弛。所司又不督勵。虛糜廩祿。爾禮部宜申明舊規。俾師教無闕。士學有成。庶

幾國家得賢才之用。

育人才第二十四

洪武元年閏七月徵天下賢才至京授以守令厚賜而遣之。

太祖語中書省臣曰。治國家以得賢為先。賢者天下之望也。然布衣之士。新授以政。必有以養其廉耻。然後可責其成功。洪範曰。既富方穀。此古人之良法美意也。

洪武二年三月。

太祖與儒臣論易至天地養萬物聖人養賢以及萬民

太祖曰。人主職在養民。但能養賢與之共治。則民皆得所養。然知人最難。若所養非賢。反為其民何補於國。故人主養賢非難。知賢為難

洪武二年六月。

上召國子生問曰。爾等讀書之餘習射否。對曰皆習。曰。習熟否。對曰。未。乃諭之曰。古之學者文足以經邦。武足以戡亂。故能出入將相。安定社稷。今天下成平。爾等雖專務文學。豈可忘武事。詩曰。文武吉甫。萬邦為憲。惟其有文武之才。則萬邦以之為法矣。爾等宜勉之

洪武十八年八月癸丑

太祖皇帝命大都督府官選武臣子弟入國子學讀書

太祖諭之曰。武臣從朕定天下。以功世祿。其子弟長於富貴。又以父兄早歿。鮮知問學。宜令讀書知古今。識道理。俟有成立。然後命官。庶幾得其實用也。昔霍光功非不高。身死未久而子孫橫肆。卒致夷滅者。不學故也。郭子儀中興唐室。功蓋天下。位極人臣。而心常謙退。保全令名。而福及後嗣者。識道理也。今武臣子弟但知習武事。特患在不學耳

洪武二十三年正月戊子通政使茹瑺引奏潮州府學生陳質言其父戍大寧已死今有司取其補伍自念從幼至今荷蒙國恩教育願賜卒業以圖上報

太祖謂兵部尚書沈溍曰國家得一卒易得一才難此生既有志於學可削其兵籍遣歸進學溍對曰此生學未成效若遽削其兵籍則缺軍伍

太祖曰國家於人材必養之於未用之先而用之於既成之後譬之稼必豫耕則有穫若割不待熟則無用且事有輕重難拘一律苟軍士缺伍不過失一力士耳若獎成一賢材以資任用其繫豈不重乎

洪武中監察御史解縉初入道時都御史袁泰怙勢家人横恣諸道御史欲糾之無敢執筆為章者縉揮筆立就歷舉其過而一時多其直

太祖愛縉少涵養將為衆所傾召其父至諭曰才之生甚難而大器者晚成其以而子歸益進其學又諭縉曰朕於爾義則君臣恩同父子其歸益盡心於古人後十年來朝當大用爾侍父歸

永樂三年正月壬子先是

太宗命翰林院學士兼右春坊大學士解縉等

於新進士中選材質英敏者俾就文淵閣進學至是縉等選脩撰曾棨編脩周述周孟簡庶吉士楊相劉子欽彭汝器王英王直余鼎章敞王訓柴廣敬王道熊直陳敬宗沈升洪順章朴余學夔羅汝敬盧翰湯流李時勉段民倪維哲袁添祿吾紳楊勉二十八人入見

太宗諭勉之曰人須立志志立則功就天下古今之人未有無志而能建功成事者汝等簡

拔於千百人中為進士又簡拔於進士中至此固皆今之英俊然當立志遠大不可安於小成為學必造道德之微必具體用之全為文必並驅班馬韓歐之間如此立心日進不已未有不成者古之文學之至豈皆天成亦積功所致也汝等勉之朕不任爾以事文淵閣古今載籍所萃爾各食其祿日就閣中恣爾玩索務實得於已庶國家將來皆得爾用

不可自怠以孤朕期待之意時庶吉士周忱自陳年少願進學

太宗喜曰有志之士也命增忱為二十九人遂命司禮監月給筆墨紙光祿給朝暮膳禮部月給膏燭鈔人三錠工部擇近第宅居之

永樂四年三月丙辰進士陳紀等還鄉陛辭

太宗諭之曰為學至以進士發身亦出乎等倫然道理無窮古人至老務學不厭今人苟遂一得即不復前進故遠不逮古汝等年富力強當立志遠大務進脩非獨成已之德將求國家亦得實才之用紀等皆叩首謝復諭之曰鄉里父兄所在不可以一得輒生驕慢驕慢凶德孔子於鄉黨恂恂似不能言汝曹勉之仍賜鈔五錠為道里費

永樂二十二年十一月

上諭禮部臣曰太學聚天下之士以備任用蓋

因其已成而益充之今郡縣歲貢生率記誦陳言以圖僥倖求其實學百無一二爾禮部宜勑有司督學官嚴訓誨必通經成材方得充貢蓋學者先立根本於鄉學然後進而充廣於太學若在鄉學全未有成而望有成於

國學焉有此理

宣德五年八月

上罷朝御文華殿學士楊溥等侍語及治民事

上曰民之休戚係乎庶官之賢否何術可盡得
其人溥對曰嚴薦舉精考課不患不得
上曰欲得賢才當專教養之法教養有道人才
自出若但責效於薦舉考課之間蓋求十一
於千百也漢董仲舒言素不養士而欲求賢
譬猶不琢玉而求文采此誠知本之論於今
但當崇學重教

皇明政要卷之十二

皇明政要卷之十三

表忠節第二十五

太祖皇帝勑禮部官曰自古忠臣義士舍生取
義身歿而名存有以垂訓於天下後世若元
右丞余闕守安慶屹然當南北之衝援絕力
窮舉家皆死節義凛然又若江州總管李黼
身守孤城力抗強敵臨難死義與闕同轍自
昔忠臣義士必見褒崇於後代蓋以勵風教

也宜令有司建祠肖像歲時祀之
胡大海長身鐵面知力過人少從
太祖於滁陽常宿衛帳下以功授樞密院判官
及下婺州時以婺為浙東大藩乃授大海江
南分省參知政事守之既而苗軍元帥蔣英
劉震等謀亂襲其城大海被害
太祖聞而悼之命有司塑像配享晉卞壼廟贈
光祿大夫浙東等處行中書省平章政事柱

國進封越國公加贈開國輔運推誠宣力武
臣光祿大夫同知大都督府事謚武莊封勳
如故
洪武初孫炎從
太祖皇帝征伐以功為處州總制初入處州時
城外七里即賊營桀黠之徒不奉約束炎措
置有方境內皆服既而李祐之叛炎被執幽
空室中賊卒環守之脅炎降炎不屈賊以炙

鴈斗酒饋炎炎不受大罵曰今日乃為賊卒
所困然我死死為主爾反覆賊死徇且不食
守卒怒援刀叱炎解衣炎曰紫貂裘乃主
賜我者當服以死遂遇害
太祖追封丹陽縣男塑像祠之
年嘗為莒州同知洪武三年青州孫古朴等
聚衆作亂自號黃巾賊襲莒州姚魯欲降之
魯叱曰國家混一天下民皆安業汝輩何為

自取夷戮即悔過自新猶可轉禍為福不然
官軍至汝等寧有遺種乎我為守土臣有死
而已所可惜者良民也賊未敢加害擁至城
南鄒家莊魯大罵賊遂殺之事聞
太祖命亟䘏其家
朱顯忠授濠梁衛指揮僉事洪武四年從潁
川侯傅友德克文州遂留守之未幾偽夏平
章丁世真誘合番寇數萬來攻顯忠戰却之

偽夏趙元帥復與世真合兵攻城城中食且
盡外援不至部下皆曰與其陷死地孰若出
城求生路乎顯忠勵聲曰為將守城城存與
存城亡與亡豈有求活將軍耶詰旦世真攻
圍益急顯忠悉出兵東門拒戰世真復攻西
門日且暮顯忠被傷裹瘡決戰力不支城破
為亂兵所殺事聞
太祖遣使祭之尋䘏其家

洪武二十三年二月，湖廣沅陵縣主簿張傑有罪罰輸作，自陳母賀氏當元季亂，離守節教子，期於有成。今年且老，而臣以罪戾不得奉養，願乞自新，庶全子職。通政使司以聞。太祖憐而宥之，曰：婦人當亂世，能守節教子，可以勵俗。命禮部榜示天下，仍加傑祿秩，俾終養其母。

永樂元年三月，有司言殷太師比干墓及祠圯壞，請發民脩理。上從之，因諭侍臣曰：君子為國不為身，故犯顔諫諍，死且不避。小人為身不為國，惟讒諂面諛，以為富貴。明君樂諫諍而國以興，昏君樂讒諂而國以亡。桀紂殺龍逢、比干，明效具在。而後世人主如秦隋之末，皆不監覆轍，國安得不亡哉！朕方以是為戒，爾等當以君子之道自勉，庶幾共保

祖宗之洪業。

永樂四年八月，饒州府言鄱陽康山忠臣廟圯壞，請脩治。太宗顧侍臣歎曰：此皆首佐皇考成帝業者，不幸遇艱難，效忠奮義以死。昔人盛德百世祀之，今不數十年而廟壞不治，豈報德勸功之道！今國家於異代忠義之臣猶致禮其祠墓，況

皇考股肱爪牙之臣哉！禮，父母所愛亦愛之，況有功於國乎。遂命工部即遣官督脩，仍諭所司歲時嚴祀禮，守廟者悉復其家。

洪熙元年三月壬申，仁宗皇帝諭禮部臣曰：往年劉儁從征交阯，陷於賊，不屈而死。禮官不言。婦人盡節於夫，有旌褒之典，況大臣捐軀為國，何可不褒卹！其贈儁太子少傅，賜謚節愍，遣人祭之。已而歎

曰忠臣之心皆欲立功報國不能成功則惟守義若身爲大臣惟阿順取容爲保祿固位之計國亦何賴

厚風教第二十六

丙午三月

太祖諭太史令劉基起居注王禕曰喪亂之後法度縱弛當在更張使紀綱正而條目舉其要在明禮義正人心厚風俗以爲之本禕對曰昔湯正桀之亂而脩人紀武王正紂之亂而敘彝倫

主上之言誠暗合於前古也

洪武三年夏

詔徵江南諸郡縣民凡稱大家者悉赴闕既集

闕下則造之於廷而親訓諭之凡天地陰陽性命仁義古今治亂盛衰紀綱法度賦稅供給風俗正治得失之故諄諄焉累數千百言

又恐其或遺忘而不能詳也則刻而爲書以華本分賜之乃六月十三日庚午

太祖御奉天門翰林臣宋濂臣詹同臣王禕及起居注臣陳敬奏事畢賜坐從容問曰卿等知朕所以訓諭斯民之意乎臣禕謹對曰自古帝王皆身兼君師之任君以治民師以教民三代而下爲人主者知爲治而不知爲教今

陛下主天下爲治之道已備又集凡民而訓諭之耳提面命不啻嚴師之於弟子此政古昔

帝王教民之意也又問卿等亦嘗見鄉人有諭否乎臣濂對曰臣鄉人浦江義門鄭氏實來受訓諭爲臣言

陛下教之之旨甚至今還且將以所賜書重刻而摹之使其鄉里之民家有是書以廣宣

聖意矣

洪武六年二月

上問曰三代以上所讀何書宋濂對曰上古載籍未立不專讀誦而尚躬行人君兼治教之責躬行以率之天下有不從化者乎

洪武八年正月淮安府山陽縣民有父得罪當杖請以身代

太祖皇帝謂刑部臣曰父子之親天性也然不親不遜之徒親遭患難有坐視而不顧者今

此人以身代父出於至情朕為孝子屈法以勸勵天下其釋之

洪武九年秋八月遣官視歷代帝王陵寢命百步內禁人樵牧設陵戶二人守之有經兵燹而崩摧者有司督近陵之民以時封培每三年一遣使致祭其諸郡邑祀典所載忠臣烈士祠宇傾頹有司亦以時葺治仍嚴禁防

洪武二十年閏六月

太祖皇帝謂禮部試尚書李原名曰尚齒所以教敬事長所以教順虞夏商周之世莫不以齒為尚而養老之禮未嘗廢是以人興於孝弟風俗淳厚治道隆平茲者朕詔天下行養老之政凡貧民年八十以上鄉黨稱善貧無產業者月給米五斗酒三斗肉五斤九十以上歲加帛一匹綿一斤若有田產能自贍者止給酒肉絮綿其應天鳳陽二府富民九十

以上賜爵社士八十以上賜爵里士咸許冠帶復其家尚慮有司奉行不至爾其以朕命申之

洪武二十二年冬十一月

太祖御謹身殿翰林學士劉三吾侍因論治民之道三吾言南北風俗不同有可以德化有當以威制

太祖曰地有南北民無兩心帝王一視同仁豈

有彼此之間故謂南方風氣柔弱故可以德化北方風氣剛勁故當以威制然君子小人何地無之君子懷德小人畏威施之各有攸當焉可槩以一言乎三吾悚服

皇明政要卷之十三

皇明政要卷之十四

正法令第二十七

甲辰四月

太祖謂徐達等曰人之行事固欲盡善然一時智慮有未周及既行之後思之有未盡善亟欲更之已無及矣與其追悔於既往曷若致謹於其初大抵更涉世故則智明久歷患難則慮周近日紀綱法度粗若有緒其間有未

盡善者諸公宜執正論亟為更張庶幾上下之間各得其便苟有不善豈徒予之過亦汝等之責也

太祖既掃除群雄撫有江南乃遣大將軍徐達副將軍常遇春率甲士二十五萬北伐以定中原馳檄諭齊魯河洛燕薊秦晉之人曰自古帝王臨御天下中國居內以制夷狄夷狄居外以奉中國未聞以夷狄居中國治天下

者也自宋祚傾移元以北狄入主中國四海內外罔不臣服此豈人力實乃天授然達人志士尚有冠履倒置之嘆自是以後元之臣子不遵祖訓廢壞綱常有如大德廢長立幼泰定以臣弒君天曆以弟酖兄至於弟收兄妻子烝父妾上下相習恬不為怪其於父子君臣夫婦長幼之倫瀆亂甚矣夫人君者斯民之宗主朝廷者天下之根本禮義者御世

之大防其所為如彼豈可為訓於天下後世哉及其後嗣沉荒失君臣之道又加以宰相專權臺憲報怨有司毒虐於是人心離叛天下兵起使我中國之民死者肝腦塗地生者骨肉不相保雖因人事所致實天厭其德而棄之之時也古云胡虜無百年之運驗之今日信乎不謬當此之時天運循環中原氣盛億兆之中當降生聖人驅逐胡虜恢復中華

立綱陳紀救濟斯民今一紀於茲未聞有濟世安民者徒使爾等戰戰兢兢處於朝秦暮楚之地誠可矜憫方今河洛關陝雖有數雄忘中國祖宗之姓反就胡虜禽獸之名以為美稱假元號以濟私恃有衆以要君阻兵據險互相吞噬反為生民之巨害皆非華夏之主也予本淮右布衣因天下亂為衆所推率師渡江居金陵形勢之地今十有三年西抵

巴蜀東連滄海南控閩越湖湘漢沔兩淮徐邳皆入版圖奄及南方盡為我有民稍安食稍足兵稍精控弦執矢目視中原我之民久無所主深用疚心予恭天成命罔敢自安方欲遣兵北逐群虜拯生民於塗炭復漢官之威儀慮民人未知反為我讎挈家北走陷溺尤深故先諭告兵至民人勿避予號令嚴肅無秋毫之犯歸我者永安於中華背我者自

亂於塞外蓋我中國之民天必命中國之人以安之夷狄何得而治哉爾民其體之如蒙古色目雖非華夏族類然同生天地之間有能知禮義願為臣民者與中夏之人撫養無異

洪武二年冬十一月

太祖與侍臣論及古之女寵寺人外戚權臣藩鎮夷狄之禍曰木必蠹而後風折之體必虛而後病乘之國家之事亦猶是已漢無外戚

閹寺之權唐無藩鎮夷狄之禍國何能滅朕觀往古深用為戒然制之有其道若不惑於聲色嚴宮闈之禁貴賤有體恩不掩義女寵之禍何自而生不牽於私愛惟賢是用苟干政典裁以至公外戚之禍何由而作閹寺便習職在掃除供給使令不假兵柄則無寺人之禍上下相維大小相制防耳目之壅蔽謹威福之下移則無權臣之患藩鎮之設本以衛民使財歸有司兵不待符而調豈有跋扈之憂至於御夷狄則修武備謹邊防來則禦之去不窮追豈有侵暴之虞凡此數事常欲著書使後世子孫以時觀覽亦社稷無窮之利也侍臣頓首曰

陛下此言誠有國之大訓萬世之明法也願著之常典以垂示將來

洪武七年夏五月宋濂作

大明日曆序其畧曰

太祖挺生於南服而致一統華夷之盛自天開地闢以來惟

上為然其功高萬古一也元季繹騷奮起於民間以圖自全初無黃屋左纛之念繼憫生民塗炭始取土地於群雄之手而安輯之較之於古如漢高帝其得國之正二也平生用兵

百戰百勝未嘗挫衂以至繼天出治經綸大經皆由一心運量文臣武將不過仰受成筭而已其獨禀全智三也欽畏天地一動一靜森若神明在上及至郊祀存於心目有赫其臨甚至不敢仰視惠鮮小民優恐一夫不獲其於貪墨吏及豪黠之徒有加害者必威之以刑其敬天勤民四也

后妃居内不預一髮之政外戚循理畏法無敢恃寵以病民貂璫之輩惟給事掃除之役此皆古昔所深患今絶無之其家法之嚴五也

兵戎國之大權悉歸之於朝廷有事征伐則詔大帥佩將印領之暨旋則上章綬歸士卒單身還第其兵政有統六也

庶吉士解縉上疏曰

陛下得國之正非唐宋所及取天下於群盗救生民於塗炭徐定燕都市不易肆而女寵外戚貂璫藩鎮之患消融底定皆處之有法矣不邇聲色不殖貨利不為遊畋皆遠過漢唐宋之君而無愧三代聖王矣惟願喜怒一聽於天理而推誠任使不以察為明又言令不必數改數改則民疑刑不宜大繁大繁則民翫法司近有朋姦罔上倚法為奸二條下人殆難措手足矣又言

御覧之書宜集唐虞夏商周孔及濂洛關閩之言隨事類別以備勸戒又言六經殘缺莫甚禮樂宜正禮經及訪求審樂之儒作樂書又言祀天宜復掃地之覲尊祖宜備七廟之制太常非可以肄俗樂又言僧道之壯者宜黜之使復人倫經呪之妄者悉火之以杜誑惑斷瑜伽之教禁符式之科絶鬼巫破淫祀以厎善治又言進人當擇賢否授職當量重輕今大誥有不為君用之罪則仕者不復擇矣

又言古者鄉鄰善惡必記今雖設申明旌善
二亭而無黨庠鄉學之教互知之法雖嚴訓
告之方未備宜取古人治家睦鄰之法若古
藍田呂氏鄉約及今義門鄭氏家範布之天
下世臣大族率先以勸旌之復之爲民表率
而致治不難矣又言易曰王公設險以守其
國重門擊柝以待暴客而近狃於宴安墮城
池銷鋒鏑諱言兵事以爲天下已治一旦或

有不測之變何以爲備宜
勅有司以時整葺寬之歲月守以里胥頒設弓
手課之射教民以農隙兼習兵具乞設武學
以收英才又言宜廣鄉校前代多有書院有
學田有貢士莊宜脩復以教養賢士又言極
刑之典慮有遺才給配婦人恐傷節義既奏
上嘉其識

洪武十九年冬十二月

御製大誥三編成頒示天下初
上以中外臣民染元之俗往往不安職業觸罹
憲章欲儆成周乃洪大誥治之制以訓化之
乃取當世事之善可爲法惡可爲戒者著爲
條目大誥天下久之又慮誥條所載未能盡
天下之情續爲一編以申其意使民觀感知
所勸懲自是民之作非者鮮從化者多故又
作三編大誥其意切至而辭益加詳焉每編

成
上親序之

䘏刑獄第二十八

戊戌三月命提刑按察司僉事分巡郡縣錄
囚凡重者從輕輕者原之左右或言去年釋
罪囚今年又從末減用法太寬則人不懼法
法縱弛無以爲治
上曰用法如用藥藥本[illegible]人不可以斃人服

之或誤，必致戕生。法本以衛人，不以殺人。用之太過，必致傷物。百姓自兵亂以來，初離創殘，今歸于我，正當撫綏之，況其間有一時誤犯者，寧可盡法乎。大抵治獄以寬厚爲本，少失寬厚，則流入苛刻矣。所謂治新國用輕典，刑得其當，則民自無冤抑。若執而不通，非合時宜也。

吳元年六月，

上謂憲臣曰：任官不當，則庶事不理；用刑不當，則無辜受害。譬之薙草萊者，施鎛不謹，必傷良苗；繩姦慝者，論法不當，必傷善類。故刑不可不慎也。夫置人捶楚之下，屈抑傾挫，何事不伏，何求不得。古人用刑，蓋不得已，懸法象魏，使人知而不敢犯。譬之水火能焚溺人，狎之則必傷，遠之則無害。水火能生人，亦能斃人；刑本生人，非求殺人也。苟不求其情而輕用之，受枉者多矣。故欽卹二字，用刑之本也。

吳元年十月，

太祖皇帝命中書省定律令。初，以唐宋皆有成律斷獄，惟元不倣古制，取一時所行之事爲條格，胥吏易爲奸弊。自平武昌以來，即議定律，至是臺諫已立，各道按察司將巡歷郡縣，欲頒成法，俾內外遵守，乃命丞相李善長等詳定，諭之曰：立法貴在簡當，使言直理明，人人易曉。

若條緒繁多，或一事兩端，可輕可重，使奸貪之吏得以夤緣爲奸，則所以禁殘暴者，反以賊良善，非良法也。務求適中，以去煩弊。卿等宜盡心參究，凡刑名條目，逐日來上，吾與卿等面議斟酌之，庶可以爲久遠之法。

吳元年十月，中書參政傅瓛言：應天府有滯獄當斷決者，

上曰：淹滯幾時矣？曰：逾半歲。

上惕然曰京師而有滯獄郡縣受枉者多矣有
司得人以時決遣安得有此獄頻首曰臣等
不能統率庶寮是臣罪也
上曰吾非不愛其民而民尚爾幽抑近且如此
遠者何由能知自今獄囚審鞫明白須依時
決遣毋使淹滯
洪武六年冬十一月宋濂等進
大明律表畧云

皇帝陛下受億兆君師之命保乂臣民孳孳恭
总其訓迪群臣諄諄數千言唯恐民有犯慈
愛仁厚之意每見於言外是大舜惟刑之恤
之義也矜憫愚民無知陷于罪戾法司奏讞
輒惻然弗寧多所寬宥是神禹見辜而泣之
心也唯貪墨之吏承踵元弊不異白粲中之
沙礫禾黍中之稂莠也乃不得已假峻法以
繩之是以臨

御以來屢詔大臣更定新律至五六而弗倦者
惟欲生斯民也今又特
敕刑部尚書劉惟謙重會衆律以協厥中而近
代比例之繁奸吏可資為出入者咸痛革之
每一篇成輒繕書上
奏揭於西廡之壁
親御翰墨為之裁定曰名例曰衛禁曰職制曰
户婚曰廐庫曰擅興曰賊盜曰鬬訟曰詐偽
曰雜律曰捕亡曰斷獄舊律二百八十八條

續律百二十八條舊令改律三十六條因事
制律三十一條掇唐律以補遺一百二十三
條合六百有六分為十三卷其間或損或益
或仍其舊皆合重輕之宜
洪武十四年五月丙申刑部奏決重刑
太祖皇帝諭之曰朕嘗命汝等凡有重獄必三
覆奏以人命至重恐不得其情則刑罰濫及

而死者不可復生也故必欲詳審今汝等驟以重刑來奏其間固有瀆倫亂法罪不可原者亦有一時過誤情可矜者必當分別若一槩言之則輕重不分矣自今凡十惡非常赦所原者則云重刑其餘雜犯死罪許聽收贖者毋槩言也

永樂元年八月

上因與侍臣論慎刑曰孔子云何以守位曰仁

法司每奏死囚當決朕未嘗不反覆究思稍有一毫可生之情即從寬減如此猶慮獄訟有不得平故嘗敕諸司以慎恤為務又曰朕往年躬臨戰陣凡所俘獲未嘗輕戮一人況今日為天下主可妄殺哉

永樂元年九月大理寺卿薛嵓等奏各布政司上所具獄凡死罪百餘人請分遣御史臨決

太宗從之顧謂都御史陳瑛等曰人命至重既絕不可復續況治獄得情尤難鞭朴箠楚之下罪人成於鍛煉者往往有之今百餘人中豈能必其皆無冤枉爾等分遣御史宜具以慎刑之意書于簡以授之使論決之時詳探其情非其情者即與辯釋必揆之以理理不可生然後刑之則彼雖死無所恨矣

永樂二年十一月刑部尚書鄭賜等奏會諸

司官錄囚

上悉召諸司官諭曰理刑必務明慎譬諸農夫之耘為去稂莠也若心不存則視有所不見而并良苗去之矣刑以除凶人若心不存則察有所不明而并善人害之矣爾等皆宜盡心不可怠忽

永樂六年十一月丁巳刑部都察院大理寺言大辟囚三百餘人已覆訊皆實請處決

太宗皇帝令行人持節諭之有冤抑許自陳又
召五府六部及六科官諭之曰三百餘人未
必人人皆得其實情有一不實則死者啣冤
爾等更從容審之一日不盡則二日三日便
十日亦何害必使其無冤大抵人之實情難
知有言語便捷輒駕虛詞掩實情者有訥於
言雖懷情實而口不能發者須詳悉以聽亦
不可以刑迫之

永樂二十二年冬十月大理寺奏決重囚
仁宗曰人命其重帝王以愛人為德卿等理刑
宜贊輔德政罔俾無辜含冤地下傷國家之
和氣昔法吏有於死獄求生道者天有顯報
不在其身在其後人卿等勉之遂令五府六
部通政司六科同三法司會審特
召大學士楊士奇楊榮金幼孜至
榻前諭曰比年法司之濫朕未嘗不知其所

擬大逆不道往往出於羅織鍜煉
先帝數切戒之故死刑至四五覆奏而法司略
不置意甘為酷吏而無愧自今凡審決重囚
卿三人往同審有冤抑者雖細故必以聞遂
命三法司今後審決重囚必會三學士同審
永樂二十二年十二月刑部尚書金純太子
少保兼都察院左都御史劉觀等奏刑名畢
仁廟諭之曰朕於刑法未嘗敢以喜怒增損卿

等鞫獄之際亦當虛心聽察量其情實有罪
不可幸免無罪不可濫刑持法明信則人有
所畏不敢犯若不明其情任己輕重或迎合
朕意使人含冤抱恨者最所深惡卿等其以
為戒卿等皆國大臣非獨自己當存憐獄之
心如一時過於嫉惡遽法失中卿等更須執
正毋以乖迕為慮也
洪熙元年三月

上諭吏部臣曰刑獄係人死生近日刑官有以貪賄敗者有以深刻敗者盖顛倒是非民若究抑天災人譴彼必不免但簡用之者亦得以辭其咎歟自今刑官必擇燕明公正謹厚之士無俾憸人得肆枉濫

宣德元年六月

上御奉天門諭三法司官曰朕夜来觀周書立政篇有云式敬爾由獄以長我王國此深有意味盖能敬慎用刑不致枉濫則仁恩浹洽足以培固國本福祚豈不延長今不必論效驗但當以敬為主有疑欽恤正是此意卿等宜夙夜勿忘都御史劉觀等頓首曰臣等敢不祗承

宣德九年七月行在刑部右侍郎施禮奏昨請決重囚十四人有旨命再會官審覆今有詞者九人服罪者五人

上謂禮曰刑當罪則人不冤有詞者必有冤即再與覆勘務求其實然亦不可縱有罪服罪者皆如律臨決之際亦在審實勿令有冤朕已再三與卿等言若縱有罪殺無罪是卿等之咎不可不慎

天順五年二月因錦衣衛指揮所行江西弋陽王敗倫事涉虛

上召李賢曰宗室中豈顧有此醜事彼初既以為實今却云無此事以此觀之其餘所行枉多矣賢曰誠如

聖諭因言法司明知其枉畏避此輩不敢辨理

賢曰若

旨意付法司但有枉者與之辨理不許畏勢避

嫌

上曰然於是召法司戒飭之人人皆悦一日言及此事賢曰清平之世若刑獄枉人實傷和

氣惟
陛下明見如此斯民幸甚
洪武某年某月
太祖皇帝謂臺官劉基章溢周禎等曰紀綱法度為治之本所以振紀綱明法度者則在臺憲爾等執法上應天象少有偏曲則紀綱廢弛而民不得其安況或深文以為能苛察以為智若甯成郅都周興來俊臣之徒巧詆深文恣為酷曆終亦不免若于公陰德子孫乃致貴顯天道昭然深可畏也
永樂元年十一月錦衣衛臣奏抵死罪一人
請決
上審知其有可矜之情特宥之使也戍興州且諭刑部尚書鄭賜等曰人無不可與為善此人一時迷誤犯罪當死朕矜其情故宥之使也戍在彼得改過自新在國家得一人耕可食數人則亦有利自今罪人於法當死而情可矜者准此例

皇明政要卷之十四

皇明政要卷之十五

勤政事第二十九

洪武元年

太祖皇帝謂侍臣曰朕念創業之艱難日不暇食夜不安寢侍臣對曰

陛下日覽萬幾未免有勞

聖慮

上曰汝曹不知創業之初其功實難守成之後其事尤難安敢懷宴安而忘艱難哉

洪武元年九月

上朝罷召宿衛武臣諭之曰朕與爾等起布衣歷戰陣十五六年乃得成功朕今為天子卿等亦任顯榮居富貴非偶然也當四方豪傑並起互相攻奪提孤軍應敵危亦甚矣然每出師必戒將士毋妄殺戮毋焚民居此心簡在

上帝故有今日卿等亦思曩時在民間視元之將帥輕裘肥馬氣燄赫然何敢望之然彼之君臣不思祖宗創業之艱驕淫奢侈但願一身逸樂不恤生民疾苦一旦天更其運非特不能保其富貴遂致喪身滅名今曆數已在朕何敢驕怠常恐政事廢缺日慎一日自非犒賞將士宴百官享勞外使未嘗設宴為樂爾等亦須勤身守法勿忘貧賤之時勿為驕

奢淫泆之事則身常榮而家常裕矣

洪武十年九月

上謂侍臣曰前代庸君暗主莫不以垂拱無為藉口縱恣荒寧不親政事孰不知治天下者無逸然後可逸若以荒寧怠政為垂拱無為帝舜何以曰耄期倦于勤大禹何以惜寸陰文王何以日昃不食且人君日理萬幾怠心一生則庶務壅滯貽患不可勝言朕即位以

年常以勤勵自勉未旦即臨朝晡時而後還
宮夜卧不能安席披衣而起或仰觀天象見
一星失次即為憂惕或量度民事有當速行
者即次第筆記待旦發遣朕非不欲暫安但
祗畏天命不敢故爾朕言及此者但恐群臣
以天下無事便欲逸樂股肱既惰元首叢脞
民何所賴書云功崇惟志業廣惟勤爾群臣
但能以此為勉朕無憂矣群臣皆頓首受命

洪武十八年春三月

太祖謂侍臣曰朕夙興視朝日高始退至午後
出迨暮乃罷日間所決事務恒默坐審思有
未當者雖中夜不寐籌慮得當然後就寢侍
臣對曰
陛下勵精圖治天下蒼生之福但
聖體過勞
太祖曰吾豈好勞而惡安何者天下未寧吾飢
不暇食倦不暇寢獎勵將帥平定禍亂今天
下已安四方無事高居宴樂亦豈不可顧自
古國家未有不以勤而興以怠而衰者天命
去留人心向背皆決於是甚可畏也安敢暇
逸

永樂元年九月

上御右順門與侍臣論時政曰朕即位未久常
恐民有失所每宮中秉燭夜坐披閱州郡圖

籍靜思熟計何郡近罹飢荒當加優恤何郡
地迫邊鄙當置守備旦則出與郡臣計議行
之近河南數處蝗旱朕用不寧故遣使省視
不絕于道如得斯民小康朕之願也

永樂四年正月

太宗皇帝御右順門晚朝百官奏事畢皆趨出
召六部尚書及近臣諭曰早朝四方所奏事
多君臣之間不得盡所言午後事簡卿等有

所欲言，可從容陳論，毋以將晡朕倦，於聽納。蓋朕有所欲言者，亦欲及此時與卿等計議。

上又曰：朕每旦四鼓以興，衣冠靜坐，是時神清氣爽，則思四方之事緩急之宜，必得其當，然後出付所司行之。朝退未嘗輒入宮中，閒取四方奏牘，一一省覽，其有邊報及水旱等事，即付所司施行。宮中事亦多，須伺外朝事畢，方與處置。閒暇則取經史覽閱，未嘗敢自暇逸。誠慮天下之大，庶務之殷，豈可須臾怠惰。一怠惰則百度弛矣。卿等宜體朕此意，相與勤勵，無厭斁也。自今凡有事當商確者，皆於晚朝來，庶得盡委曲。

永樂四年七月，祀

太廟。

太宗還御奉天殿，遣使祭告嶽鎮海瀆諸神畢，

太宗出視朝，奉天門百官奏事退，復召侍臣與語，久之，時已五鼓，侍臣請曰：

聖躬勤勞，須少息。

太宗曰：朕嘗在宮中，周思庶事，或一事未行，或行之未善，即不寐至旦，必行之乃心安。積習既久，亦忘其勞。蓋常自念才德不逮，若又不專心志，勤思慮，所行何由盡善？生民何以得安？蓋勤於思則理得，勤於行則事治。勤之於道，細民不敢廢，況君乎。

天順二年，

英廟謂學士李賢曰：朕負荷天下之重，五更二鼓起，齋絜具服，拜天畢，省奏章，剖決訖，復具服，謁

奉先殿，行禮畢，視朝，循此定規，不敢有誤。退朝至文華殿，或政事有關於大臣者，則召而訪問商確，復省奏章訖，回宮進膳，後從容游息至申，初復省奏章，暇則聽內政，至晚而休，若

母后處每日一朝有命則兩日一朝隆冬盛暑五日一朝今左右乃曰何乃自勞如此賢曰自古賢君脩德勤政莫不皆然穎陛下持此不衰堅如金石可以馴至夫堯舜之道而為堯舜之君矣
上又曰如此行之亦有何勞不然則便於安逸而怠荒至矣雖悔何追賢曰陛下言及於此

社稷蒼生之福也

節財用第三十

丙午十二月典膳者以宮室圖來進
上見其有雕琢奇麗者即去之謂中書省臣曰宮室但取其完固而已何必過為雕斲昔堯之時茅茨土階樸桷不斲可謂極陋矣然千古之上稱盛德者必以堯為首後世競為奢侈極宮室苑囿之娛窮輿馬珠玉之玩欲必一縱卒不可遏亂由是起矣上能崇節儉則下無奢靡吾嘗謂珠玉非寶節儉是寶有所締搆一以朴素何必極雕巧以殫天下之力也

洪武元年八月有司奏造乘輿服御諸物應用金者命皆以銅代之有司言費小不足靳
上曰朕富有四海豈吝於此然所謂儉約者非身先之何以率下小用不節大費必至開奢

泰之原啓華靡之漸未必不由於小而至大也

洪武元年十二月
太祖皇帝退朝還宮皇太子諸王侍
太祖指宮中隙地謂之曰此非不可起亭館臺榭為遊觀之所今但令內使種蔬誠不忍傷民之財勞民之力耳商紂崇飾宮室不恤人民天下怨之身死國亡漢文帝欲作露臺而

惜百金之費當時民安國富夫奢儉不同治亂懸判爾等當記吾言常存儆戒

洪武二年十一月中書省奏請營後堂

太祖不許曰土木之工連歲不息今又欲為此能不病民乎俟民力稍舒為之未晚也

洪武八年九月詔改建大內宮殿

太祖皇帝謂廷臣曰唐虞之時宮室朴素後世窮極侈麗習尚華美去古遠矣朕今所作但

求安固不事華麗凡雕飾奇巧一切不用惟朴素堅壯可傳永久使吾後世子孫守以為法至於臺榭苑囿之作勞民費財以事遊觀之樂朕決不為之其敕所司如朕之志

洪武十年冬十一月

太祖以大內宮殿新成制度不侈甚喜因謂侍臣曰人主嗜好所繫甚重躬行節儉足以養性崇尚侈靡必至喪德朕常念昔居淮右頻年飢饉艱於衣食鮮能如意今富有四海何求不遂何欲不得然撫御其心惟恐驕盈不可復制夙夜兢惕弗遑底寧故凡有興作必量度再三不獲已而後為之為之未嘗過度

宮壼之間

皇后亦能儉以率下躬服浣濯之衣皆非故為矯飾實恐暴殄天物剝傷民財不敢不謹侍臣對曰奢侈者常情所欲節儉者富貴所難

陛下安行節儉無所勉強誠宜為萬世子孫之法

太祖曰節儉二字非徒治天下者當守治家者亦宜守之爾等歲祿有限而日用無窮費或過度何從辦集侵漁剝削皆原於此須體朕懷共崇節儉庶幾無悔

永樂十二年二月一日官奏事

太宗皇帝退坐右順門所服裏衣袖敝垢納而

復出侍臣有賛聖德者
上慨然嘆曰朕雖日十易新衣未嘗無但自念
當惜福故每澣濯更進昔
皇妣躬補緝故衣
皇考見而喜曰皇后居富貴勤儉如此正可爲
子孫法故常守
先訓不敢忘言已愴然侍臣頓首曰
陛下恭儉如此誠萬世之法

永樂二十八年八月十七日楊士奇新改華
蓋殿大學士謝
恩畢聞惜薪司奏准稽歲例賦北京山東棗八
十萬宮禁香炭之用士奇入將奏之時蹇義
夏原吉奏事未退
上望見士奇笑謂蹇義夏原吉曰新華蓋學士
來奏事必有理試共聽之士奇言
詔下纔兩日今聞惜薪司傳
旨賦棗八十萬得無過多雖是歲例然
詔書所減除皆歲例
上喜曰吾固知學士言有理吾數日來宮中事
叢脞此是急遽中荅之不暇致審即命減除
四十萬
宣德三年四月行在戶部奏內府供用庫歲
用香燭銀硃等物凡三萬餘斤當下郡縣支
官錢買辦

上曰所買太多所用太侈其會計可省者省之
且聞買物支官錢近時為有司尅減要有告
許者必令從公無蹈前弊
天順五年四月
上召李賢謂曰今府庫錢粮所入者少所出者
多柰何且軍官俸一季關銀十四萬餘兩賢
曰自古國家惟怕冗食今一衛官有二千餘
員者

上曰一年四季或以一二季支與布鈔何如賢曰須與户部議一日

上召賢同吏户兵尚書議此事

上曰爾户部奏來復令會議不然不惟歸怨朝廷亦歸怨爾數人矣宜慎密之賢因言在京軍官老弱殘疾者令兵部漸漸調出在外却以軍補其缺以省冗費

上曰此時恐難行賢曰宜安靜行之如無事然使其不覺可也

上頷之賢又言軍官有增無減且天地間萬物有長必有消如人只生不死無處著矣自古有軍功者雖以金書鐵券誓以永存然其子孫不一再而犯法即除其國或能立功又與其爵豈有累犯罪惡而不革其爵者今若因循久遠天下官多軍少民供其俸必致困窮而邦本虧矣不可不深慮也

上曰此事誠可慮當徐為之

皇明政要卷之十五

皇明政要卷之十六

却貢獻第三十一

辛丑三月方國珍遣檢校[illegible]敬以金玉餙馬鞍轡来獻

上曰吾方有事四方所需者文武才能所用者穀粟布帛其他寶玩非所好也却其獻

洪武元年夏四月

上謂中書省臣曰古者方物之貢惟服食器用

故無耳目之娛玩物之失今蘄州所進竹簟固為用物但未有命而来獻若受之恐天下聞風皆争進奇巧則勞民傷財自此始矣命却之仍令四方非朝廷所需毋得妄有所獻

洪武六年十一月潞州遣官貢人參

太祖謂之曰朕聞人參得之甚艱豈不勞民今後不必進如用當遣人自取因謂省臣曰往年金華貢香米朕命止之遂於苑中種田數十畝每耘耔割穫之際親往觀之足以自適及計所入亦足供用朕飲酒不多太原歲進葡萄酒自今亦令其勿進國家以養民為務豈以口腹累人哉嘗聞宋太祖家法子孫不得於遠方取珍味甚得貽謀之道也

永樂三年三月琉球國進閹者數人

上曰彼亦人子無罪而刑之何忍命禮部還之禮部臣曰還之慮阻遠人歸化之心請但賜勑止其再進

上曰諭之以空言不若示之以實事今不遣還彼欲獻媚必有繼踵而来者天地以生物為德帝王乃可絶人類乎竟還之

永樂四年七月回回結牙思進玉椀

太宗不受命禮部賜鈔遣歸謂尚書鄭賜曰朕朝夕所用中國磁器潔素瑩然甚適於心不必此也況此物今府庫中亦有之但意自不

用又曰務貪而謫今受之必懸厚賚之將有
奇異於此者繼踵而至矣何益國事哉
永樂二十二年十二月禮科給事中黃驥極
陳西域賈胡入貢西人受害乞罷其貢
仁宗嘉納之以其奏示禮部尚書呂震曰驥嘗
奉使西域故具悉西事卿陝西人有不悉邪
為大臣當存國體恤民窮毋侵削根本驥所
言其從之

宣德元年巡按浙江監察御史尹崇高奏
朝廷近差內官內使於浙江市買諸物每物置
局拘集動擾供給繁勞朝廷所需甚微民間
所費甚大
上諭尚書吳中等曰差遣中人本出權宜豈知
勞擾如此今詔書已罷買諸物若買完者即
令回京未完悉皆停止
宣德七年十一月朝鮮國王李裪遣陪臣趙
琠金王根等貢醃松菌及鷹
上諭行在禮部臣曰朝鮮貢獻頻數已非朕所
欲又獻松菌及鷹松菌食物也鷹何所用亦禽
奇獸古人所戒可諭其使自今所貢但服食
器用之物若鷹犬之類更勿進獻

薄徵斂第三十二

乙巳夏四月
上諭太史令劉基起居注王禕曰兵戈未靖四

方凋瘵軍旅之需一出於民吾欲紓其力奈
何基對曰今用師之日必資用財出民所供
未可紓也
上曰我謂紓民之力在均節用必也制其常賦
乎國家愛養生民正猶保抱赤子惟恐傷之
苟無常制惟掊斂以朘其脂膏雖有慈父不
能收愛子之心今日之計當定賦以節用則
民力可以不困崇本而祛末則國計可以恒

舒甚對曰臣愚所不及上下燕足之道仁政
之本也
永樂元年八月戶部尚書郁新等奏湖廣今
年夏稅過期數月不足其布政司府州縣官
皆當罪之
太宗曰賦入有經制人耕種或先後不齊地里
有遠近之異未可槩論任人長民當使之察
其難易而順其情雖取之亦必思有以利之

不當急責於民急責必至於病民其勿問第
更與約限令民輸之
永樂二十一年八月
太宗諭戶部尚書郭資曰今年南北直隸并山
東郡縣水旱之處粮芻皆無所出而有司徵
索不已甚為
朝廷斂怨其悉蠲之
太宗諭尚書吳中曰比聞工部差人催辦諸事
多有暴酷傷人事有不可已者亦當從容使
人措辦若暴酷逼迫實為斂怨失人心痛治
之
永樂二十二年九月
仁宗諭工部臣曰古者土賦隨地所產不強其
所無比年如丹漆石青之類所司更不究物
產之地一槩下郡縣徵之郡縣逼迫小民鳩
斂金幣詣京師博易輸納而商販之徒乘時

射利物價騰踴數十倍加以不肖官吏貪緣
為奸計民所費
朝廷得其千百之十一其餘悉肥下人今宜戒
此弊凡合用之物必於出產之地計直市之
若仍蹈故習一槩科派以毒民者必誅不宥
永樂二十二年九月鳳陽等處雨水沒田稼
上謂戶部尚書夏原吉曰農民勞苦至秋成為
水所傷既不自給不可復徵其稅其遣人覈

實今歲粮芻悉蠲之
永樂二十二年冬十月山西渾源州奏民逃
徙者百餘戶其荒田稅額未除請以均分見
在之民
仁宗曰民窮甚故逃今以見在之民是欲其皆
窮而逃也命戶部速除稅額若民有願耕者
或逃者復歸就耕則三年後徵稅
洪熙元年閏七月行在工部奏內府供用紵
絲紗羅計九千疋請下蘇州杭州等處織造
仁宗曰供用之物雖不可缺然當念民力今百
姓艱難可減半造又諭尚書吳中等曰昔魏
徵告唐太宗每以恤民為言卿等其體此意
宣德元年七月以山東無麥下詔免其夏稅
上謂戶部尚書夏原吉曰山東民食大半仰麥
今久不雨麥已無收秋穀亦未可知朕特免
其夏稅但舊聞詔書所蠲戶部每復催徵或

云已收在官或云災傷未甚多方沮格致
朝廷失信於民朕思天下有飢者猶已飢之伊
尹作相一夫失所若撻於市卿國之大臣宜
體此心懷勿復蹈前弊
宣德二年正月漢州綿竹縣民奏世以採捕
為業歲納麂皮初地荒林密人少獸多採納
常足今以屯戍廢地皆為良田獸少捕之難
得歲久逋多乞賜寬恤
上諭行在工部尚書吳中曰田野闢人民衆多
好事雖羽毛齒革以資國用若果難得理當
除減不宜以此困民
宣德二年八月行在戶部奏徵歲用馬草
上曰古者納總納銍皆量地之遠近慮勞民也
宜從減省毋困民力
宣德二年八月行在戶部奏光祿寺明年所
用芻料請如例買之民間

上曰光祿供祭祀賓客之費固不可缺然與其
多取於民莫若儉以足用卿等宜斟酌撙節
不可過中
宣德二年十一月太僕寺官奏請遣官閱孳
生馬
上諭之曰馬畜於民間必寬民力而後可責成
效國家立法固有定規其孳生不及數者亦
屢下令免償求嘗以馬傷民蓋農民終歲勤

動以營衣食又有償馬之費甚可憫也爾等
但率舊典以示勸懲民有貧難者宜寬恤之
宣德九年五月行在戶部奏昨江西宜黃縣
耆民李崇政等言縣民連年遭疫死亡者多
官田重租難以徵納乞如舊例折納土產苧
布以為民便
上曰舊例折布正以租重故也況今民多死亡
何忍復徵米使生者重困乎宜從其言

皇明政要卷之十七

課農事第三十三

戊戌春正月遷元帥康茂才為營田使
上諭茂才曰比因兵亂隄防頹圮民廢耕耨故
設營田司以修築隄防專掌水利今軍務實
殷用度為急理財之道莫先於農春作方興
慮旱潦不時有妨農事故命爾此職分巡各
處俾高無患乾卑不病澇務在蓄洩得宜大

抵官設為民非以病民若但使有司增飾館
舍迎送奔走所至紛擾無益於民而反害之
非付任之意
吳元年十一月
太祖出觀圜丘時世子從行
上因命左右導之徧歷農家觀其居處飲食器
用還謂之曰汝知農之勞乎夫農勤四體務
五穀身不離畎畝手不釋耒耜終歲勤動不

得休息其所居不過茅茨草榻所服不過練裳布衣所飲食不過菜羹糲飯而國家經費皆其所出故令汝知之凡一居處服用之間必念農之勞取之有制用之有節使之不至於飢寒方盡為上之道若復加之横斂則民不勝其苦矣故為民上者不可不體下情

洪武元年十一月

上欲舉行耕籍田禮諭廷臣曰古者天子籍田千畝所以供粢盛備饋饍自經變亂其禮已廢上無以教下無以勸朕莅祚以來悉修先王之典而籍田為先故首舉而行之以為天下勸時監察御史有壓班而言曰耕籍田則力本者知所重矣

上曰欲財用之不竭國家之常裕鬼神之常享必也務農乎故后稷樹藝稼穡而生民之詩作成王務殖百穀而噫嘻之頌興有國家者

其可棄忘而不講乎遂命以來春舉籍田禮

洪武二年五月

太祖皇帝幸鍾山歸由獨龍岡步至淳化門始騎而入謂侍臣曰朕久不歷農畝適見田者冒暑洒耘甚苦因憫其勞徙步不覺至此農為國本百需皆其所出彼辛苦若是為之司牧者亦常憫念之乎且均為人耳身處富貴而不知貧賤之艱難古人常以為戒夫衣帛當思織女之勤食粟當念農夫之苦朕為此故不覺惻然于心也

洪武十二年八月遣使齎勅諭宋國公馮勝時勝督工建周王宮殿于開封府將以九月興役以其時民當種麥勅諭之曰中原民食所恃者二麥耳近聞爾令有司集民夫欲以九月赴工正當播種之時而役之是奪其時也過此則天寒地凍不得入土來年何以續

食且自古治天下者必重農時朕封建諸子
將以福民今福未及施而先奪民時誠恐小
民之怨咨也敕至其即放還俟農隙之時赴
工未晚也
洪武十八年九月
太祖諭戶部臣曰人皆言農桑衣食之本然棄
本逐末鮮有救其弊者先王之世野無不耕
之民室無不蠶之女水旱無虞飢寒不至自

什一之制湮奇巧之技作而後農桑之業廢
一農執耒而百家待食一女事織而百夫待
衣欲人無貧得乎朕思足食在於禁末作足
衣在於禁華靡爾宜申明天下四民各守其
業不許遊食庶民之家不許衣錦繡庶幾可
以絕其弊也
洪武二十七年三月命天下種桑棗諭工部
臣曰人之常情安於所忽飽即忘飢暖即忘

寒不思為備一旦卒遇凶荒則茫然無措也
深知民艱百計以勸督之俾其咸得飽暖比
年以來時歲頗豐民庶給足田里皆安若可
以無憂也然預防之計不可一日而忘爾工
部其諭民間但有隙地皆令種植桑棗或遇
凶歉可為衣食之助
宋濂嘗侍
太祖至後苑觀稼

上曰農事成矣宋濂對曰國以民為本民以食
為天
陛下知稼穡之艱難生民之辛苦實盛德也
永樂四年六月廣東布政司奏每歲海外番
夷入貢方物水路以舟楫運載惟南雄至南
安舟楫不通自今請用民力接運
太宗曰為君務養民今番貢無定期而農少暇
日假令自春至秋番夷入貢不絕皆役民接

運豈不妨其農事自今番夷入貢如值農務之時其方物並於南雄收貯俟十一月農隙卻令運赴南安著為令復顧侍臣曰民不失其養雖勞之鮮怨民失所養雖休之不德

永樂七年

太宗車駕巡狩北京以

仁宗隨行道途所經過田家徧覽農具及其衣食且諭以農民勤苦之事曰此為帝王者不

可不知也遂作務本之訓以授

仁宗具言農事之勤勞王業之艱難與凡無逸祭祀為政睦親用人賞罰內治外戚寺人飲食防衛理財等事曰此帝王切要之道

永樂二十二年十一月

仁廟諭戶部尚書夏原吉曰古者寓兵於農而不奪其時所以民無轉輸之勞而兵食足後世莫善於漢之屯田

先帝所立屯田法甚善蓋用心亦甚至但後來所司數以征徭擾之既失其時遂無其效所備蓄十不及二三有事不免勞民轉輸矣其令天下衛所凡屯田軍士自今不許擅差妨其農務違者處以重法

仁宗皇帝過鳳陽謁

皇陵畢周顧陵旁見

仁祖所遺石農器顧侍郎張本學士楊士奇曰

國家帝業所自也徘徊久而後退

宣德三年四月民有建言朝廷當以重農為首務者

上顧謂侍臣曰此言有理國家重農則百姓得盡力天下富庶古人重農莫如周后稷以教民稼穡開國公劉克篤前烈文王時耕者九一武王重民食周公述豳風以戒成王備言農事當時民用阜成治恊泰和周以下莫如

西漢高帝因賈人以抑其末文帝二十餘年勤勤以勸農免租詔有司武帝雖以土木兵戈勞民至其末年亦知勸農作以休息民故於西漢之末朝政雖有闕失而百姓安業自若天下富庶幾二百年成周享國過於夏商王莽簒漢終以民心不忘而復之養民之功大矣朕於斯事盖寢食未嘗忘也

宣德五年二月罷採木之役

上諭侍臣曰爲國之道農事最急今國家無大營繕當東作之時而工部採運木植未已豈不妨廢農業遂命書勅諭尚書李友直等凡已採之木隨處堆積軍夫悉罷遣歸農

宣德七年九月

上視朝罷御便殿問侍臣曰民何事最苦侍臣曰四民之中農最苦

上曰朕固知之朕嘗歷田野織婦採桑育蠶絲繅帛累寸而後成疋亦甚勞苦侍臣曰惟陛下明聖知民之艱難及此已而

上出所賦織婦詞一篇以示左右臣曰朕非好爲詞章昔真西山有言農桑衣食之本爲君者當詔儒臣以農夫織女耕蠶勞勤之狀作爲歌詩使人誦於前又繪爲圖揭於宮掖布之戚里使皆知民事之艱衣食之所自朕所以賦此也

賑荒歉第三十四

洪武三年春正月西安鳳翔二府飢耆民宋昇等來言

上即命戶部往賑之戶部奏須運粟以濟

上惻然曰民旦暮待哺如涸魚之欲水若待運粟以濟之死者多矣況今東作方興民無食而廢耕將見其患益甚即命戶部馳驛往賑之戶給粟一石給凡三萬六千八百八十九

石
洪武中費震為漢中知府多善政大軍平蜀
後陝西旱飢漢中尤甚鄉民多聚為盜莫能
禁戢是時府倉儲粮十餘萬石震與僚屬謀
曰民飢如此豈可坐視其斃倉儲尚多吾欲
發以貸民賑其飢荒俾秋熟還倉且易陳為
新何如衆以為然即日發倉令民受粟以狀
聞由是郡中攘竊之盜與鄰境之民多来歸者

震皆令占宅自為保伍驗丁給之賴以活者
甚衆因籍為民得數千家至秋大熟民悉以
粟還倉後以事被逮至京
太祖皇帝曰震良吏也釋之以為牧民者勸
永樂元年十二月北京刑部尚書郭資等奏
真定束鹿縣民初復業加以蝗旱流殍者衆
今天寒乞遣人覈實賑濟
上曰民困如此濟之當如救焚拯溺少緩即無
及矣今遣人覈實恐轉往復非兩月不得民
命迫於旦夕其可待乎令戶部速遣官往賑
之又令監察御史一員監督賑畢具實以聞
永樂三年三月淮安邳州言民飢甚計其口
數請得粟九千石賑之
上惻然曰此可給三月耳秋成之期尚遠若止
給三月猶不免於餓死國家於惠民豈可為
旦夕計令戶部倍數給之

永樂七年三月副都御史虞謙給事中杜欽
啓潁州及潁衛軍民缺食請發廩賑貸
仁廟遣人馳諭之曰軍民困乏待哺嗷嗷卿等
尚從容啓請待報汲黯何如人也急發廩賑
之勿緩
永樂九年七月戶部言賑北京臨城縣飢民
三百六十五戶給粮三千七百石有奇
太宗曰國家儲蓄上以供國下以濟民故豐年

則斂凶年則散但有土有民何憂不足脩開
皇閒大旱民飢文帝不肯開倉賑濟聽民流
移就食末歲計所積可供五六十年倉廩雖
豐民心不固煬帝無道遂至滅亡前鑒具在
今後但遇水旱民飢即開倉賑給無令失所
永樂十八年十一月
仁廟在東駕時過鄒縣見男女持筐盈路拾草
實者駐馬問所用民對曰歲荒以為食

仁廟惻然稍前下馬入民舍視男女皆衣百結
不掩體竈釜傾仆不治歎曰民隱不上聞若
此乎顧中官賜之鈔而召鄉之耆老問所苦
具以實對徹所食賜之時山東布政使石執
中來迎責之曰為民牧而視民窮如此亦動
念否乎執中言凡被災之處皆已奏乞停今
年秋稅
仁廟曰民飢且死尚及徵稅耶汝往督郡縣速

取勘飢民口數近地約三日遠約五日悉發
官粟賑之事不可緩執中請每人給三斗曰
且與六斗汝毋懼擅發廩凡
上當自奏也
宣德元年河南新安知縣陶鎔奏民食甚艱
公私無儲獨函關驛頗有儲糧欲申明待報
然後給濟然民命危在旦夕已先借糧一千
七百二十八石給民俟秋成還官

上謂尚書夏原吉曰知縣所行良善朕聞近年
有司不體人情苟有飢荒必須申報展轉勘
實賑濟失時知縣急於濟人先給後聞是能
稱任使卿毋拘文法責其擅專
宣德三年閏四月行在工部郎中李新自河
南還言山西飢民流徙至南陽諸郡不下十
萬餘口有司軍衛各遣人捕逐民死亡者多
上諭行在戶部尚書夏原吉等曰民飢流移豈

其得已仁人君子所宜矜念昔富弼知青州存恤流民飲食居處醫藥皆為區畫山林河泊之利聽流民取之不禁所活至五十餘萬人今乃驅逐使之失所不仁甚矣其即遣官往同布政司及府縣官加意撫綏發廩給之隨所至居住禁有捕逐者罪之

皇明政要卷之十七

皇明政要卷之十八

脩武備第三十五

戊戌十一月立管領民兵萬户府諭行中書省臣曰古者寓兵于農有事則戰無事則耕暇則講武今兵爭之際當因時制宜所定郡縣民間豈無武勇之材宜精加簡拔編輯為伍立民兵萬户府領之俾農時則耕閑則練習有事則用之事平有功者一體陞擢無功者令還為民如此則民無坐食之弊國無不練之兵以戰則勝以守則固庶幾寓兵於農之意也

癸卯九月

太祖皇帝平陳友諒還告廟論功行賞因與諸將論鄱陽之戰諸將請曰自古水戰必得天時地利乃為可勝若周瑜之破曹操因風水之便乃能勝之陳友諒兵據鄱陽先處上流

而待我是得地利矣况我勞而彼逸今勝之誠未喻也

太祖曰汝不聞古人所謂天時不如地利地利不如人和陳友諒兵雖衆强人各一心上下猜疑矧用兵連年數敗無功不能養威俟時今日適勞於東明日又馳騖於西失衆心矣夫兵貴時動動則威威則勝我以時動之師威不振之虜將士一心人百其勇如鷙鳥搏

擊巢卵俱覆此所以為吾破也諸將皆歎服

甲辰秋常遇春兵至贛熊天瑞固守不下

太祖皇帝令平章彭時中以兵會遇春等共擊之又命中書右司郎中汪廣洋往參謀遇春軍事諭廣洋曰汝至贛如城未下可與遇春等言熊天瑞困處孤城猶籠禽阱獸豈能逃逸但恐破城之日殺傷過多要當以保全生民為心一則可為國家用一則可為未附者

勸且如漢將鄧禹不妄誅殺得享高爵子孫昌盛此可為法向者鄱陽湖之戰陳友諒既敗生降其兵至今為我用縱有逃歸者亦我之民我前克湖廣禁軍士毋入城故能全一郡之民苟得郡無民何益廣洋至贛見遇春等傳

太祖命時天瑞拒守益堅遇春乃浚濠立柵以困之未幾城降

乙巳春

太祖皇帝將經理淮甸親閱試將士命鎮撫居明率軍士分隊習戰勝者賞銀拾兩其傷而不退者亦勇敢士賞銀有差且給酒饌勞之仍賜傷者醫藥因諭之曰刃不素持必致血指舟不素操必致傾溺弓馬不素習而欲攻戰未有不敗者吾故擇汝等練之今汝等勇健若此臨敵何憂不克爵賞富貴惟有功

者得之顧謂起居注詹同等曰兵不貴多而
貴精多而不精徒累行陳近聞軍中募兵多
冗濫者故特為戒之冀得精銳雖鮮有用也
太祖御奉天門與劉基論用兵謂基曰克敵在
兵而制兵在將兵無節制則將不任將非其
人則兵必敗是以兩軍之間决死生成敗之
際有精兵不如良將基對曰臣荷
聖上厚恩得侍左右每觀妙筭初謂未必皆然

及至摧鋒破敵動若神明臣由是知任將在
上將之勝不若主之勝也然臣觀
陛下常不拘古法而勝此尤所難也乃謂基曰
兵者詭也因敵制勝豈必泥於古哉朕常親
矢石觀戰陳之事闔闢奇正頃刻變化猶風
雲之無常勢要在通其變耳亦何暇論古法
耶
乙巳八月命中書左相國徐達為大將軍平
章常遇春為副將軍帥師二十萬伐張士誠
集將佐諭之曰自大亂以來豪傑並起所在
割據稱名號者不可勝數江南亂雄西有陳
友諒東有張士誠皆連地千里擁衆數十萬
今介乎二人之間相與抗者十餘年觀二人
所為其志豈在於民不過貪富貴聚淵藪劫
奪擾攘而已友諒敗滅獨士誠據有浙西北
連兩淮恃其彊力數侵此之疆場賴諸將連

歲征討克取兩淮之地今惟浙西姑蘇諸郡
未下故命卿等討之卿等宜戒飭士卒毋肆
虜掠毋妄殺戮毋發丘壠毋毀廬舍聞張士
誠母葬姑蘇城外慎勿侵毀其墓汝等毋忘
吾言諸將帥務在輯睦勿縱左右欺凌軍士
凡為將之功必資士卒善撫恤之大抵克敵
者必以成功為效樹德者必以廣恩為務卿
等勉之諸將皆再拜受命

吳元年十月命徐達為征虜大將軍常遇春為征虜副將軍率甲士二十五萬由長淮入大河北取中原胡廷瑞為征南將軍何文輝為副將軍率吉安寧國南昌袁贛滁和無為等衛軍由江西取福建以湖廣參政戴德隨征湖廣平章楊璟左丞周德興參政張彬率武昌荊州益陽常德潭岳衡澧等衛軍取廣西召諸將諭之曰征伐所以奉天命平禍亂

安生民故命將出師必在得人今諸將非不徒闘然能持重師有紀律戰勝攻取得為將之體者莫如大將軍徐達當百萬衆勇敢先登摧鋒陷陣所向披靡莫如副將軍遇春然吾不患遇春不能戰但患其輕敵耳吾前在武昌親見遇春纔過數騎戰即輕身赴之彼陳氏如張定邊者何足稱數向擄城指揮遇春為大將顧與小校爭能甚非所望切宜戒

之若臨大敵遇春雖領前鋒或敵勢强則遇春與參將馮宗異分為左右翼各將精銳以擊之左丞薛顯參政傅友德皆勇畧冠諸軍可各領一軍使當一面或有孤城小敵但遣一將有膽畧者付以總制之權皆可成功達則專主中軍策勵群師運籌決勝不可輕動古云將在軍君不與者勝汝等其識之又謂達曰閫外之事汝實任之茲行必自山東次

第進取山西古云十二山河之地師行之際須嚴部伍明分數一衆心審進退之機適通變之宜使戰必勝攻必取我盈而彼實則避之我實而彼盈則擊之將者三軍之司命立威者勝任勢者强威立則士用命勢重則敵不敢犯吾嘗與諸豪傑並驅觀其取敗者未有不由威不立而勢輕也汝其慎之諭友德曰此行汝當努力昔漢高祖與項羽爭衡彭

越宣力於山東今用師自山東始汝其勉之
諭廷瑞曰汝以陳氏丞相來歸事吾數年忠
實無過故命汝總兵往取福建何文輝為爾
之副湖廣參政戴德從汝調發二人皆吾親
近之人勿以此故廢軍政凡號令征戰一以
軍法從事吾昔微時在行伍中見將帥統御
無法心竊鄙之及後握兵權所領一軍皆親
附之士一日驅之野戰有二人犯令即斬以

徇衆皆股栗莫敢違吾節度人能立志何事
不可為聞汝往年嘗攻閩中必深知其地里
險易今總大軍進征凡攻圍城邑必擇便利
可否為之進退無失機宜克定之功全賴於
汝於是廷瑞拜命辭出

洪武元年七月

太祖將發汴梁大將軍徐達等自陳橋入辭乃
諭之曰初與公等率衆渡江誓除禍亂以安
天下今士卒舍父母妻子戰鬬於矢石之間
百死一生久未休息故每念之惕然于心然
非得已也中原之民久為群雄所苦死亡流
離徧于道路天監在茲朕不敢怠故命爾等
帥師北征廓清中原拯民艱苦昔元起沙漠
其祖宗有德格天入主中國將及百年今其
子孫怠荒罔卹民艱天厭棄之則有罪民
復何辜前代革命之際兵戈所加視如仇讐

肆行屠戮違天虐民朕實不忍爾諸將帥當
以為戒克城之日毋擄掠毋焚蕩毋妄殺人
必使市不易肆民安其生凡元之宗戚皆善
待之庶幾上答天心下慰人望以成此伐罪
救民之志有不恭命者必罰無赦諸將皆感
激拜辭而行

永樂元年十月

上謂忠誠伯茹瑺兵部尚書劉儁曰昔

太祖高皇帝嘗戒敕諸將校曰軍士家屬既衆月糧有限衣食不足不免飢寒加以汝等無惻隱之心優漁私役往往逃亡缺伍故當時私役者每一日追工錢一貫仍論其罪朕今切慮内外將校不能撫卹軍士比昔有加所以逃亡者衆自今計其逃亡之數以論罰如百戶有逃一人者減其俸之半逃十人者全不給降充總旗四十人降充小旗五十人發

充軍其千戶逃軍十倍於百戶指揮逃軍五倍於千戶者並減俸及遞降一等皆如百戶之例

永樂四年七月

太宗皇帝命成國公朱能等征討安南黎賊臨遣諭之曰前安南王陳日煃在

太祖皇帝時率先歸順恭脩職貢始終一誠我

國家亦待以優禮安南之人皆受其福日煃死其後王為賊臣黎季犛所殺篡奪其位僭稱大號殺陳氏子孫殆盡拔其門劫攻擾占掠侵我邊境邀殺朝使傷害官軍而暴征橫賦害其國人國人怨之深入骨髓

天地鬼神皆所不容朕恭天之命子育萬民不敢不征特遣爾等率師弔伐夫安南之人皆吾赤子今其勢如在倒懸汝往當如救焚拯溺不可緩也惟黎賊父子及其同惡在所必獲其脅從其無辜者必釋爾宜深體此心毋

養亂毋玩寇毋毀廬墓毋害稼穡毋恣取貨財毋掠人妻女毋殺來降有一於此雖有功不宥爾其慎之毋冒險肆行毋貪利輕進茍愛恤士卒堅利甲兵本之以敬慎戰之以智勇爾其勉之罪人既得即擇陳氏子孫之賢者立之使撫治一方然後還師其往勉之能等頓首受命從遣使齎

勑諭西平侯沐晟曰昔爾父事
皇考累效勤勞撫西域定雲南功績偉然既沒之後朕等追封爾兄弟繼襲侯爵爾受一方之寄者數年邊境安輯良有可嘉然丈夫貴自立功烈今命爾為左副將軍副總兵官成國公朱能征討安南黎賊爾當勉盡忠勤和以輯衆建非常之功以光先人以啓後嗣爾其懋哉夫智信仁勇嚴為將之道也畏懦則僨事委瑣則闕功必務深遠之謀毋狃目前之見毋驕于小得必戒于私暱則有以稱朕之委任爾宜懋哉

永樂七年春三月

仁宗在東駕都督譚青率官軍赴北京陛辭
仁宗諭之曰為將宜號令嚴明部伍整齊近聞軍士在外往往暴横擾民剽奪財物此皆為將不能約束之過夫兵以除暴衛民今乃為暴驕民可乎其戒約之毋自取罪責

永樂十一年四月

太宗皇帝坐御幄中召問足食足兵之策大學士楊榮對宜擇將帥方屯田將得人則軍士弗擾軍士既安則耕不違時何患兵食之不足哉

永樂二十二年五月

太宗以征胡寇
車駕次開平適雨士卒有後至而沾濕者時其地尚寒
上遥見之指示諸將曰士卒者將帥所資以成其功名撫之至則報之深古人有言視卒如嬰兒可以赴深谿視卒如愛子可與之俱死今方用之為國家除殘去暴奈何不恤

懲戢篇第三十六

甲辰四月庚子

太祖嘗大宴群臣宴罷因諭之曰朕本布衣以有天下實由天命當群雄並起所在剽掠生民惶惶不保朝夕朕見其所為非道心常不然既以與諸將渡江駐兵太平深思愛民安天下之道自是十有餘年收攬英雄征伐四克賴諸將輔佐之功尊居
天位念天下之廣生民之衆萬幾方殷朕中夜寢不安枕憂懸于心御史中丞劉基對曰往

者四方未定勞煩
聖慮今四海一家宜少紓其憂
上曰堯舜聖人處無為之世尚猶憂之矧德匪唐虞治非雍熙天下之民方脫於創殘其得無憂乎夫處天下者當以天下為憂處一國者當以一國為憂處一家者當以一家為憂且以一身與天下國家言之一身小也所行不謹或至顛躓所養不謹或生疾疢況天下國家之重豈可頃刻而忘儆戒哉

洪武二年四月淮安寧國鎮江揚州台州府并澤州各獻瑞麥群臣皆賀
太祖曰朕為民主惟思脩德致和以契天地之心使三光平寒暑時五穀熟人民育為國家之瑞蓋不以物為瑞也昔堯舜之世不見祥瑞曾何損於聖德漢武帝獲一角獸產九莖芝當時皆以為瑞乃不能謙抑自損撫輯民

庶以安區宇好功生事卒使國內空虛民力困竭後雖追悔已無及矣其後神爵甘露之侈致山崩地震而漢德於是乎衰由此觀之嘉祥無徵而災異有驗可不戒哉

洪武十八年四月五色雲再見禮部請率百官表賀
太祖諭之曰天下乂寧人無災害祥瑞之應固和氣所召昔舜有卿雲之歌在當時有元愷

岳牧之賢相與共致雍熙之治朕德不逮治
化未臻豈可遽以是受賀前代帝王喜言祥
瑞臣下從而和之往往不知省懼以至災異
之來不復能弭蓋諂佞之心生則戒慎之志
怠鮮克有終可以為戒

洪武二十二年夏六月
上退朝與侍臣論及守成之道
上曰人常慮危乃不蹈危常慮患乃不及患車
行於峻坂而仆於平地者慎於難而忽於易
也保天下亦如御車雖治平何可不慎

永樂二年九月周王來朝且獻騶虞百僚稱
賀
太宗既罷朝謂侍臣曰適聞群臣言不覺惕然
天下之大如一夫有怨豈得謂仁一念不誠
豈能格天朕方夙夜祇懼何可便謂騶虞是
天降祥侍臣曰
聖志如此所以上格天心
上曰祥瑞之來易令人驕是以古之明主皆遇
祥自警未嘗因祥自怠警怠者國之安危繫
焉騶虞若果為祥在朕更當加慎

宣德元年十二月
宣宗御奉天門謂侍臣曰今四夷順服邊境晏
然古人嘗曰儆戒無虞又曰禍生於懈怠若
守邊將士稍起怠心少失防閑將有意外之
患遂遣璽書戒勵緣邊守將令盡心防守不
可怠忽

宣德六年七月時
上好微行一夕漏下二十刻以四騎出過楊士
奇家前報者言范太監來士奇倉惶出迎
上已入門立月中士奇俯伏悚懼言
陛下奈何以
宗廟社稷之身而自輕擾擾塵埃昏暗中誰識

至尊萬一或有識者變起倉卒何以備之
上笑曰思見卿一言故來耳遂屏左右語竟顧
謂士奇曰此居且弊當為爾葺理士奇叩頭
懇辭曰
陛下宮殿未建臣必不敢當且
車駕今夕俯臨外間明日必有知者萬萬自此
慎出事變不測當慮也
駕還宮明旦遣太監范弘齎問士奇

車駕幸臨曷不謝對曰
至尊夜出愚臣迨今中心惴慄未已豈敢言謝
又數日遣弘問士奇曰今天下平靖
上時一微行何足過慮堯不微行乎士奇對曰
陛下尊居九重恩澤豈能遍洽幽隱萬一有冤
夫怨卒窺伺竊發誠不可無慮後旬餘錦衣
衛獲至二盜蓋盜嘗殺人官捕之急遂私結
約候

車駕之玉泉寺挾弓矢伏道邊林莽中作亂時
有捕盜校尉亦變服如盜入盜群真盜不疑
以其謀告之遂為所獲
上既誅二盜歎曰士奇言不虛即日遣范太監
賜白金文綺士奇明旦入謝
上諭以盜謀且曰至愛莫如汝自今如汝言不
復微行
宣德七年二月二十八日

上召楊士奇曰今日之事當寬恤者何士奇曰
事有當變通者不宜執一如逃民已久
朝廷雖已赦宥復業而家業蕩然非但歸無所
資又有公私債負之擾勢不能歸所在官司
又不能容則往往逃聚山林相結為非積微
至著蓋有可慮須得
恩旨下有司凡逃民願歸鄉者令郡縣用心撫
恤優免差徭不願歸者聽於所在附籍為民

官給空閑田廬處之免差役三年庶以安其
危亦弭患於未萌
上曰此事須行蓋在彼在此皆
朝廷之民何須定遍之歸但得人安足矣

皇明政要卷之十八

皇明政要卷之十九

定禮樂第三十七

甲辰五月

太祖皇帝新服退御白虎殿閱漢書侍臣宋濂
孔克仁等在側
上顧謂濂等曰漢之治道不能純乎三代者其
故何也克仁對曰王霸之道雜故也
上曰高祖創業之君遭秦滅學之後干戈戰爭

之餘斯民憔悴甫就蘇息禮樂之事固所未
講獨念孝文為漢令主正當制禮作樂以復
三代之舊乃逡巡未遑遂使漢家之業終於
如是夫賢如漢文而猶不為將誰為之帝王
制作貴不違時三代之王蓋有其時而能為
之若漢文有其時而不為者也可不惜哉
洪武四年六月吏部尚書詹同禮部尚書陶
凱製宴享九奏樂章成其曲一曰本太初二

曰仰大明三曰民初生四曰品物亨五曰御
六龍六曰泰階平七曰君德成八曰聖道成
九曰樂清寧先是
太祖皇帝厭前代樂章率用諛詞以為容悅甚
者鄙陋不稱乃命凱等更制其詞至是
上又命協音律者歌之謂侍臣曰禮以道敬樂
以宣和不敬不和何以為治元時古樂俱廢
惟淫詞豔曲更唱迭和又使胡虜之聲與正

音相雜甚者以古先帝王祀典神祇飾為舞
隊諧戲殿廷殊非所以道中和崇治體也今
所製樂章頗協音律有和平廣大之意自今
一切流俗諠譊淫褻之樂悉屏去之
洪武五年四月
太祖皇帝以海內晏安思化民俗以復于古乃
詔有司各行鄉飲於是禮部奏取儀禮及唐
宋之制又采周官屬民讀法之旨參定其儀

在內應天府及直隸府州縣每歲孟春正月
孟冬十月有司與學官率士大夫之老者行
之於學校在外行省所屬府州縣亦皆取法
於京師其民間里社以百家為一會糧長或
里長主之或百人內以年最長者為正賓餘
以齒序坐每季行之於里中大率皆本於正
齒位之說而賓興賢能春秋習射亦可通行
焉所用酒肴毋致奢靡若讀律令則以刑部

所編申明戒諭書兼讀之其武職衙門在內
各衛親軍指揮使司及指揮使司凡鎮守官
每月朔日亦以大都督府所編戒諭書率僚
佐讀之如此則衆皆知所警而不犯法矣
制曰可
洪武六年三月禮官上考定禮儀
太祖皇帝謂尚書牛諒曰禮者國之防範人道
之紀綱朝廷所當先務以為防範不可一日

無也自元氏廢棄禮教因循百年而中國之禮變易幾盡自即位以來夙夜不忘思有以振舉之以洗汚染之習故嘗命爾禮部定著禮儀今雖已成宜更與諸儒參詳考議斟酌先王之典以復中國之舊務合人情永為定式庶幾愜于心也禮部奏定百官常朝班次及奏事等禮儀

太祖皇帝謂中書省臣曰朝廷之禮所以辨上

下正名分不以賤加貴不以卑踰尊百官在列班序有倫奏對雍容不失其度非惟朝廷之尊抑亦天下四方瞻仰所在也今文武百官朝參奏事有未閑禮儀者是禮法不嚴於殿陛何以肅朝廷乎自今凡新任官及諸武臣於禮儀有不閑習者令侍儀司官日於午門外演習之且命御史二人監視有不如儀者糾舉之百官入朝失儀者亦糾舉如律

洪武十七年六月

太祖皇帝諭禮部臣曰近命製大成樂器將以頒天下學校俾諸生習之以祀孔子朕思古人之樂所以防民欲後世之樂所以縱民欲其故何也古樂之詩章和而正後世之歌詞淫以奢古之律呂協天地自然之氣後世之律呂出人為智巧之私天時與地氣不審人聲與樂聲不比故雖以古之詩章用古之器

數亦乖戾而不合陵犯而不倫矣手擊之而不得於心口歌之而非出於志人與樂判然為二而欲以動天地感鬼神豈不難哉然其流已久救之甚難卿等宜究心於此庶幾可以復古人之意

洪武十七年六月

太祖御奉天門諭群臣曰治天下之道禮樂二者而已若通於禮而不通於樂非所以淑人

心而出治道達於樂而不達於禮非所以振紀綱而立大中必禮樂並行而後治化醇一或者曰有禮樂不可無政刑朕觀刑政二者不過輔禮樂爲治耳苟爲治徒務刑政而遺禮樂在上者雖有威嚴之政必無和平之風在下者雖存苟免之心終無格非之誠大抵禮樂者治平之膏粱刑政者救弊之藥石卿等於政事之間宜知此意毋徒以禮樂爲虛

文也

禮部尚書崔亮奏言禮所以辨上下防奢僭也今喪葬之禮自公侯卿大夫至於士庶各有等第然其間儀制上得以兼下下不得以僭上力雖有餘不許過爲力不及者稱家有無不拘常例

太祖從其言

永樂元年八月禮部言鹵簿中宜有九龍車一乘

先朝舊有金鉦紅撒各四面紗燈紅油紙燈各三對而今闕之請增製

上曰禮貴得中過爲奢不及爲儉仲尼曰其奢也寧儉

先朝定禮審之精矣後世子孫遵用舊章當自朕始豈可輒有增益以啓後世之奢九龍車既

先朝所無即不可增舊有而今闕者令工部補造

永樂元年九月

上御右順門謂侍臣曰

皇考功德隆盛

祖宗樂章未有稱述朕甚愧于心爾等其議爲之因曰漢高帝作大風歌武帝作秋風辭亦皆有文當時又有儒臣惜乎制作未能如古

朕有意稽古禮文之事爾等博求名儒用稱
朕意
永樂十四年十一月周王楚王相繼來朝例
次日謁
孝陵周王先至適遇節
上命東宮皇太孫及小皇孫偕謁已出東華門
上還召翰林臣時楊榮金幼孜楊士奇皆至
上問曰二王東宮皇太孫及小皇孫謁陵展敬

之位如何朕意雖畧定爾三人試言之士奇
對曰周楚二王爲尊當列稍前兩傍東宮殿
下列稍後居中皇太孫殿下亦居中列於東
宮殿下之後諸皇孫與皇太孫同班而分列
兩傍
上曰爾所言有據乎對曰宋儒朱熹家禮大約
如此
上曰吾未嘗熟家禮但據已見書其位次遂出

片楮宸翰所書位次正與士奇所言合然下
有六字未書援筆命士奇足之遂遣鴻臚丞
周泉馳賫赴陵俾率行之
洪熙元年春正月
上御奉天門朝群臣命禮部鴻臚寺不作樂群
臣止行五拜三叩頭禮先是禮部尚書吕震
請曰
陛下初登大寶天下文武群臣及海外諸國皆

來朝宜受賀作樂如大朝之儀不從次日震
固請之大學士楊士奇楊榮金幼孜黃淮進
曰
陛下言是
上曰山陵甫畢事忍遽即吉而明日亦不欲見
群臣震曰四方萬國之人遠朝
新主皆欲一睹
天顔

聖意誠至亦宜勉徇下情
上顧士奇等曰人曰禮過矣對曰誠如
聖諭必欲俯徇與情亦不宜備禮
上從之遂有是命
謹祭祀第三十八
吳元年十一月
太祖沐浴出觀圜丘顧謂起居注熊鼎曰此與
古制合否對曰小異也
上曰古人於郊禘地而祭器用陶匏以示儉朴
周有明堂其禮始備今予創立斯壇雖不必
盡合古制然一念事天之誠不敢頃刻忘矣
鼎曰
主上創業之初首嚴郊丘之祀既斟酌時宜以
立一代之制又始終盡其誠敬此誠前代之
所不及
上曰郊祀之禮非尚虛文正為天下生靈祈福
予安敢不盡其誠
洪武元年春正月
上將告祀南郊戒飭百官執事曰人以一心對
越上帝毫髮不誠怠心必乘其機瞬息不敬
私欲必投其隙夫動天地感鬼神惟誠與敬
耳人莫不以天之高遠鬼神幽隱而有忽心
然天雖高所監甚邇鬼神雖隱所臨則顯能
知天人之理不二則吾心之誠敬自不容於
少忽矣今當大祀百官執事之人各宜慎之
洪武元年十一月中書及禮部定奏
天子親祀圜丘方丘宗廟社稷若京師三皇孔
子風雲雷雨聖帝明王忠臣烈士先賢等祀
則遣官致祭郡縣宜立社稷有司春秋致祭
庶人祭里社土穀之神及祖父母父母并得
祀竈載諸祀典餘不當祀者並禁止
太祖諭之曰凡祭享之禮載牲致帛交於神明

費出已帑神必歆之如庶人陌紙瓣香皆可格神不以菲薄而弗享者何也所得之物皆已力所致也若國家倉廩府庫所積乃生民脂膏以此爲齋醮俎饌充實神庭徼求福祉以私于身神可欺乎惟爲國爲民禱祈如水旱疾疫師旅之類可也

洪武二年正月

太祖皇帝勑中書省臣曰元末政亂禍及生靈朕倡義臨濠以全鄉曲繼率英賢渡大江遂西取武昌東定姑蘇北下中原南平閩廣越十有六載始克混一每念諸將相從捐軀戮力開拓疆宇有共事而不睹其成建功而未食其報追思前勞痛切朕懷人孰無死死而不朽乃爲可貴若諸將者生建忠勇之節死有無窮之榮身雖沒而名永不磨矣其命有司立功臣廟于雞鳴山序其封爵爲像以祀之

洪武十六年二月東閣大學士吳沉等進精誠錄先是

上將享太廟致祭于武英殿召沉等謂之曰朕閱古昔聖賢書其垂訓立教大要有三曰敬天曰忠君曰孝親君能敬天臣能忠君子能孝親則人道立矣然其言散在經傳未易會其要領爾等其以聖賢所言三事以類編輯庶便觀覽至是書成

上覽而善之賜名精誠錄令沉爲之序

洪武二十一年二月詔以歷代名臣從祀帝王廟先是禮官奏以風后力牧皐陶夔龍伯夷伯益伊尹傅說周公旦召公奭太公望方叔召虎張良蕭何曹參周勃鄧禹諸葛亮房玄齡杜如晦李靖郭子儀李晟趙普曹彬韓世忠岳飛張浚博爾忽博爾术木華黎伯顏

阿术、安童凡三十六人，皆宜從祀于帝王廟。

太祖曰：古之君臣同德者，終始一心，載在史傳。萬世不泯國家祀典，必合公論，不可徒觀其跡，而不究其實。若宋趙普，負太祖，為不忠，不可從祀。元臣四傑，木華黎為首，不可以其孫從祀而去其祖。可祀木華黎，而罷安童。既祀伯顏，其阿术亦不必祀。如漢陳平、馮異，宋潘美，皆負義；無善始終，可從廟祀。於是定以風

后、力牧、皋陶、夔、龍、伯夷、伯益、伊尹、傅說、周公旦、召公奭、太公望、召虎、方叔、張良、蕭何、曹參、陳平、周勃、鄧禹、馮異、諸葛亮、房玄齡、杜如晦、李靖、李晟、郭子儀、曹彬、潘美、韓世忠、岳飛、張浚、木華黎、博爾忽、博爾术、赤老溫、伯顏，凡三十有七人，從祀歷代帝王廟。

洪武三十年十月。

太祖詔曰：自有元失馭，群雄鼎沸，土宇分裂，聲教不同。朕奮起布衣，以安民為念，訓將練兵，平定華夷，大統以正，永惟為治，必本於禮。考諸祀典，知五岳五鎮、四海四瀆之封，起自唐世，崇名美號，歷代有加。在朕思之，則有不然。夫岳鎮海瀆，皆高山廣水，自天地開闢以至於今，英靈之氣，萃而為神，必皆受命於上帝，幽微莫測，豈國家封號之所可加？瀆禮不經，莫此為甚。至於忠臣烈士，雖可加於封號

亦惟當時為宜。夫禮所以明神人、正名分，不可僭差。今命依古定制，凡岳鎮海瀆，並去其前代所封名號，止以山水本名稱其神。郡縣城隍神號，一體改正。歷代忠臣烈士，亦以當時初封以為實號，後世溢美之稱皆與革去。其孔子善明先王之要道，為天下師，以濟後世，非有功於一方一時者可比，所有封爵宜仍其舊。庶幾神人之際，名正言順，於理為當。

用稱今以禮祀神之意

太宗初即位大祀

天地預告

太祖高皇帝配神告畢諭禮官曰祭天擬父國家第一事必以恭敬為本固當自朕始然陪祀與執事之臣皆當同此誠敬庶幾感格之道爾等職典祀事尤宜夙夜直清以率于衆

太宗皇帝即位之初享

太廟畢從官祭功臣於鷄鳴山廟先是禮部侍郎宋禮言功臣自有廟請罷太廟配享於本廟祭之

太宗曰

先帝所定配享不可罷又曰此皆佐命開國之臣既自有廟俟

太廟享畢亦別遣官即其廟祭之於義可也著為令

永樂四年正月

太宗御武英殿覽存心録顧翰林侍臣曰適覽蕭容起郊有異獸出壇側隋煬帝祀圜丘暴風未成禮而退後二人皆不旋踵而亡古人言惟德動天夫不德亦動天善則降祥不善則降殃但各以類應之又曰祭祀時固當誠敬亦必平素積累善行乃可獲福若平日所行反道背德而於臨祭一時致其虔恭此豈

有獲福之理

宣德元年正月行在太常寺奏祭祀

上諭之曰國家祭祀掌之禮部而復置太常循重其事也卿等輔佐事

天地尊

祖宗非他職事之比協恭同寅以承祀事蓋實有顯然以誠敬之心素有持潔粢盛之篤極于精潔庶幾神明歆格而生靈蒙福卿等勉

之
宣德八年正月
車駕詣
郊壇
祖宗以來皆朝百官後乃行至是
上先日諭禮官明旦早行不視朝既至南郊躬
詣神厨凡諸祭物一一閱視召太常寺官諭
之曰祭物固應精潔然祭之官皆以愛誠為

本宜秉寅清以率有官執事分毫無慢然後
神明歆享之遂晚御齋宮旗手衛奏請暮夜
如故事放烟火不從顧謂侍臣曰特早來不
視朝之故蓋一心對越無暇他及今又暇觀
烟火乎是晚陰雲四合至夕雨雪行禮之際
雲歛風靜星月朗霽天氣融和助祭執事咸
中禮度

皇明政要卷之十九

皇明政要卷之二十

固封守第三十九

洪武三年四月
太祖以封建諸王告
太廟禮成宴群臣于奉天門及文華殿
太祖諭廷臣曰昔元失其馭群雄並起四方鼎
沸民遭塗炭乃躬率師徒以靖大難
皇天眷佑海宇寧謐然天下之大必建藩屏上
衛國家下安生民今諸子既長宜各有封爵

分鎮諸國實非私其親乃遵古先哲王之制
為久安長治之道群臣稽首對曰
陛下封建諸王以衛宗社天下萬世之公議
太祖曰先王封建所以庇民周行之而久遠秦
廢之而速亡漢晉以來莫不皆然其間治亂
不齊特顧施為何如爾要之為長久之計莫
過於此

洪武九年正月中山侯湯和等帥師往延安防邊

上諭和等曰自古重邊防邊境安則中國無事四夷可以坐制今延安地邊西北與胡虜接境虜人聚散無常若邊防不嚴即入為寇待其入寇而後防之則塞上之民必然受害故嘗令邊將嚴為之備復恐久而懈惰為彼所乘今特命卿等率衆以往衆至邊上常存戒心雖不見敵常若臨敵則不致有失矣

洪武十五年夏四月廉州府巡檢王德亨上言家本階州界於西戎有水銀坑冶及青綠紫泥願得兵取其地以歸於朝

上謂戶部臣曰盡力求利商賈之所為開邊啓釁帝王之深戒今珍奇之產中國豈無朕悉閉絕之恐此途一開小人規利勞民傷財為害甚大況控制邊境實於安靖苟用兵爭利擾攘不休後雖悔之不可追矣此人但知趨利不知有害不可聽也

洪武二十五年

上敕宋國公馮勝等曰昔漢唐之禦胡虜每秋高馬肥知其入寇乃設謀定策伏兵以待之否則必為邊患古今時勢雖異而禦侮防患則同今以十萬之衆捕獵塞上手無尺寸之兵而耕耘田畝可乎故必伏兵甲以自防立斥堠以知警則有備無患矣

永樂二十二年冬十月

仁廟諭兵部尚書李慶等曰城池為民保障今天下無事日久城隍池湮所司玩愒不知修治一有警急何以衛民宜下各都司督令各衛所委正官巡視城池有傾塞者於軍士農種之暇併工修理務令堅固若臨邊境則不俟農暇即日修治

宣德九年二月免邊衛軍士歲辦柴炭初都
督府歲供柴炭役及邊軍至是武陽侯薛祿
言宣府懷安永寧諸衛俱臨邊境將士當嚴
守備又令採辦柴炭致多逋逃乞罷其役
上諭行在工部尚書吳中曰邊衛軍士專務守
備何得勞以他役柴雖山谷所有然運送甚
難宜其有逃避者其即免之自今凡有差用
軍民必須計議得當而行不可輕率

宣德五年三月開平守將奏邊務數事
上舉其可行者付所司施行因謂侍臣曰方今
海內小康惟殘虜叛服不常古人制夷狄惟
在守備若城堡堅固糧餉充足士卒精鍊哨
瞭嚴謹彼亦何能為患朕屢以此戒飭邊將
但慮其因循玩慢今春氣漸深正邊民耕作
之時一或農事妨廢秋收無望仰給於轉輸
則勞矣遂令邊將嚴警備之

宣德七年九月命將率兵巡邊
上諭之曰今國家無事邊塞無警可以安逸然
居安慮危乃保邦之道況西北二邊虜常出
沒今秋高馬肥宜預警備但師行須慎重無
貪利輕進無肆殺戮申嚴號令整肅部伍堅
利兵甲以振耀武威使虜懾服不敢侵掠而
邊城亦固此良策也

御蠻夷第四十

甲午冬十二月釋元萬戶納哈出北歸納哈
出者木華黎裔孫也
太祖初獲之以其為元世臣子孫待之甚厚謂
徐達等曰納哈出心在北歸今強留之非人
情也不如遣之還達等以為虜心難測若舍
之去恐貽後患不如殺之
上曰無故而殺之非義吾意已決姑遣之因召
納哈出及降臣張御史謂之曰為人臣者各

為其主。況汝有父母妻子之念。令遣汝歸。仍
從汝主于北。因資而遣之。納哈出辭謝而去。
洪武三年秋八月。福建行省都事沈秩與監
察御史張敬之等奉
詔往諭渤泥國。冬十月由泉南入海。四年春三
月乙酉朔達闍婆。又踰月始至其國。國王馬
合謨沙僻處海中。倨傲無人臣禮。秩令譯人
通言曰。
皇帝撫有四海。日月所照。霜露所墜。無不奉表
稱臣。而渤泥以彈丸之地。乃欲抗
天威耶。王大悟。舉手加額曰。
皇帝為天下主。即吾之君父。安敢云抗。秩即折
之曰。王既知君父之尊。為臣子者柰何不敬
亟撤王座而更設鄉几。寘
詔書其上。命王帥官屬列拜于庭。秩奉
詔立宣之。王俯伏以聽。成禮而退。明日王辭曰。

近者蘇祿起兵來侵。子女玉帛盡為所掠。必
俟三年後。國事稍舒。當造舟入貢。秩曰。
皇帝登大寶已有年矣。四夷之國。東則日本高
麗。南則交趾占城闍婆。西則吐蕃。北則蒙古。
諸部落使者接踵于道上。即行已晚。何謂三
年。王曰。地瘠民貧。愧無奇珍以獻。故將遲遲
爾。非有他也。秩曰。
皇帝富有四海。豈有所求於王。但欲王之稱藩。
一示無外爾。王曰。容與相臣圖之。又明日其
相王宗怒來曰。使者之言良是。請以五月五
日成行。闍婆有人間王曰。蘇祿來攻。王帥師
卻之。今聞歸誠中國。無我闍婆矣。王惑之。秩
復走見王。王辭以疾。秩大言謂宗怒曰。爾謂
闍婆非中國臣耶。闍婆尚稱臣於爾國乎。何
有使者還朝。天兵旦夕至。雖欲噬臍。悔可及
乎。宗怒悚然曰。敬聞命矣。乃入白王。王大會

其屬共議遣亦思麻逸等四人入朝。臨發行。
王以金佩刀吉貝布為贈。秩毅然辭之。王顧
近侍曰。中國使者廉潔乃如是耶。闍婆來人
討索每無厭。況強之而不受耶。爾曹宜效之。
秩以涉海萬里。不可以無紀。乃與敬之各賦
一詩。王大悅。書于板中懸之。既與王別。舟行
至海口。王又慰左右言。令人與亦思麻逸曰。
使者不受刀布。爾等必不還矣。秩恐王下諭。

復走王所反覆譬曉之。王曰。使者之言如此
予中心釋然矣。王舉酒為別。酹地祝曰。願使
者蚤還中國。願亦思麻逸蚤歸敝邦。秋八月。
十五日還京師。十六日。以亦思麻逸等入見。
錫宴於會同館。已而遣歸。寵賚其王甚厚。
洪武十二年。閏五月。勅遼東守將潘敬葉旺。
曰。奏至。知高麗龍州鄭白等。率男婦來降。特
未審將軍識其計否。高麗僻居海隅。其俗尚

詐。其性多頑。況人情莫不安土重遷。豈有舍
桑梓而歸異鄉者耶。斯必示弱於我。如墮其
計。則不過一二年間。至者接跡。其害豈小小
哉。待至之日。開諭來者。令還以破彼奸。中國
方寧。正息兵養民之時。爾與東夷接境。慎勿
妄生小隙。使彼得以藉口。若我正而彼邪。彼
果不戢。則師出有名矣。其來降者。切不可留。
春秋有云。毋納逋逃。不然則邊患將由此而

啓矣。
永樂初。西北諸胡來貢。令光祿卿酒飯。既罷。
禮部尚書李至剛進曰。西北諸胡
陛下撫綏。皆已向化。邊境已寧。
太宗曰。人嘗言以不治治夷狄。夫好善惡惡。人
情所同。豈間於夷狄。撫之有道。未必不來。虎
至暴。擾之能使馴帖。況虜亦飢食渴飲。有人
心者。何不可馴哉。但有來者。推誠待之耳。

永樂元年九月命右軍都督同知韓觀佩征南將軍印充總兵官鎮守廣西諭之曰廣西蠻民易叛難服殺之愈多而愈不治

太祖高皇帝灼見其情故以德撫之至不得已而後用兵所以蠻民悅服邊境晏然今朕嗣位謹遵成憲卿往鎮之宜務德為本毋專事殺戮庶能副法

祖宗遠之意

永樂二十一年三月大學士楊榮從征北虜言軍士勞苦宜遣使諭胡虜釋其不順之罪且請班師

太宗曰卿言深合朕意遂勅中官伯力哥及所獲諜者往虜中諭其部落來歸遂班師

永樂二十一年三月巡按浙江監察御史王俊奏處州之麗水建寧之政和山冦周放光等聚二千餘人往來行劫漸致滋蔓請發兵捕之

太宗命兵部尚書李慶等議調防倭都指揮張翥所領勁兵三千并閩浙而都司各調五千總於翥而捕之大學士楊榮從容進言以為彼皆愚民或為有司所苦或為衣食所窘不得已逃入山林苟活朝暮耳何敢為亂若寬而撫之當逐散矣急則堅其為盜之心況兵戈所加不免枉及良善願更思處置之宜

太宗曰卿言是也可勅閩浙三司招撫若復頑梗弗服用兵勦滅未晚也既而果悉順服

永樂二十一年十月

太宗皇帝北征駐蹕上莊堡寧陽侯陳懋為前鋒遇韃靼王也先土干率妻子部屬來歸懋以其部屬入見也先土干遥望

天顔尚有懼色

太宗命稍前與語遂備述誠悃久願來歸但為

阿魯台等牽絷今幸見
陛下。是臣再生之日也
太宗曰。華夷本一家。朕奉天眷命爲天子。天之
所覆。地之所載。皆朕赤子。豈有彼此。爾今順
天道而來。君臣相與共享富貴。勿憂也。先土
干及其部屬皆叩頭呼萬歲。令悉與酒饌也
先土干。退謂所親曰。
大明皇帝。真吾主也。吾此何適。

太宗諭文武群臣曰。遠人來歸。宜有以旌異之
其封也先土干爲忠勇王。賜姓名曰金忠也
先土干之來歸也。其甥把台罕實讚之。遂授
把台罕都督。俱賜冠帶及織金襲衣。及大宴
命金忠坐侯之下。伯之上。
御前珍羞悉賜之。宴罷。
御用金杯等物亦賜之。於是左右皆贊美
上功德之盛

太宗曰。昔唐突厥頡利入朝。太宗言胡越一家
有矜大自得之意。固所不取。惟天下之人皆
遂其生。邊境無虞。兵甲不用。斯爲可尚也
宣德元年。七月。遼東總兵官武進伯朱榮奏
朵顏衛指揮哈剌哈孫等朝貢不至。請掩擊
之
上曰。古者馭夷狄。來不拒。去不追。今雖不朝貢
亦不敢擾邊。遽加以兵。非懷柔之道。遂

勅榮曰。馭夷宜寬。用兵宜慎。況虜多詐。未可
輕忽。但整飭部伍。謹慎隄備。其來不來。不足
計也
宣德二年。十月。黎利遣人進前安南陳王三
世嫡孫暠表。乞立爲陳氏後。其辭懇惻
上覽之。密示英國公張輔。輔對曰。此不可從。將
士勞苦數年。然後得之。此表出黎利之譎。當
益發兵誅此賊耳。輔退。乃召尚書蹇義。夏元

言示之且謂二人曰何以處之二人對曰與
以與之無名徒示弱於天下二人退遂召楊
榮楊士奇出表示之且諭以三人所對曰今
日與爾兩人决之榮曰求樂中費數萬人命
得此至今勞者未息困者未蘇發兵之說必
不可從不若因其請而與之可旋禍為福
上顧問士奇云何對曰榮言當從求立陳氏後
者

太宗皇帝之初心求之不得乃郡縣其地十數
年來兵民困於交阯之役極矣此皆
祖宗之赤子行
祖宗之初心以保
祖宗之赤子此正
陛下之盛德何謂無名且漢棄朱崖前史為榮
何謂示弱臣侍
仁宗皇帝久聖心數數追憾此事臣預

陛下今日明决
上曰汝兩人言正合吾意
皇考言吾亦聞之屢矣今吾三人可謂同心同
德遂令尚膳賜酒饌明旦罷朝出暠表示文
武群臣且曰
太祖皇帝初平天下安南最先朝貢及黎氏篡
毒虐國人
太宗皇帝發兵誅之本求陳氏之後立之求之

不得始郡縣其地至我
皇考每追念往事形諸慨嘆此數年來一方不
靖不得已屢勤王師豈朕所樂今陳氏既有
後爾等試觀表中所言其從之便抑不從之
便群臣對曰
陛下之心即
祖宗之心且偃兵息民上合天心從之便上曰
論者不達止戈之意必謂從之不武但得民

安，朕何恤人言，其從之。

宣德七年十月，八百大甸土官宣慰使刁招散遣人貢方物，且奏云：波勒常以土酉土雅之兵來寇，殺人掠財，乞發兵討之。

上謂侍臣曰：聞八百大甸去雲南五千餘里，荒服之地也。波勒土酉土雅皆未嘗歸化，今豈能勞中國之人，為遠夷役乎？且夷性獷悍，必兩有未善，豈皆波勒之過。宜降

勅慰使敦睦鄰好，保境安民。

天順四年秋八月，虜酋孛來大舉入寇，自大同威遠西擁衆南行，邊將高陽伯李文按兵不敢當其鋒。已而虜衆直抵鴈門關代、朔、忻州一帶，四散搶掠，砲火徹于京師，人民驚疑棄家走避，擁入京城，莫能止。

英廟初謂此虜窮之，不過在邊掠牛羊而去，學士李賢見人民驚走如此，乃言於

上曰：京師宜出軍於紫荆、倒馬二關，駐劄，非欲與之對敵，一則安撫人民，一則使彼知懼，不敢深入久住。

上方欲命總兵官會議，適兵部奏欲遣將統京軍赴大同殺賊。

上曰：緩不及事，徒勞人馬，駐關之說可行。於是遣都督顏彪領兵赴紫荆關，馮宗領兵赴倒馬關。然此虜[illegible]有所獲，見我兵不動，去而復

來，遂復勅二關之軍赴鴈門，人民恃此以不恐。

兵部尚書陳汝言阿順權宦，將前時送去雲南兩廣等處達官盡數取回，物論沸騰，以為不便，下情不能上達。一日，學士李賢從容言於

英廟曰：達人非我族類，自古為中國患，昔年送之江南遠方，今復取來，甚是不便，聞此類在

彼任定以為樂土多不願來
上曰吾亦悔之初取將聽其不願最善若後願
去者仍從之賁曰幸甚

原任南京兵部武庫清吏司郎中冠帶閑住
臣婁性
奏為進書籍事臣父諒自幼志在學道博通
經史并諸儒性理等書領鄉薦後以學識
未充十年不出後授四川成都府儒學署
訓導歷任三月為因多病母老即告致仕
讀書養母以居敬窮理為心躬行實踐為
事而於經史等書多有著述編集聖賢經
傳之有裨於心學者名曰心學要語自為
之序今臣將平昔所聞為之集釋以圖報
稱及至成化年間伏覩
憲宗皇帝御製貞觀政要序不勝欣躍以為
朝廷學古圖治
宗社生靈之慶也乃謂臣曰嘗觀
祖宗御製書并先正宋濂等文集所載洪武初
年至天順末年

一祖四宗政治，及接賢臣問答之言，實與堯舜禹湯文武之道，先後一揆，誠千萬世治天下之大法也。乃照貞觀政要格式，立定四十篇目：一曰尊德性，二曰道問學，三曰端好尚，四曰戒嗜慾，五曰畏天戒，六曰悲人窮，七曰崇正道，八曰闢異端，九曰遵成憲，十曰重儲貳，十一曰立孝敬，十二曰溥仁惠，十三曰親儒臣，十四曰敬耆宿，十五曰開言路，十六曰樂改過，十七曰審興替，十八曰辯賢邪，十九曰公薦舉，二十曰慎銓衡，二十一曰明賞罰，二十二曰嚴考課，二十三曰興學校，二十四曰育人才，二十五曰表忠節，二十六曰厚風教，二十七曰正法令，二十八曰恤刑獄，二十九曰勤政事，三十曰節財用，三十一曰却貢獻，三十二曰薄徵

皇明政要表　表文　二

斂，三十三曰課農事，三十四曰賑荒歉，三十五曰脩武備，三十六曰徵無藝，三十七曰定禮樂，三十八曰謹祭祀，三十九曰固封守，四十曰禦蠻夷。令臣將各書依類編集，思圖補，以罄餘忠。臣編集一十餘年，方得成帙，共四十篇，四百五十二條。又晚先任南京吏部考功司郎中，今陞太僕寺少卿儲巏校正字畫差訛，不意臣父物故

其以尊德性、道問學為祖宗政要之篇首者，非無意也。蓋謂尊德性，所以存心；道問學，所以致知。二者乃聖學之梯航，脩德凝道之大端也。與商書之傳約、虞書之精一、孔子之一貫，同一意焉。蓋存心則約，知至則博。約斯可一，博斯可精。一則一矣，精則貫矣。心存知至，則德脩道凝，王天下之本已立，敬於三重，可以徵諸庶

皇明政要表　表文　三

民考諸三王而不謬建諸天地而不悖質
諸鬼神而無疑百世以俟聖人而不惑矣
雖堯舜禹湯文武之政豈能外此以為要
哉臣父從事理學半勤四十餘年其所得
如此臣不敢隱昧蚤欲具其所學并前二
書上達
講惟以效野人獻曝之誠未敢輕易兹臣年
將六十筋力向衰痰氣時作已成痼疾難

堪任使故不以干進為嫌謹具本并封
皇明政要心學要語集釋二書專令義男婁俊
才齎捧以
聞臣不勝惶懼戰慄之至
右謹奏
聞
弘治十六年十月初一日原任南京兵部武庫
清吏司郎中冠帶閑住臣婁性謹上表

皇明政要後序

唐臣吳兢纂錄貞觀政要四十篇獻之中宗
視為空文厥後文宗始喜讀而篤行之大和
初政燦然可觀自是以來其書盛傳于世迨
我
憲宗皇帝御製首序其畧云太宗濟世康民偉
然成烈卓乎不可及已所可惜者正心脩身
愧於二帝三王之道而治未純也誠為至論

萬古不易臣蚤承庭訓知我
列聖明良胥會都俞之言寬大之政所以植國
體而裕民生者一本於帝王之心法聖賢之
道學其視貞觀之治奚翅霄壤而已哉
聖子神孫恪遵前軌一無所違則可久之業益
彰可大之功益著矣因遵臣父所定四十篇
目傳采群書依類編錄四百五十二條亦分
為四十篇蓋自正心脩身以至於平天下類

編成帙傚吳兢之意僭題曰
皇明政要實之有道君子訂其字之訛舛補其
闕畧獻之
明天子用少効涓埃之報于萬一云
弘治辛亥二月丁未
南京兵部郎中臣婁性頓首謹識

皇明正德丁
卯慎獨齋刊

後記

翟雙萍

此項研究是在十三年前啓動的，國家高校古委會作爲一般項目給予每年一定額度的經費支持，連續資助了四年。深切感謝給予支持的高校古委會專家、領導！

因爲涉及到文獻，啓動此項研究之始，要做的工作便是確定、裒輯、遴選和復製相關的文獻。限於能力、學力、財力和人力，難免有諸多缺憾。

即將出版的是『帝範』文獻，『帝範』之外，還有『官範』『家範』『閨範』『世範』等等。我們正在繼續的項目是『官範』，『官範文獻薈要解題』有望二〇二一年之前竣事。倘若條件允許，『家範』『閨範』『世範』等等——我們會繼續做下去。

近十幾年來，已經出版了諸如『帝範』『官箴』『家範』……之類的文獻整理，其中不乏可讀的書，有的標點本，作爲普及讀物，或差强人意，但作爲研究資料，使用之際，還是需要辨識。

此編用意、體例、格局、文獻遴選原則……等等，蓋見于《略例》，恕不贅言。我們願意再强調的是古代的『文化分類』研究，我們遴選文獻的原則是：用『足本』，可以用于『古代文化史』的分類研究。

所選各文獻，均冠以『解題』。我們所做『解題』，具有一定的學術性。可備有興趣于研究『古代文化史』的學者參考。諸如該書的版本、成書過程、編纂者生平、主要内容或主體内涵等等，都做了相關的考察和叙説，其中不免于『鑿枘』，亦深望方家批評。

本書編輯、出版過程中，學苑出版社洪文雄副社長給予很多幫助，本書编辑杨雷、张敏娜付出了很多勞動，在此一并致謝！

二〇一九年冬月　翟雙萍